Jörg M. Fegert

Was ist seelische Behinderung?

Anspruchsgrundlage und kooperative Umsetzung von Hilfen nach § 35a KJHG

VOTUM 1994

© 1994 VOTUM Verlag GmbH
Studtstraße 20, 48149 Münster
Umschlag: Böwer Jauczius Manitzke, Münster
Druck: Paderborner Druck Centrum, Paderborn

ISBN 3–930405–20–2

Die Deutsche Bibliothek – CIP-Einheitsaufnahme

Fegert, Jörg M.:
Was ist seelische Behinderung? : Anspruchsgrundlage und
kooperative Umsetzung von Hilfen nach § 35a KJHG /
Jörg M. Fegert. – Münster : Votum, 1994
ISBN 3–930405–20–2

Inhalt

Vorwort

Die durch das neue KJHG realisierte Einbeziehung der sogenannten seelisch behinderten Kinder und Jugendlichen sowie der Kinder, die von einer solchen Behinderung bedroht sind, in den Zuständigkeitsbereich der Jugendhilfe hat zwar wesentliche Probleme gelöst, aber in der Praxis auch zu erheblichen Unsicherheiten bei vielen Berufsgruppen und bei den betroffenen Familien geführt.

In § 35a ist eine direkte Anspruchsträgerschaft der betroffenen Kinder und Jugendlichen formuliert. Ihre uneingeschränkte Einbeziehung in den Bereich, für den die Jugendhilfe federführend zuständig ist, hat die jahrelange, meist völlig unfruchtbare Abgrenzungsdiskussion in bezug auf "Verhaltensstörungen" und Dissozialität (Zuständigkeit der Jugendhilfe) versus seelische Behinderung (Zuständigkeit überörtlicher Sozialhilfeträger) beendet. Diese Abgrenzungen waren immer eher willkürlich und künstlich und waren mehr durch Interessenkonflikte von Berufsgruppen motiviert als durch den Grundsatz der Integration.

Allerdings ist durch die etwas halbherzige Entscheidung des Gesetzgebers, die Zuständigkeit für geistig und körperlich behinderte Kinder und Jugendliche nach wie vor beim Sozialhilfeträger zu belassen, nicht nur dem Integrationsgedanken zuwider gehandelt worden, sondern eine neue, teilweise fachlich unlösbare Aufgabe entstanden. Sehr viele geistig behinderte Kinder und manche körperbehinderte Kinder sind nämlich in vielfacher Weise an der Eingliederung in die Gesellschaft ge(be-)hindert und die psychischen Hindernisse sind hierbei oft nicht die kleinsten. Besonders deutlich wird die Problematik im Hinblick auf den Bereich von Säuglingen und Kleinkindern mit multiplen Entwicklungsdefiziten, wie z.B. auch nach Vernachlässigung. Hier ist es fachlich nicht möglich, frühzeitig eine inhaltlich fundierte Zuordnung zu einem bestimmten Behindertenbegriff zu treffen. § 10.2 hat deshalb ja auch ausdrücklich vorgesehen, daß das Länderrecht hier Ausnahmen einführen kann.

Die Aufregung um den § 35a KJHG ist derzeit aber noch mehr als durch diese fachlichen Abgrenzungsschwierigkeiten durch die persönliche Unsicherheit über die neuen Zuständigkeiten und Verantwortungen charakterisiert. Eins ist klar, durch das KJHG ist den Fachkräften aus den einzelnen Bereichen, Sozialarbeit, Psychologie, Kinder- und Jugendpsychiatrie und Psychotherapie, Pädagogik, Sonderpädagogik etc., klar der Auftrag zum Zusammenwirken gegeben worden. Diese Formeln gilt es nun durch eine sich gegenseitig befruchtende und sinnvoll ergänzende Praxis mit Inhalt zu füllen. Ein erster Schritt zu einer sinnvollen Kooperation ist es, die jeweiligen fachlichen Sichtweisen, die Zuständigkeiten und Unzuständigkeiten herauszuarbeiten. Das vorliegende Buch ist ein kinder- und jugendpsychiatrischer und psychotherapeutischer Beitrag hierzu. Das heißt, dieses Buch erkennt die primäre Zuständigkeit und Federführung der Fachkräfte in der Jugendhilfe für die Hilfeplanung und Koordination uneingeschränkt an. Ich versuche, in diesem Text aus meiner Sicht als Kinder- und Jugendpsychiater und Psychotherapeut unseren gemeinsamen fachlichen Beitrag darzustellen, den wir aufgrund unserer beruflichen Erfahrung zur Hilfeplanung leisten können. Dabei ist es auch nötig, die derzeit gängigen Sichtweisen, wie diagnostische Kategorien und bestimmte Begrifflichkeiten zu erläutern, so daß die einzelnen Fachsprachen oder "Jargons" nicht zum Verständigungshindernis werden. Wenn das vorliegende Buch in dieser Weise zur Verständigung und dann auch zum Zusammenwirken der Professionellen und der Betroffenen beiträgt, hätte es seinen Zweck erfüllt.

Es lag für mich als Kliniker und auch an Versorgungsepidemiologie interessierter Wissenschaftler nahe, die historische Situation zum Anlaß zu nehmen, einzelne Aspekte der Umsetzung des KJHG genauer zu untersuchen. Vor allem die Beunruhigung vieler Familien, die sich Ende 1989 und Anfang 1990 an uns wandten, weil sie gehört hatten, "daß durch ein neues Gesetz die Kinder ihre Helfer oder ihre Hilfen verlieren sollten", veranlaßte mich dazu, mich mit den neuen Regelungen für die Hilfen zur Erziehung (§ 27 ff. KJHG) und zur Inobhutnahme (§ 42 KJHG) auseinanderzusetzen. Aufgrund nicht vorhandener Ausführungsbestimmungen wurde die Umsetzung des KJHG in jedem Berliner Bezirk anders diskutiert und in Angriff genommen. Für eine überbezirklich arbeitende Universitätspoliklinik stellte dies eine sehr schwierige Situation dar, da unsere jeweiligen Beiträge zur Hilfeplanung von Bezirk zu Bezirk völlig unterschiedlich aufgegriffen wurden. Seit langem etablierte Kommunikationsstrukturen wurden durch innerbehördliche Umorganisationen (z.B. Eingliederung der Behindertenhilfe für seelisch Behinderte in die allgemeine Familienfürsorge) plötzlich zerrissen, so daß es verständlich war, daß man sich, zunächst auch aufgrund der zunehmenden ökonomischen Schwierigkeiten, bei der Umsetzung von Hilfen für Kinder mit psychischen Problemen nach dem KJHG vorwiegend auf die Bestandswahrung konzentrierte. Basis für diese defensive Minimalposition der Bestandswahrung bot der ehemalige § 27 Abs. 4 KJHG, der nach der ersten Novellierung vom § 35a KJHG abgelöst wurde. Konnte § 27 Abs. 4 KJHG vor allem als von den Betroffenen-Verbänden durchgesetzte Bestandswahrungsklausel in bezug auf die bisher nach BSHG möglichen Leistungen angesehen werden, stellt der § 35a KJHG nun eine eigene Anspruchsgrundlage dar, allerdings um den Preis einer gewissen Stigmatisierung der Anspruchsträger.

In vielen östlichen Bundesländern ist aufgrund der Fülle allgemeiner Veränderungen und Umstellungen in den entsprechenden Behörden die Umsetzung des KJHG noch nicht so weit gediehen, wie wenigstens teilweise in Berlin. Wenn nun ab Januar 1995 die Übergangsvorschriften für die Alt-Bundesländer enden und ganz allgemein mit dem neuen zur Verfügung stehenden Instrumentarium in Deutschland gearbeitet werden muß, lag es nahe, die Erfahrungen aus fünf Jahren Praxis mit dem KJHG in Berlin in einen praxisorientierten Text für die Zusammenarbeit zwischen Kinderpsychiatern, Eltern, Betroffenen, Verbänden und der Jugendhilfe einmünden zu lassen.

Dieses Buch war mir ein wichtiges Anliegen. Es wäre dennoch nicht ohne Anregungen "von außen" zu diesem Zeitpunkt entstanden, da ich derzeit eigentlich mit den Auswertungen von Daten für eine Prospektivstudie befaßt bin und an der Zusammenfassung dieser Ergebnisse in einer Habilitationsschrift arbeiten sollte. Herr Professor Remschmidt aus Marburg hatte mich im Herbst 1993 als stellvertretender Leiter der wissenschaftlich-medizinischen Redaktion des "Deutschen Ärzteblattes" gebeten, für das Ärzteblatt einen Übersichtsartikel zum KJHG abzufassen. Nachdem dann Anfang 1994 Lempps kurze Schrift "Seelische Behinderung als Aufgabe der Jugendhilfe" vorlag, wurde ich von ganz unterschiedlichen Seiten dazu aufgefordert, aus meiner Sicht zu den neuen Regelungen ausführlich Stellung zu nehmen. Ich teile völlig Lempps dezidierte Einstellungen zur Integration sämtlicher "Behinderungsformen" in den Aufgabenbereich der Jugendhilfe. Auch sein jahrzehntelanges engagiertes Eintreten für eine an den Bedürfnissen der Kinder orientierte Zusammenarbeit zwischen Kinder- und Jugendpsychiatern und der Jugendhilfe wird in seinem Text deutlich. Zu konservativ orientiert sich Lempp (1994) allerdings alleine an den bisherigen Erfahrungen mit dem § 39 BSHG, ohne die vielen neuen Möglichkeiten bei der Umsetzung des KJHG aufzugreifen. Seine Darstellungen verschiedener Formen seelischer Behinderungen anhand von Beispielen (Seiten 23 bis 48 in seinem Text) sind teilweise als "Anspruchskatalog" von manchen Jugendämtern und Landesjugendämtern mißverstanden worden. Hieraus ergibt sich die Notwendigkeit einer umfassenderen Diskussion kinder- und jugendpsychiatrischer Störungsbilder und des Begriffs der sogenannten "seelischen Behinderung" für die praktische Anwendung in der Jugendhilfe. Im Gegensatz zu Lempp habe ich mich bei dieser Darstellung an der gängigen Klassifikation der Weltgesundheitsorganisation, der ICD-10, orientiert, um somit ein **neues zeitgemäßes Gesetz in der Jugendhilfe**, das KJHG, und eine **neue zeitgemäße Klassifikation** psychischer Störungen, die ICD-10, miteinander in Korrespondenz zu bringen, statt primär von den alten Formulierungen im Bundessozialhilfegesetz ausgehend entsprechende bzw. traditionelle psychiatrische Begrifflichkeiten diesen alten Formulierungen zuzuordnen.

Herr Dr. Wiesner, der mich für seine KJHG-Kommentierung um eine solche Diskussion auf der Basis von ICD-10-Diagnosen bat, hat durch diese Anfrage ebenfalls einen wesentlichen Anstoß zu diesem Buch gegeben. Er und andere, denen ich nunmehr, nachdem dieses Projekt abgeschlossen ist, dafür danke, machten mir schnell klar, daß dieses Buch jetzt, d.h. zum Abschluß der Übergangsvorschriften und zur generellen Einführung des KJHG, erscheinen muß, wenn unsere Erfahrungen aus der Berliner Praxis bei den nun anstehenden allgemeinen Umsetzungsversuchen breiter rezipiert und aufgegriffen werden sollen.

Meine Chefin, Frau Professor Ulrike Lehmkuhl, hat meinem Buchprojekt Teile ihrer knappen Freizeit geopfert, indem sie alle Kapitel gründlich durchgearbeitet und mit mir kritisch diskutiert hat. Dafür danke ich ihr recht herzlich.

Ohne unsere jahrelang tätigen Kliniksozialarbeiterinnen, Therese von Arnswaldt und Johanna Reuter, wäre mein berufliches Interesse an der Zusammenarbeit mit der Jugendhilfe und damit letzendlich dieser Text nie entstanden. Sie haben mir zu Anfang meiner Berufstätigkeit, wie Generationen von anderen Kinderpsychiatern, die Augen für die Notwendigkeit der Zusammenarbeit mit den Einrichtungen der

Jugendhilfe geöffnet und uns in der Praxis durch ihren Sachverstand in Elterngesprächen, in Helferkonferenzen etc. immer unterstützt.

Frau Dr. Marianne Kunze-Turmann (Kassel), eine der Kinderpsychiaterinnen, die bei mir als jungem Zivildienstleistenden die Faszination für das Fach Kinderpsychiatrie weckten, hat mich dazu motiviert, die neuen Inhalte aus dem KJHG auch der Diskussion im öffentlichen Gesundheitswesen zugänglich zu machen und hat wesentliche Teile dieses Textes kritisch durchgesehen. Ihr verdanke ich mehrere wichtige Hinweise zur Klassifikation der Beeinträchtigungen und zur Umsetzung von Maßnahmen.

Herr Ullrich Gintzel und Frau Ulrike Poppel vom VOTUM Verlag in Münster haben durch ihr unheimlich schnelles Handeln für das Erscheinen dieses Buches "zum richtigen Zeitpunkt" gesorgt.

Herrn Diplom-Mathematiker Lenz, Herrn Toch, Herrn Ruffing und Herrn Uysal aus unserer Forschungsabteilung danke ich für technische Unterstützung. Ohne die hervorragende Zusammenarbeit mit Frau Rita Börner, die auch dieses Buch schnell und zuverlässig am Textverarbeitungssystem erstellt hat, und wesentlich zu einer Erarbeitung der Indices und des Literaturverzeichnisses beigetragen hat, wäre dieses Buchprojekt, wie viele anderer meiner Veröffentlichungen und Vorträge nicht möglich gewesen. Ihr gilt deshalb mein ganz besonderer Dank.

Während ich dieses Vorwort am frühen Morgen diktierte, war mein Sohn wach geworden und forderte: "Papa, Frühstück machen!". Diese Situation macht wahrscheinlich mehr als viele Dankesworte an die Familie klar, daß ein solches zusätzliches Projekt in einer Familie mit zwei berufstätigen Erwachsenen und zwei Kindern auch einen verschärften Interessenkonflikt bedeutet. Ohne "Hilfen zur Erziehung" (damit keine Mißverständnisse aufkommen, leider nicht vom Jugendamt finanziert!) durch Babysitter, Kindergarten und gelegentlich durch Großeltern etc. wäre es noch weniger möglich, familiäre Bedürfnisse und unsere jeweiligen eigenen Interessen halbwegs "unter einen Hut zu bringen". Meiner Frau, Mirjam Sohar, die diese "Koordination und Hilfeplanung" zusätzlich zu ihrer beruflichen Arbeit und ihrem engagierten Einsatz als Mutter im wesentlichen betreibt, sei dafür ebenso wie für ihre kritischen Anstöße herzlich gedankt.

Berlin, Dezember 1994
Jörg M. Fegert

1 Hilfeplanung bei drohender seelischer Behinderung — Kooperation jenseits von Verordnung, Kontrolle und Fürsorge

1.0 Die Bedeutung unterschiedlicher Konzepte für das Zusammenwirken von Fachkräften und die Beteiligung Betroffener bei der Planung und Realisierung von Hilfen für Kinder und Jugendliche mit seelischen Problemen.

Bei der Hilfeplanung und der Realisierung von Hilfen für Kinder und Jugendliche mit seelischen Problemen sind unterschiedliche Berufsgruppen, die sorgeberechtigten Eltern und — soweit vom Alter und Entwicklungsstand möglich — auch die betroffenen Kinder und Jugendlichen aktiv zu beteiligen. Dieses Zusammenwirken ist nicht immer problemlos, deshalb sollen unterschiedliche traditionelle Begrifflichkeiten, die von den einzelnen Berufsgruppen und Personen gebraucht werden oder mit ihnen in Verbindung gebracht werden, einleitend diskutiert werden. Der Bereich der nicht schriftlich fixierten Konventionen im Sinne eines alltagsweltlichen Denkens und Handelns (Schütz 1971–1972) ist deshalb für unseren Gegenstand von großer Bedeutung, weil solche Begriffe von "Sinnhorizonten", d.h. historisch gewachsenen, handlungsleitenden Dimensionen umgeben sind. Hinter jedem Begriff verbirgt sich also auch ein Konzept und eine oft hierarchische Auffassung des Handelns und des Reagierens. Will man durch neue Konzepte oder auch durch neue gesetzliche Bestimmungen die Zusammenarbeit einzelner Berufsgruppen und Personen verändern, muß m.E. gerade auf den die Begriffe umgebenden "Hof emotionaler Werte und irrationaler Implikationen" (Schütz 1971–1972), den kulturell historisch entstandenen "Sinnhorizont" geachtet werden.

1.1 Der ärztliche Beitrag zur Hilfeplanung und Umsetzung

Traditionell ist ärztliches Tun von einem Denkmodell bestimmt, das bei **kranken Menschen** ein gewisses **Leiden** voraussetzt, welches sie veranlaßt, ärztlichen Rat zu suchen. Der Arzt bemüht sich dann um eine möglichst präzise Anamneseerhebung und Untersuchung, faßt die Befunde zusammen und stellt eine Diagnose, welche wiederum zu entsprechenden **Indikationen** für zu **verordnende Maßnahmen** führt.

In einem solchen Modell ist der Patient "Gegenstand ärztlichen Tuns" (*patiens* = geduldig), der sich der Kompetenz eines Experten überläßt und dessen "Verordnungen" mehr oder weniger bereitwillig umsetzt. Viele ärztliche Maßnahmen, z.B. die Medikamentengabe oder die Anwendung von Heilmitteln oder Behandlung durch Heilhilfsberufe, werden durch den Akt der **ärztlichen Verordnung** in die Wege geleitet. Diese Verordnung wird in der Regel mit dem Patienten diskutiert, die Patienten werden auch beraten. Die Entscheidung erfolgt aber aufgrund ärztlicher Fachkompetenz und Autorität, juristisch ist nur der approbierte Arzt berechtigt, diese Verordnungen vorzunehmen. Ähnlich verhält es sich auch bei **Einweisungen** in Fachkliniken, Überweisungen, etc.. Neben Verordnung und Überweisung ist die **Begutachtung** ein weiteres, auf der ärztlichen Expertise beruhendes Handlungskonzept. Aufgrund seines Fachwissens stellt der Arzt bestimmte Fakten fest, die **andere Entscheidungsträger (Behörden, Gerichte, Versicherungen** etc.), die nicht über diese fachliche Kompetenz verfügen, in die Lage versetzen sollen, fundierte Sachentscheidungen zu treffen.

Modernere medizinische Konzepte, wie das der **Prävention** und der **Hilfe zur Selbsthilfe**, versuchen das aus den bisher genannten Konzepten deutlich werdende enorme Machtgefälle zwischen Arzt und Patienten zu relativieren. In traditioneller Sichtweise könnte die **ärztliche Mitwirkung bei der Hilfeplanung** allein als Verordnung von Maßnahmen und als Begutachtung von Anspruchsgrundlagen mißverstanden werden. Tatsächlich erfordert die Anspruchsgrundlage des § 35a KJHG eine fachkompetente Einschätzung einer spezifischen psychischen Problemlage eines Kindes und Jugendlichen, die der Feststellung entspricht, ob dieses Kind oder dieser Jugendliche von einer seelischen Behinderung bedroht ist oder als seelisch behindert anzusehen ist. Auch die **Abgrenzung** unterschiedlicher Behinderungsformen (vgl. Kapitel 2) entspricht in gewisser Weise dem Modell der Begutachtung. Allerdings ist ein Gutachten in der Regel ein behördlicher oder institutioneller bzw. gerichtlicher Auftrag zu einer Überprüfung des Sachverhalts, der wenig die Motivations- und Ausgangslage der Betroffenen berücksichtigt. Viele Eltern von Kindern und Jugendlichen mit seelischen Problemen suchen häufig ärztliche Hilfe wegen der familiären Belastungen, die aus der Symptomatik resultieren. Hier kommt ein aktiver diagnostischer Auftrag von den Eltern, sie suchen Beratung in bezug auf zu ergreifende Maßnahmen oder bestimmte Beschulungsentscheidungen etc. Da das KJHG allgemein Hilfen für spezifische Problemlagen beschreibt und nicht schematisch aus einer "Etikettierung" bestimmte Hilfeformen ableitet, wird klar, daß der Kinder- und Jugendpsychiater beim Zusammenwirken in der Hilfeplanung seine Fachkompetenz dazu nutzen sollte, aus seiner Sicht unterschiedliche, bedingende Faktoren für die Problemsituation eines Kindes und Jugendlichen zu beschreiben und den daraus sich aus seiner Sicht ergebenden Handlungsbedarf zu diskutieren. Der Arzt trifft dabei individuell die für den Kostenträger handlungsleitende **Feststellung**, ob wegen einer drohenden seelischen Behinderung oder einer seelischen Behinderung **Anspruch auf Eingliederungshilfen** oder **kombinierte Eingliederungshilfen und Hilfen zur Erziehung** bestehen.

Ein weiterer medizinisch geprägter Begriff ist der der **Behandlung**. Auch er suggeriert, daß ein Experte sein Fachwissen zur Heilung einsetzt. In der Psychotherapie ist allerdings seit langem die Bedeutung der aktiven Mitwirkung der Betroffenen an ihrer Gesundung bzw. die Bedeutung des Widerstands in Behandlungen thematisiert worden.

1.2 Psychotherapie

Es gibt derzeit zwei generelle Diskursebenen im Umgang mit dem Machtgefälle in Psychotherapien. Auf einer Ebene werden Machtverhältnisse klar benannt und daraus ethische Verhaltensnormen für Therapeuten abgeleitet (vgl. insbesondere die Diskussion über Mißbrauch in der Therapie, z.B. Vogt 1993). Zunächst in der klientenzentrierten Therapie und heute vor allem in unterschiedlichen systemischen und familientherapeutischen Ansätzen gibt es zahlreiche inhaltliche Bemühungen, die sich allerdings auch teilweise in verbalen Euphemismen niederschlagen, dieses Machtgefälle zwischen Behandler und Behandeltem zu relativieren. Sprechen Psychoanalytiker und ärztliche Psychotherapeuten in der Regel von **Patienten**, die sie im Rahmen der kassenärztlichen Versorgung **behandeln**, so bezeichnen viele Psychologen, die nicht-direktive Verfahren anwenden, ihre "Patienten" als **Klienten**, was einerseits den Warencharakter der Hilfeleistung hervorhebt, andererseits den Klienten als aktiven Inanspruchnehmer thematisiert, wie dies auch die Formel der "freien Arztwahl" zu unterstreichen versucht. Einige familientherapeutische Autoren gehen in ihren Formulierungen noch weiter und sprechen von **"Kunden"** oder konnotieren den scheinbar machtbestimmenden Expertenbegriff neu und erklären, daß die **Familienmitglieder** die **eigentlichen Experten** für ihre Probleme seien. Begrüßenswert ist dabei eine **ressourcenorientierte Sichtweise**, die sich zunächst daran ausrichtet, welche Gesundungs- und Heilungspotentiale aus der Familie selbst hervorgehen. Der **Auftrag** der Familie gewinnt dabei für die Behandlung eine zentrale Bedeutung.

1.3 Jugendhilfe

Im Bereich der Jugendhilfe finden sich unterschiedliche traditionelle und neuere Konzepte, die teilweise konkurrieren. Zu nennen wären als historischer Ursprung das alte Prinzip der (Armen-)Fürsorge, ein **beraterischer Ansatz**, aber auch **Kontrollaufgaben** und notwendige Interventionen im Rahmen des Kinderschutzes. Die Jugendamtsmitarbeiter sollen dabei soweit wie möglich kooperativ mit den Betroffenen versuchen, Hilfe zur Selbsthilfe und Unterstützung bei der Suche nach Lösungsmodellen zu leisten. Gleichzeitig sind sie aber gehalten zu erkennen, wo das **Kindeswohl** so weitgehend **gefährdet** ist, daß **Sanktionen** und **Eingriffe** notwendig sind. Diese **Zweischneidigkeit** zwischen Helfen und Einschreiten, wie sie auch in der Psychiatrie bei bestimmten Entscheidungen, zum Beispiel der Einweisung zur geschlossenen Unterbringung etc. anzutreffen ist, bleibt unüberwindbar eine Konstituente jeder Jugendamtsarbeit. Unüberschaubar ferne, "autoritäre" und bürokratische Amtsstrukturen sorgten allerdings häufig für Ohnmachtsgefühle bei den Betroffenen. Lähmend wurde der "Handlungs- und Wissensvorsprung" der Verwaltung und die "Experten- und Verbändeherrschaft" von den Betroffenen wahrgenommen (Deutscher Verein 1986). Der Achte Jugendbericht äußerte deshalb dezidiert, daß Kinder und Jugendliche **nicht primär Adressaten** der Jugendhilfe, sondern **Subjekte** in der Jugendhilfe seien, die in ihrer "Eigentätigkeit und Eigeninitiative unterstützt werden sollen" (1990). Die im Achten Jugendbericht genannten **Strukturmaximen für die Jugendhilfe – Prävention, Dezentralisierung (Regionalisierung), Alltagsorientierung, Integration und Partizipation** – zielen ebenfalls auf die Beteiligung "des mündigen Bürgers" ab.

Der Grundgedanke der **Prävention** unterstreicht, warum im Rahmen des KJHG die Bedrohung von einer seelischen Behinderung besonders beachtet werden muß (vgl. Kapitel 2). Die begrüßenswerte **Regionalisierung**, die zu bürgernahen, niederschwelligen Hilfsangeboten führt, bringt in manchen Bereichen allerdings auch erhebliche Verunsicherungen und neue Probleme mit sich. So ist zum Beispiel für die Betreiber und Träger hochqualifizierter Spezialeinrichtungen mit überregionalem Versorgungscharakter, z.B. für ehemals drogenabhängige Jugendliche oder Kinder und Jugendliche mit schweren psychischen Erkrankungen, nun ein kompetenter Planungs- und Gesprächspartner in den bisher zuständigen überörtlichen Kostenträgern weggefallen, während sich gleichzeitig auf der regionalen Ebene noch niemand zu kostspieligen Entscheidungen und entsprechendem Engagement durchzuringen wagt. Gerade bei eher seltenen spezifischen Problemlagen, die massive hochspezialisierte, meist auch langdauernde Maßnahmen erfordern, müssen neue **überregionale Planungs- und Finanzierungsstrukturen** gefunden werden, wobei die Beratung über solche Hilfsangebote natürlich regionalisiert erfolgen sollte. Das Prinzip der Alltagsorientierung stellt per se teilweise einen Widerspruch zu idealen Vorstellungen von der autonomen Partizipation dar. Das in vielen politischen Diskursen so beliebte Idealkonstrukt eines "mündigen Bürgers" wird auch hier ganz im Widerspruch zu einer Alltagsorientierung bei der Konstruktion und Diskussion der Normen herangezogen. Der "mündige Bürger", der hochkompetent als gleichberechtigter Partner mit den anderen beteiligten Fachkräften über die notwendigen Hilfen für sein Kind verhandelt, wird in der Realität aufgrund seiner sozialen Kompetenzen eher selten Hilfen vom Jugendamt benötigen. Gar nicht selten sind im Alltag aber Situationen, in denen Eltern Erziehungsdefizite und eine drohende psychische Beeinträchtigung nicht oder nur partiell wahrnehmen oder aufgrund von eigenen Problemlagen nicht in der Lage sind, für geeignete Hilfen für ihre Kinder zu sorgen. Im Alltag sind deshalb bisweilen nachgehende und aufsuchende Hilfen für Kinder vordringlich, die von manchen Familien nicht nur als Entlastung, sondern auch als **Aufsicht und Kontrolle** verstanden werden. Der hehre Begriff der Partizipation bewegt sich also zwischen den Extremen der kompletten Fremdbestimmung und Kontrolle bis zur aktiven Beteiligung, Mitbestimmung und Selbsthilfe.

Gernert (1993) nennt sechs Stufen der "aktiven Mitwirkung":

☐ **Fremdbestimmung**, bei der die Betroffenen dazu angehalten werden, "bestimmte Dinge zu tun oder zu unterlassen". Sie verfügen nicht über die Möglichkeit, sich einem solchen Einfluß aufgrund eigener Entscheidung zu entziehen: Inhalte, Arbeitsformen und Ergebnisse sind fremddefiniert. Die Wahl bleibt auf die Pole von Anpassung und Widerstand begrenzt.

☐ **Teilnahme:** Hier spricht Gernert von einem "Akzeptieren fremder Angebote", welches mit einer gewissen "Attraktivität, die vom Angebotsinhalt und dessen Präsentation ausgeht" zusammenhängt.

☐ **Teilhabe:** Die Teilhabe gehe insofern über die reine Teilnahme hinaus, als daß zum Beispiel "durch Nachfragen oder Angebot einer Mithilfe, Aufforderung zur Erweiterung oder Wiederholung des Angebots" ein gewisses Engagement für das Angebot insgesamt erkennbar wird.

☐ **Mitwirkung** bezeichnet die Möglichkeit, eigene Vorstellungen und Kritik zu äussern.

☐ **Mitbestimmung** beziehe sich auf den Rahmen "formeller Rechte, die per Nutzungsordnung oder Richtlinien schriftlich zugesichert werden" und "ist auch materiell eine Beteiligung am Zustandekommen von Entscheidungen, bei der inhaltlichen und organisatorischen Planung, Vorberatung und Durchführung von Tätigkeiten...". Nach Gernert vermittele die Mitbestimmung "das Gefühl des Dazugehörens und der Mitverantwortung" und führe so "zur höheren Motivation" bei den Betroffenen.

☐ **Selbsthilfe, Selbstorganisation** (Selbstverwaltung bei Gernert): Selbstorganisierte Hilfen bedingen eine "völlige Entscheidungsfreiheit der Teilnehmer über das Ob und Wie eines Angebots".

1.4 Sorgeberechtigte Eltern

Im Gegensatz zu solchen Idealvorstellungen von völliger Entscheidungsfreiheit der Teilnehmer über das "Ob und Wie eines Angebots" erleben sich leider auch viele engagierte Eltern, z.B. von mehrfach behinderten Kindern, in den heutigen Zeiten leerer Kassen nicht selten als immer wieder weitergeschobene Bittsteller, die von "Pontius bis Pilatus" zwischen den Behörden und Leistungsträgern und den unterschiedlichen Leistungssystemen hin- und herverwiesen werden. Solche Delegierungsketten wirken sich in der Regel sehr negativ aus. Sowohl die behandelnden Ärzte wie die Fachkräfte der Jugendhilfe sollten deshalb über unterschiedliche Hilfeformen und die subsidiäre Rangfolge der Träger der jeweiligen Hilfen orientiert sein, um die Betroffenen entsprechend beraten zu können (Kapitel 3). Manche Eltern von Kindern mit psychischen Problemen fühlten sich dadurch stigmatisiert, daß nach der ursprünglichen Regelung im KJHG (der weggefallene § 27 Abs. 4 KJHG) der Zugang zu Hilfen nur über die Feststellung eines gewissen Erziehungsdefizits möglich war. Dies betonte bei solchen Eltern ohnehin schon vorhandene

Schuld- und Insuffizienzgefühle. Wiesner (im Druck) hat deshalb versucht, den Begriff des sekundären Erziehungsdefizits einzuführen, wobei er hierunter versteht, daß eine spezifische Ausgangslage beim Kind, wie z.B. ein hyperkinetisches Syndrom auch besondere Anforderungen an die pädagogische Kompetenz der Eltern stellt, so daß das erzieherische Defizit, welches durch Hilfen kompensiert werden soll, nicht aus einer Unfähigkeit der Eltern, sondern aus der schwierigen Ausgangslage resultiere. Allerdings muß hier festgestellt werden, daß der nun eingeführte § 35a KJHG, der den Kindern, die von einer seelischen Behinderung bedroht sind oder seelisch behindert sind, generell einen Anspruch auf Hilfen zugesteht, hier auch in der Beratung und im Umgang mit manchen Eltern eine entlastendere Ausgangsposition mit sich bringt.

1.5 Kinder und Jugendliche mit seelischen Problemen

Obwohl ich generell viele Vorbehalte gegen die tendenziell stigmatisierende Einführung eines Behindertenpersonenkreises in das KJHG und gegen die Ausgrenzung anderer Personengruppen von behinderten Kindern und Jugendlichen formuliert habe (z.B. Fegert 1993), bedeutet die Tatsache, daß psychische Probleme und kinderpsychiatrische Erkrankungen Anspruchsgrundlage für eine Hilfe darstellen können, einen wesentlichen Fortschritt für manche betroffenen Kinder. Wenn im § 27 Abs. 1 KJHG festgelegt wurde, daß die Personensorgeberechtigten Anspruch auf Hilfen zur Erziehung haben, so war es letztendlich davon abhängig, daß diese Sorgeberechtigten auch diesen Anspruch und den Bedarf kennen und für eine Umsetzung sorgen. Wie jahrzehntelange Forschung über psychosoziale Risiken zeigt, haben Eltern, die selbst erhebliche Probleme haben, häufiger Kinder mit psychischen Schwierigkeiten. Deshalb trägt eine Regelung, die "nur den mündigen Bürger" in der Elternrolle voraussetzt, genau den schwierigsten Fällen, sogenannten "Risikofamilien" (vgl. Kapitel 3, Abschnitt "Risikoforschung"), und vernachlässigenden, mißhandelnden Eltern und Familien, in denen sexueller Mißbrauch vorkommt, nicht Rechnung. In solchen extremen Verhältnissen entwickeln Kinder bisweilen hartnäckige **Symptome**. Die meisten neueren Autoren sind sich im Verständnis solcher Krankheitszeichen einig und interpretieren solche Symptome als krankhafte, aber situationsadäquate **Bewältigungsversuche**. In ihrem Bemühen, mit einer unerträglichen Situation umzugehen, machen die Kinder durch auffälliges Verhalten, z.B. durch Einkoten, durch Weglaufen, durch wiederholte Suizidversuche, durch selbstschädigendes Verhalten etc., erst auf sich aufmerksam, wobei sich schnell die in bestimmten Verhältnissen meist altersspezifischen Reaktionsweisen zu massiven Störungen verfestigen, die auch nach einer Änderung der Verhältnisse, nach dem Einsatz von Hilfen, in der Regel persistieren und einer kompetenten, manchmal auch jahrelangen Behandlung bedürfen. Es sind die schwächsten Kinder, die nicht mehr für sich sprechen können, sondern nur noch dadurch, daß sie anders sind, daß sie auffallen, verantwortlichen Erwachsenen den Anlaß bieten, ihnen Hilfe zukommen zu lassen. In Klinik und Praxis ist es wichtig, diese Symptome von Kindern auch als solche **Hilferufe** zu verstehen. Meine Berliner Erfahrung aus unserer großen universitären Poliklinik zeigt, daß viele Eltern aus extrem schwierigen sozialen Verhältnissen bei kaum mehr erträglichen Schwierigkeiten ihrer Kinder lieber eine ärztliche Institution aufsuchen, weil sie vom Jugendamt restriktive Maßnahmen (die übrigens häufig angebracht wären) befürchten. Ärzte für Kinder- und Jugendpsychiatrie und Psychotherapie, aber auch engagierte Kinderärzte, Hausärzte etc., sind hier in der privilegierten Situation, daß sie die als **Vorstellungsanlaß gewählte Symptomatik** des Kindes in der Kommunikation mit den Eltern ernstnehmen können und ihren Auftrag aus dieser Symptomatik und nicht aus dem von den Eltern befürchteten **Nachweis ihres erzieherischen Versagens** herleiten können. Das alleinige Abheben auf sogenanntes "erzieherisches Versagen" trägt auch der komplexen Realität bio-psycho-sozialer Wechselwirkungen bei der Entstehung psychischer Störungen und ihrer Auswirkungen auf die Familie nicht Rechnung. Kinder, die aufgrund bestimmter vorgeburtlicher oder geburtlicher Schäden oder aufgrund anderer biologischer Ursachen in ihrer Entwicklung beeinträchtigt sind, stellen zum Teil von Anfang an ihre Eltern vor eine ungleich schwierigere Erziehungsaufgabe. Wenn Eltern hier auf besonders schwierige Kinder reagieren und normale Entwicklungsziele nicht in den üblichen Zeiträumen erreicht werden können, liegt durchaus kein primäres erzieherisches Versagen vor. Die feststellbaren Defizite bzw. der erforderliche pädagogische Mehrbedarf läßt sich vielmehr als sekundäre Folge der schwierigen Ausgangslage des Kindes ansehen. Der § 35a KJHG bietet hier die Möglichkeit, in enger Zusammenarbeit mit der Jugendhilfe, ausgehend von der Problematik des Kindes, adäquate Lösungsstrategien zu suchen, wobei es hier dem behandelnden Arzt häufig gelingt, die **Schwellenängste der Eltern vor dem Jugendamt** zu mildern. Ich habe zum Beispiel in solchen schwierigen Fällen positive Erfahrungen damit gemacht, daß wir dann in den der Familie schon vertrauten Räumen der Klinik Helferkonferenzen mit allen Beteiligten durchgeführt haben. Allerdings gibt es auch einen gewissen kleinen Prozentsatz von Eltern, der selbst psychisch so auffällig ist, daß er vor allem mit der Situation größerer Helferrunden massiv überfordert ist (vgl. Fegert 1992). Diese Eltern erleben dann **Helferrunden als Tribunale** und verarbeiten die fachliche Diskussion um die geeignete Maßnahme als **Uneinigkeit der Experten**. Es kann deshalb in gut begründeten Einzelfällen wichtig sein, von bestimmten Vorgehensweisen bei der Beteiligung abzuweichen und zum Beispiel eine Runde zur Hilfeplanung ohne Eltern durchzuführen und es dann in Absprache mit dem Jugendamt dem behandelnden Arzt zu überlassen, zu dem die Eltern schon Vertrauen gefaßt haben, das Ergebnis einer solchen Beratung diesen Eltern zu vermitteln, so daß sich die Eltern dann nur noch zur Realisierung einer konkret besprochenen Maßnahme wegen der Umsetzung direkt an das Jugendamt wenden. In den Ausführungsvorschriften zum Berliner AGKJHG sind für ähnliche Fälle Regelungen vorgesehen, bei denen die entsprechenden, zuerst aufgesuchten Beratungsdienste (Erziehungsberatung oder auch Kliniken und Polikliniken) dann in gewisser Weise eine koordinierende Federführung bei der

Hilfeplanung, vor allem in der Kommunikation mit den Eltern, behalten und die zuständige Familienfürsorge im Jugendamt sich koordinierend um die Realisierung der Maßnahmen kümmert. In den meisten Fällen sind bei gutem Willen der Beteiligten auch in schwierigen Situationen überschaubare Hilfekonferenzen durchführbar. Sie sorgen für Transparenz für alle Beteiligten.

Nicht vergessen werden sollte, daß Kinder gerade bei schwerwiegenden Entscheidungen, die sie betreffen, ab einem gewissen Alter, abhängig von ihrer Symptomatik und ihrem Verständnis der Gesamtsituation, an diesen Runden beteiligt werden sollten. Bei Jugendlichen halte ich ihre Beteiligung für obligatorisch. Dieser Grundsatz, Kinder und Jugendliche an solchen Konferenzen zu beteiligen, findet seine Grenzen zum Beispiel bei Entscheidungen, aus Kinderschutzgründen ein Kind in einem Heim unterzubringen. Das Kind könnte in einem massiven Loyalitätskonflikt zwischen Eltern und "Kinderschützern" stehen. In den stationären Bereichen der Kinderschutzarbeit oder in Mädchenhäusern, aber auch bei den in der Klinik stationär behandelten Kindern, findet man recht häufig, daß diese Kinder sich gegenüber ihren Bezugspersonen anvertrauen und auch durch ihre allgemeine Verbesserung ihrer Symptomatik etc. sehr eindeutig klarmachen, daß es ihnen in dieser geschützten Umgebung besser geht. Im Beisein der Eltern werden sie aber im beschriebenen Loyalitätskonflikt teilweise auch aus massiver Angst (manche Kinder wurden erheblich bedroht) sich nicht entsprechend äußern können. Hier bedeutet dieser **Loyalitätskonflikt** zum Teil eine extreme Belastung für die Kinder. Da die Situation manchmal recht offensichtlich ist, gelingt es bisweilen, in einer Helferrunde in Abwesenheit des Kindes mit den Eltern eine "freiwillige" (angesichts der Fülle von vorliegenden belastenden Materialien) Zustimmung zu einer heilpädagogischen Förderung zu erreichen. Es ist dann günstiger, wenn die Kinder nicht an einem solchen **angespannten Aushandlungsprozeß**, der in der Realität kein gleichberechtigtes Überlegen von Maßnahmen, sondern aus guten Kinderschutzgründen eine gewisse, noch außergerichtliche Auseinandersetzung über das Kindeswohl darstellt, teilnehmen. Das positivste Resultat für kleine vernachlässigte oder mißhandelte Kinder läßt sich nach solchen Runden dann erzielen, wenn es gelingt, die Eltern davon zu überzeugen, daß sie ihrem Kind selbst die Entscheidung zur Fremdunterbringung mitteilen, daß sie dem Kind vermitteln, daß sie hinter dieser Maßnahme stehen und daß sie sich für eine weitere Aufrechterhaltung der Beziehung im Rahmen von Besuchskontakten usw. bereithalten, ohne das Einleben des Kindes in seine neue Umgebung aktiv zu durchkreuzen.

In vielen weniger komplizierten Fällen ist für den untersuchenden Kinder- und Jugendpsychiater oder erfahrenen Arzt die routinemäßige Teilnahme an Helferrunden aus ökonomischen Gründen nicht vertretbar. Häufig wird es ausreichen, daß eine ausgewogene ärztliche Stellungnahme über Anspruchsgrundlage und aus ärztlicher Sicht getroffene bzw. angezeigte Maßnahmen den Fachkräften beim Jugendamt für die Hilfeplanung vorliegt.

2 Behinderung –
Versuch einer Begriffsbestimmung

Der Begriff "Behinderung" spielte nach dem Zweiten Weltkrieg zunehmend eine Rolle bei der Definition von Personenkreisen, die aufgrund von längerfristigen Beeinträchtigungen ihrer Gesundheit, ihres körperlichen Wohlbefindens, ihrer Sinnesmöglichkeiten und/oder ihres seelischen Wohlbefindens Anspruch auf besondere Hilfen bzw. eine besondere Behandlung haben. Verschiedene Disziplinen haben vor allem für Teilbereiche Behinderungsbegriffe und Definitionen entwickelt, wobei die zugrunde liegende längerfristige Gesundheitsbeeinträchtigung offensichtlich einen Arzt, insbesondere den Facharzt, dazu zu prädestinieren schien, das Vorliegen einer solchen Beeinträchtigung festzustellen oder gegebenenfalls ihren Ausprägungsgrad auch noch zu quantifizieren. Behinderung ist aber m.E. primär kein medizinischer Begriff. In gängigen medizinischen Lehrbüchern und Nachschlagewerken findet man keine **allgemeine** Definition des Behinderungsbegriffs. Das gängigste medizinische Nachschlagwerk, der "Pschyrembel", verweist pragmatisch auf die sogenannte "Einschätzung der Minderung der Erwerbsfähigkeit" und rückt damit den Behinderungsbegriff wiederum in den Bereich der **Kommunikation** zwischen **medizinischer** (und anderer) **Diagnostik** und **Therapie** und den **Behörden** und **anderen Leistungsträgern** (wie z.B. Rentenversicherung, Sozialhilfe etc.) zur Sicherung bestimmter Schutzmaßnahmen und zur Gewährung von Formen der Unterstützung.

In der Pädagogik und vor allem in der Heilpädagogik bauen ganze Konzepte differenzierter Beschulung, z.B. in Sonderschulen, auf den Behinderungsbegriff auf. Jedoch distanzieren sich auch Pädagogen vom Terminus "Behinderung" und begreifen ihn als nicht eigentlich pädagogischen Begriff: "'Behinderung' und 'behindert' sind als solche keine 'einheimischen Begriffe' der Pädagogik. Sie werden aber pädagogisch bedeutsam, wenn der behinderte, der gebrechliche, der kranke oder der nach durchlaufenem Krankheitsprozeß invalide Mensch erzogen werden soll" (Bleidick 1974, S. 75). Auch Bleidick kommt zu der Ansicht, daß der Behinderungsbegriff im deutschen Sprachgebrauch in erster Linie unter gesetzgeberischen Gesichtspunkten z.B. für die Bereiche der Sozialhilfe oder der Arbeitsverwaltung definiert wurde. In diesen Bereichen werden einzelne sogenannte "Behinderungsgruppen" aufgezählt und die jeweiligen Ansprüche auf bestimmte Leistungen, z.B. im Rahmen der Eingliederungshilfe etc., formuliert. Ein allgemeines Konzept von Behinderung oder gar eine Definition des Begriffes findet sich allerdings auch im gesetzgeberischen bzw. im sozialadministrativen Bereich nicht.

Bleidick schlägt eine Differenzierung des Behinderungsbegriffes nach dem gesellschaftlichen Zusammenhang der Behinderung und nach ihrem Schweregrad vor. Er unterscheidet:

- **Soziale Behinderungen,** die er als Erschwerungen der sozialen Beziehungen in der Familie, der Gleichaltrigengruppe im öffentlichen Leben etc., ansieht;
- **individuale** (medizinisch auffällige) **Behinderungen,** denen er körperliche und psychische Behinderungen zuordnet, die den Betroffenen selbst in seinen Aktionen und Reaktionen beeinträchtigen;
- **berufliche Behinderungen,** die eine geeignete Beschäftigung erschweren und
- **schulische Behinderungen,** welche die Erziehung und Bildung hemmen und deshalb geeignete Erziehungs- und Bildungsmaßnahmen erfordern.

Ein zweites Konzept, das Bleidick in diesem Zusammenhang anspricht, ist die Schweregradeinteilung. Schweregradeinteilungen spielen sowohl in der Subdifferenzierung der Behindertenpädagogik als auch bei der Definition von Anspruchsgrundlagen offensichtlich eine Rolle, wobei die Grenzziehungen zum Teil willkürlich anmuten. In der ursprünglichen Formulierung im Bundessozialhilfegesetz versuchte der Gesetzgeber auch in bezug auf die psychischen Störungen einen erheblichen Schweregrad der Problematik dadurch zu fordern, daß er die Vokabel "wesentlich" mit in den Gesetzestext aufnahm. Nur seelisch wesentliche Behinderungen oder die drohende seelisch wesentliche Behinderung sollten Anspruchsgrundlage für eine Maßnahme der Eingliederungshilfe sein. Da der Begriff "wesentlich" aber völlig unpräzise ist, hat er nicht unwesentlich zur Verwirrung beigetragen, denn es war jeder Zeit möglich zu replizieren, daß jede Behinderung wesentlich sei, die Interventionen und Maßnahmen verlange. Aus pädagogischer Sicht unterscheidet Bleidick schwere Behinderungen, denen er Blindheit, Gehörlosigkeit, die schwere geistige Behinderung und schwere körperliche Behinderung zuordnet, und leichte Behinderungen, denen er Sehbehinderungen, Schwerhörigkeit, Lernbehinderung, leichte Körperbehinderung, Sprachstörungen und sogenannte "Verhaltensstörungen" zuordnet. Wie so häufig, wenn versucht wird, systematische Ordnung in einen Problembereich zu bringen, werden überschneidende Formen nicht erwähnt. Gerade im Bereich der schwersten Behinderungen sind jedoch Mehrfachbehinderungen häufig.

Definition:
Aus kinder- und jugendpsychiatrischer und psychotherapeutischer Sicht verstehe ich Behinderung bei Kindern und Jugendlichen als ein sekundäres Phänomen, als einen Folgezustand, der soziale Beziehungen und Handlungskompetenzen, die schulische und persönliche Entwicklung beeinträchtigt und die spätere berufliche Integration gefährden kann, wobei diese Beeinträchtigungen und das zugrunde liegende Krankheitsbild oder Leiden zu einer mehr oder weniger starken individuellen psychischen Belastung (Leiden) führen.

Der sozialmedizinische Begriff des **Leidens** und das in der Psychotherapie von diesem Begriff abgeleitete, auch als Maß für Therapiemotivation herangezogene Konstrukt des "Leidensdrucks" sind deshalb von Bedeutung, weil Leiden einen von der Norm abweichenden, länger andauernden Zustand bezeichnet, der eine Beeinträchtigung von Lebensfunktionen mit sich bringt. Dadurch wird der Anpassungsspielraum von Individuen verkleinert. Dies unterscheidet ein Leiden von einer akuten Erkrankung, die häufig die Anpassungsbreite noch weit erheblicher reduziert und zu einer mindestens teilweisen Funktionseinbuße wenigstens in einem der genannten Bereiche führt. Der Begriff des Leidens unterstreicht somit einerseits die Chronizität des Vorgangs, betont die Anpassungsversuche des Individuums an die zugrundeliegenden Gegebenheiten und ermöglicht einen Zugang zur Wahrnehmung der subjektiven Beeinträchtigung bei z.B. durch medizinische Diagnosen festgestellten Krankheiten. Diese subjektive Einschätzung (Leidensdruck) kann bei einzelnen Individuen, trotz einer ähnlichen zugrundeliegenden Problematik, erheblich variieren. Bei Kindern und Jugendlichen ist diese Dimension immer in bezug auf das gesamte Familiensystem in Betracht zu ziehen. Abhängig vom Alter des Kindes, von seinem Entwicklungsstand und Art und Ausprägung der Symptomatik können z.B. die Eltern mehr unter der Problematik des Kindes leiden. Auch Geschwisterkinder können durch die besondere Beachtung, die Kindern mit spezifischen Leiden über längere Zeit beanspruchen, in "Mitleidenschaft" gezogen werden. Hackenberg (1992, 1983) fand, daß Geschwister behinderter Kinder im Jugendalter eine Reihe von persönlichen Belastungen, die mit der Behinderung ihres Geschwisterkindes zusammenhängen, beschreiben. Dazu gehörten Einschränkungen der eigenen Entfaltungsmöglichkeiten, Zurücksetzung und Vernachlässigung in der Familie, Diskriminierung im sozialen Umfeld und auch "antizipatorische Befürchtungen hinsichtlich späterer Versorgungspflichten oder möglicher Behinderung bei eigenen Kindern" (Hackenberg 1992, S. 177). Allerdings sahen die meisten jugendlichen Geschwister auch positive Einflüße auf ihre Entwicklung, die sie als "soziale Einstellungen und eine positive, offene Haltung Behinderten gegenüber" bezeichneten. Geschlechts-, Geschwisterkonstellationen, Schwere der Behinderung des betroffenen Kindes und auch Schichtfaktoren zeigten eine gewisse Bedeutung für die Reaktionsformen der Geschwister. So waren z.B. im Jugendalter bei den Schwestern behinderter Kinder mehr Zeichen emotionaler Belastung und ein ausgeprägtere soziale Einstellung als bei Brüdern festzustellen. Für die jüngeren Geschwister von behinderten Kindern stellt die Autorin im Jugendalter stärkere Beeinträchtigungen in der "Identitätsbildung" fest. Deutlich wurde, daß bei Familien mit niedrigem sozioökonomischen Status die Geschwisterkinder mehr durch Betreuungspflichten beansprucht wurden und sich auch häufiger zurückgesetzt fühlten.

2.1 Gesellschaftliches Spannungsfeld und historische Dimension

Behinderte Menschen, d.h. Menschen, die chronisch von einer bestimmten Problematik erheblich betroffen sind, leben in unserer Gesellschaft in einem Spannungsfeld zwischen **Ausgrenzung** und **Integration**. Historisch war es sicherlich eine der Errungenschaften im Umfeld der Umbrüche der Bürgerlichen Revolution, daß einzelne Beeinträchtigungsformen differenziert wahrgenommen wurden. Die zunehmend komplexeren Produktionsprozesse hatten es erforderlich gemacht, voll leistungs- und arbeitsfähige Menschen von beeinträchtigten Individuen zu unterscheiden. Im Sinne einer zunehmenden **Differenzierung** verabschiedete man sich in Europa zu Beginn des 19. Jahrhunderts von einem globalen Konzept der "Schwachsinnigkeit" oder "Idiotie", das sowohl seelische Störungen als auch Sinnesbehinderungen und geistige Behinderung mit einschloß und entwickelte immer differenziertere **Nosologien** (systematische Krankheitslehren) in diesem Bereich. Das aufkeimende **wissenschaftliche Ordnen** und **Klassifizieren**, historisch ebenfalls ein wissenschaftliches Kind der bürgerlichen Revolution, führte neben den ökonomischen Bedingungen zu einer differenzierteren Betrachtung einzelner Problemlagen. Es entstanden so z.B. die **Taubstummenpädagogik**, die **Sehbehindertenpädagogik** und auch erste Einrichtungen für **schwer erziehbare Kinder** etc. Eine weitere zentrale, historisch in dieser Epoche wesentliche Dimension des wissenschaftlichen Denkens ist der **Entwicklungsgedanke**. Das allmähliche Erkennen der Grundlagen der körperlichen und seelischen Entwicklung des Menschen fällt in diese Zeit. Eine Beschäftigung mit Kindern und Jugendlichen, die Suche nach adäquaten Hilfen kann heutzutage den **Entwicklungsaspekt** nicht außer Acht lassen und geschieht vor dem Hintergrund gesicherter Kenntnisse über die körperliche, psychische und psychopathologische Entwicklung. Präventive Ansätze der **Gesundheitsfürsorge**, aber auch **staatliche Gesundheitskontrolle**, und die Separation der Gesunden von Kranken und "Krüppeln" ist ebenfalls eine bürgerliche Entwicklung, die ihre Wurzeln im ausgehenden 18. Jahrhundert hat. Häufig wird Johann Peter Franks "System einer medizinischen Polizey" als Ausgangspunkt von Sozialmedizin oder Sozialpädiatrie genannt. Eine ausführlichere Darstellung dieser historischen Dimensionen, die unseren Umgang mit Kindern und Kindern mit seelischen Schwierigkeiten bestimmt, habe ich an anderer Stelle vorgenommen (Fegert 1986).

Um die Jahrhundertwende entstanden erste spezifische kinderpsychologische Publikationen, die erste deutsche kinderpsychologische Zeitschrift hieß z.B. zu Beginn "Die Kinderfehler". "Der Struwwelpeter" des häufig als einer der Gründungsväter der Kinder- und Jugendpsychiatrie genannten Heinrich Hoffmann (Frankfurter Psychiater, der in der Frankfurter Psychiatrischen Klinik wohl die erste kinderpsychiatrische Station in Deutschland betrieben hat) spiegelt recht gut eine solche eher "vorwurfsvolle", auf Anpassung ausgerichtete Sichtweise wider. Sigmund Freud hat ebenfalls psychologische Wurzeln aus dem ausgehenden 18. Jahrhundert im Bereich der psychologisch-biographischen Introspektion aufgegriffen und hat durch die Begründung der Psychoanalyse den Weg zur psychotherapeutischen Behandlung auch von Kindern geebnet. Von ihm stammen die ersten Beschreibungen von Kinderanalysen. Durch die langjährige Überbetonung der Bedeutung der Mutter-Kind-Beziehung als einseitige Anspruchsformulierung an Mütter hat sie klassische psychoanalytische Literatur allerdings auch nicht unwesentlich zu Gefühlen des Versagens bei den Müttern betroffener Kinder beigetragen. Die neuere psychoanalytische Säuglingsforschung (Stern 1985; Lichtenberg 1983), die herausgestellt hat, daß die Entwicklung nicht allein von einer "gut genugen" Mutter abhängt, sondern daß der Säugling vom ersten Moment an ein kompetenter Interaktionspartner im Zusammenspiel mit seinen Eltern ist, hat die frühere einseitige Sichtweise relativiert und auf die Bedeutung von Bindung und Interaktion für die Entstehung psychischer Gesundheit und Krankheit hingewiesen.

Die sich nach der Jahrhundertwende zunehmend entwickelnde **Heilpädagogik** versuchte spezielle "Erziehung und Heilung" der den normalen gegenüber untergeordneten und von den normalen körperlich und psychisch abweichenden Kindern und Jugendlichen in einem pädagogischen Ansatz zu vereinen. Schon damals wurde die Zuständigkeit der Heilpädagogik ausgehend von einem Normbegriff definiert. Vértes nannte Heilpädagogik eine "Pädagogik der Abnormitäten": "Normal heißt all das, was sich mit den gewohnten, alltäglichen Begriffen, den oft wiederkehrenden Durchschnittswerten, den allgemeinen menschlichen Zielen (Selbsterhaltung, Anpassung an die Gesellschaft) deckt" (Vértes 1918, S. 7).

Ebenfalls um die Jahrhundertwende ist der Beginn der ehrenamtlichen und **staatlichen Sozialarbeit** anzusiedeln. Natürlich kann die Sozialarbeit auf eine jahrhundertlange, meist kirchlich geprägte Vorgeschichte aus der kirchlichen Armenpflege und dem Almosenwesen zurückblicken. 1899 wurden in Deutschland erste einjährige Ausbildungskurse für Sozialarbeit eingerichtet. Die Tatsache, daß es schon vor dem Ersten Weltkrieg neun soziale Frauenschulen gab, macht auch deutlich, daß die Beschäftigung mit Behinderten und Bedürftigen früh in unserer (patriarchalen) Gesellschaft, wie z.B. die Pflege, als Frauendomäne definiert war. Die staatlich organisierte Jugendschutzarbeit, die – übrigens teilweise mit wörtlicher Übernahme von Satzungen aus Tierschutzvereinen – sich erst dem Beispiel des Tierschutzes folgend entwickelte, führte schon in den 20er Jahren dieses Jahrhunderts zur Forderung nach präventiver Arbeit und zu einer Kritik an einer repressiven Fürsorgeerziehung. Der noch heute wirksame Konflikt zwischen einem möglichst **breiten Normalitätsbegriff** verbunden mit dem **Ziel der Integration** und der möglichst hohen **Differenzierung** verbunden mit spezifischer **Förderung** oder auch **Aussonderung** wird von da ab unablässig mit dieser Fragestellung verbunden bleiben. Ab 1933 wird in Deutschland die bis dahin sehr fortschrittliche Entwicklung radikal unterbrochen. Wichtig ist aber zu sehen, daß das Prinzip der Differenzierung gerade in diesen Zeiten seine Janusköpfigkeit voll zeigte. Cogoy et al. (1989) bzw. Bernhard (1992) haben gründlich erforscht, wie einerseits für bestimmte Patientengruppen erhebliche therapeutische Fortschritte erreicht wurden, während andererseits gleichzeitig die geplante "Ausmerzung" der Menschen, die für nicht rehabilitations- bzw. förderfähig erachtet wurden, begann. Auch in diesem Bereich gab es ein Zusammen-

wirken der sich zu dieser Zeit als Verband organisierenden Kinder- und Jugendpsychiatrie und den staatlichen Fürsorgebehörden, die diese Bezeichnung nicht
verdienten zu tragen. Die Aussonderung zur Tötung wurde z.B. im Rahmen der sogenannten "Aktion T4" durch ärztliche Gutachter festgestellt, die Behörden organisierten die Aussonderung, den Abtransport und unter ärztlicher Leitung fand dann
in speziellen Tötungsanstalten die Tötung der Betroffenen statt.

Bewegt man sich auf dem sensiblen Gebiet der Zusammenarbeit zwischen Kinderpsychiatrie und Jugendhilfe, ist es auch 50 Jahre nach Ende des Zweiten Welt-
kriegs nicht fehl am Platze, auf diese historischen Zusammenhänge zu verweisen.
Die Tatsache, z.B. daß sich derzeit weder die Jugendhilfe noch die Jugendpsychiatrie und auch nicht die Justiz in der Lage sieht, dissoziale Jugendliche mit ungünstiger Prognose adäquat zu betreuen, und derzeit jede Berufsgruppe dazu tendiert, den "Schwarzen Peter" der anderen Berufsgruppe zuzuschieben, mag, wenigstens zum Teil, aus dieser gemeinsamen historischen Belastung herrühren. Indem
man sich von einer bestimmten Klientel distanziert, scheint man sich gleichsam von
den gemeinsam begangenen Aussonderungsverbrechen reinwaschen zu wollen.

Dies führt dazu, daß unzureichende, völlig pauschale Debatten über Notwendigkeit und Zuständigkeit geschlossener Unterbringung von schwerst dissozialen Jugendlichen geführt werden, wobei dann wiederum relativ beliebig – dem St. Flo-
rians-Prinzip entsprechend – jeweils behauptet wird, daß die andere Seite für eine
solche geschlossene Unterbringung bzw. ein Verwahren der Jugendlichen und einen Schutz der Gesellschaft vor diesen Jugendlichen verantwortlich sei. Da wenigstens die Kinder- und Jugendpsychiatrie und auch die Jugendhilfe zentral auf die
Rehabilitation abzielen sollten und auch die Justiz im Jugendlichenbereich sich
erzieherischem Gedankengut verpflichtet sieht, scheint es unsinnig, die Debatte um
die Versorgung schwer dissozialer Jugendlicher allein am Kriterium "geschlossene
Unterbringung" festzumachen, es sei denn, man versucht diesen Konflikt durch rhe-
torisches Ausgrenzen und durch Stigmatisierung der jeweils anderen Berufsgruppe
als "Gefängniswärter" und "Verwahrer" anzugehen. Zu adäquaten Hilfen wird man
allerdings nur in der Zusammenarbeit und nicht durch die jeweilige Abgrenzung
kommen. Ich bin deshalb auch nicht der Ansicht Klees (1993), daß es sich bei der
Zusammenarbeit zwischen Kinderpsychiatrie und Jugendhilfe grundsätzlich um eine
"unheilige Allianz" handele. Gerade wenn wir die extreme historische Belastung und
die Schuld, die beide Professionen in ihrem Zusammenwirken auf sich geladen
haben, im Auge haben, können wir unserer historischen und ethischen Verantwortung gerecht werden und uns um einen anderen Umgang mit dem Anderssein bemühen.

Es war wohl auch diese historische Belastung, die **nach dem Krieg** allmählich die
sicher teilweise **euphemistische Einführung des Behindertenbegriffs** in unserem
Sprachgebrauch mit sich brachte, waren doch die Bezeichnungen "Schwachsinnige,
Krüppel" etc. ideologisch so eng mit Begriffen wie "Ballastexistenzen" und der
damit verbundenen Forderung nach deren Ausmerzung verbunden.

Der globale Behinderungsbegriff, nicht die im einzelnen für die Jugendhilfe relevanten Formen der Behinderung, gibt sich quasi ahistorisch, seine Entstehungsgeschichte läßt sich in keinem gängigen Lexikon finden, in den meisten Werken finden sich ohnehin nur die Stichwörter Körperbehinderung oder geistige Behinderung und auch ein speziell zur Klärung dieser Begriffsfrage von der "Deutschen Forschungsgemeinschaft" 1976 veranstaltetes Symposium führte nicht zu einer Verständigung über den Behinderungsbegriff. Rauschenbach (1980, S. 446) hat dieses Dilemma, daß sich der Tatbestand Behinderung weder hinreichend bestimmen lasse, noch in seiner Abgrenzung zur Auffälligkeit, zur Nicht-Behinderung, Normalität, zur Krankheit etc., eindeutig definieren lasse, unterstrichen: "Der Mediziner, der Behinderungen auf organische Defekte reduziert, verkennt die Problematik ebenso wie der Pädagoge, der die subjektive Betroffenheit und das Leiden des Einzelnen zwar im Kontext insuffizienter Lebensverhältnisse begreift, gleichwohl diesen subjektiven Faktor in seiner Handlungsrelevanz unterschlägt." Er kritisiert an einer "medizinisch organisch fixierten Betrachtungsweise", daß sie gerade **alltagspraktisch wesentliche Momente**, wie **soziale Isolation, Stigmatisierung und Benachteiligung** der behinderten Kinder und Jugendlichen nicht konstitutiv in ihr Verständnis und ihre Handlungsimplikationen aufnehme.

In § 124 Abs. 4 BSHG finden wir folgende *Definition* der Behinderung:

---

1. Eine nicht nur vorübergehende, erhebliche Beeinträchtigung der Bewegungsfähigkeit, die auf dem Fehlen oder auf Funktionsstörungen von Gliedmaßen oder auch auf anderen Ursachen beruht,
2. Mißbildungen, Entstellungen und Rückgratverkümmungen, wenn die Behinderungen erheblich sind,
3. eine nicht nur vorübergehende, erhebliche Beeinträchtigung der Seh-, Hör- und Sprachfähigkeit,
4. eine erhebliche Beeinträchtigung der geistigen oder seelischen Kräfte oder drohende Behinderungen dieser Art.

Systematisch unterscheiden könnte man also
☐ **Sinnesbehinderungen** wie Gehörlosigkeit (Taubheit), Schwerhörigkeit, Blindheit und **Sprachbehinderungen**,
☐ **Körperbehinderungen** und
☐ **intellektuelle Defizite**, Lernbehinderungen und geistige Behinderungen, und
☐ **seelische Behinderungen**.

In bezug auf Kinder und Jugendliche bedeutet "Behinderung" nach Jantzen (1976) und Pfäfflin (1987) "die Verhinderung von Entwicklungsmöglichkeiten (Individuation) und Handlungskompetenzen (Sozialisation). Trotz – und das ist für das Leben des Einzelnen entscheidend – vorhandener gesellschaftlicher Möglichkeiten". Lempp (1994, S. 17 ff.) hat eine kurze historische Einordnung der unterschiedlichen Behinderungsformen gegeben und geht davon aus, daß der Begriff der Behinderung zunächst "an die körperlichen Beeinträchtigungen" gebunden gewesen sei. Rauschenbach (1980) berichtet, daß zunächst in den 50er Jahren der Begriff der Körperbehinderung in den medizinischen und allgemeinen Sprachgebrauch kam. Der Behinderungsbegriff für intellektuelle Defizite habe sich erst später durchgesetzt und erst in den 70er Jahren seien auch psychische Beeinträchtigungen als mögliche relevante Behinderungen diskutiert worden. Während Sonderpädagogen allgemeine Kriterien der schulischen Bildbarkeit und der Integrationsmöglichkeit in einem Klassenverband als Maß der Behinderung nehmen und sich dabei teilweise testpsychologischer Untersuchungsmethoden zur Quantifizierung eines intellektuelles Defizits bedienen, betonen z.B. manche Sozialpädagogen, daß es nicht primär um objektiv richtige Zuordnungen gehen könne, sondern daß aus der Problemlage selbst heraus ein hermeneutisches Verständnis der Situation Behinderter und von Behinderung Bedrohter im Einzelfall entstehen müsse. Schmidt (1990) brach aus kinder- und jugendpsychiatrischer Sicht eine Lanze für die empirische Untersuchung allgemeiner Zusammenhänge für die Entstehung und den Verlauf psychischer Probleme, da eine alleinige hermeneutische Betrachtungsweise zwar ein Verstehen von Krankheit erlaube, aber kein präventives Handeln ermögliche.

Die Weltgesundheitsorganisation (WHO 1980) schlägt die Unterscheidung von *"impairment"* (Schädigung), "disability" (Funktionseinschränkungen) und *"handicap"* (Beeinträchtigungen) vor. Schädigungen sind die beschreibbaren Krankheitssymptome, wie sie im medizinischen und psychopathologischen Befund (siehe Kapitel 4.3.4.) vom untersuchenden Arzt dargestellt werden. Die häufig aus diesen zugrundeliegenden Störungen im sozioemotionalen oder kognitiven Bereich resultierenden funktionellen Einschränkungen (*disability*) beziehen sich auf das Zurechtkommen in der Schule oder in der Ausbildung, das Ausfüllen sozialer Rollen bzw. die soziale Anpassung, die Alltagsbewältigung, die Fähigkeit zum Aufbau und Pflege sozialer Beziehungen und zur Nutzung von Hilfsangeboten (vgl. Arbeitshilfe für die Rehabilitation psychisch Kranker, 1992). Zur sozialen Beeinträchtigung (*handicap*) ist zum Beispiel der Ausschluß vom Schulbesuch, die schulische Ausgrenzung, soziale Isolation, Stigmatisierung und Diskriminierung zu rechnen.

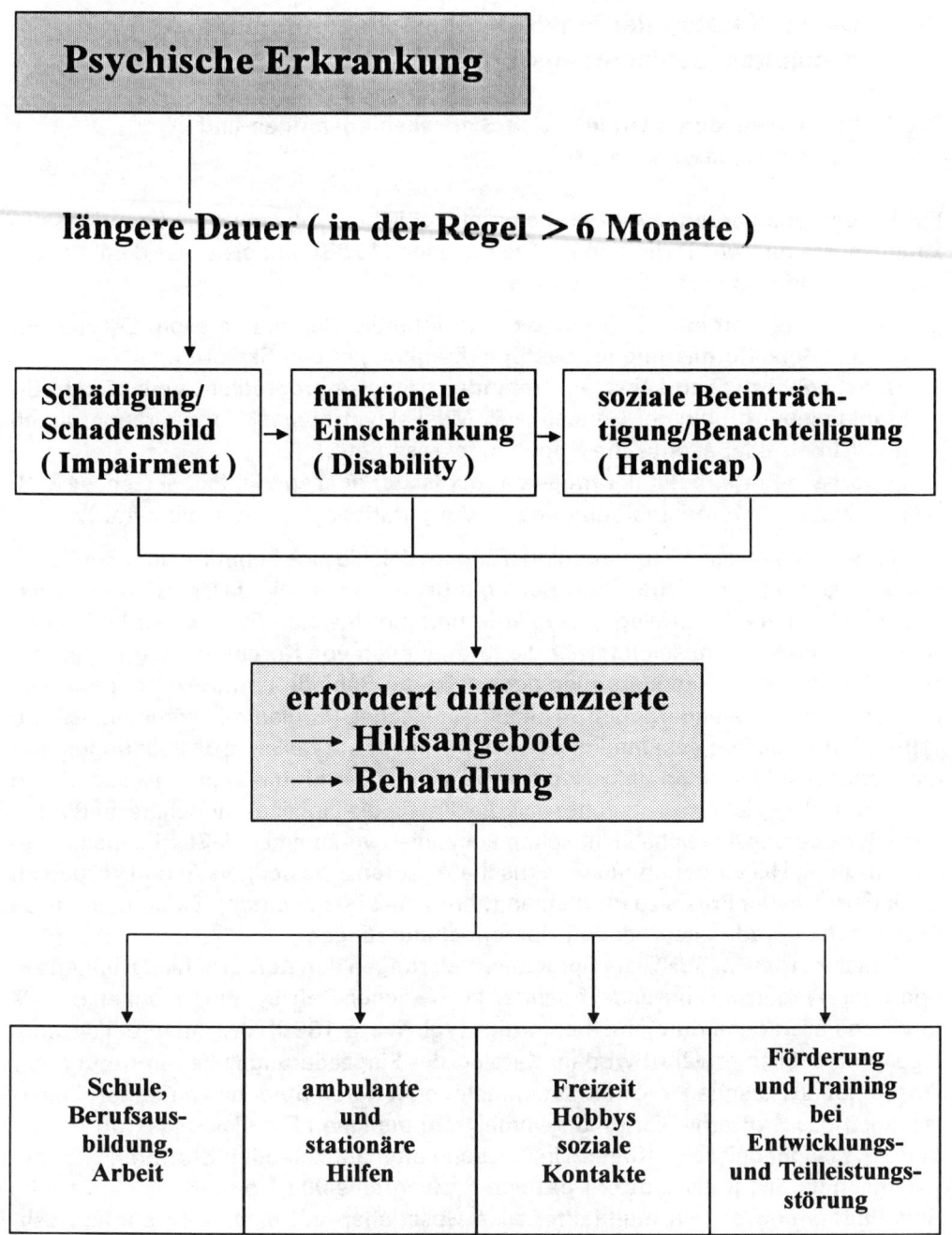

Psychische Erkrankung

längere Dauer (in der Regel > 6 Monate)

| Schädigung/ Schadensbild (Impairment) | → | funktionelle Einschränkung (Disability) | → | soziale Beeinträch- tigung/Benachteiligung (Handicap) |

erfordert differenzierte
→ **Hilfsangebote**
→ **Behandlung**

| Schule, Berufsaus- bildung, Arbeit | ambulante und stationäre Hilfen | Freizeit Hobbys soziale Kontakte | Förderung und Training bei Entwicklungs- und Teilleistungs- störung |

Für den Rehabilitationsbedarf von Kindern und Jugendlichen modifiziert nach: "Psychische Krankheiten und Behinderungen:
Auswirkungen und Hilfen, in: Empfehlungen der Expertenkommission der Bundesregierung zur Reform der Versorgung im psychiatrischen und
psychotherapeutisch/psychosomatischen Bereich auf der Grundlage des Modellprogramms Psychiatrie der Bundesregierung, Bonn 1988, S. 110.

2.2 Die im Katalog der Eingliederungshilfeverordnung zu § 47 genannten Behinderungsformen

2.2.1 Körperbehinderungen inklusive Sinnesbehinderungen und Sprachbehinderungen

Für **Körperbehinderungen** gibt es keine einheitlichen, allgemein gültigen Klassifikationssysteme bzw. Definitionen. Steinhausen (1988) teilt sie unter dem Aspekt der Genese in drei große Gruppen ein:

1. **Angeborene Körperbehinderungen** (z.B. infantile Cerebralparesen, Dysmelien, Gliedmaßendeformierungen, Systemerkrankungen des Skeletts).
2. Im **nachgeburtlichen Leben auftretende, teilweise progredient verlaufende Erkrankungen** oft unklarer Genese (z.B. Muskeldystrophien, Formveränderungen der Wirbelsäule, aseptische Knochennekrosen etc.).
3. **Erworbene Körperbehinderungen traumatischer oder entzündlicher Genese** (z.B. Unfallfolgen, erworbene Lähmungen, Amputationen, Poliomyelitis etc.).

Gemeinsam sei allen Körperbehinderungen, daß sie eine Fehlform oder Fehlfunktion des körperlichen Stütz- und Bewegungsapparates, die das Kind in der Ausübung altersgemäßer Bewegungsabläufe und motorischer Funktionen behindert, darstellen. Bedeutsam seien ferner die Kombination von Körperbehinderungen mit zusätzlichen Sinnesbehinderungen oder geistiger Behinderung. Sekundär kann es bei vielen Körperbehinderungen zu einer psychischen Problematik kommen. Lempp (1994) hat in diesem Zusammenhang vor allem auf entstellende Mißbildungen und die daraus resultierenden Selbstwertprobleme der Betroffenen hingewiesen. Allein die empirisch gesicherte Tatsache, daß die drei für die Eingliederungshilfe maßgeblichen Behinderungsbereiche nicht selten kombiniert vorkommen, läßt erkennen, weshalb die im KJHG vorgenommene faktische Ausgrenzung der geistig und körperlich Behinderten in der Praxis zu Problemen führen muß (siehe unten). Eklatant ist diese Problematik gerade auch bei den Sprachbehinderungen.

Primär werden im BSHG die **Sprachbehinderungen** den Körperbehinderungen zugeordnet. Wegen der zugrundeliegenden körperlichen Defizite und Ursachen ist dies in vielen Fällen auch durchaus berechtigt (vgl. Wirth 1990). Als Anspruchsgrundlage ausdrücklich erwähnt wird im Katalog der Eingliederungshilfeverordnung § 1 Abs. 6 neben Personen, die stark stammeln, oder deren Sprache stark unartikuliert ist, auch das Stottern. Sieht man einmal vom benignen Entwicklungsstottern ab, einem passager bei vielen Kindern im Vorschulalter auftretenden Stotteransatz, der eigentlich gar nicht als Stottern bezeichnet werden sollte, so muß die chronische Redeflußstörung als ein multifaktorielles Geschehen mit einer sehr starken psychischen Komponente angesehen werden. Andererseits ist Stottern bei Menschen mit geistiger Behinderung am häufigsten anzutreffen (Cooper 1986). Beim Down-Syndrom z.B. werden sehr hohe Auftretenswahrscheinlichkeiten um 40% berichtet. Auch an diesem Problem wird deutlich, daß sich viele multifaktoriell bedingte

Behinderungsformen nicht sinnvoll einer einzigen Behinderungsart zuordnen lassen. Selbst wenn im Katalog der Eingliederungshilfeverordnung das starke Stottern explizit als ein Beispiel für eine körperlich wesentliche Behinderung genannt wird und deshalb diese Zuordnung naheliegend ist, sind häufig psychotherapeutische Hilfen oder kombinierte pädagogische und psychotherapeutische Hilfen, wie sie nach § 27 Abs. 3 oder § 35a KJHG auch möglich sind, angebracht (vgl. Schulze 1989). Die bei entwicklungsverzögerten Kindern sehr häufigen Sprachentwicklungsverzögerungen sind eine Domäne der Frühförderung. Provokativ richtete sich Hellbrügge (1986) gegen Sonderpädagogen, wie z.B. Speck (1990), wenn er aus medizinischer Sicht den Frühförderungsbegriff angreift: "Förderung ist existenziell ein pädagogischer Begriff, der dem Denken der Schullaufbahn entstammt in dem Sinne, daß ein Kind durch pädagogische Maßnahmen schneller vorangebracht wird (gefördert wird)". Seiner Ansicht nach sei eine von Sonderpädagogen durchgeführte Frühförderung trotz ihres Anspruchs, eine ganzheitliche Förderung zu sein, ein "die Sonderschule verstärkendes Modell und das die Sonderschule erhaltende Modell". Er propagierte demgegenüber ein medizinisch orientiertes Konzept der "Entwicklungsrehabilitation", welches für die in der Zwischenzeit zunehmend entstandenen sozialpädiatrischen Zentren, in denen ebenfalls multiprofessionell gearbeitet wird, bestimmend wurde. Lempp (1994) hat darauf hingewiesen, daß im Zusammenhang mit Entwicklungsstörungen von Kindern die Verwendung des Begriffs "Rehabilitation" eigentlich unsinnig sei, vielmehr handele es sich um ein erstes In-die-Lage-versetzen (Habilitation). Da viele Sprachentwicklungsverzögerungen und Artikulationsstörungen sowie die dysgrammatische Sprache vor allem bei Kindern mit Intelligenzdefiziten, gerade auch im Lernbehindertenbereich, gehäuft vorkommen, stellt auch dieser Personenkreis hinsichtlich seiner Zuordnung BSHG versus KJHG ein Problem dar. Angesichts der bestehenden Gesetzeslage könnte pragmatisch für diesen Personenkreis eine generelle, primäre Zuordnung zum Personenkreis der körperlich wesentlich Behinderten vorgenommen werden, wobei wiederum die multifaktorielle Genese außer acht gelassen würde. Da ein nicht zu unterschätzender Teil dieser Kinder aber auch aus Familien kommt, die Hilfen zur Erziehung benötigen, wäre auch für diese Kinder eine Kombination von Eingliederungshilfen und Hilfen zur Erziehung häufig sinnvoll. Durch die artifizielle Trennung zwischen körperlich und geistig behinderten Kindern und den übrigen Kindern (inklusive der von einer seelischen Behinderung bedrohten Kinder) sind hier neue Zuständigkeitsgrenzen entstanden, die unweigerlich zu Abgrenzungen führen und in der Praxis in bedauerlichen Einzelfällen schon die Folge hatten, daß die Eltern betroffener Kinder zwischen den sich nicht zuständig fühlenden Behörden hin- und hergeschickt werden.

Ähnliche Feststellungen kann man für die Sinnesbehinderungen treffen. Der Katalog der Eingliederungshilfeverordnung nennt in § 1 Abs. 4 Blinde oder solche Sehbehinderte, bei denen mit Gläserkorrektion ohne besondere optische Hilfsmittel a) auf dem besseren Auge oder beidäugig im Nahbereich bei einem Abstand von mindestens 30 cm oder im Fernbereich eine Sehschärfe von nicht mehr als 0,3 besteht, oder b) durch den Buchstaben a nicht erfaßte Störungen der Sehfunktion von entsprechendem Schweregrad vorliegen, und 5. Personen, die gehörlos sind oder denen eine sprachliche Verständigung über das Gehör nur mit Hörhilfen möglich ist, 6. Personen, die nicht sprechen können, "Seelentaube" und "Hörstumme".

Auch bei diesen betroffenen Kindern bietet der eben zitierte Katalog zum § 47 BSHG eine klare Zuordnungsmöglichkeit, empirisch ist jedoch der Zusammenhang mit anderen Behinderungen und auch die Häufigkeit psychischer Probleme, z.B. bei schweren Hörschädigungen, gut belegt. Kammerer (1988) untersuchte eine Gesamtstichprobe von 274 zehn- bis dreizehnjährigen schwerhörigen und gehörlosen Kindern und fand eine hohe Rate entwicklungsneurologischer Auffälligkeiten. Auch kinderpsychiatrisch relevante Symptome, z.B. erhoben mit der Achenbach'schen "Child Behavior Checklist", kamen in seiner Stichprobe sehr häufig vor. Er betont besonders die Bedeutung des hyperkinetischen Verhaltens stark hörgeschädigter Kinder, bei dem der Zusammenhang zwischen organischen Belastungsfaktoren und Kommunikationsproblemen besonders deutlich sei.

Die spezifischen Regelungen zur Blindenhilfe finden sich in § 67 BSHG.

2.2.2 Geistige Behinderung

Geistige Behinderung wurde früher in Deutschland als Schwachsinn oder medizinisch häufig als Oligophrenie bezeichnet. Im englischen Sprachraum ist der Begriff "mental retardation" gebräuchlich. Das Retardierungskonzept ist zwar in seiner Anwendung auf Kinder sehr angemessen und für die Eltern betroffener Kinder häufig die akzeptabelste Formulierung. Allerdings muß festgestellt werden, daß es sich bei Oligophrenien nicht um behebbare Entwicklungsverzögerungen handelt, sondern häufig um a priori eingeschränkte Entwicklungsmöglichkeiten. Der deutsche Bildungsrat schlug 1973, u.a. als Reaktion auf die Kritik an einseitig am Intelligenzquotienten orientierten klinisch medizinischen Definitionen folgende *Begriffsbestimmung* vor:

"Als geistig behindert gilt, wer infolge einer genetischen, organischen oder anderweitigen Schädigung in seiner psychischen Gesamtentwicklung und seiner Lernfähigkeit so sehr beeinträchtigt ist, daß er voraussichtlich lebenslang sozialer und pädagogischer Hilfen bedarf. Mit den kognitiven Beeinträchtigungen gehen solche der sprachlich, sozialen, emotionalen und motorischen Entwicklung einher".

In der sogenannten "Psychiatrie-Enquête" (1975) wird geistige Behinderung wie folgt definiert:

"Kinder, Jugendliche und Erwachsene, deren geistige Entwicklung durch angeborene oder erworbene Störung vorübergehend oder auf Dauer hinter der al-
tersgemäßen Norm zurückgeblieben ist, so daß sie für ihre Lebensführung besonderer Hilfen bedürfen... Mit der geistigen Behinderung sind oft Beeinträchtigungen der Sprache, der Motorik, der Sinnesleistungen, des Verhaltens, der
emotionalen und Persönlichkeitsentwicklung sowie der sozialen Anpassung
verbunden."

Von den Oligrophrenien müssen ätiologisch die Demenzen, d.h. intellektuelle Ab-
bauprozesse, abgegrenzt werden. Im allgemeinen Sprachgebrauch finden sich nach
wie vor für die unterschiedlichen Schweregrade der geistigen Behinderung diskriminierende und stigmatisierende Bezeichnungen. Die Weltgesundheitsorganisation hat in der Internationalen Klassifikation psychischer Störungen (ICD-10,
Kapitel 5) folgende Einteilung vorgeschlagen:

1. leichte geistige Behinderung (ungefährer IQ-Wert zwischen 50 und 70),
2. mittelgradige Intelligenzminderung (oder mäßige geistige Behinderung DSM-
   III-R), ungefährer IQ-Wert zwischen 35 und 50,
3. schwere geistige Behinderung und schwerste geistige Behinderung (IQ
   <35).

Die leichteren geistigen Behinderungsformen sind sehr viel häufiger. Personen
mit leichter Intelligenzminderung zeigen zwar eine verzögerte Sprachentwicklung,
erwerben jedoch ausreichende kommunikative Fähigkeiten für eine Alltagskonver-
sation und sind zu einer unabhängigen Selbstversorgung (Essen, Waschen, Anziehen, Darm- und Blasenkontrolle, Regelhygiene) in der Lage. Nur ca. 5% aller geistig
behinderten Menschen gehören zum Personenkreis der schwer bzw. schwerst geistig Behinderten. Die "Bundesvereinigung Lebenshilfe" (1978) schlug vor:

"Als schwer geistig behindert anzusehen ist,
☐ wer ständig für alle täglichen Verrichtungen weitgehend von individueller
   Hilfe und Pflege abhängig ist,
☐ wer erhöhter medizinischer und therapeutischer Betreuung bedarf,
☐ wer nicht erkennbar über Gesten und Sprache Kontakt mit der Umwelt auf-
   nehmen kann,
☐ wer über kaum feststellbare eigengesteuerte Bewegungsabläufe verfügt,
☐ wer ständig sich selbst oder andere gefährdet,
☐ wer einer intensiven Einzelförderung bedarf."

Andere Autoren benutzen für diesen Personenkreis die Vokabel "intensiv" behindert (Speck 1980). In der Psychiatrie-Enquête wird der Personenkreis der schwerst Behinderten folgendermaßen umschrieben:

> "Schwerst- und mehrfach Behinderte sind zeitlebens oder über längere Zeit hinweg bettlägrig, bewegungsgestört bis zur Bewegungsunfähigkeit, an einem oder mehreren Sinnesorganen geschädigt, nicht ansprechbar, antriebslos und verhaltensgestört".

Allgemein liegt die Prävalenz für geistige Behinderung im Schulalter in Deutschland um 0,8%. Jungen sind häufiger von geistiger Behinderung betroffen als Mädchen. Ätiologisch unklar sind ca. 60% der Oligophrenien. Die restlichen Formen geistiger Behinderung mit bekannter Ursache lassen sich in exogen verursachte (prä-, peri- oder postnatale Hirnschädigung), in metabolisch bedingte Oligophrenien sowie erblich syndromatische Formen und Chromosomenaberrationen einteilen. Geistig Behinderte haben ein um drei- bis viermal **höheres Risiko** für eine **psychiatrische Störung**, d.h. Kombinationen von geistiger Behinderung und seelischer Störung bzw. Behinderung sind nicht selten (vgl. Neuhäuser, Steinhausen 1990).

2.2.3 Seelische Behinderung und drohende seelische Behinderung

Noch unbestimmter ist der Begriff der "**seelischen Behinderung**", welcher offensichtlich erhebliche Schwierigkeiten im Leistungsbereich, in der Bewältigung von Alltagsaufgaben sowie in den sozialen und kommunikativen Beziehungen als Folgezustand oder Begleitumstand einer psychischen Erkrankung beschreibt. Es ist unstrittig, daß auch klassische "neurotische" Erkrankungen zu schwerer Invalidität oder zum Beispiel über selbstschädigendes Verhalten oder Selbstmordversuche bis hin zum Tod führen können. Wurmser (z.B. 1994) hat wiederholt darauf hingewiesen, daß die Psychoanalyse, die gerade im Bereich der sogenannten "Richtlinienpsychotherapie", wie sie in Deutschland von den Krankenkassen (vgl. SGB V) finanziert wird, heute ein eingeschränktes Spektrum von zunehmend leichteren Störungsbildern mit guter Prognose behandele, während Freud seine Technik an erwachsenen Patienten entwickelt habe, die "dauernd existenzunfähig" gewesen seien:

"In Wirklichkeit habe ich meine therapeutische Methode nur an schweren und schwersten Fällen ausarbeiten und versuchen können; mein Material waren zuerst nur Kranke, die alles erfolglos versucht und durch Jahre in Anstalten geweilt hatten" (Freud: Gesammelte Werke V, S. 20).

In einer etwas polemischen Replik auf den Artikel von Thomas und Schmitz (1993) "Zur Effektivität ambulanter Psychotherapien" widersprechen Richter et al. (1994) der Annahme, daß psychoanalytische Therapie eher eine langwierige Behandlungsform mit schwer messbarer Effektivität für weniger schwer gestörte Patienten darstelle. Sie zitieren Thomas und Schmitz aus einem persönlichen Schreiben und machen dies zur Überschrift ihrer Entgegnung: "Die Kränkesten gehen in eine psychoanalytische Behandlung".

Da für die volle Ausprägung einer seelischen Behinderung offensichtlich in den meisten Fällen die Chronizität des Leidens eine große Rolle spielt, muß für das Kindes- und Jugendalter in vielen Fällen die Anwendung dieser Begrifflichkeit problematisch sein. Es versteht sich von selbst, daß die objektive Feststellung eines dermaßen schlecht definierten Behinderungsbegriff kaum möglich ist. Es gibt zwar international gültige Übereinkünfte über Diagnosekriterien für bestimmte Störungsbilder, wie sie in den Manualen der Weltgesundheitsorganisation (ICD-10) oder der "Amerikanischen Psychiatrischen Gesellschaft" (DSM-III-R bzw. DSM-IV) niedergelegt sind, doch intendieren diese Definitionen mit auf fachlichen Vereinbarungen beruhenden Diagnosekriterien nicht eine globale objektive Zuordnung zum Personenkreis der "seelisch Behinderten" (vgl. Lempp 1994, S. 19): "Grundsätzlich ist die objektive Feststellung einer Behinderung eine ziemlich willkürliche Setzung". Lempp schlägt deshalb vor, vor allem die **"intersubjektive"** Seite einer Behinderung, d.h. das Ausmaß der durch die Behinderung bedingten Beziehungsstörungen zwischen den betroffenen Menschen und seinen Mitmenschen, als Kriterium heranzuziehen und auch die **subjektive** Seite der Behinderung (vgl. Rauschenbach 1980) nicht außer acht zu lassen.

Nimmt man die zentrale Bedeutung der Dimension **Entwicklung** für das Kindes- und Jugendalter ernst, muß im Gegensatz zu körperlichen und geistigen Behinderungen im Umgang mit psychischen Schwierigkeiten bei Kindern und Jugendlichen das Hauptaugenmerk auf die sogenannte **"Bedrohung"** von einer Behinderung gelegt werden. Noch im § 123 BSHG wurden die von einer Behinderung Bedrohten den Behinderten gleichgestellt. Während viele Formen der Körperbehinderung und generell die geistige Behinderung nicht vorübergehender Natur sind und die Maßnahmen und unterschiedlichen Hilfen auf eine Minderung der Folgen der spezifischen Beeinträchtigung abzielen, gibt es im Bereich der psychischen Störungen empirisch gesichertes Wissen über die Prognose einzelner, konventionell definierter Krankheitsbilder und deren Chronifizierungstendenz unter bestimmten Bedingungen. Dies bedeutet, daß eine **umfassende Diagnostik**, die neben der Feststellung der jeweiligen psychopathologischen Symptomatik auch eine differenzierte Einschätzung des Entwicklungsstandes, des Intelligenzniveaus, körperlicher Begleiterkrankungen oder Grunderkrankungen, und unterschiedlicher psychosozialer Risiken beinhaltet, eine Feststellung zuläßt, ob die untersuchten Kinder bei Unterbleiben geeigneter Hilfs- und Therapiemaßnahmen von einer Entwicklung bedroht sind, die sie in ihren Beziehungen beeinträchtigt, die ihr Leistungsniveau herabsetzen, die ihre spätere Teilnahme am regulären Arbeitsprozeß infragestellt, und die sie subjektiv mehr oder weniger erheblich beeinträchtigt (je nach Krankheitsbild teilweise schweregradunabhängiger, völlig unterschiedlicher Leidensdruck).

Der § 35a SGB VIII "Eingliederungshilfe für seelisch behinderte Kinder und Jugendliche" sagt im Eingangssatz: "Kinder und Jugendliche, die seelisch behindert

oder von einer solchen Behinderung bedroht sind, haben Anspruch auf Eingliederungshilfe". Beachtet man bei der Auslegung des Wortlautes auch die historische
Dimension, d.h. die Herkunft dieser Bestimmung aus dem Kontext der Eingliederungshilfe im Bundessozialhilfegesetz, kann der Wegfall des Wortes *"wesentlich"*
(wesentliche seelische Behinderung) nicht unbeachtet gelassen werden. Indem der
Gesetzgeber offensichtlich auf einen Zusatz verzichten wollte, der einen gewissen
erheblichen Schweregrad festlegte, ohne diese arbiträre Festsetzung inhaltlich zu
spezifizieren, kann und muß davon ausgegangen werden, daß jede drohende seelische Behinderung als Anspruchsgrundlage nach § 35a Berücksichtigung finden
muß. Jeder determinierende Faktor, sei es aufgrund der spezifischen bekannten
Krankheitsprognose, sei es aufgrund prognosebeeinflussender agravierender oder
belastender Merkmale, ist hier zu berücksichtigen. Rechtssystematisch paßt der
jetzige § 35a nur teilweise in den Zusammenhang der Hilfen zur Erziehung (§ 27
ff.). Während im Kontext der Hilfen zur Erziehung Problemlagen beschrieben werden und spezifische Hilfen als Lösung, z.B. im Rahmen einer Hilfeplanung, empfohlen werden, bildet beim § 35a leider wiederum die Zuordnung zu einem Personenkreis die Anspruchsgrundlage für Maßnahmen der Eingliederungshilfe. Ich bin
allerdings der Ansicht, daß in der Praxis dieser Widerspruch dadurch aufgelöst
werden kann, daß **nicht** primär in stigmatisierender Weise Kinder als seelisch behindert (diese Formulierung dürfte in dieser definitiven Form sehr häufig auch nicht zutreffen) stigmatisiert werden, sondern daß man durch eine Beschreibung der Problemlage, die den Bedrohungstatbestand ausmacht, darlegt, warum das jeweilige
betroffene Individuum unter Berücksichtigung seiner eigenen Wünsche und Vorstellungen und wenn möglich mit intensiver Beteiligung der Personensorgeberechtigten
Anspruch auf diese oder jene geeignete Maßnahme der Eingliederungshilfe oder
kombinierte Maßnahmen hat. Da das Instrument der Hilfeplanung (§ 36 KJHG)
ebenfalls für den angesprochenen Personenkreis seine Gültigkeit hat und Anwendung findet, erscheint mir nur dieses Vorgehen dazu zu führen, daß sich Anspruchsgrundlage und Maßnahmen systematisch in den Kontext der anderen Jugendhilfemaßnahmen, insbesondere den der Hilfen zur Erziehung, einfügen. Bezieht
man sich auf die im 8. Jugendbericht (1990) formulierten Strukturmaximen, an
denen sich praxisnahe Jugendhilfe orientieren sollte,

☐ Prävention,
☐ Dezentralisierung (Regionalisierung),
☐ Alltagsorientierung,
☐ Integration,
☐ Partizipation,

wird deutlich, daß der vorgeschlagene Umgang mit der Bestimmung im § 35a
KJHG dann den gewünschten fortschrittlichen Grundorientierungen der Jugendhilfe
entspricht. Der formulierte Präventionsgedanke fordert geradezu, das Hauptaugenmerk auf die drohende seelische Behinderung zu richten und nicht erst zu handeln,
"wenn das Kind in den Brunnen gefallen ist". Durch den Zuständigkeitswechsel
vom überregionalen Sozialhilfeträger auf die regionalen Jugendämter ist bei den Lei-

stungen nach § 35a KJHG der Gedanke der Dezentralisierung und Regionalisierung auch für die Eingliederungshilfe umgesetzt worden. Der Grundsatz der Alltagsorientierung verlangt die Beschreibung angemessener und vor Ort umsetzbarer Maßnahmen. Der § 35a fördert durch die Klärung der Zuständigkeit der Jugendhilfe, auch für Jugendliche mit seelischen Problemen den Integrationsgedanken. Durch die Bestimmung des § 36 KJHG wird die Partizipation der Betroffenen in vorbildlicher Weise geregelt. Allerdings kann nicht verschwiegen werden, daß die halbherzige Lösung, die geistigbehinderten und körperbehinderten Kinder und Jugendlichen von dieser allgemeinen Entwicklung auszunehmen, einigen wichtigen, oben genannten Prinzipien oder Strukturmaximen zentral widerspricht. Ich stimme mit Lempp (1994, S. 47) völlig überein, daß "gerade für diesen Personenkreis von Kindern und Jugendlichen... die Zusammenfassung der Zuständigkeit für seelisch Behinderte in die Jugendhilfe eine große Hilfe und Erleichterung" ist. Allerdings gibt es wohl keine sachlichen Gründe, warum die Personenkreise der körperbehinderten und geistig behinderten Kinder primär in der Zuständigkeit der überregionalen Sozialhilfeträger bleiben sollen. Hier entsteht unweigerlich der Eindruck, daß die Befürchtung, daß jahrelang bestehende und in der Regel auch sehr gut funktionierende Kooperationsstrukturen zwischen den überregionalen Trägern der Sozialhilfe und freien Trägern von sogenannten "Behinderteneinrichtungen", eine weniger diskriminierende allgemeine Strukturveränderung und eine Verlagerung der Zuständigkeit zu den regionalen Jugendämtern verhindert haben (vgl. Fegert 1993). Der unlogische und integrationsfeindliche Ausschluß der geistig behinderten und körperbehinderten Kinder aus der Jugendhilfe ist von vielen Fachleuten aus pragmatischen und auf den Erhalt der bisherigen Strukturen abzielenden Gründen begrüßt worden. Meines Erachtens sind hier allerdings zwei Ebenen völlig vermischt worden: Die Einführung eines neuen Gesetzes, des KJHG, welches wenigstens "auf dem Papier" (nach dem Wortlaut des Gesetzestextes) erhebliche Versorgungsfortschritte mit sich bringt (wobei die reale Umsetzung derzeit noch erheblich zu wünschen übrig läßt, siehe unten), wurde vermengt mit der ökonomischen Krisensituation, wie sie sich nach der Vereinigung in Deutschland darstellt. Das KJHG ist von seinen Intentionen her kein Spargesetz und es wird sich hoffentlich zeigen, daß es sich in der Praxis auch wenig dazu eignen wird, Einsparungen bei den hilfebedürftigen Kindern und Jugendlichen und ihren Familien voranzutreiben. Allerdings bestehen derzeit überall mehr oder weniger berechtigte Befürchtungen, daß jede Änderung, insbesondere Zuständigkeitsänderungen, gleichzeitig eine Einschränkung von Leistungen bzw. eine Versorgungsverschlechterung bedeuten muß. Insofern wagt kaum ein Repräsentant der Verbände, die die Interessen von behinderten Kindern und Jugendlichen vertreten, weiterreichende Forderungen aufzustellen, sondern **Bestandswahrung** ist zur zentralen Formel in den inhaltlichen Auseinandersetzungen geworden. In diesem Kontext scheinen die Maßnahmen der Eingliederungshilfe und die bei ihrer Einleitung notwendige Mitwirkung eines erfahrenen Arztes, am besten eines kinder- und jugendpsychiatrischen Experten, eine Gewähr dafür zu bieten, daß die Betroffenen nicht Opfer willkürlicher, eventuell nur kostenorientierter Einzelentscheidungen werden. Betrachtet man die jetzige entstandene Norm des § 35a in ihrer Geschichte, so kann man feststellen, daß der nun entfallende § 27 Abs. 4 schon eine "Bestandwahrungsklausel" (vgl. Fegert 1992) war, die den status quo ante in bezug auf die Eingliederungshilfeverordnung "zementieren" sollte und somit sicherstellen sollte, daß kein Kind nach Einführung des KJHG schlechter gestellt sein sollte, als unter den entsprechenden Regelungen des BSHG.

2.3 Abgrenzungsprobleme

Entsprechend den Strukturmaximen für die Jugendhilfe zielt das neue Kinder- und Jugendhilfegesetz auf die "Konzentration aller Hilfeformen auf der örtlichen Ebene" (Wiesner 1992) ab. Neben der intendierten Bürgernähe sollte dadurch vor allem für die Betroffenen nachteiligen Kompetenzgerangel zwischen regionalen und überregionalen Trägern der Jugendhilfe abgeholfen werden. §§ 5 und 6 des alten Jugendwohlfahrtsgesetzes sahen die Hilfen zur Erziehung in der Zuständigkeit des örtlichen Jugendamtes, während die Fürsorgeerziehung, die freiwillige Erziehungshilfe, in der Zuständigkeit des Landesjugendamtes lagen.

"Es verwundert nicht, daß sich seit Jahren Jugendämter und Landesjugendämter vor den Verwaltungsgerichten heftig darum stritten, ob im Einzelfall örtliche Hilfe oder über-örtliche Hilfe zur Erziehung zu leisten ist. Aus sozialpädagogischer Sicht war die Notwendigkeit, Kinder und Jugendliche in verhaltensauffällige, entwicklungsgeschädigte oder verwahrloste zu sortieren, seit langem heftig kritisiert worden. Solange freilich die Möglichkeit bestand, durch 'Umetikettierung' auch die Kostenlast von sich zu schieben, sahen sich Mitarbeiterinnen und Mitarbeiter in den Jugendämtern unter fiskalischen Aspekten immer wieder gezwungen, die Zuständigkeit der jeweils anderen Ebene zu begründen. Dieses böse Spiel führte zu Stigmatisierung und Diskriminierung einzelner Kinder und Jugendlicher – je nachdem, welcher Hilfeart sie letztendlich zugeschoben wurden" (Wiesner 1992, S. 300–301).

Deutlicher kann man eine für die Betroffenen unerfreuliche Situation kaum beschreiben. Die neu erfolgte, **ebenfalls artifizielle Grenzziehung**, die der Gesetzgeber nun zwischen den meisten Kindern und Jugendlichen, inklusive der von einer seelischen Behinderung bedrohten Kinder und Jugendlichen, und den geistig und körperlich behinderten Kindern und Jugendlichen gezogen hat, bietet leider gleichfalls Vorwand und Anlaß für ein entsprechendes, finanziell motiviertes Kompetenzgerangel. Deshalb ist es kaum zu verstehen, daß der Gesetzgeber im Widerspruch zu den "Strukturmaximen" nicht der Forderung nach einer Integration aller Maßnahmen der Eingliederungshilfe für Kinder und Jugendliche in das Kinder- und Jugendhilferecht nachgekommen ist. Lempp, der seit 25 Jahren für ein solches einheitliches Jugendhilfesystem kämpft, ist auch der vorschnell als Realität akzeptierten Besorgnis entgegengetreten, daß die finanziellen Mittel bei einer Aufgabenverschiebung von den überörtlichen Trägern der Sozialhilfe zu den örtlichen Trägern der Jugendhilfe versickern könnten, so daß letztendlich die betroffenen Kinder mit einer Verschlechterung des Hilfeangebots rechnen müßten, indem er formulierte: "Es bleibt allerdings eine Aufgabe des Bundes, der Länder und der Gemeinden, für einen entsprechenden Ausgleich der dazu notwendigen Ressourcen zu sorgen" (1994). Seinen globalen Forderungen im Hinblick auf eine einheitliche Behandlung in der Jugendhilfe bleibt nichts hinzuzufügen:

"Es besteht auch für die Zukunft noch die Aufgabe, eine wohlverstandene umfassende Jugendhilfe für alle Probleme zu schaffen, die aus den verschiedenen sozialen Bereichen während der Entwicklung von Kindern und Jugendlichen entstehen können, durch ein einheitliches Jugendhilfegesetz, in dem nur noch die Frage gestellt zu werden braucht, welcher Hilfen und Maßnahmen zur Wiedereingliederung bedarf ein Kind, ein Jugendlicher oder ein junger Mensch, ohne gleichzeitig nach den Kostenträgern fragen zu müssen. Nur so sind lange zu Lasten der betroffenen Kinder und Jugendlichen gehende und dazu teure Auseinandersetzungen auf die Dauer zu vermeiden" (1994, S. 49).

Tatsächlich bestehen die größten **Abgrenzungsschwierigkeiten** derzeit für **Kinder mit multiplen Behinderungen**. Auf die Problematik sprachbehinderter Kinder mit Verhaltensauffälligkeiten und z.B. einer Lernbehinderung auf die sekundären psychischen Probleme nach Körperbehinderung etc., ist oben schon ausführlich hingewiesen worden. "Zwischen allen Stühlen" finden sich nach der Neuregelung auch die autistischen Kinder wieder. In seiner Stellungnahme zur sozialrechtlichen Zuordnung des autistischen Syndroms hat der Wissenschaftliche Beirat des Bundesverbandes "Hilfe für das Autistische Kind" (Remschmidt 1993) festgestellt, daß autistische Kinder und Jugendliche in der Regel mehrfach behindert sind. Im einzelnen wird bezugnehmend auf die Eingliederungshilfeverordnung auf die schwerwiegende Störung der Sprache bis hin zur Sprachlosigkeit, die bei autistischen Kindern häufig vorkommt, hingewiesen. Massive Wahrnehmungsstörungen seien einer Sinnesbehinderung gleichzusetzen. Die bei Kindern und Jugendlichen mit autistischen Syndromen gehäuft vorkommenden und mit einem angeborenen oder erworbenen Hirnschaden zusammenhängenden cerebralen Bewegungsstörungen und cerebralen Anfallsleiden entsprächen ebenfalls einer Zuordnung zum Personenkreis der körperlich Behinderten. Zusätzlich zum autistischen Syndrom sind ein hoher Prozentsatz der autistischen Kinder von mehr oder weniger ausgeprägten Formen der geistigen Behinderung betroffen. Im Namen des Wissenschaftlichen Beirates betont Remschmidt, daß autistische Kinder und Jugendliche bei fehlender und unzureichender Förderung auf jeden Fall immer von einer geistigen Behinderung bedroht seien. Dies erscheint mir vor allem für junge Kinder mit einem diagnostizierten autistischen Syndrom wesentlich. Selbstverständlich leiden autistische Kinder und Jugendliche auch unter einer seelischen Störung, die sie vor allem in ihren kommunikativen Funktionen und damit im Hinblick auf ihre Eingliederung in die Gesellschaft erheblich beeinträchtigt. Nosologisch ordnet man autistische Syndrome den sogenannten "tiefgreifenen Entwicklungsstörungen" zu. In seiner Stellungnahme betont der Wissenschaftliche Beirat des Bundesverbandes "Hilfe für das autistische Kind", daß der frühkindliche Autismus aus heutiger Sicht nicht mehr als eine "körperlich nicht begründbare Psychose" anzusehen ist. Sehr klar resümiert der Beirat:

"Aus den ... dargelegten Gründen ist es nicht möglich, bei der Einschätzung des autistischen Syndroms von einem Überwiegen einer Behinderungsart (körperlich, geistig oder seelisch) zu sprechen. Daher ist die gängige Praxis, nach dieser überwiegenden Behinderung zu suchen, weder wissenschaftlich haltbar, noch praktikabel."

Das Problem wird allerdings noch nicht dadurch gelöst, daß im Schlußsatz dieser Stellungnahme global von einer Zugehörigkeit autistischer Kinder und Jugendlicher "zu dem Personenkreis, für den der Gesetzgeber das Recht auf Eingliederungshilfe nach dem Bundessozialhilfegesetzt formuliert hat" die Rede ist, wo doch genau dieser Personenkreis durch die unterschiedlichen Zuständigkeiten bei seelischer bzw. körperlicher und geistiger Behinderung auseinandergerissen wurde. Lempp (1994) versucht, diesem Dilemma vorläufig durch einen pragmatischen Vorschlag zu entgehen:

"Die Differenzierung zwischen Zuständigkeit der Jugendhilfe auf der einen Seite und der Sozialhilfeträger auf der anderen Seite richtet sich am besten nach den für das Kind angemessenen und wahrnehmbaren Förderungseinrichtungen. Entsprechen diese im Grunde den Institutionen für geistig Behinderte, ohne daß spezielle Förderungsmaßnahmen für autistische Kinder angeboten werden können, dann ergibt sich daraus zwanglos die Zuständigkeit der Sozialhilfeträger. Finden sich aber therapeutische Möglichkeiten und Einrichtungen, in denen speziell autistische Kinder mit hinreichender Aussicht auf eine gewisse Förderung betreut werden können, dann steht die seelische Behinderung im Vordergrund und die Zuständigkeit bleibt bei der Jugendhilfe."

Specht geht in seiner Stellungnahme (1994, S. 143 f.) ebenfalls davon aus, daß Kinder mit autistischen Entwicklungsstörungen mehrfachbehindert sind. Allerdings meint er, daß es "sehr selten der Fall" sei, "daß die Eingliederung von Kindern und Jugendlichen mit autistischen Entwicklungsstörungen ausschließlich oder überwiegend durch die seelische Störung ... behindert wird".

"Deswegen sind Kinder und Jugendliche mit autistischen Entwicklungsstörungen überwiegend dem in den §§ 1 und 2 der Eingliederungshilfeverordnung genannten Personenkreis zuzurechnen". Specht empfiehlt folgende Formulierung für eine ärztliche Stellungnahme: "NN wird (ist) durch die Auswirkungen einer autistischen Entwicklungsstörung mehrfach behindert. Ihre/seine Fähigkeit zur Eingliederung in die Gesellschaft wird dabei überwiegend durch Störungen und Schwächen beeinträchtigt, die in den §§ 1 und 2 der Eingliederungshilfeverordnung genannt sind."

Das eklatante Beispiel der autistischen Syndrome zeigt eindeutig die Widersprüchlichkeit in den neuen Regelungen auf. Im Kinder- und Jugendhilfegesetz werden prinzipiell in der Kooperation mit den Personensorgeberechtigten für spezifische Problemlagen geeignete Hilfen in einem Beratungsprozeß, der Hilfeplanung, gesucht, eingeleitet und in ihrer Wirksamkeit überprüft. Lediglich bei Kindern und Jugendlichen, die von einer seelischen Behinderung bedroht sind, bildet direkt die Zugehörigkeit zu diesem Personekreis die Anspruchsgrundlage für Leistungen der Eingliederungshilfe bzw. für kombinierte Leistungen der Eingliederungshilfe und der Hilfen zur Erziehung. Dieser Kompromiß bedeutet Fortschritt und Rückschritt in einem (vgl. Fegert 1993). Einen Fortschritt vor allem bei nicht kooperativen oder desinteressierten Personensorgeberechtigten stellt der direkt beim Kind oder Jugendlichen liegende, einklagbare Anspruch auf entsprechende Leistungen dar. Ein weiterer positiver Zug vor allem in der Zusammenarbeit mit Eltern von Kindern mit psychischen Schwierigkeiten liegt darin, daß nicht elterliche Erziehungsprobleme, die ja auch sekundär als Folge einer Schwierigkeit des Kindes auftreten können, Anspruchsgrundlage sind, sondern daß die kindlichen Probleme ohne das notwendige Eingeständnis wenigstens partiellen Scheiterns der Eltern Anlaß für Hilfsmaßnahmen sein können. Der Rückschritt, der im Rahmen der sonstigen Formulierun-

gen im KJHG unverständlich bleibt, ist die Tatsache, daß nun wiederum die Zugehörigkeit zu einem bestimmten Personenkreis, nämlich dem der seelisch Behinderten oder von einer seelischen Behinderung Bedrohten, als Anspruchsgrundlage vor-
ausgesetzt wird. **Die Grenzziehungen zwischen solchen Behindertenpersonenkreisen
sind bei vielen Mehrfachbehinderungen völlig arbiträr.** Es ist verständlich, daß die
Personen und Institutionen, die sich um die Versorgung von Kindern mit kombinierten körperlichen, geistigen Behinderungen und psychischen Störungen beschäftigen, im Sinne einer Bestandwahrung nun dazu tendieren, generell die Fortsetzung
der etablierten Kooperation mit den überregionalen Sozialhilfeträgern fortzusetzen
und damit versuchen, bevorzugt die betroffenen Kinder den Personenkreisen der
geistig Behinderten bzw. der Körperbehinderten pauschal zuzuordnen. Aus kinder-
und jugendpsychiatrischer Sicht (vgl. Warnke 1992) ist der Gesetzgeber aufgeru-
fen, Planung, Koordination und Bewilligung aller Hilfsmaßnahmen für Kinder und
Jugendliche, egal ob behindert oder nicht-behindert und unabhängig von der Art der
Behinderung, in einer Institution zusammenzulegen. Diese Institution kann nur das
regionale Jugendamt sein, das für diese Aufgaben, die ja einklagbare Rechtsan-
sprüche darstellen, wenn deren Notwendigkeit im Rahmen eines Hilfeplanes festgestellt worden ist, ausgestattet werden muß.

Bis hoffentlich irgendwann einmal alle Hilfen, auch die Eingliederungshilfen für
Kinder und Jugendliche in einer vernünftigen, einheitlichen Regelung zusammengefaßt sein werden, sollten auf der Ebene der praktischen Umsetzung eventuell
durch regionale Bestimmungen Mehrfachzuständigkeiten und Mehrfachbetreuungen
unbedingt vermieden werden. Denkbar wäre z.B., daß für den genannten Problembereich multipler Behinderungen, insbesondere Autismus, Sprachbehinderungen
etc., eine Federführung für Beratung, Einleitung der Maßnahmen und Finanzierung
beim Jugendamt oder beim Sozialhilfeträger generell festgelegt wird, wobei es dann
Aufgabe der federführenden Behörde sein müßte, alle in Frage kommenden Hilfe-
möglichkeiten zu kennen und hinsichtlich der Finanzierung sich dann entsprechend
den definierten Zuständigkeiten an die einzelnen Hilfeträger zu wenden. Den Familien mit mehrfach behinderten Kindern, die sich ohnehin im Kampf für eine adäquate Förderung ihrer Kinder mit dem Bereich Schule und dem Bereich Gesundheitswesen auseinandersetzen müssen, ist es nicht zumutbar, daß sie mit jeweils
anderen Schwerpunktsetzungen und Akzentsetzungen in der Beratung auch noch
zwischen Sozialhilfeträgern und Trägern der Jugendhilfe hin- und hergeschickt
werden können. Zwar lassen sich durch solche unklaren Zuständigkeiten finanzielle
Einsparungen durchsetzen, da manche Familien auf ihrer Suche nach einer Hilfe
irgendwann aufgeben werden, für die häufig am schwersten beeinträchtigten Kinder und Jugendlichen und ihre Familien bedeutet der derzeitige Regelungszustand
ohne eine Festschreibung der Federführung bei einer Behörde, die dann genereller
Ansprechpartner für diesen Personenkreis ist, eine weitere zusätzliche Belastung.

Da allgemein große Befürchtungen bestehen, daß sich durch die Einführung des
KJHG Verschlechterungen für Kinder und Jugendliche, die an multiplen Behinderungen leiden, ergeben werden, sind klare Regelungen, wie zum Beispiel im "Bayeri-

schen Ausführungsgesetz" zum KJHG (Artikel 53 Abs. 1) zu begrüßen. Hier wird festgelegt, daß für sogenannte "mehrfachbehinderte" Kinder und Jugendliche der Sozialhilfeträger wie bisher zuständiger Leistungsträger bleibt. Auch für die Frühförderung wird im selben Gesetz (Artikel 53 Abs. 2) Klarheit dadurch geschaffen, daß die Träger der Sozialhilfe auch für den Bereich der Frühförderung generell zuständig bleiben.

3   Orientierung im "Hilfedschungel": Eingliederungshilfen nach § 35a KJHG im Kontext anderer Maßnahmen

3.0 Einleitung

Die vielleicht provokante Formulierung "Hilfedschungel" greift die häufige Orientierungslosigkeit Betroffener auf der Suche nach Hilfe auf. Eine der zentralen Aufgaben, die dem Jugendamt durch das neue Kinder- und Jugendhilfegesetz federführend zugewachsen ist, ist die **koordinierte Hilfeplanung**. In diesem Planungsprozeß müssen auch Hilfen anderer Träger sowie die eigenen Ressourcen der Familie Berücksichtigung finden. Kompetente Hilfeplanung für Kinder mit psychischen Problemen setzt also eine Kenntnis der Möglichkeiten sozialer Netzwerke voraus. Wichtig ist auch der Aspekt der Machbarkeit vor Ort, wo sich dann an Stelle eines komplexen Netzwerkes oder "Hilfedschungels", um im Bild zu bleiben, "Hilfebrachland" oder eine "Monokultur" – je nach den lokalen Bedingungen – finden lassen wird. Insofern ist eine primäre definitive Zuständigkeitsregelung einzelner Hilfeträger für bestimmte Problembereiche nicht sinnvoll. Vielmehr erscheint es notwendig, soziale Netzwerke so zu beschreiben, daß auch in einer subsidiären Nachrangigkeitsfolge diejenigen Hilfeleistenden und die jeweiligen Träger beschrieben werden, die einspringen können, wenn bestimmte Leistungen vor Ort nicht vorgehalten werden. Strauß (1990) definiert soziale Netzwerke folgendermaßen:

"Unter einem sozialen Netzwerk versteht man alle Personen, mit denen eine Person zu einem bestimmten Zeitpunkt in Verbindung steht, d.h. zu 'meinem' Netzwerk gehören alle Verwandten, Bekannten, Freunde, Mitglieder des gleichen Vereins, der gleichen Initiative, Nachbarn usw., die ich immer wieder einmal oder regelmäßig treffe (mit denen ich also in Beziehung trete, schriftlich oder telefonische Kontakte mit eingeschlossen). Unter der Perspektive des Netzwerkes versucht man dann, Grad und Verbindlichkeiten eines Netzwerkes unter einem bestimmten Aspekt (beispielsweise 'gegenseitige Hilfe', 'Abhängigkeit', 'emotionale Nähe') darzustellen. Dabei versucht die Netzwerkperspektive nicht nur einen Bereich der sozialen Beziehung herauszuheben (etwa den der eigenen Familie), sondern zielt auf eine ganzheitliche Sicht aller Bezugspersonen."

Wichtig ist nach Strauß die Unterscheidung in künstliche und natürliche Netzwerke, wobei Kontakte zu Beratungsstellen, Beratungseinrichtungen, sogenannten "professionellen" Helfern "künstliche Netzwerke" darstellen. Eine weitere Hierarchisierung von Netzwerkstrukturen kann sich aus ihrer Organisationform ergeben. Unterschieden werden nach einem solchen Modell zunächst die persönlichen Ressourcen von den primären, nicht organisierten Netzwerken (Familie, Verwandte, Freun-

Klassifikation von Hilfen
im Sinne der Vorrangigkeit der Kostenträger

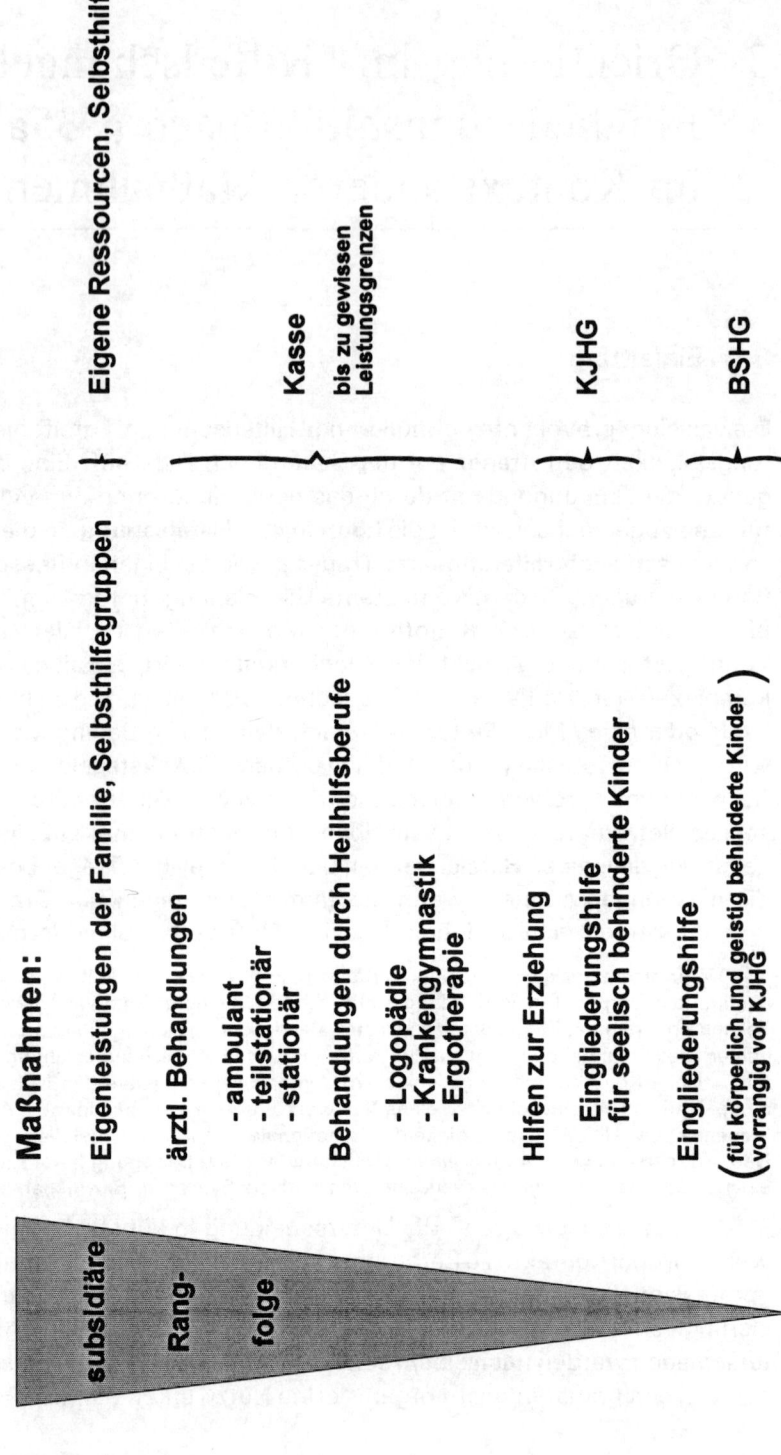

Maßnahmen:

Eigenleistungen der Familie, Selbsthilfegruppen — Eigene Ressourcen, Selbsthilfe

ärztl. Behandlungen
  - ambulant
  - teilstationär
  - stationär

Behandlungen durch Heilhilfsberufe — Kasse
  bis zu gewissen Leistungsgrenzen
  - Logopädie
  - Krankengymnastik
  - Ergotherapie

Hilfen zur Erziehung

Eingliederungshilfe
für seelisch behinderte Kinder — KJHG

Eingliederungshilfe — BSHG

(für körperlich und geistig behinderte Kinder)
  vorrangig vor KJHG

subsidiäre

Rang-

folge

de, Bekannte, Nachbarschaft, Schule, Ausbildungsstätte etc.), dann den gemeinde-
bezogenen sekundären Netzwerken, die geringgradig oder komplexer organisiert
sein können, aber immer noch Unterstützung durch nicht-professionelle Helfer beschreiben, wie z.b. Selbsthilfegruppen, Nachbarschaftsgruppen, Freizeitgruppen,
Vereine und Organisationen). Tertiäre Netzwerke im Sinne professioneller Hilfeleistungen beziehen sich auf die Hilfen des Jugendamts, aber auch Leistungen freier
Träger, z.B. in Beratungsstellen etc., und mehr oder weniger "marktwirtschaftlich"
orientierten Leistungen durch niedergelassene Ärzte und Psychologen, andere Heil-
berufe, Apotheken, Sanitätshäuser, aber auch z.B. private Hausaufgabenzirkel,
Schularbeitszirkel, Ausbildungsinstitute etc.

In der soziologischen Forschung ist zwar eine solche Netzwerkperspektive durchaus üblich, doch werden aus der Sicht einzelner zuständiger Ämter zur klaren Regelung von Kompetenzen und zur Abgrenzung der jeweiligen Zuständigkeiten einzelne
soziale Hilfesysteme häufig relativ losgelöst von ihrem Kontext diskutiert und kommentiert. In der Praxis jedoch bietet dann genau diese Abgrenzung und die Behandlung von Grenzfällen Anlaß für Auseinandersetzungen zwischen den einzelnen Leistungsträgern, unter denen am ehesten die Betroffenen leiden. Dies gilt nicht nur
für die Psychotherapie-Richtlinien (vgl. Faber/Haarstrick 1991), sondern auch z.B.
für die einschlägigen Bestimmungen im Bundessozialhilfegesetz und im Kinder- und
Jugendhilfegesetz (s.o.). Des weiteren ist es in der Praxis ein Trugschluß, davon
auszugehen, daß Kinder mit psychischen Problemen immer jeweils in einem Hilfesystem allein hinreichend bzw. ausschließlich versorgt werden können. Eine Untersuchung an unserer Berliner poliklinischen Inanspruchnahmepopulation (Fegert
1993) zeigte, daß bei ca. einem Drittel der von uns ambulant diagnostizierten Patienten (N = 555) eine Kombination von kassenfinanzierten therapeutischen und sozialpädagogischen Maßnahmen erforderlich war. Vor allem bei Kindern mit Entwicklungsverzögerungen und Kindern, die in deprivierenden Verhältnissen aufgewachsen
sind, sind häufig sich gegenseitig ergänzende Maßnahmen erforderlich. Bei den
kleinsten Kindern, bei denen oft noch unklar ist, ob eine festzustellende Entwicklungsverzögerung nur eine vorübergehende Beeinträchtigung darstellt wird oder
ob es sich um eine schwerwiegendere Behinderung handeln wird, bieten bestimmte
Institutionen der **Frühförderung** (z.B. in sozialpädiatrischen Zentren) kombinierte Leistungen zur Hilfe und Förderung dieser Kinder an. Die multiprofessionelle Frühförderung ist ein sehr gutes Beispiel für ein Hilfeangebot, welches die engen Grenzen
einzelner Bestimmungen sprengt und deshalb vor allem nach der Novellierung des
KJHG eine spezifische Regelung verlangt. In Bayern z.B. hat man sich deshalb im
Bayerischen Ausführungsgesetz zum Kinder- und Jugendhilfegesetz dazu entschlossen, die Zuständigkeit für sämtliche Maßnahmen der Frühförderung im Bereich der
Eingliederungshilfe nach dem BSHG zu belassen.

Allerdings wäre es ebenfalls ein Trugschluß anzunehmen, daß Kinder- und Ju-
gendpsychiatrie und Jugendhilfe ausschließlich denselben Personenkreis versorgen.
Für die stationären Maßnahmen hat dies die Arbeitsgruppe am "Institut für soziale
Arbeit" in Münster (Gintzel und Schone 1989, 1990) für Nordrhein-Westfalen de-

tailliert beschrieben. Die Autoren analysierten auch die Ursachen, warum Jugendliche aus Institutionen der Jugendhilfe in kinder- und jugendpsychiatrische Behandlung gelangten und warum kinder- und jugendpsychiatrische Patienten in Jugendhilfeeinrichtungen z.B. nachbetreut wurden. Bei dieser Stichtagserhebung wurde deutlich, daß ca. ein knappes Viertel der kinder- und jugendpsychiatrisch stationär behandelten Patienten in ihrer Vorgeschichte in Pflegefamilien (10%) oder Heimen (13%) Erfahrungen gemacht hatten (Gesamt-N der Kinder in kinder- und jugendpsychiatrischen Einrichtungen = 334). Im Gegensatz dazu hatten 14% der zum Erhebungszeitpunkt 3.242 Kinder, die in 79 Heimen in Westfalen-Lippe untergebracht waren, Vorerfahrungen mit der Kinder- und Jugendpsychiatrie. Allein aus diesen wenigen Beispielen läßt sich der Schluß ziehen, daß für eine kompetente Hilfeplanung häufig ein multiprofessionelles Zusammenwirken erforderlich sein wird. In jeder Berufsgruppe sollten aber Grundkenntnisse über die möglichen Leistungen unterschiedlicher Träger und über die Rangfolge der Zuständigkeit dieser Träger vorhanden sein. Für eine sinnvolle Hilfeplanung nach § 36 KJHG bei Kindern mit psychischen Problemen reicht es meiner Ansicht nach nicht aus, nur Jugendhilfemaßnahmen allein zu diskutieren und festzulegen, sondern es gilt, ausgehend von der Beschreibung der Gesamtproblemlage des Kindes auf der organmedizinischen, kinderpsychiatrischen, familiären, schulischen und sozialen Ebene in Zusammenarbeit mit den Betroffenen ein möglichst aufeinander abgestimmtes Hilfekonzept zu entwickeln (siehe Kapitel 4: Untersuchung, Indikationsstellung und Hilfeplanung).

Versucht man die einzelnen Maßnahmen zum Wohle der Kinder mit psychischen Problemen in einer Zuständigkeitsreihe zu ordnen, dann kann man eine subsidiäre Abfolge der Zuständigkeiten beschreiben, die von der Eigeninitiative und Eigenverantwortung der Familien bis zu den Maßnahmen nach dem Bundessozialhilfegesetz mit überörtlicher Trägerschaft reicht.

Die im folgenden skizzierte Rangfolge orientiert sich also an einem **Subsidiaritätsgedanken**, der jeweils so viel Hilfe wie nötig durch möglichst nahe Helfer bzw. Helfersysteme vorsieht. Schon 1931 hat Papst Pius XI. in seinem Rundschreiben "Quadragesimo anno" dieses Prinzip beschrieben (zitiert nach Trojahn 1986, S. 289):

"... wie dasjenige, was der Einzelmensch aus Eigeninitiative und mit seinen eigenen Kräften leisten kann, ihm nicht entzogen und der Gesellschaftstätigkeit zugewiesen werden darf, so verstößt es gegen die Gerechtigkeit das, was die kleineren und untergeordneten Gemeinwesen leisten und zum guten Ende führen können, für die weitere und übergeordnete Gemeinschaft in Anspruch zu nehmen; jedwede Gesellschaftstätigkeit ist ja ihrem Wesen nach subsidiär; sie soll die Glieder des Sozialkörpers unterstützten, darf sie aber niemals zerschlagen oder aufsaugen".

3.1 Eigenleistungen

Primär gilt es, immer die eigenen Ressourcen der Familien zu beachten und zu stärken. Die vorübergehende Mithilfe einer Großmutter oder die Unterstützung durch ein Nachbarkind bei den Hausaufgaben etc. kann bei kleineren Problemen oft schon eine wesentliche und ausreichende Hilfe sein. Allerdings leben zuweilen gerade die Familien von Kindern mit psychischen Problemen sozial relativ isoliert und können kaum noch eigene Ressourcen ohne fremde Hilfe mobilisieren.

Nach Friedrich et al. kann man diese Ressourcen in unterschiedliche Kategorien einteilen:

☐ **Überzeugung** (Kontrollüberzeugung): Positiv ist zu werten, wenn die Betroffenen den Eindruck haben, selbst die Lage zu kontrollieren, ungünstig ist es, wenn die Betroffenen sich als hilflose Opfer sehen; Religion und ideologische, stabilisierende Einflüße.

☐ **Soziales Netzwerk** (Freunde, familiäre Unterstützung, Qualität der Ehebeziehung).

☐ **Materielle Ressourcen und sozioökonomischer Status** inklusive Bildungsstand.

☐ **Gesundheit, Energie** (Alter, körperliches und seelisches Wohlbefinden, Zufriedenheit im Alltagsleben etc.).

Ein niederschwelliger Hilfsansatz ist die sogenannte Hilfe zur **Selbsthilfe**. Selbsthilfegruppen, auch z.B. für Eltern von chronisch kranken Kindern, behinderten Kindern, drogenabhängigen Jugendlichen, Kindern mit psychischen Problemen etc., und für Betroffene, wie Selbstmordgefährdete oder Jugendliche mit Eßstörungen usw., haben in den letzten Jahren die psychosoziale Landschaft erheblich bereichert und teilweise mit Unterstützung der Jugendhilfe Teilaufgaben übertragen bekommen und dafür eine entsprechende Projektförderung erhalten. Anfangs teilweise von den Professionellen kritisch beäugt, haben sich diese zum Teil angeleiteten oder behördlich unterstützten Projekte zu einem nicht mehr wegdenkbaren Teil des Versorgungssystems entwickelt (vgl. Huber 1987; Moeller 1978, 1981; Trojahn 1986). Schon 1988 zählte das "Handbuch Selbsthilfe" (Runge und Vilmar 1988) 900 Adressen auf. Dem "Selbsthilfe-Wegweiser" (1990) der Senatsverwaltung für Soziales in Berlin ist zu entnehmen, daß im ersten Jahr nach der Wende allein in Ost-Berlin ca. 100 Selbsthilfegruppen neu entstanden sind. Der Beitrag der Selbsthilfearbeit zur Versorgung von Kindern mit psychischen Problemen liegt sowohl in der Elternarbeit wie in spezifischen Angeboten für Kinder, die an einer gewissen Symptomatik leiden, oder für Kinder in speziellen Problemlagen, insbesondere für Kinder, die Opfer von Mißhandlung und sexueller Gewalt wurden. Für fast alle Problemlagen ist es charakteristisch, daß sich die Betroffenen angesichts ihrer Situation schämen. Die Feststellung, im Rahmen der Selbsthilfearbeit auf eine Gruppe ebenfalls Betroffener zu treffen, hat häufig eine enorm entlastende Wirkung allein deshalb, weil festgestellt werden kann, daß nicht nur die betroffene Familie oder der oder die jeweilige Betroffene an dieser "peinlichen" Problematik leidet, sondern daß andere sich auch mit dem Problem herumschlagen müssen. Die Bedeutung erfahrener Gruppenmitglieder und ehemaliger Betroffener liegt darin, daß sie den neu Hinzukommenden Mut vermitteln können, daß es Wege gibt, mit ihrer Problematik umzugehen, und daß sie aufgrund der eigenen Erfahrungen auch konkret Rat und Hilfe vor dem Hintergrund der örtlichen Realitäten geben können. Häufig sind solche Selbsthilfeeinrichtungen auch Informationsbörsen über die Rechte der Betroffenen und über Stellen, Praxen etc., wo sich Betroffene gut versorgt fühlten. Andererseits ist gerade das "Berliner Modell" der politischen Selbsthilfeförderung (Krotz 1988) heftig kritisiert worden, weil teilweise – wohl nicht ganz zu Unrecht – vermutet wird, daß die Politik an dieser modernen Form subsidiärer Problembewältigung deshalb Gefallen findet, weil durch private Initiative kostensparend soziale Versorgungsleistungen erbracht werden. Manche Kritiker befürchten, daß ein verstärkter Akzent auf der Selbsthilfearbeit sogar zum Abbau von Versorgungsleistungen führen könne, wobei andere Autoren (z.B. Huber 1987) eher betonen, daß der eigentliche Effekt von Selbsthilfegruppen darin liege, drohende Kosten quasi präventiv zu vermeiden, und nicht darin, Kosten z.B. im Gesundheitswesen einzusparen.

3.2 Schule

Die Schule hat gemäß ihres allgemeinen Bildungsauftrages für alle Kinder auch spezifische Angebote für behinderte Kinder und Jugendliche und für solche Schüler mit Lern- und Leistungsproblemen aufgrund von Teilleistungsdefiziten bereit zu halten. Leider ist die Realisierung einzelner Maßnahmen vor Ort bisweilen völlig defizitär, sodaß Anspruch und Wirklichkeit weit auseinanderklaffen. Zentrale Bedeutung für behinderte Kinder, aber auch für verhaltensauffällige und psychisch "schwierige" Kinder, hat der **Integrationsgedanke**. Aufgrund der Länderhoheit im Bildungsbereich kommt es zu regional sehr unterschiedlichen Integrationsansätzen. Häufig sind zur Durchführung solcher Maßnahmen weitere Hilfen, z.B. die Bewilligung von Transportkosten bei körperbehinderten Kindern etc., erforderlich. Steiner (1991) schildert aufgrund eigener Erfahrungen, wie Eltern das Spannungsfeld zwischen Integrationsansätzen und der spezifischen Förderung in Sonderschulen erleben: "Auf der einen Seite ... stehen die Befürworter der Integration, die leidenschaftlich für ein gemeinsames Leben und ein gemeinsames Lernen" eintreten, "die nicht länger akzeptieren mögen, daß behinderte Kinder ausgesondert und ihren Behinderungsarten entsprechend auf verschiedene Schultypen verteilt werden, wo sie nur noch einen verzerrten und reduzierten, weil selektiven, Ausschnitt gesellschaftlicher Realität erleben dürfen. Auf der anderen Seite stehen jene, die dem herkömmlichen Sonderschulsystem (wenn auch manchmal verunsichert) die Treue halten, weil sie mit der Eingliederung ihres Kindes in einen ganz normalen Klassenverband Ängste verbinden wie: Wird mein Kind dann auch seinen Möglichkeiten entsprechend gefördert? Wird es nicht zur Zielscheibe des Spotts und des Mitleids für die nicht behinderten Kinder? Bedarf es zur Entwicklung und Entfaltung seiner psychischen und geistigen Stabilität nicht eines besonderen Schonraumes?" (Steiner 1991, S. 5–6). Die Autorin schildert recht bitter ihre Erfahrungen und die Erlebnisse ihrer Tochter in der Auseinandersetzung mit sogenannten "nicht-behinderten" Kindern und deren Eltern. Bisher ist wohl dem Aspekt, daß nicht nur die Schule und die betroffenen Eltern und ihre Kinder, sondern auch die Familien der nicht-behinderten Kinder Integrationsmodelle wünschen müssen, damit Integration erfolgreich verlaufen kann, zu wenig Beachtung geschenkt worden. Von Neubeck (1993) hat die Fragestellung: "Wie erleben nicht-behinderte Kinder und deren Eltern Integration?" untersucht. Sie stellt fest, daß nicht-behinderte Kinder ebenfalls von integrativer Erziehung profitieren können, sie seien dann später als erwachsene Menschen offener für den Umgang mit behinderten Menschen und begegneten diesen angstfreier. Allerdings betont sie auch, daß Integration nicht erzwungen werden könne. Wichtig sei ein ausgeglichenes Angebot von gemeinsamen Aktionen und freiem Spiel, entsprechend dem jeweiligen Entwicklungsstand und den Fähigkeiten und Fertigkeiten der Kinder. Am resigniertesten äußert sie sich über Integrationsbemühungen zwischen Eltern und Familien behinderter und nicht-behinderter Kinder. Diese finde eher sporadisch statt, da keine institutionalisierte Form (Anleitung – Motivierung – Angebote etc.) bestehen.

Differenzierte Sonderbeschulungen werden für Kinder mit Sinnesbehinderungen (blinde Kinder und Jugendliche, sehbehinderte Kinder und Jugendliche, gehörlose Kinder und Jugendliche, schwerhörige Kinder und Jugendliche) und für sprachbehinderte Kinder und Jugendliche sowie für lern- und geistig behinderte Kinder und Jugendliche angeboten. Regional unterschiedlich ist das Angebot für sogenannte "verhaltensauffällige Kinder". In spezifischen Problemlagen kann z.B. durch Ganztagsbeschulung eine defizitäre häusliche Situation wenigstens teilweise ausgeglichen werden, bei längerdauernden intrafamiliären Konflikten kann eine Internatsunterbringung für den betroffenen Jugendlichen eine hinreichende Maßnahme sein.

Warnke (1994) hat für den Vorstand der "Deutschen Gesellschaft für Kinder- und Jugendpsychiatrie" zur Problematik der Diagnostik und schulischen Förderung und Therapie bei Schülern mit Lese-Rechtschreibstörungen (Legasthenie) Stellung genommen. Nach den Empfehlungen der Kultusministerkonferenz vom 20.4.1978, mit denen sich die "Deutsche Gesellschaft für Kinder- und Jugendpsychiatrie" verschiedentlich auseinandergesetzt hat (vgl. z.B. "Denkschrift – Zur Lage der Kinder- und Jugendpsychiatrie in der Bundesrepublik Deutschland", 1990, S. 31 ff.), soll **allen** lese- und rechtschreibschwachen Schülern, unabhängig von der Begründung ihrer Lese- und Rechtschreibschwäche, eine Diagnostik, besondere schulische Förderung und gegebenenfalls gezielte Behandlung zukommen. Warnke betont, daß das Kultusministerium Mecklenburg/Vorpommern (11.5.1992) in vorbildlicher Weise in einem Erlaß die Rechtschreibstörungen als Entwicklungsstörung explizit benannt hat und damit analog z.B. zu den Sprachentwicklungsstörungen behandelt. Er fordert, mit der Förderung lese- und rechtschreibgestörter Kinder durch innerschulische Fördermaßnahmen bereits im ersten Schuljahr zu beginnen, darüber hinaus setzt er sich für die grundsätzliche Möglichkeit der Befreiung der Schüler mit LRS von der Zensur der Lese- und Rechtschreibleistungen sogar bis zum Abitur ein und dafür, daß die umschriebene Störung des Lesens und Rechtschreibens allein kein hinreichender Grund für eine Nichtversetzung oder Einweisung in eine Sonderschule oder Verweigerung des Übergangs in eine weitere Schule sein dürfe. Das

diese letzten wichtigen Forderungen derzeit allerdings in der Regel nur Wunschvor-
stellungen sind, muß auch festgestellt werden.

Neben den Maßnahmen im Gruppenunterricht inklusive differenzierte Beschulung
durch Teilungsunterricht etc. stehen teilweise in Schulen auch spezifische, auf ein
einzelnes Kind abzielende Maßnahmen zur Verfügung. In Berlin gelten z.B. seit dem
Schuljahr 1993/1994 Regelungen zur Umsetzung der Neukonzeption ergänzender
Hilfen und Pflegen von behinderten Kindern und Jugendlichen in der Berliner Schule. Diese Konzepte sehen den Einsatz von Schulhelfern bei besonderem sonderpäd-
agogischen Förderbedarf vor. Ebenfalls eine auf das einzelne Kind bezogene ambulante "behinderungsspezifische" Hilfe ist das sogenannte "**Berliner Ambulanzleh-
rer-System**" (Senatsrundschreiben III Nr. 123/1993). Solche Ambulanzlehrerinnen
und -lehrer sollen in der Regel fachspezifisch ausgebildete Sonderpädagogen, am
besten mit langjähriger Berufserfahrung, sein. Ihr Einsatz erfolgt grundsätzlich
freiwillig und reicht vom Frühförderbereich über das Vorschulalter bis hin zum
Sekundarstufenbereich und den Bereich der Berufsausbildung. Das schulische Gremium der sogenannten "**Förderausschüsse**" beschließt über den Einsatz solcher Am-
bulanzlehrer oder über andere schulische Hilfsmaßnahmen. Das Vorgehen ist hierbei
ähnlich dem bei Hilfekonferenzen, das heißt, die sorgeberechtigten Eltern sollen
grundsätzlich einbezogen werden und andere beteiligte Fachkräfte sollen ebenfalls
zu Wort kommen. Hier ist ein wichtiger Verzahnungspunkt zur Hilfeplanung nach
§ 36 KJHG zu sehen, der in der derzeitigen Berliner Praxis zum Beispiel noch zu
wenig genutzt wird. In enger Zusammenarbeit mit den Schulpsychologischen
Diensten entsteht derzeit in Berlin auch ein Ambulanzlehrerdienst für verhaltensauffällige Kinder. Dabei muß allerdings betont werden, daß in der generellen
Schulpflicht und in der Beschulung in der Gruppe für viele Kinder mit psychischen
Problemen auch eine große Chance liegt. Einzelbeschulung sollte deshalb in der
Regel eine vorübergehende Maßnahme sein. Bei bestimmten Störungsbildern wie
bei der sogenannten "Schulphobie" (siehe unten), die in der Regel eine Trennungsangststörung bei Beziehungsproblemen im häuslichen Milieu darstellt, ist eine
solche Maßnahme kontraindiziert.

Die Rolle der Lehrer bei der Wahrnehmung psychosozialer Problemlagen darf insgesamt nicht unterschätzt werden. Für mißhandelte oder mißbrauchte Kinder ist oft
die vertraute Lehrerin die erste und privilegierte Ansprechpartnerin, d.h. häufig
erfolgt in der Schule eine entscheidende Weichenstellung. Insofern muß die Ver-
netzung der Jugendhilfe mit dem Bereich Schule und auch ein Informationsangebot
über die Angebote der Jugendhilfe ein zentrales Anliegen bei der Versorgung dieser
Kinder sein. Eine schriftliche Elternbefragung vor dem ambulanten Erstkontakt in
der Kinder- und Jugendpsychiatrie (Kruse 1991, zit. nach: Specht 1992) ergab, daß
nach den Eltern die Lehrer bzw. Kindergärtnerinnen am häufigsten als "Entdecker"
der Problematik des Kindes genannt wurden. Über 80% der befragten Eltern hatten
vor der Konsultation der Kinder- und Jugendpsychiatrie schon einmal mit der Lehrerin bzw. Kindergärtnerin über die Problematik des Kindes gesprochen. Eine zentrale Rolle für den Umgang mit Kindern mit psychischen Schwierigkeiten in der

Schule hat häufig die Schulpsychologin oder der Schulpsychologe. Die Schulpsychologischen Dienste testen Kinder auf ihre Leistungsfähigkeit und bieten Beratungsangebote für Eltern und Lehrer an. Teilweise führen sie auch direkt Beratungen und Behandlungen von Kindern und Jugendlichen durch. Im Rahmen von Unterrichtshospitation können sie bei spezifischen Schwierigkeiten wegen Verhaltensauffälligkeiten im Unterricht Hilfestellungen geben. Da die mehrfache Untersuchungen von Kindern für diese immer eine z.T. unverständliche Belastung darstellt, ist es wichtig, daß bei der Hilfeplanung Ergebnisse einer schulpsychologischen Untersuchung mit einbezogen werden. Die Eltern sollten konkret nach solchen Vorergebnissen gefragt werden und die entsprechenden Informationen sollten mit Einverständnis der Eltern an nachfolgende, z.B. ärztliche Untersucher, weitergegeben werden. Bei eindeutigen Befunden sind wiederholte Intelligenztestungen in kurzen Abständen völlig unnötig, ja unsinnig. Erfolgen die Testuntersuchungen mit den gleichen Verfahren treten Übungseffekte auf, was die Zuverlässigkeit der Testergebnisse eher vermindert. Eine erneute Testdiagnostik nach abgeschlossenen schulpsychologischer Untersuchung ist also nur bei spezifischen Fragestellungen oder bei berechtigten Zweifeln an der Testdurchführung zulässig. Ein solcher Fall könnte z.B. vorliegen, wenn ein erst wenige Jahre in Deutschland lebender ausländischer Junge allein mit einem Intelligenztestverfahren untersucht wurde, das erhebliche sprachliche Leistungen und Schulbildungseffekte miterfaßt. In einem solchen Fall wäre eine zusätzliche Diagnostik mit einem sogenannten "sprachfreien" Intelligenztest gerechtfertigt.

Beziehen sich Maßnahmen der Eingliederungshilfe nach § 35a, z.B. Maßnahmen in Verbindung mit § 40 Abs. 1, 3 BSHG (Hilfen zur angemessenen Schulbildung, vor allem im Rahmen der allgemeinen Schulpflicht und durch Hilfe zum Besuch weiterführender Schulen einschließlich der Vorbereitung hierzu) in ihrem rehabilitativen Ziel direkt oder in wesentlichen Teilen auf die Schule, so ist die Planung solcher Maßnahmen mit dem Bereich Schule abzustimmen.

3.3   Leistungen der Krankenkassen (SGB V)

3.3.1 Ambulante Versorgung

Die ambulante kinder- und jugendpsychiatrische Versorgung kann derzeit in der Bundesrepublik durch niedergelassene Kinder- und Jugendpsychiater noch nicht ausreichend gewährleistet werden. Aufgrund von inadäquaten Abrechnungsmodalitäten nach der Gebührenordnung für ärztliche Leistungen gibt es trotz des hohen Bedarfs nur relativ wenige Kinder- und Jugendpsychiater und -psychotherapeuten, die sich bei den zu erwartenden wirtschaftlichen Schwierigkeiten in freien Praxen niederlassen. In ihrer Denkschrift zur Lage der Kinder- und Jugendpsychiatrie in der Bundesrepublik Deutschland stellt die "Deutsche Gesellschaft für Kinder- und Jugendpsychiatrie" 1990 fest, daß nur 65 Ärzte für Kinder- und Jugendpsychiatrie im ganzen Bundesgebiet niedergelassen seien. "Dabei sind sie schwerpunktmäßig oft auf bestimmte Teilaspekte kinder- und jugendpsychiatrischer Arbeit, wie Kinderpsychotherapie, Kinderneurologie oder Epileptologie spezialisiert." Ein nicht unwesentlicher Teil von Kindern wird in spezfischen Institutsambulanzen an Fachkrankenhäusern, Sozialpsychiatrischen und Sozialpädiatrischen Zentren versorgt. Die §§ 118 und 119 SGB V regeln, daß in Abgrenzung zur kassenärztlichen Versorgung diese Zentren ihre Behandlung auf diejenigen Kinder auszurichten haben, "die wegen der Art, Schwere oder Dauer ihrer Krankheit oder einer drohenden Krankheit nicht von geeigneten Ärzten... behandelt werden können". Auch spezifische Ambulanzen und Polikliniken der Universitäten leisten einen wesentlichen Beitrag zur Diagnostik und Versorgung gerade bei komplizierten Störungsbildern und Problemlagen. Allerdings müssen für die Inanspruchnahme der Leistungen solcher Fachambulanzen häufig weite Anfahrtswege der Betroffenen in Kauf genommen werden (im Anhang findet sich eine Liste der Kliniken für Kinder- und Jugendpsychiatrie in der Bundesrepublik Deutschland sowie eine Liste der Landesobleute des Berufsverbandes der Ärzte für Kinder- und Jugendpsychiatrie und Psychotherapie in Deutschland e.V., bei denen aktuelle Auskünfte über möglichst wohnortnahe niedergelassene Kinder- und Jugendpsychiater eingeholt werden können).

3.3.1.0 Basisversorgung

Die meisten Kinder und Jugendlichen mit psychischen Problemen werden derzeit initial nicht von Kinder- und Jugendpsychiatern untersucht und diagnostiziert, sondern die Eltern wenden sich mit ihren Kindern in der Regel zunächst an die Hausärzte und/oder Kinderärzte. Auf dieser primären Ebene der medizinischen Versorgung sieht das Kassenrecht die **ärztliche Beratung** der Betroffenen und ihrer Eltern als abrechenbare Leistungen im Rahmen der Krankenversicherung vor. Weitergehend ist die ärztliche **Erörterung**, die nach Faber/Haarstrick (1991) in einem Dialog zwischen Arzt und Patient oder zwischen Arzt und Bezugsperson besteht. Mit der Einführung der Psychotherapie-Richtlinien im Oktober 1987 wurde ein neuer Bereich zwischen ärztlicher Beratung und ärztlicher Psychotherapie, die sogenannte **"psychosomatische Grundversorgung"** eingeführt. Nach Faber/Haarstrick (a.a.O.) wird die psychosomatische Grundversorgung definiert durch die **Diagnosestellung** (ein komplexes Krankheitsgeschehen soll ätiologisch in Richtung einer Gesamtdiagnose zu klären sein), die **Indikationsstellung** (eine polare Zuordnung von Somatoeinschließlich Pharmakotherapie und seelischer Krankenbehandlung ist nach den Erfordernissen der aktuellen Krankheitssituation anzustreben) und die **begrenzte Zielsetzung** (dies umfaßt eine Symptombeseitigung einer Einsichtsvermittlung in pathogene Zusammenhänge und in die Notwendigkeit einer prophylaktischen Umorientierung des Patienten), die **Therapiemethoden** (verbale Intervention und übende bzw. suggestive Techniken). Auf diese Weise wurde eine gewisse **psychosomatische "Basistherapie"** definiert. Als übende Verfahren kommen häufig autogenes Training, gerade bei Kindern, oder auch die progressive Muskelrelaxation nach Jacobson zur Anwendung. Ärzte, die an einer solchen psychosomatischen "Basisversorgung" teilnehmen wollen, müssen nach den Psychotherapie-Richtlinien und Psychotherapie-Vereinbarungen zwischen der Kassenärztlichen Bundesvereinigung und den Verbänden der Krankenkassen (1991) folgende Kennntisse und Erfahrungen besitzen:

☐ Eine mindestens dreijährige Erfahrung in selbstverantwortlicher ärztlicher Tätigkeit,

☐ den Erwerb von Kenntnissen in einer psychosomatisch orientierten Krankheitslehre,

☐ reflektierte Erfahrungen über die psychodynamische und therapeutische Bedeutung der Arzt/Patienten-Beziehung. Diese Erfahrung werden in der Regel durch die Teilnahme an einer Balint-Gruppe erworben.

Psychotherapie für Kinder und Jugendliche wird als Kassenleistung von ärztlichen Psychotherapeuten und Psychoanalytikern, von nicht-ärztlichen Psychotherapeuten und Psychoanalytikern im Delegationsverfahren, von Kinder- und Jugendlichenpsychotherapeuten ebenfalls im Delegationsverfahren (ehemals Psychagogen) und von den Kinder- und Jugendpsychiatern, die die Bedingung für den neuen Facharzttitel "Arzt für Kinder- und Jugendpsychiatrie, -psychotherapie" erfüllen, erbracht. Entsprechende Therapien werden nach einer Antragstellung und nach erfolgter positiver Begutachtung von den Kassen in folgendem Umfang und in folgenden Teilschritten bewilligt (vgl. Klußmann 1993):

3.3.1.1 Tiefenpsychologisch fundierte oder analytische Kinderpsychotherapie

Behandlungsdauer:	1 bis 3 Jahre bei in der Regel 1 bis 2 Sitzungen in der Woche
Erster Bewilligungsschritt:	Im Normalfall 50 Einzelsitzungen (mindestens 50 Minuten) oder 40 Doppelstunden Gruppenbehandlung
Zweiter Bewilligungsschritt:	Im Normalfall 40 Einzelsitzungen (mindestens 50 Minuten) oder 20 Doppelstunden Gruppenbehandlung
Dritter Bewilligungsschritt:	Nur in besonders begründeten Fällen 30 Einzelsitzungen (mindestens 50 Minuten) oder 20 Doppelstunden Gruppenbehandlung
Vierter Bewilligungsschritt:	Bis zur Höchstgrenze im Ausnahmefall 30 Einzelsitzungen (mindestens 50 Minuten) oder 10 Doppelstunden Gruppenbehandlung
Maximalleistung:	150 Einzelsitzungen oder 90 Doppelstunden Gruppenbehandlung

Zur tiefenpsychologisch fundierten oder analytischen Kinderpsychotherapie gehört die begleitende Psychotherapie der Bezugspersonen. In der Psychotherapievereinbarung wird maximal eine Relation von 4 Therapiestunden für das Kind zu 1 Therapiestunde für die Eltern vorgesehen. Veränderungen dieser Regel sind in Ausnahmefällen möglich, wobei jedoch eine alleinige begleitende Psychotherapie der Eltern ohne gleichzeitige Behandlung des Kindes bzw. des Jugendlichen nicht zulässig ist (§ 7 Vereinbarung). Die begleitende Behandlung der Bezugsperson ist in dem genannten Stundenkontingent nach dem erwähnten Schlüssel enthalten.

Zentrales Medium der Kinderpsychotherapie ist bis zur Vorpubertät/Pubertät das (Symbol-)Spiel. Nach Anna Freud (1927, Zweite Vorlesung: Die Mittel der Kinderanalyse; S. 24 ff.) sind Zeichnen und Spielen privilegierte Zugänge zum Unbewußten des Kindes, die dessen "Mangel in der Assoziationswilligkeit" kompensieren. Anna Freud nimmt bezug auf Melanie Klein und beschreibt, wie in der Kinderanalyse die "Einfallstechnik der Erwachsenen" durch eine "Spieltechnik beim Kinde" ersetzt wird. "Sie geht von der Voraussetzung aus, daß dem kleinen Kinde das Agieren angemessener ist als das Reden. Sie stellt ihm darum eine Menge winzigen Spielzeugs, also eine Welt in klein, zur Verfügung und schafft ihm so die Möglichkeit, in dieser Spielwelt zu handeln."

In der tiefenpsychologisch fundierten und analytischen Kinderpsychotherapie wird relativ sparsam mit abstrakten Deutungen umgegangen. Zentrale Elemente sind die Interaktion im Spiel und auch das Verwörtern einzelner Wünsche, Bedürfnisse, im Rahmen einer Spielhandlung auf der symbolisch-anschaulichen Ebene. Auf diese Weise können z.B. in Rollen- oder Puppenspielen auch spezielle Gegenübertragungs- und Übertragungskonstellationen und Konflikte anschaulich thematisiert werden. Zu unterscheiden sind die Verfahren der tiefenpsychologisch fundierten und der analytischen Kinderpsychotherapie von der nicht-direktiven Kinderpsychotherapie nach Axline (1972). Die nicht-direktiven Verfahren gehören nicht zu den kassenärztlichen Leistungen.

3.3.1.2 Tiefenpsychologisch fundierte oder analytische Psychotherapie von Jugendlichen

Behandlungsdauer:	1 bis 3 Jahre bei in der Regel 1 bis 2 Sitzungen in der Woche
Erster Bewilligungsschritt:	Im Normalfall 60 Einzelsitzungen (mindestens 50 Minuten) oder 30 Doppelstunden Gruppenbehandlung
Zweiter Bewilligungsschritt:	In besonders begründeten Fällen 60 Einzelsitzungen (mindestens 50 Minuten) oder 30 Doppelstunden Gruppenbehandlung
Dritter Bewilligungsschritt:	Bis zur Höchstgrenze im Ausnahmefall 60 Einzelsitzungen (mindestens 50 Minuten) oder 30 Doppelstunden Gruppenbehandlung
Maximalleistung:	180 Einzelstunden bzw. 90 Doppelstunden

In der Jugendlichenpsychotherapie hat die verbale Interaktion eine sehr viel größere Bedeutung. Von daher nähert sich die Jugendlichenpsychotherapie der Erwachsenenpsychotherapie an. Allerdings ist die spezifische Ausgangssituation von Adoleszenten zu berücksichtigen. Kernberg (1989) hat darauf hingewiesen, daß Jugendliche zu Identitätskrisen neigen und daß ihre Identifizierung mit unterschiedlichen sozialen Ideologien oder Gruppen innerhalb von wenigen Monaten schnell wechseln können. Charakteristisch sind Ablösungskonflikte mit Eltern, Geschwistern und schulischen Autoritätspersonen bei gleichzeitigen, oft verschämt eingestandenen Abhängigkeitsbedürfnissen. Dissoziales Verhalten kann nach Kernberg (a.a.O.) "neurotische Anpassung an eine antisoziale kulturelle Subgruppe und damit relativ gutartig sein, oder es kann schwere Charakterpathologie und Boderline-Persönlichkeitsorganisation reflektieren, die sich hinter der Anpassung an eine antisoziale Gruppe verbergen". Die spezifischen Übergangsstadien und Konflikte der Sexualentwicklung charakterisieren die Phase der Adoleszenz ebenso wie eine "narzißtische Grandiosität und Entwertung anderer, nicht konformer Jugendlicher im Anschluß an die Pubertät, welche nicht als narzißtische Störung mißgedeutet werden sollen". Dieser spezifische psychodynamische Hintergrund im Jugendlichenalter macht deutlich, daß es teilweise nicht einfach ist, im Rahmen eines klassischen psychotherapeutischen Settings ein Arbeitsbündnis mit einem Jugendlichen einzugehen. Eine Jugendlichenpsychotherapie muß immer auch diese phasenspezifischen Konfliktbereiche in die Behandlung miteinbeziehen, um nicht den Entwicklungsaspekt aus den Augen zu verlieren.

Im Rahmen von tiefenpsychologisch orientierten Behandlungsansätzen kann das **katathyme Bilderleben** nach H. Leuner als spezielle Behandlungsmethode teilweise zum Einsatz kommen (Leuner 1985). Im Rahmen der üblichen Behandlung dauert das katathyme Bilderleben in einer 50-minütigen Sitzung zwischen einer Viertel- und einer halben Stunde, wobei vor Beginn des eigentlichen KB und danach noch allgemeine verbale Interaktionen innerhalb der Therapie erfolgen. Die eigentlich KB-Sitzung wird mit einer Entspannung, z.B. durch autogenes Training, eingeleitet. Dann werden, häufig orientiert an gewissen Standardmotiven, Tagtraumimaginationen provoziert. Manche Jugendliche, die sonst einer Behandlung einen erheblichen Widerstand entgegensetzen, sprechen recht gut auf diese Phantasie- und Traumreisen an.

Zentraler Gegenstand der bewilligten Therapie ist aber nicht das katathyme Bilderleben, sondern eine tiefenpsychologisch fundierte Jugendlichentherapie, die sich teilweise dieser Technik zur Verbesserung der therapeutischen Interaktion bedient. Grawe et al. (1994, S. 214) gestehen dem katathymen Bilderleben nicht den Status eines wissenschaftlich bewährten Therapieverfahrens zu, da dessen Wirksamkeit nicht durch stichhaltige Untersuchungsergebnisse, z.B. im Vergleich mit anderen Behandlungsmethoden, belegt wurde.

Nach Faber/Haarstrick (1991) sind Zielkriterien der Kinderpsychotherapie nach den Psychotherapierichtlinien die Behandlung neurotischer Konflikte und die Aufarbeitung seelischer Entwicklungs- und Entfaltungsdefizite, die Lockerung phasentypischer Fixierungen und die Förderung altersgemäßer Selbständigkeit, sofern eine neurotische Erkrankung des Kindes nachweisbar Ursache dieser Fehlentwicklung ist. "Ungünstige Erziehungsbedingungen und deren Erfolge allein sind daher keine Indikation zur Kinderpsychotherapie im Rahmen der Krankenbehandlung. "

Sogenannte "Frühstörungen" im Sinne von Balints "Basic disorder" (vgl. Lempp 1994) begründen nach den Psychotherapierichtlinien in der Regel keine neurotische Erkrankung.

3.3.1.3 Verhaltenstherapie bei Kindern und Jugendlichen

Behandlungsdauer:	In der Regel ½ bis 1 Jahr bei in der Regel 1 Sitzung in der Woche
Erster Bewilligungsschritt:	Im Normalfall 45 Einzelsitzungen (mindestens 50 Minuten) oder 90 Einzelsitzungen (mindestens 25 Minuten)
Zweiter Bewilligungsschritt:	In besonders begründeten Fällen 15 Einzelsitzungen à 50 Minuten oder 30 Einzelsitzungen à 25 Minuten
Maximalleistung:	60 Einzelsitzungen à 50 Minuten oder 120 Einzelsitzungen à 25 Minuten

Gruppenbehandlungen sind auch bei der verhaltenstherapeutischen Behandlung von Jugendlichen möglich, dabei wird eine Doppelstunde Gruppentherapie auf das bewilligte Therapiekontingent wie eine Einzelstunde angerechnet bzw. eine 50-minütige Therapiestunde Gruppenpsychotherapie wird wie eine halbe Einzelstunde berechnet.

Mit Leibing und Rüger (1993) kann festgestellt werden, daß die Bezeichnung Verhaltenstherapie so nicht ganz korrekt ist, "da es nicht eine Verhaltenstherapie gibt, sondern eine Vielzahl zum Teil deutlich unterschiedlicher verhaltenstherapeuti-scher Methoden und Techniken". Grawe et al. (1994), die in ihrer Übersicht über die Wirksamkeit der gängigen Therapieverfahren den verhaltenstherapeutischen Me-thoden aufgrund einer Sichtung der Literatur den wohl am besten gesicherten Nachweis einer Wirksamkeit bescheinigen, besprechen ausführlich folgende Teil-aspekte kognitiv-behavioraler Therapien: Systematische Desensibilisierung, z.B. in der Behandlung von Ängsten, das Training sozialer Kompetenzen, die Reizkonfron-tation, Rückmeldungstechniken, wie das Biofeedback, Aversionstherapie, paradoxe Intervention, die rational-emotive Therapie, Bewältigungstraining, Problemlö-sungstechniken und spezifische Formen der sogenannten "kognitiven Verhaltens-therapie". Nach Fiedler (1979) strebt die kognitive Verhaltenstherapie kognitiv-soziale Problemlösungen an. Er beschreibt sechs Phasen:

1. Problembeschreibung
2. Problemanalyse (verursachende Bedingungen)
3. Zielanalyse (Veränderungsziele des Klienten)

4. Verhänderungsplanung (explizite Ausformulierung von Plänen und Programmen)
5. Handlungsevokation (Probehandeln, Alternativhandeln)
6. Bewertung (Diskussion der erwarteten und tatsächlichen Reaktionen und Bedingungen als Feedback)

Nach Faber/Haarstrick (1991) erfordert Verhaltenstherapie im Sinne der Psychotherapierichtlinien "die Analyse der ursächlichen und aufrechterhaltenden Bedingungen des Krankheitsgeschehens (Verhaltensanalyse). Sie entwickelt ein entsprechendes Störungsmodell und eine übergeordnete Behandlungsstrategie, aus der heraus die Anwendung spezifischer Interventionen zur Erreichung definierter Therapieziele erfolgt."

Anstelle von primärer verbaler Beziehungsaufnahme und Kommunikation können für Kinder spielerische Interaktionsprozesse oft angemessener sein. Auch die Behandlung eines "ursächlich bedeutsamen Elternteils" durch eine sogenannte "Behandlung des jungen Patienten unter wesentlicher Beteiligung seiner relevanten Bezugspersonen" ist vorgesehen.

In den Psychotherapierichtlinien von 1990 wird die Möglichkeit von **Kurzzeittherapien** mit maximal 25 Terminen Einzel- bzw. Gruppentherapie ausdrücklich vorgesehen. Diese Kurzzeittherapien müssen zwar bei der Kasse beantragt werden, unterliegen aber nicht dem Begutachtungsverfahren. Ziel dieser Regelung war es nach Faber/Haarstrick (1991), das Psychotherapieantragsverfahren zu vereinfachen und es flexibler zu gestalten. Kurzzeittherapie ermögliche jetzt:

☐ Psychotherapeutische Interventionen in einer akuten Krise,
☐ kurz-, fokal- oder dynamische Psychotherapien,
☐ niederfrequente Therapien in einer längerfristigen, haltgewährenden therapeutischen Beziehung.

Da das sogenannte "Psychotherapeutengesetz" zum Zeitpunkt der Abfassung dieses Textes noch nicht verabschiedet war, können hier nur einige vermutliche Entwicklungen skizziert werden. Im Gegensatz zum ursprünglichen Entwurf, der am 21.10.1993 zur ersten Lesung von der Bundesregierung im Bundestag eingebracht wurde und der die Berufe des psychologischen Psychotherapeuten und des Kinder- und Jugendlichenpsychotherapeuten zum Gegenstand hat, soll wohl die Berufsausübungsbefugnis nicht wie geplant "Erlaubnis", sondern in Analogie zum Arztberuf "Approbation" genannt werden werden. Diese Approbation wird im Rahmen gewisser Übergangsvorschriften an Psychologen mit erheblicher klinischer und therapeutischer nachgewiesener Erfahrung erteilt werden. Diese hier vorgesehenen detaillierten Qualifikationsmerkmale sind ähnlich wie die Merkmale zur Erlangung der ärztlichen Zusatzbezeichnungen Psychotherapie und Psychoanalyse bzw. zum Erwerb des neuen Facharztes psychotherapeutische Medizin, eventuell als Orientierung heranzuziehen, wenn es gilt, die Kriterien für die Qualifikation für therapeutische Maßnahmen im Rahmen der Hilfen zur Erziehung oder der Eingliederungshilfe nach dem KJHG festzulegen.

3.3.1.4 Ärztliche verordnete Therapien durch sogenannte "Heilhilfsberufe"

– Beschäftigungstherapie bzw. Ergotherapie

Bei entwicklungsverzögerten Kindern oder Kindern mit Teilleistungsstörungen spielen spezielle Wahrnehmungstrainings oder Therapien, die auf eine sogenannte "sensorische Integration" abzielen (vgl. Ayres 1979), eine wesentliche Rolle. Viele Ergotherapeuten können zu Beginn der Behandlung auch eine Wahrnehmungsdiagnostik, z.B. mit Frostigs Test der visuellen Wahrnehmung (FEW), durchführen, der die visuelle Wahrnehmung, die in unserer Gesellschaft für den Schulerfolg von großer Bedeutung ist, in fünf Teilbereiche unterteilt:

☐ visuomotorische Koordination,
☐ Figur-Grundwahrnehmung,
☐ Wahrnehmungskonstanz,
☐ Raumlage,
☐ räumliche Beziehungen.

Wichtig bei der ergotherapeutischen Behandlung kann es sein, daß spezielle beeinträchtigte Bereiche nicht direkt angegangen werden, sondern über therapeutische "Umwege" zunächst einmal die Lust am Handeln und Wahrnehmen wieder geweckt wird. Dies kann ein zentraler Punkt in der Elternberatung sein, weil Eltern häufig solche therapeutische Unterstützung suchen, wenn sie merken, daß ihr Kind in den ersten Schuljahren erhebliche Schwierigkeiten mit der Wahrnehmung hat.

– Krankengymnastische Behandlung, Psychomotorik

Im Rahmen eines ausführlichen kinderneurologischen Status werden bisweilen bestimmte Koordinationsmängel oder Defizite der motorischen Entwicklung bei Kindern in spezifischen Problemlagen festgestellt. Psychomotorische Übungsbehandlungen können sensomotorische Funktionsdefizite, aber auch milieureaktive motorische Unruhe durch das eigene Körpererleben angehen (Kiphard 1979). Diese Therapieform wird von vielen Eltern gerade bei Klein-, Vorschul- und Grundschulkindern als sehr hilfreich und in gewissem Sinne "ganzheitlich" erlebt.

– Logopädie

Logopädinnen behandeln Sprachentwicklungsstörungen und Sprachstörungen als Folgezustände von Traumata und körperlichen Erkrankungen. Sehr wichtig und häufiger sind logopädische Behandlungen im späten Kleinkindalter bis zum Grundschulalter bei Sprachentwicklungsverzögerungen. In Einzel- und teilweise in Gruppenbehandlungen werden Artikulationsstörungen, expressive und rezeptive Sprachstörungen behandelt.

●● **Keine Regelleistungen der Krankenkassen** sind Musiktherapie, Reittherapie und ähnliche Verfahren, aber auch nicht Familientherapie und die sogenannten "nichtdirektiven" bzw. "humanistischen" Therapieformen.

3.3.2 Teilstationäre und stationäre Behandlung

3.3.2.1 Teilstationäre Behandlung

Teilstationäre Behandlungsansätze in Tageskliniken bzw. Nachtkliniken haben in den letzten Jahren in der Kinder- und Jugendpsychiatrie zunehmend an Bedeutung gewonnen, wobei allerdings in der Bundesrepublik im Vergleich zu anderen europäischen Ländern immer noch ein deutlicher Nachholbedarf in diesem Bereich besteht. Nach Hersov (1994) wurden in den USA erste tagesklinische Behandlungsprogramme für Kinder mit psychiatrischen Erkrankungen 1943 eingeführt. Der zentrale Vorteil der tagesklinischen Behandlung besteht darin, daß sie einem Kind maximale Förderung und Behandlung durch ein multiprofessionelles Team zukommen lassen kann, ohne es gleichzeitig ganz aus seinen sozialen Bezügen "herausreißen" zu müssen. Darüber hinaus ist diese Behandlungsform besonders ökonomisch, weil kostspielige Aufwendungen für Pflege und Betreuung der Kinder außerhalb der eigentlichen Therapiezeiten im wesentlichen wegfallen. Hersov (1994) geht davon aus, daß Tageskliniken eine besonders hilfreiche Behandlungsform darstellen, wenn

☐ trotz schwerwiegender kinderpsychiatrischer Probleme wegen des Alters des Kindes oder spezifischer Charakteristika seiner Problematik für das Kind eine Trennung vom Elternhaus eine schwere Belastung darstellen würde;
☐ wenn Mißhandlungsfälle oder allgemein unzureichende Versorgung durch die Eltern neben intensiver Förderung auch eine besondere Aufsicht und Kontrolle zum Schutz der Kinder erforderlich machen.

Darüber hinaus nennt Hersov (1994) folgende Indikationsbereiche:

☐ Spezielle Tageskliniken für psychotische oder autistische Kinder können in spezifischen Problemlagen die adäquate Hilfe sein, wenn die in den ansonsten betreuenden Tagesstätten gewährten und durchgeführten Hilfen für die Problemlage nicht ausreichend sind.
☐ In Situationen, in denen die psychischen Probleme eines Kindes so weit gehen, daß es nicht in seinem alltäglichen Kontext verbleiben kann, aber dennoch die starke Hoffnung besteht, daß sich an den Bedingungen zu Hause durch die Behandlung etwas ändern wird, sollte eine tagesklinische Betreuung angestrebt werden.

Wichtig ist m.E., daß durch die gebündelte und kooperative Intervention eines multiprofessionellen Teams z.B. bei Kindern, die extrem vernachlässigt wurden, ein "Aufholschub" angestoßen werden kann, während gleichzeitig die weitere Perspektive des Kindes und die notwendigen Anschlußmaßnahmen im Rahmen der ambulanten Versorgung im Sinne einer konstruktiven und koordinierten Hilfeplanung, wenn möglich zusammen mit den Eltern oder mit neugewonnenen Pflegeeltern, erarbeitet werden können.

Besonders erwähnenswert ist eine konkrete Evaluierungsstudie zur teilstationären Behandlung in der kinder- und jugendpsychiatrischen Abteilung der Marburger

Universitätsklinik (Quaschner und Riegels 1993), da derzeit noch wenig empirisches Material zur Einschätzung tagesklinischer Arbeit und besonderer Indikationen für tagesklinische Behandlungen vorliegt. Untersucht wurden 53 Patienten (ca. doppelt soviele Jungen wie Mädchen) in einer Altersspanne zwischen fünf Jahren und 18 Jahren mit einer durchschnittlichen Behandlungsdauer von etwa fünf Monaten. Ausgehend von ICD-9-Diagnosen wurden die Patienten in zwei Störungsgruppen mit externalisierten und internalisierten Störungen (Achenbach und Edelbrock 1978) eingeteilt. Sowohl die Eltern als auch die Therapeuten wurden vor Beginn und nach Ablauf der Behandlung hinsichtlich ihrer Einschätzung befragt. Eltern und Therapeuten beobachteten übereinstimmend in 90% der Fälle eine Besserung der Symptomatik. Am häufigsten wurde die Einschätzung "deutlich gebessert" getroffen (64% der Eltern, 41% der Therapeuten). Interessant ist, daß entgegen der ursprünglichen Hypothesenbildung der Autoren internalisierte Störungen ein besseres Behandlungsergebnis als die externalisierten Störungen zeigten. Kritisch eingewandt wird von den Autoren selbst, daß die dort behandelten Jugendlichen mit externalisierten Störungen teilweise an weniger ausgeprägten Frühformen solcher Probleme litten und auch, daß die Gruppenbildung von externalisierten Störungen aus hyperkinetischen Syndromen und Störungen des Sozialverhaltens zu einer sehr heterogenen Untersuchungsgruppe führte. Dennoch bleibt festzuhalten, daß die tagesklinische Behandlung für die Patienten, die in der Marburger Klinik dieser Behandlungsform zugeteilt wurden, im Ergebnis einer vollstationären Behandlung nicht unterlegen war.

In der Verordnung des Bundesarbeitsministeriums über Maßstäbe und Grundsätze für den Personalbedarf in der stationären Kinder- und Jugendpsychiatrie, der sogenannten "Psych-PV" (Psychiatrie-Personalverordnung) wird unter dem Kürzel KJ7 die tagesklinische Behandlung für folgende Zielgruppe vorgesehen (vgl. Rotthaus 1993): Kinder und Jugendliche mit psychischen, psychosomatischen und neuropsychiatrischen Erkrankungen, die keiner vollstationären Behandlung bedürfen. Behandlungsziele seien die Wahrung der Integration in Familie oder Heim, die Verbesserung der psychosozialen Kompetenz, die Befähigung zu Schulbesuch bzw. Fortsetzung der beruflichen Ausbildung. Die angewandten Behandlungsmittel seien Diagnostik und medizinische Grundversorgung, heilpädagogische Behandlung, Elternberatung, Familientherapie, Einzel- und Gruppenpsychotherapie, funktionelle Therapien und Entwicklungstherapie.

3.3.2.2 Stationäre Behandlung

Die "Deutsche Gesellschaft für Kinder- und Jugendpsychiatrie" geht in ihrer Denkschrift (1990) davon aus, daß sich die Platzzahl für das stationäre Versorgungsangebot an einem jeweiligen Versorgungsgebiet orientieren müsse. Notwendig seien 8 bis 10 Plätze auf 100 000 Einwohner, wobei zu beachten sei, daß Einheiten unter 30 Betten wenig funktionsfähig sind, weil sie nicht problemgerecht substrukturiert sein können. Stationäre Einheiten, welche an der Regelversorgung teilnehmen, müssen auch über eine geschlossene Unterbringungsmöglichkeit verfügen.

Hersov (1994) hält die stationäre kinder- und jugendpsychiatrische und psychotherapeutische Behandlung für das Mittel der Wahl, wenn

☐ Denkstörungen, affektive Störungen oder Verhaltensstörungen so weitgehend ausgeprägt sind, daß eine ambulante Behandlung unmöglich ist oder eine Selbst- oder Fremdgefährdung besteht.
Darüber hinaus hält er es im Gegensatz zu einer bloßen Verwahrung für erforderlich, daß eine realistische Hoffnung besteht, dem Kind oder Jugendlichen in seiner Problemlage durch die stationäre Behandlung zu helfen.

☐ Wenn ein Kind ein so weitgehendes, sozial nicht akzeptables Verhalten zeigt, daß es nicht in seiner bisherigen Umgebung, auch nicht mit Unterstützung, belassen werden kann.

☐ Wenn eine schwierige psychiatrische Problematik fachkundige Beobachtung und integrative spezialisierte Diagnostik etc. notwendig macht.

☐ Wenn die Familieninteraktion so verzerrt ist, daß ein Verbleiben im elterlichen Haushalt zu fortdauernden, zunehmenden Beeinträchtigungen der kindlichen Entwicklung führt.

☐ Wenn eine lebensbedrohliche Erkrankung, wie die Magersucht, komplizierte Asthmaverläufe oder Depressionen mit Suizidimpulsen, eine stationäre Behandlung erforderlich machen.

☐ Wenn es notwendig ist, im Rahmen diagnostischer Probleme eine ausführliche und kontinuierliche Verhaltensbeobachtung mit medizinischer Diagnostik zu kombinieren, z.B. bei der Differentialdiagnose von epileptischen und pseudo-epileptischen Anfällen.

☐ Wenn die Aufgabe darin besteht, herauszufinden, ob eine intellektuelle Beeinträchtigung (Lernbehinderung bzw. geistige Behinderung) bzw. scheinbare intellektuelle Beeinträchtigung im Sinne von "Pseudo-Debilität" als Mißhandlungsfolge oder Vernachlässigungsfolge besteht.

Ein zentrales Problem bei der stationären Behandlung von Kindern ist, daß mit der Aufnahme für die Kinder und Jugendlichen häufig Ängste vor Stigmatisierung und Ausstoßung und teilweise auch reale Beziehungsabbrüche verbunden sind. Für die Eltern scheint die stationäre Aufnahme oft den Punkt zu markieren, an dem ihr elterliches "Versagen" besonders deutlich wird.

Sonnenburg (1994) hat einen differenzierten und hilfreichen Artikel zur inneren Situation der Eltern in der stationären Psychotherapie von Kindern mit dem Titel "Die Kränkung der Eltern durch die Krankheit des Kindes" überschrieben. Bezugnehmend auf das familientherapeutische Konzept der "Allparteilichkeit" fordert er, daß Eltern nicht "wegen ihrer Beteiligung an der das Kind krankmachenden Situation" von den Therapeuten und Betreuern angeklagt werden dürfen, da sich dadurch auch für die Psychotherapie mit den Kindern "unübersteigbare Hürden durch Loyalitätskonflikte" aufbauen. Therapeuten und Bezugspersonen im milieutherapeutischen Realraum der Stationen seien als "Dritte" zu verstehen. Tatsächlich ist es meiner Ansicht nach extrem wichtig für professionelle Helfer, eine Konkurrenz mit den Eltern zu vermeiden. Ziel einer Behandlung muß es sein, Eltern in ihren Elternfunktionen zu stärken und sie zur Übernahme elterlicher Verantwortung bzw. entsprechender Entscheidungen zu motivieren. Sonnenburg beschreibt Abwehrebenen in der Elternarbeit. Zunächst sei das wiederholte Schildern der Symptomatik des Kindes eine Form des Widerstandes. Eine nächste Abwehrstufe sei durch die Frage nach der Schuld an den Problemen des Kindes gekennzeichnet. Sonnenburg beruft sich auf Berger (1976), wenn er feststellt, daß diese Schuldgefühle hemmende Funktionen haben: "Daß die Eltern Schuldgefühle haben, hat ja meist den Sinn, daß sie sich ihre tatsächlichen Einschränkungen und Beschränkungen nicht eingestehen müssen". Sonnenburg hält es für zentral, das Trennungserleben während der stationären Behandlung zu thematisieren und zu bearbeiten und durch die Bearbeitung des Trennungsschocks eine "beiderseitige Individuation von Eltern und Kind" einzuleiten.

Entscheidend für den Erfolg stationärer Behandlung ist die Organisation eines therapeutischen Milieus. Hersov definiert ein therapeutisches Milieu als eine strukturierte Umgebung, die verschiedene menschliche Beziehungen, befriedigende emotionale Kontakte und Möglichkeiten für neues Lernen und neue Erfahrungen sowie das Meistern neuer Situationen und für die Entwicklung persönlicher und sozialer Fähigkeiten und Fertigkeiten bietet. Nach Berlin et al. (1984) soll stationäre Behandlung darauf abzielen, bestehende Kompetenzen der Kinder zu stärken und neue Bewältigungs(Coping)-Strategien wo immer möglich zu vermitteln. In der stationären Behandlung sollten Angst, Schuldgefühle und psychische Konflikte reduziert werden. Gerade in eher unterversorgten Regionen kann aber auch heute noch mit Barker (1974) festgestellt werden, daß die stationäre Behandlung oft das "Eintrittsticket" für weitere Hilfsmaßnahmen darstellt und nicht nur eine Behandlung an sich.

Nach Rotthaus (1993) hat die Psychiatriepersonalverordnung (PsychPV; vgl. Kunze-Kaltenbach 1992) wesentliche Meilensteine für eine Qualitätssicherung der Versorgung in der Kinder- und Jugendpsychiatrie gesetzt. Personalanhaltszahlen sowie die Festlegung der pflegerisch-heilpädagogischen Behandlungsgruppe auf fünf Patienten und eine Stationsgröße von zehn Patienten sichern eine angemessene und individuelle Betreuung und betonen das Prinzip der sogenannten "Bezugspflege" (Bezugsbetreuersysteme). Auch in der "prinzipiellen Verknüpfung von Therapie und Erziehung in der stationären Kinder- und Jugendpsychiatrie" sieht der Autor einen erheblichen Fortschritt. Denn durch diese Festlegung können die in vielen Kinder- und Jugendpsychiatrien üblichen multiprofessionellen Teams auch gegenüber den Trägern inhaltlich vertreten werden. Die Beschreibung von Tätigkeitsprofilen und die inhaltliche Unterstützung der am Behandlungsprozeß beteiligten Personen durch Supervision bzw. Balint-Gruppenarbeit, wie sie die PsychPV fordert, muß als wesentlicher Schritt für eine Qualitätssicherung in der kinder- und jugendpsychiatrischen Behandlung angesehen werden. Einschränkend muß erwähnt werden, daß sich die PsychPV nur auf eine Krankenhausbehandlung im Sinne des § 39 Abs. 1 SGB V, d.h. in der Regel durch krankenkassenfinanzierte Behandlungen, bezieht. Stationäre Behandlungen als Maßnahmen der Eingliederungshilfe nach § 39 BSHG oder § 35a KJHG sollten zwar analog eingestuft werden, Rotthaus (1993) hat aber darauf hingewiesen, daß für diesen Patientenkreis die PsychPV keine gesetzliche Verbindlichkeit hat.

In der PsychPV werden folgende stationäre kinder- und jugendpsychiatrische Behandlungsbereiche (KJ1 bis KJ6) unterschieden und mit entsprechenden Minutenwerten zur Beschreibung des Arbeitsaufwandes unterschiedlicher Berufsgruppen (Ärzte, Krankenpflegepersonal, Erziehungsdienst, Diplompsychologen, Ergotherapeuten, Bewegungstherapeuten, Krankengymnasten, Physiotherapeuten, Sozialarbeiter, Sozialpädagogen, Heilpädagogen, Sprachheiltherapeuten, Logopäden) beschrieben:

☐ **KJ1: Kinderpsychiatrische Regel- und Intensivbehandlung (bis 14. Lebensjahr).** Hier wird folgender Indikationsbereich angegeben: Vorschul- und Schulkinder mit akuten psychischen, psychosomatischen und/oder neuropsychiatrischen Erkrankungen mit u.a. selbstgefährdendem Verhalten, schweren Verhaltensstörungen, Teilleistungsstörungen sowie Entwicklungsstörungen der kognitiven, emotionalen und psychosozialen Kompetenz.

☐ **KJ2: Jugendpsychiatrische Regelbehandlung** soll Jugendlichen in ähnlichen Problemlagen zugutekommen.

☐ **KJ3: Jugendpsychiatrische Intensivbehandlung** ist vorgesehen für psychisch kranke Jugendliche und psychosozial retardierte Heranwachsende, die manifest selbstgefährdet sind, vital gefährdet oder hochgradig erregt sind. Für sie ist ein besonders hoher medizinischer und pflegerischer bzw. erzieherischer Aufwand vorgesehen, während der rehabilitative und sozialpädagogische bzw. sozialarbeiterliche Aufwand geringer bemessen wird.

☐ **KJ4: Rehabilitative Behandlung** ist vorgesehen für längerfristig psychisch kranke Kinder, Jugendliche und Heranwachsende mit krankheitsbedingten Komplexen, kognitiven, emotionalen und psychosozialen Defiziten.

☐ **KJ5: Die langdauernde Behandlung Schwer- und Mehrfachkranker** dient der "Verhaltenskorrektur und Vermittlung grundlegender lebenspraktischer und sozialer Fertigkeiten als Voraussetzung für weitere therapeutische Maßnahmen", bei mehrfachbehinderten Kindern, Jugendlichen und Heranwachsenden, die selbstgefährdet, fremdgefährdet, erregt oder desorientiert sind.

☐ **KJ6: Die Eltern-Kind-Behandlung** (gemeinsame Aufnahme von Kind und Bezugsperson) hat das Behandlungsziel der "Stärkung der elterlichen Erziehungs- und Betreuungskompetenz auf der Basis der Entwicklungsdiagnostik und ist vorgesehen für Kinder mit psychischen, psychosomatischen und neuropsychiatrischen Erkrankungen, Kommunikations- und Interaktionsstörungen sowie selbstverletzendem Verhalten.

3.3.3 Medikamente und Heilhilfsmittel

Psychotherapeutische und pharmakotherapeutische Interventionen sind aus ideologischen Gründen teilweise antagonistisch bzw. kontrovers diskutiert worden. Gerade für manche schweren kinder- und jugendpsychiatrischen Störungsbilder gilt aber das von Martinius (1991) gewählte Motto: "Das Eine tun und das Andere nicht lassen". Zunächst muß allerdings betont werden, daß von ausgebildeten Ärzten für Kinder- und Jugendpsychiatrie und Psychotherapie in der Bundesrepublik bei weitem die wenigsten Psychopharmaka im Kindes- und Jugendalter verschrieben werden. Ein Großteil der Verordnungen in dieser Altersstufe wird von Allgemeinpraktikern vorgenommen. In der Regel ist der Medikamenteneinsatz in der Kinder- und Jugendpsychiatrie auf umgrenzte, schwierige Problemlagen eingeschränkt. In kontrollierten Studien nachgewiesene positive Behandlungseffekte durch medikamentöse Mitbehandlung der Patienten lassen sich nach Taylor (1994) u.a. für folgende Wirkstoffgruppen finden:

☐ **Stimulanzien** (bei hyperaktivem Verhalten; Stimulanzien fallen unter das Betäubungsmittelgesetz)
☐ **Trizyklische Antidepressiva** (bei Depressionen, Phobien, schweren Zwangsstörungen, teilweise auch bei hyperaktivem Verhalten und bei chronischen Einnässern)
☐ **Lithium und Carbamazepin** als Phasenprophylaktika bei Cyclothymien. Lithium auch als Mittel, das eventuell schwere aggressive Problemzustände positiv beeinflussen kann
☐ **Neuroleptika** bei Schizophrenien und schwersten Tic-Störungen im Sinne eines Tourette-Syndroms
☐ **Antikonvulsiva** in der Epilepsie-Therapie

Voraussetzung für den Einsatz von Medikamenten ist immer eine ausführliche Aufklärung des betroffenen Kindes und seiner Familie über die vermuteten Wirkungen, aber auch über die zu erwartenden Nebenwirkungen des Medikamentes. Häufig sind ärztliche Untersuchungen und Laborkontrollen begleitend zur Medikamentengabe erforderlich, was eine weitere Belastung des Patienten, aber auch eine Möglichkeit zu positiver Interaktion darstellen kann. Klar hat Martinius (1991) darauf hingewiesen, daß die Kombination von Pharmakotherapie und Psychotherapie in manchen Bereichen eine größere Therapiebereitschaft aufgrund symptomatischer Besserungen und Stärkung autonomer Ich-Funktionen bewirken kann. Allerdings kann, wenn nur durch Medikamente Symptome "wegkuriert" werden sollen, die symptomatische Besserung auch eine Auseinandersetzung mit den zugrunde liegenden Konflikten weniger drängend machen. Gefürchtet sind psychische Abhängigkeiten von Medikamenten, letztendlich kann durch jede Medikamentengabe auch das Abhängigkeits- und Krankheitsgefühl des Patienten verstärkt werden. Martinius unterstreicht an anderer Stelle (Martinius 1993), daß die primär integrative kinderpsychiatrische Behandlung etwas anderes sei als das Nebeneinander verschiedener Methoden bzw. Behandlungsansätze. Diese kinder- und jugendpsychiatrische

Therapie habe drei Zielrichtungen:

"Das Symptom, die Ursache und die Entwicklung. Die Pharmakotherapie ist symptomorientiert, sie hat aber mittelbar auch Wirkungen auf die Entwicklung, da eine Besserung des Symptoms vom Individuum selbst und von seiner Umgebung erlebt wird und gestörte Entwicklung aufgrund dieser symptomatischen Hilfe wieder auf einen gesunden Weg gebracht werden kann."

Diesem Prinzip einer integrierten kinder- und jugendpsychiatrischen Behandlung war schon das Handbuch von Nissen et al. (1984) verpflichtet, das eine klar gegliederte Übersicht über Wirkprinzipien von Psychopharmaka, über die einzelnen Substanzgruppen und über die Indikationsbereiche bei den klassischen kinder- und jugendpsychiatrischen Störungsbildern in einer Zusammenschau mit anderen therapeutischen Ansätzen bot. Allerdings wäre dem erfolgreichen Werk zehn Jahre nach seinem ersten Erscheinen eine aktualisierte Neuauflage zu wünschen.

Heilhilfsmittel werden häufig von Apotheken bzw. Sanitätshäusern geführt. Bei der verhaltenstherapeutischen Behandlung des Einnässens hatten bei motivierten chronischen Einnässern z.B. die Anwendung von sogenannten "Klingelhosen" sehr gute Behandlungserfolge gezeigt. Diese Form der apparativen Konditionierung wirkt dadurch, daß das Kind durch einen eher unangenehmen Weckreiz bei den ersten Urintropfen nachts geweckt wird. Ausgelöst wird das Signal durch die Urintropfen auf einem Kontaktläppchen, was im Schlafanzug bzw. in einer Unterhose mit einem Klettverschluß angebracht werden kann. Nach dem Wecksignal soll das Kind so schnell wie möglich aufstehen und die Blase auf der Toilette entleeren. Die angestrebte Wirkung des Gerätes ist, daß auch im Schlaf der Druck der Blasenfüllung wahrgenommen wird und ein Erwachen erfolgt, um das unangenehme Wecksignal zu vermeiden. Verschiedene Studien zur Enuresis-Behandlung haben ergeben, daß mit dieser verhaltenstherapeutischen Methode die besten Ergebnisse hinsichtlich des Behandlungsziels der Symptomfreiheit erreicht werden können.

3.4 Ärztliche Leistungen im öffentlichen Gesundheitsdienst

Im Rahmen des öffentlichen Gesundheitsdienstes leisten zum Teil pädiatrische und kinderpsychiatrische Fachkollegen z.B. im Schulärztlichen Dienst oder im Rahmen spezifischer Jugendpsychiatrischer Dienste einen regional unterschiedlichen Anteil von diagnostischen Leistungen und Beratung und teilweise spezifischer Begutachtung gerade zu Fragen des § 35a KJHG oder des § 39 BSHG. Da das öffentliche Gesundheitswesen in bezug auf Krankenbehandlung nicht in Konkurrenz zur kassenärztlichen Versorgung treten soll, haben diese Ärztinnen und Ärzte in der Regel keine kurativen Aufgaben, d.h. sie dürfen nicht behandeln. Sie können aber im Rahmen der Erstellung eines Hilfeplanes häufig Patienten gründlich untersuchen und die Angehörigen sowie die Fachkräfte vom Jugendamt fundiert über die aus ärztlicher Sicht einzuleitenden Maßnahmen beraten. Ärztinnen und Ärzte im Gesundheitsamt sind in besonderer Weise berechtigt und verpflichtet zu aktiv aufsuchender und nachgehender Hilfe. Das heißt, sie können die Mitarbeiterinnen und

Mitarbeiter des Jugendamtes fachlich unterstützen bei der Arbeit mit Familien, die aufgrund ihrer psychischen Probleme und/oder ihres soziokulturellen Hintergrundes nicht in der Lage sind, helfende Institutionen aktiv aufzuschen.

§ 36 Abs. 3 KJHG, der festlegt, daß, wenn Hilfen nach § 35a erforderlich scheinen, bei der Aufstellung und Änderung des Hilfeplanes sowie bei der Durchführung der Hilfe ein Arzt/eine Ärztin, der/die über besondere Erfahrung in der Hilfe für Behinderte verfügt, beteiligt werden soll. Trotz dieser sehr weichen und offenen Formulierung sollte im öffentlichen Gesundheitsdienst strikt auf eine angemessene fachliche Qualifikation der zu beteiligenden Ärztinnen und Ärzte geachtet werden. Ein Orthopäde (die orthopädischen Kollegen mögen mir dieses relativ willkürlich gewählte Beispiel verzeihen), der seine spezifischen Erfahrungen über Hilfen für Behinderte vorwiegend bei Körperbehinderten erworben hat, erscheint mir primär nicht als der geeignete Berater und Kooperationspartner, wenn es um psychische Problemlagen von Kindern und Jugendlichen geht. Hier sollte in der Zukunft streng darauf geachtet werden, daß nicht nur dem Buchstaben des Gesetzes genüge getan wird, sondern daß im Regelfall ein qualifizierter Arzt für Kinder- und Jugendpsychiatrie, Psychotherapie, oder ein erfahrener Sozialpädiater, am besten mit psychotherapeutischer Zusatzqualifikation etc., hinzugezogen wird. Nur so ist den beteiligten Personen die Miteinbeziehung eines ärztlichen Fachkollegen als inhaltliche Hilfe bei der Entscheidungsfindung und nicht als formaler "behördlicher Bewilligungsakt" zu vermitteln.

3.5 Leistungen der Jugendhilfe

Es kann hier im folgenden nicht darum gehen, das ganze KJHG bzw. das breite Aufgabenspektrum eines Jugendamtes in diesem Zusammenhang umfassend darzustellen. Vielmehr soll versucht werden, die Bedeutung einzelner Hilfearten, z.B. in Form von Eingliederungshilfen oder kombinierten Eingliederungshilfen und Hilfen zur Erziehung, für Kinder mit psychischen Problemen zu unterstreichen. Detaillierte Informationen zu den Rechtsgrundlagen und zur Praxis dieser Maßnahmen finden sich in den Übersichtswerken von Wiesner, Zarbock (1991) und Gernert (1993) sowie in den einschlägigen Kommentaren, z.B. Münder 1993; Krug et al. 1991; Jantz et al. 1991.

Eine komprimierte grundlegende Einführung in die unterschiedlichen Bereiche der Kinder- und Jugendbetreuung wie Krippenerziehung, Kindergarten, Hort, Tagespflege, Adoptiv- und Pflegefamilien sowie Jugendbetreuung, Jugendarbeit, Jugendsozialarbeit, Heimerziehung und Arbeit in Behinderteneinrichtungen, findet sich im Handbuch von Becker-Textor und Textor (1993). Die Autoren geben zu jeder der genannten Betreuungsformen eine historische Übersicht und ausführliche Hinweise zu den Konzeptionen bzw. Arbeitsformen. Auch auf das Handbuch "Hilfen für Familien" von Textor (1990) sei in diesem Zusammenhang noch einmal ausdrücklich verwiesen.

3.5.1 Ambulante Maßnahmen

3.5.1.1 Maßnahmen nach §§ 17, 28, 29, 30, 35 KJHG

– Beratung in Scheidungssituationen

Da in Scheidungssituationen nicht selten psychische Probleme bei Kindern als Anpassungsstörungen vorkommen, seien hier noch die Maßnahmen nach § 17 KJHG "Beratung in Fragen der Partnerschaft, Trennung und Scheidung" erwähnt. Ausdrücklich soll eine Beratung dazu helfen, ein partnerschaftliches Zusammenleben in der Familie aufzubauen, Konflikte und Krisen in der Familie zu bewältigen, und im Falle der Trennung oder Scheidung die Bedingungen für eine dem Wohl des Kindes oder des Jugendlichen förderliche Wahrnehmung der Elternverantwortung zu schaffen. Dies bedeutet, daß Eltern immer wieder auf ihre Elternrolle und die damit verbundene Verantwortung hingewiesen werden sollen, wenn sich Trennungssituationen zu "Kampfscheidungen" entwickeln.

– Erziehungsberatung gemäß § 28 KJHG

Nach Angaben des statistischen Bundesamts in Wiesbaden vom 16. Mai 1994 stieg die Zahl der in Erziehungsberatungsstellen wegen Problemen in Schule und Familie betreuten Kinder und deren Familien von 154 500 (1991) auf 177 500 (1992), d.h. um ca. 15%. Unter den betreuten Kindern, Jugendlichen und Heranwachsenden (bis 27 Jahre) befanden sich deutlich mehr Jungen (59%) als Mädchen (41%). Auch in den Klientelen der Erziehungsberatungsstellen zeigt sich wie in kinder- und jugendpsychiatrischen Einrichtungen eine deutliche Jungenwendigkeit. Am häufigsten sind Schulkinder im Alter von 6 bis 12 Jahren zur Beratung gekommen (43% der Klienten), Vorschulkinder machten 21% aus, 24% waren Jugendliche bis 18 Jahre und 12% waren heranwachsende junge Volljährige bis 27 Jahre. In mehr als einem Drittel der Fälle (37%) waren Beziehungsprobleme der primäre Anlaß, eine Beratungsstelle aufzusuchen. Auch Entwicklungsauffälligkeiten wurden ähnlich häufig als Anlaß für Erziehungsberatung genannt. Bei einem Viertel der Beratungen ging der Impuls der Hilfesuche von Schul- oder Ausbildungsproblemen aus. 16% der Kinder kamen in Trennungs- oder Scheidungssituationen ihrer Eltern in Behandlung oder Beratung in eine Erziehungsberatungsstelle. Mütter waren mit 59% am häufigsten die Personen, die den Kontakt zur Beratungsstelle herstellten. Nur in 7% der Fälle meldeten sich die Väter alleine, in 8% die Eltern gemeinsam. Weitere 11% machten die Jugendlichen und jungen Heranwachsenden aus, die selbst Hilfe bei professionellen Beratern suchten.

Diese Zahlen unterstreichen die Notwendigkeit und belegen die hohe Akzeptanz von Erziehungsberatungsstellen.

Presting (1991) zeigt auf, daß die historischen Quellen der Erziehungsberatung aus den fachlichen Bereichen der Jugendfürsorge, der Sonder- und Heilpädagogik, der Entwicklungsmedizin, der Kinder- und Jugendpsychologie sowie der Psychoanalyse stammen. 1903 wurde von Cimbal eine heilpädagogische Beratungsstelle in

Hamburg gegründet, 1906 von Fürstenheim in Berlin die "medico-pädagogische Poliklinik für Kinderforschung, Erziehungsberatung und ärztlich-erziehliche Behandlung". Der Name "Erziehungsberatungsstelle", wie er heute allgemein gebraucht wird, sei erstmalig in den zwanziger Jahren für die, unter Beteiligung Adlers und Aichhorns, in allen Wiener Stadtbezirken eingerichteten Stellen verwendet worden. In Kerstens Buch "Praxis der Erziehungsberatung" (1941) lassen sich gut die Verhältnisse unter der nationalsozialistischen Diktatur nachvollziehen. Erziehungsberatung galt als Aufgabe zur Förderung sogenannten "erbgesunden, für die Volksgemeinschaft wertvollen Nachwuchses". Zu ihrer Durchführung war nicht unbedingt Fachkompetenz erforderlich, "so erfüllt zum Beispiel ein älterer und verheirateter Mann mit einer Vielzahl Kinder, der in glücklicher Ehe lebt, sein Auskommen und möglichst außer seinem Beruf auch noch einen Garten hat, etwa Lehrer ist oder eine besondere Ausbildung als Volkspfleger genoß, die äußeren Voraussetzungen für einen Erziehungs- und Familienberater und ist verhältnismäßig leicht zu finden" (Kersten 1941, S. 8, zit. nach: Presting 1991). Die aus den USA stammende "Child guidance"-Bewegung, die nach dem Krieg einen erheblichen Einfluß auf die Erziehungsberatung in Deutschland gewinnen sollte, war nach Presting durch ihren hohen Professionalisierungsgrad "die Form der Institutionalisierung ohne einheitliche organisatorische Anbindung" und durch die "multidisziplinäre Besetzung mit Psychiatern, Psychologen und psychiatrisch ausgebildeten Fürsorgerinnen, die auf der Grundlage psychoanalytischer Theorien sozialtherapeutisch arbeiteten" gekennzeichnet. Presting (1991, S. 12–36) hat ausführlich die Entwicklung die Erziehungsberatung, die durch eine Expansion im Bereich der öffentlichen Beratungsstellen wie auch im Bereich der Stellen, die durch freie Träger betrieben werden, dokumentiert. Eine ausführliche Übersicht gibt er auch über die Rolle und Mitwirkung der Ärzte in den Teams von Erziehungsberatungsstellen. Bezugnehmend auf Lempp, der sich 1966 aus ärztlicher Sicht zur Erziehungsberatung äußerte und kategorisch feststellte: "Eine Erziehungsberatungsstelle ohne Jugendpsychiater, der auch über eine neurologische Ausbildung verfügt, ist ein Haus ohne Dach und ein Auto ohne Räder", meint Presting, daß sich hierin bereits ein Aufbäumen gegen eine sich deutlich abzeichnende Tendenz, Ärzte aus dem Arbeitsfeld der Erziehungsberatung zu verdrängen, abzeichnet. Dies belegt er auch statistisch, indem er aufzeigt, daß 1953 der Anteil der Ärzte noch knapp 30% betrug, während er bis Mitte der sechziger Jahre auf unter 20% zurückgegangen war. In seiner eigenen Untersuchung Mitte der achtziger Jahre stellte Presting fest, daß sich von Land zu Land erhebliche Unterschiede hinsichtlich der ärztlichen Beteiligung in Erziehungsberatungsstellen aufzeigen ließ. Gab es in Baden-Württemberg in weniger als 10% aller Stellen keinen mitarbeitenden Arzt, so war es in Berlin die Regel (96%), daß in diesen Stellen kein Arzt mitarbeitete, um hier einmal nur die Extrempositionen darzustellen. Die Empfehlung der "Bundeskonferenz für Erziehungsberatung" (1989), einen Arzt oder nach Presting einen Kinder- und Jugendpsychiater für einen Verbund mehrerer Einrichtungen anzustellen, um auch in der gemeindenahen Versorgung eine kinderneurologische und jugendpsychiatrische Fachdiagnostik zu ermöglichen, kann vor dem Hintergrund der neuen Aufgabenfelder, wie sie durch die Betreuung von Kindern und Jugendlichen, die von einer seelischen Behinderung bedroht sind, entstanden sind, nur noch unterstrichen werden. Höger (1991) hat in demselben Band eine Literaturübersicht und eine eigene Untersuchung zur Versorgungsepidemiologie und insbesondere zum jeweiligen Versorgungsangebot der Erziehungsberatungsstellen und der Abteilungen für Kinder- und Jugendpsychiatrie dargestellt. Während sich die kinder- und jugendpsychiatrische Poliklinik von den Erziehungsberatungsstellen nicht wesentlich in der Geschlechtsverteilung, Sozialschicht, Altersverteilung, noch nicht einmal weitgehend im Diagnosespektrum unterschieden, ließen sich Unterschiede in der Art der Inanspruchnahme feststellen. Erziehungsberatungsstellen waren offensichtlich ein sehr geeignetes niederschwelliges Beratungsangebot für Eltern und Jugendliche, die selbst Hilfe suchten, knapp 30% waren Selbstmelder (versus knapp 14% in der Kinderpsychiatrie). Die vorrangige Zuweisungsart in der Kinder- und Jugendpsychiatrie war die Empfehlung durch behandelnde Hausärzte (37,4%). In bezug auf das durchgeführte Maßnahmenspektrum wird deutlich, daß in der Kinder- und Jugendpsychiatrie noch ein stärkerer Akzent auf Diagnostik und Beratung gelegt wurde, während in den Erziehungsberatungsstellen neben der Beratung, die auch dort die häufigste Maßnahmenkategorie darstellt, vor allem Einzelpsychotherapie und Familientherapie als längerfristige Behandlungen durchgeführt wurden. Hier zeigt sich, daß die gemeindenahen Erziehungsberatungsstellen in der psychosozialen Versorgung intensiver direkt therapeutisch tätig sind, während die häufiger nur über eine weitere Anfahrt zu erreichende Klinikambulanz einen Schwerpunkt in der Diagnostik und Beratung hat und dann für die Durchführung empfohlener Hilfen andere Institutionen oder niedergelassene Fachleute einschalten muß. Die Untersuchungspopulation wurde auch danach befragt, welche andere Stellen vor der infragestehenden Kontaktaufnahme schon in Anspruch genommen wurden. Hierbei wurde deutlich, daß knapp 14% der kinder- und jugendpsychiatrischen Klientel früher vorort schon in einer Erziehungsberatungsstelle behandelt bzw. beraten worden war. Höger betont, daß vor allem in Regionen mit niedriger Versorgungsdichte die regionalen Erziehungsberatungsstellen "oft die einzigen fachlich qualifizierten Institutionen für psychotherapeutische und familientherapeutische Einflußnahmen" (S. 91) darstellen. Niedergelassene Ärzte stellten zwar "relativ häufig psychische Beeinträchtigungen bei den ihnen vorgestellten Kindern und Jugendlichen fest. Überweisungen zu Erziehungsberatungsstellen kamen aber eher selten vor, obgleich im Rückblick der Beratungsstellen Allgemein- und Kinderärzte die häufigsten Ansprechpartner wegen dergleichen psychosozialen Problematik waren" (S. 91–92). Hier scheinen sich offensichtlich eng gefaßte Berufsgruppeninteressen und latente Zuschreibungen hinderlich auf eine kompetente regionale Versorgung auszuwirken, da in der genannten Untersuchung deutlich wurde, daß die Erziehungsberatungsstellen durchaus in einer nicht unwesentlichen Zahl von Fällen, bei denen sie zusätzliche kinderpsychiatrische Diagnostik für nötig hielten, ihre Klienten weiterleiteten, scheinen die behandelnden Haus- und Kinderärzte zu Unrecht primär eher in die entferntere Kinder- und Jugendpsychiatrie zu überweisen. Zuweisungen zu Erziehungsberatungsstellen aus ärztlichen Praxen kamen kaum vor. Auch vor diesem Hintergrund ist noch einmal die Diskussion um direkt im Jugendamt angesiedelte kinder- und jugendpsychiatrische Kompetenz zu führen. Viele Argumente sprechen dafür, daß zur Bewältigung der Betreuung von Kindern und Jugendlichen, die von einer seelischen Behinderung bedroht sind, und ihrer Familien, und auch für entsprechende Betreuung von mehrfach behinderten Kindern und Jugendlichen solche Mitarbeiter im multiprofessionellen Team des Jugendamtes erforderlich sind. Von Seiten der Kinder- und Jugendpsychiater gibt es teilweise auch Tendenzen, einen solchen Arbeitsschwerpunkt zu befürworten, andere betonen vehement die Notwendigkeit der Unabhängigkeit kinderpsychiatrischen Arbeitens, oder fühlen sich im bisherigen Rahmen des öffentlichen Gesundheitsdienstes besser vertreten. Ein zentraler Streitpunkt ist hierbei dann die Fachaufsicht für den einzelnen Kinder- und Jugendpsychiater bzw. auch die inhaltliche Unabhängigkeit seiner Maßnahmenempfehlungen von eventuellen "Sparvorgaben der Jugendamtsleitungen". Da dieser Punkt derzeit sicher nicht in allen seinen Aspekten ausdiskutiert ist und die Weiterentwicklungen auch von konkreten Entscheidungen über den zukünftigen Verwaltungsaufbau abhängen werden (vgl. Fegert 1994), sei dies hier bewußt offen gelassen. Allerdings möchte ich abschließend aus meiner Sicht feststellen, daß kinder- und jugendpsychiatrische Kompetenz (sei es über festangestellt Mitarbeiter im Jugendbereich oder über in kooperative Netze eingebundene Kinder- und Jugendpsychiater) auf unterschiedlichen Ebenen, insbesondere auch bei der Jugendhilfeplanung, einbezogen werden sollte. Dieser Grundsatz, der durch die Zuständigkeit für den Personenkreis des § 35a KJHG nur noch unterstrichen wird, hat bisher zu wenigen Folgen bzw. konkreten Vernetzungen geführt. Auch die Zusammensetzungen der regionalen und überregionalen Jugendhilfeausschüsse, die durch die Ausführungsgesetze und die entsprechenden Bestimmungen letzendlich festgelegt werden, lassen derzeit keinen Trend in diese Richtung erkennen.

– Soziale Gruppenarbeit nach § 29 KJHG

Nach Hofacker (1993) ist die soziale Gruppenarbeit in der Praxis der Sozialarbeit seit den 50er Jahren bekannt. Die Autorin unterscheidet zwei unterschiedliche Intentionen solcher Gruppenarbeit:

1. **"Intensive sozialpädagogische Förderung zum sozialen Lernen"** und
2. **"Primäre Förderung im kognitiven Bereich"**.

Ausdrücklich erwähnt sie die soziale Gruppenarbeit für straffällige Jugendliche.

– Erziehungsbeistandschaft nach § 30 KJHG

Historisch zielte das Instrument der Erziehungsbeistandschaft ursprünglich auf verwahrloste Jugendliche ab (vgl. Münder et al. 1993). Nach Angaben des statistischen Bundesamtes von 1990 wurden Ende 1988 7 200 Minderjährige im Rahmen einer Erziehungsbeistandschaft betreut, wobei auch hier eine eindeutige Jungenwendigkeit (64% Jungen versus 36% Mädchen) festzustellen war. Münder (a.a.O.) betont, daß Erziehungsbeistandschaften in der Regel längerfristig angelegt sind. Er diskutiert auch den Konflikt zwischen der "Freiwilligkeit" und "Einvernehmlichkeit" und der Tatsache, daß manche Erziehungsbeistandschaften auf Anordnung als Erziehungsmaßregel nach § 12 JGG durchgeführt werden. Noch klarer ist der Sanktionscharakter bei der Betreuungsweisung nach § 10 Abs. 1 Ziff. 5 JGG. Allerdings ist die angeordnete Betreuung durch einen Betreuungshelfer "von vornherein befristet, die zu bearbeitenden Probleme sind konkret vorgegeben, der Familien- und Umfeldbezug kommt nur nachrangig zum Tragen" (Münder 1993, S. 255).

– Sozialpädagogische Familienhilfe nach § 31 KJHG

Sozialpädagogische Familienhilfe war ursprünglich eine West-Berliner Kreation (1969), die am Ende der siebziger Jahre (ab 1977) auch im sonstigen Bundesgebiet übernommen wurde. Nach Nielsen und Nielsen (1990) bestand 1984 das Angebot der sozialpädagogischen Familienhilfe bei 52% aller Jugendämter. "Inzwischen gibt es das Angebot der sozialpädagogischen Familiehilfe in fast allen Jugendämtern".

Nielsen und Nielsen unterscheiden die Problemkonstellation, in denen es zum Einsatz sozialpädagogischer Familienhelfer kommt, in **Einzelkrisen** und Strukturkrisen. Familien mit Einzelkrisen sind dadurch charakterisiert, daß sie trotz erschwerter Lebensverhältnisse eine hohe Selbstregulierungsfähigkeit aufweisen und ihren Lebensalltag weitgehend ohne fremde Hilfe selbst bewältigen könnten. "Schwerwiegende und unerwartete Einzelereignisse wie Partnerverlust, Invalidität durch Krankheit, Beginn von Suchtkrankheiten, konfrontieren diese Familien mit einer Krise, die sie ohne fremde Hilfe nicht mehr bewältigen können" (Nielsen und Nielsen, S. 440).

Demgegenüber sind Familien mit **Strukturkrisen** strukturellen Dauerbelastungen ausgesetzt. In solchen Fällen bestehen in der Regel chronische Partner- und/oder Sucht- und/oder Erziehungsprobleme, Gewalt, unregelmäßige Grundbedürfnisbefriedigung, schlechte Wohnverhältnisse, chronische wirtschaftliche Schwierigkeiten. Von dieser Unterteilung leiten die Autoren entsprechende Basiskompetenzen für Familienhelfer in Einzelkrisen und Familienhelfer in Strukturkrisen ab. Familienhelfer in Einzelkrisen "sollten keine Berufsanfänger sein, über Grundkenntnisse in Familiendynamik verfügen und Erfordernisse der Elternarbeit bewältigen können". In Berlin sind z.B. mehr als die Hälfte der Familienhelferinnen oder Familienhelfer (immerhin 44% Männer) qualifizierte Diplompsychologen oder gut ausgebildete Sozialarbeiter und Sozialpädagogen.

In Strukturkrisen gehe es nicht primär darum, die defizienten Einstellungen der Eltern in diesen Familien zu verändern, vielmehr sollen die Eltern befähigt werden, "Versorgungsleistungen kontinuierlicher zu erbringen sowie die Familie vor weiterer Deklassierung zu schützen, drohende Obdachlosigkeit abzuwehren, vermeidbare Fremdunterbringungen zu verhindern und ungerechtfertigte Sonderschulkarrieren abzubrechen". Eine katamnestische Untersuchung von Nielsen et al. (1986) ergab, daß die gute Wirkung von sozialpädagogischen Familienhilfen vor allem auf "Hilfestellungen bei alltäglichen Dingen im konkreten Familienalltag mit dem Ziel der Hilfe zur Selbsthilfe und in einem vertrauensvollen und verständnisvollen Zugang die Familienmitglieder dafür zu gewinnen, ihre Probleme wieder anzupacken und sie bei der Bewältigung dieser Probleme psychisch und zugleich tatkräftig zu unterstützen" bestand.

– Intensive sozialpädagogische Einzelbetreuung nach § 35 KJHG

Die Formulierung "intensiv" scheint bei dieser Regelung dafür zu stehen, daß ein sozialpädagogisches Einzelbetreuungsangebot für besonders schwierige Jugendliche gemeint ist. Es bezieht sich also seltsamerweise weniger auf die Form der Betreuung als auf den Betreuungsbedarf. Der Gesetzesbegründung (Bundestagsdrucksache 11/5948, S. 72) kann man entnehmen, daß diese intensive sozialpädagogische Einzelbetreuung als zeitgemäße Alternative für Problemfelder angesehen wird, in denen früher geschlossene Unterbringungen in entsprechenden Heimeinrichtungen durchgeführt wurden. Die Gesetzesbegründung nennt folgende Zielgruppen:

☐ Jugendliche aus dem Punker-, Prostituierten-, Drogen- und Nichtseßhaften-Milieu,
☐ Jugendliche, die sich Hilfen durch Entweichen entziehen,
☐ Jugendliche in besonders gefährdenden Lebenssituationen.

Schrapper (1993) hat sich kritisch mit dieser Hilfeform auseinandergesetzt und auf der Basis von neueren Statistiken festgestellt, daß diese Hilfeform nur von Jugendlichen und jungen Erwachsenen zwischen 15 und 21 Jahren und insgesamt relativ selten in Anspruch genommen wird. Das Geschlechterverhältnis ist hier übrigens gleich groß. Da diese Maßnahmen noch nicht generell verbreitet und eingeführt sind und auch empirische Evaluationen weitgehend fehlen, kann hier eine abschließende Bewertung noch nicht erfolgen, wobei – ähnlich wie für andere erfolgreiche Verläufe – in solchen extrem schwierigen Fällen gesagt werden kann, daß, wenn diesen Kindern und Jugendlichen durch massiven Einsatz zu helfen ist, dies meist am persönlichen Engagement der Betreuer liegt. Dies gilt ebenso für andere Alternativen zur geschlossenen Unterbringung in Heimen, wie z.B. "Schiffsprojekten" etc. (vgl. Brünger 1993).

3.5.1.2 Sonstige ambulante Hilfeformen

Das KJHG bietet neben den genannten Hilfen auch die Möglichkeit spezifischer therapeutischer oder einzelfallbezogener pädagogisch-psychologischer Interventionen. Diese Maßnahmen sind zu verstehen als:

☐ Pädagogische und damit verbundene therapeutische Leistungen (§ 27 Abs. 3 KJHG),
☐ Maßnahmen nach § 40 BSHG als Eingliederungshilfe:
  – § 40 Abs. 1,2a: heilpädagogische Maßnahmen für Kinder, die noch nicht im

schulfähigen Alter sind,

- § 40 Abs. 1,3: Hilfe zur angemessenen Schulbildung, vor allem im Rahmen der allgemeinen Schulpflicht und durch Hilfe zum Besuche weiterführender Schulen einschließlich der Vorbereitung hierzu,
- § 40 Abs. 1,4: Hilfe zur Ausbildung für einen angemessenen Beruf oder für eine sonstige angemessene Tätigkeit,
- § 40 Abs. 1,6: Hilfe zur Erlangung eines geeigneten Platzes im Arbeitsleben,
- § 40 Abs. 1,8: Hilfe zur Teilnahme am Leben in der Gemeinschaft.

Im KJHG wurden durch die bewußt offen gehaltene Formulierung des § 27 Abs. 3 KJHG eine Fülle von pädagogischen und damit verbundenen therapeutischen Maßnahmen als Hilfen zur Erziehung möglich. Auch nach § 35a in Verbindung mit den Paragraphen der Eingliederungshilfeverordnung oder als kombinierte Eingliederungshilfemaßnahmen und Hilfe zur Erziehung sind eine große Zahl von Therapien für Kinder in psychischen Problemlagen denkbar.

Einige wichtige Methoden, die in diesem Kontext nun zur Anwendung kommen können, sollen hier kurz erläutert werden:

— Familientherapie

Ähnlich wie bei der Erörterung von Verhaltenstherapieformen muß auch hier eingangs festgestellt werden, daß es **die** Familientherapie im engeren Sinne nie gegeben hat, vielmehr sind – ausgehend von unterschiedlichen historischen Wurzeln – verschiedene Strömungen bzw. Behandlungsformen zu beschreiben. Man könnte z.B. systemische Ansätze von analytisch-psychodynamischen, familientherapeutischen Ansätzen und von verhaltenstherapeutischen Ansätzen zur Familienbehandlung unterscheiden. Grawe et al. (1994) bescheinigen der Familientherapie "unter der Voraussetzung, daß die Familientherapie ihren Anspruch ... beschränkt" auf die Behandlung von Familieninteraktionen und dem Problemverhalten von Kindern und "sich nicht als umfassende Alternative zu anderen Therapieformen anpreist, wie es vielfach geschehen ist", daß Familientherapie bei den meisten direkten Vergleichen in diesen Anwendungsbereichen bisher eher besser abgeschnitten habe als die jeweiligen Vergleichsmethoden. Familientherapie kann in unterschiedlichen und komplexen Problemlagen von Kindern empfohlen werden. Das Konzept, daß der "identifizierte Patient" oder "Symptomträger" nicht auch zentraler und einziger Ort der Problematik sein muß, sondern daß im einzelnen Symptom des jeweiligen Kindes sich eine familiäre Konfliktsituation ausdrücken kann, erlaubt eine ressourcenorientierte Behandlung auf unterschiedlichen Ebenen.

— Nicht-direktive Verfahren, Spieltherapie und andere humanistische Therapien, z.B. auch Psychodrama, Gestalttherapie, Musiktherapie, bewegungs- und körperorientierte Therapie, Tanz- und Kunsttherapie etc.

Diese in Anlehnung an Grawe et al. (1994) gebildete heterogene Gruppe von Therapieformen muß hinsichtlich nachgewiesener Effekte unterteilt werden. Die nicht-direktive, sich an Rogers orientierende Gesprächstherapie und die inhaltlich damit verbundene nicht-direktive Kinderspieltherapie verfügen über eine lange therapeutische Tradition und haben vielfach nachgewiesene Effekte. Dennoch werden diese Therapieformen nicht als Kassenleistungen anerkannt. Andere Ansätze, wie Psychodrama und Gestalttherapie und noch viel mehr die kreativen Therapien, wie Musiktherapie, bewegungs- und körperorientierte Therapie, Tanz- und Kunsttherapie, sind bisher kaum, vor allem nicht mit wissenschaftlichen Methoden, auf ihre Wirksamkeit hin untersucht worden. Dennoch darf ihr Anwendungsbereich im Rahmen der ambulanten Hilfen nicht zu eng gesehen werden, denn gerade im Umgang mit chronischen Beeinträchtigungen berichten viele betroffene Kinder und Jugendliche und auch die Eltern von erheblichen Effekten, z.B. durch kreative Therapien. Wenn Kommunikationsprobleme bei der bestimmten Störung im Vordergrund stehen und sich bei einer verbalen Verarbeitung in den Weg stellen, sollten diese Methoden in Betracht gezogen werden.

– *Außenseitermethoden*

Da das Wörtchen "insbesondere" in der Formulierung des § 27 Abs. 3 KJHG (vgl. Fegert 1992) offensichtlich auch die Gewährung neuentwickelter Hilfen, die sich zum Beispiel in der Zukunft erst herausbilden werden, möglich machen soll, muß hier auch ein Wort zu sogenannten "Außenseitermethoden" gesagt werden. Erfahrungsgemäß tauchen gerade für die schwersten Formen der seelischen, geistigen und körperlichen Behinderung, die nur partiell einer Behandlung bzw. Linderung zugänglich sind, in regelmäßigen Abständen neue Therapieformen oder Behandlungswege auf, die häufig auf dem Weg der Mundpropaganda sehr schnell bei den betroffenen Familien bekannt werden. Es ist völlig verständlich, daß Familien in der extremen Belastungssituation durch eine chronische Erkrankung nach jedem möglichen Rettungsanker für ihr Kind greifen wollen. Heilungshoffnungen richteten sich so zum Beispiel in der Vergangenheit oder auch noch heute auf "Frischzellenkuren", ebenso wie spezifische "phosphatfreie Diäten", die sogenannte "Festhaltetherapie", oder auf die Behandlungsansätze nach Thomatis.

Insofern werden bei der Hilfeplanung gerade von Seiten der Betroffenen immer wieder Vorschläge vorgebracht werden, solche oder andere Therapieformen ohne schulmedizinische Anerkennung oder ohne psychologische empirische Überprüfung im Einzelfall als geeignete Hilfeform anzusehen. Hier muß eine Abwägung zwischen der Einzelfallentscheidung, die letztendlich Grundlage für jede Innovation sein wird, und der unklaren Wirksamkeit einer solchen Maßnahme getroffen werden. Teilweise versuchen die Anwender solche Methoden durch horrende Kosten von ihrer Seriosität oder Wirksamkeit zu überzeugen. Es ist m.E. durchaus berechtigt, die Kosten an dem zu erwartenden Erfolg zu messen. Bei ausnahmsweiser Bewilligung von sogenannten "Außenseitermethoden" rate ich dazu, zunächst nur einige wenige probatorische Einheiten zu bewilligen und eine unabhängige Vor- und Nachuntersuchung und eine damit verbundene fachliche Stellungnahme zum Kriterium für eine weitere Entscheidung zu machen. Es ist sicher nicht sinnvoll, überzeugten Eltern, die eine solche neue Technik ausprobieren wollen, ihre Heilungshoffnungen auszureden. Warnende Hinweise sind dann erforderlich, wenn durch die Anwendung der Methode für das Kind ein psychisches oder körperliches Risiko zu befürchten ist. Bleiben solche Maßnahmen unter den am Prozeß der Hilfeplanung Beteiligten weiterhin strittig, kann zum Beispiel auch eine fachliche Stellungnahme des jeweiligen Landesarztes zur infragestehenden Maßnahme eingeholt werden.

Das wohl aktuellste Beispiel für solche offenen Fragen bietet die derzeitige Diskussion über die sogenannte "facilitated communication" im Bereich der Behandlung der Kommunikationsprobleme autistischer Menschen (vgl. Hocke 1994; Weber 1994; Stork 1994). Jenseits aller Polemik in der Presse und trotz der mangelnden nachprüfbaren wissenschaftlichen Belege auch in den mir vom Berliner Projekt "Hilfe für das autistische Kind" berichteten Einzelfällen, sind hier teilweise erstaunliche Entwicklungen zu beobachten, die dringend genauer erforscht werden sollten. Da die Methode, auch wenn sie ihr Ziel verfehlen würde, nicht primär einen großen Schaden anrichten wird, könnte hier zum Beispiel in begründeten Einzelfällen durchaus ein Behandlungsversuch, auch als Maßnahme der Eingliederungshilfe bzw. als Hilfe zur Erziehung nach § 27 Abs. 3 KJHG, befürwortet werden. Allerdings sollten solche Einzelfallentscheidungen sehr gut dokumentiert werden und besonders häufig im Verlauf überprüft werden. Nur durch eine konsistente Verlaufsdokumentation können spätere weitere Entscheidungen im selben bzw. bei anderen Fällen auf eine breitere Erfahrungsbasis gestellt werden. Am Beispiel der sogenannten "Außenseitermethoden", die hilfesuchende Eltern von behinderten Kindern, die bereit sind jeden Strohhalm aufzugreifen, und behördliche Helfer, die eher traditionellen bewährten Hilfemodellen vertrauen, schnell in Konflikte bringen können, zeigen, wie problematisch eine Entscheidungsfindung bei der Hilfeplanung werden kann.

3.5.1.4 Wirksamkeit ambulanter Hilfen nach § 35a KJHG bei Patienten mit psychischen Problemen in der Praxis

Unter 151 Wiedervorstellungen aus den ersten beiden Quartalen in 1993 von Patienten, die 1992 erstmals in unserer Abteilung untersucht wurden, hatten 37% auf unsere Anregung ambulante Maßnahmen als Eingliederungshilfen nach dem KJHG erhalten, 18% erhielten Eingliederungshilfen nach dem BSHG. Ungefähr dreiviertel dieser Wiedervorstellungen erfolgten routinemäßig, da eine Überprüfung der Maßnahmen nach einem Jahr im **Hilfeplan** vorgesehen worden war. Nur 10% der Wiedervorstellungen mußten aufgrund einer klinischen Verschlechterung erfolgen, die restlichen Wiedervorstellungen erfolgten aus anderen, z.B. familiären Gründen. Über 52 der 56 wiedervorgestellten Patienten, die die neuen Eingliederungshilfen nach dem KJHG erhielten, liegen ausführliche katamnestische Daten vor. Das Diagnosespektrum war über alle kinder- und jugendpsychiatrischen diagnostischen Kategorien der ICD-10 verteilt. Schwerpunktmäßig handelte es sich aber um Störungen des Sozialverhaltens, teilweise kombiniert mit Störungen der Emotionen (29%) und emotionale Störungen (28%).

Von den 52 Patienten mußte ein Patient bei der Wiedervorstellung stationär aufgenommen werden, bei über der Hälfte der Patienten wurde eine ambulante Psychotherapie, bisweilen kombiniert mit pädagogischen Trainingsmaßnahmen bei Teilleistungsstörungen, weiter bewilligt. Fürsorgemaßnahmen, wie Familienhilfe und Einzelfallhilfe, wurden bei 20% der Patienten weiter bewilligt. Knapp 14% benötigten weiterhin eine Kombination von zwei Maßnahmen (z.B. Logopädie und Familienhelfereinsatz). Tendenziell wirkten sich nach Einschätzung der Untersucher die Maßnahmen in bezug auf die **diagnostizierte Symptomatik** besser aus als auf die **psychosozialen Lebensumstände** des Patienten. Eine deutliche oder komplette Besserung der Symptomatik wurde bei knapp 40% der Patienten nach einem Jahr ambulanter Eingliederungshilfe festgestellt, etwas gebessert hatte sich die Symptomatik bei einem weiteren guten Drittel der Patienten. Bei etwas mehr als 10% der Patienten hatte sich nichts geändert, drei Patienten hatten sich real in ihrer Symptomatik und in ihren Lebensverhältnissen verschlechtert, bei fünf Patienten gaben die Untersucher keine Beurteilung über den Erfolg der Maßnahmen, z.B. aufgrund intervenierender anderer Variablen, ab. Bei den psychosozialen Verhältnissen sind graduell weniger deutliche Verbesserungen zu verzeichnen, für mehr als ein Drittel der Patienten änderte sich nichts an ihren Lebensbedingungen durch die Eingliederungshilfemaßnahme.

Diese erste, noch relativ kleine Einjahreskatamnese bei den neuen Eingliederungshilfemaßnahmen nach dem KJHG läßt den Schluß zu, daß diese Maßnahmen tatsächlich in erfreulichem Umfang eine Chronifizierung oder Verschlechterung der kinderpsychiatrischen Symptomatik verhindern können, das heißt mit anderen Worten, einer drohenden seelischen Behinderung vorbeugen können. Dieser vorbeugende Effekt kann festgestellt werden, obwohl es durch diese Maßnahmen insgesamt weniger gelingt, die z.T. extrem belastenden psychosozialen Lebensverhältnisse der Patienten zu verbessern. Nur drei Maßnahmen von 52 waren im Katamnesezeitraum abgebrochen worden.

3.5.2 Teilstationäre und stationäre Maßnahmen der Jugendhilfe

☐ § 32 KJHG: Tagesgruppe/Sozialpädagogische Tagespflege
☐ § 33 KJHG: Familienpflege
☐ § 34 KJHG: Heimerziehung und sonstige betreute Wohnformen

Die durchschnittliche Fremdplazierungsquote (definiert als Anzahl der in Heimen oder sonstigen betreuten Wohnformen oder Pflegefamilien untergebrachten Minderjährigen, pro 1000 Minderjährige eine Altersgruppe) betrug Ende 1990 für das Altbundesgebiet für die Altersgruppe der 0- bis 21Jährigen 7,4 bis 7,6 ‰, und für die unter 18-Jährigen um 9 ‰. Je nach Bundesland schwanken die Fremdplazierungsquoten zwischen 5,8 ‰ (Bayern) und 15,8 ‰ (Berlin). Auch der jeweilige Anteil der

Heimplazierungen bzw. der Unterbringung in Pflegefamilien unterscheidet sich je nach Bundesland zum Teil erheblich. In diesen Fremdplazierungsquotienten waren auch Unterbringungen nach dem BSHG mit eingeschlossen.

Da die teilstationären und stationären Angebote der Jugendhilfe sowohl den kinder- und jugendpsychiatrischen Praktikern wie den Fachkräften der Jugendhilfe gut bekannt sind (vgl. Gintzel und Schone 1990) wird hier auf eine ausführliche Charakteristik verzichtet. Auf einige spezifische Problembereiche soll allerdings noch kurz eingegangen werden. Ein spezifischer Anlaß für die Inanspruchnahme kinder- und jugendpsychiatrischer Hilfe stellt das Scheitern von Fremdunterbringungen, Pflegeverhältnissen oder auch von Adoptionen dar.

Hilfreich erscheint mir Heinemanns (1994) Darstellung der "Scheiterer-Problematik" und seine Vorschläge für eine von ihm sogenannte "Neuentscheidungstherapie bei Pflege-, Adoptiv- und Heimkindern". Als "Scheiterer-Syndrom" bezeichnet er eine Kombination von Phänomenen, die sich häufig hinter dem extrem provokativen Störverhalten, welches oft Anlaß zur Einschaltung der Kinder- und Jugendpsychiatrie bietet, verbergen. Er beschreibt zunächst das "gekränkte Aussehen" der Kinder und behauptet über Kinder, deren Integration in Pflege- und Adoptivfamilien oder Heim scheiterte, daß sie "typischerweise immer wieder und insgesamt vorherrschend in Mimik, Gestik und Sprache ein gekränkt-beleidigtes-trotziges Verhalten als äußeren Ausdruck einer zu Tage tretenden, entsprechend frühen reaktiven Ich-Haltung" zeigen. Diese Haltung bewirke bei den Kommunikationspartnern, Kindern wie Betreuern, ganz überwiegend negative Gefühle wie Ärger, Resignation, aber auch Schuldgefühle und nicht zuletzt eine Tendenz zur Distanzierung und Ablehnung.

Als zweites beschreibt er das von ihm sogenannte "Wandphänomen". Darunter versteht er, daß Adoptiv- und Pflegeeltern, aber auch Heimerzieher, immer wieder den Eindruck schildern, bei diesen Kindern und Jugendlichen "wie vor eine Wand zu laufen". Dies führe bei den Bezugspersonen und auch bei den Therapeuten, z.B. in einer Klinik, "zu dem Gefühl, versagt zu haben, selbst gescheitert zu sein".

Als dritte Komponente seines "Scheiterer-Syndroms" nennt er das "Bilanzscheitern". Er versteht darunter das "subjektive Gefühl der Beteiligten, trotz aller Bemühungen zu scheitern, welches auch der objektiven Bilanz aus der Vorgeschichte: Trotz gelegentlicher zwischenzeitlicher Verhaltensaufhellungen ist es immer wieder bei voraufgegangenen Aufenthalten in Ersatzfamilien und Heimen letztendlich zum Scheitern gekommen" oder "trotz aller Bemühungen der Familie hat sich das Kind nicht auf das Beziehungsangebot eingelassen". Anhand von ausführlichen Fallbeispielen schildert Heinemann sein Vorgehen in einer Klinik für Kinder- und Jugendpsychiatrie bei der Behandlung dieser Kinder mit "Scheitererverläufen". Er unterstreicht die Bedeutung eines klaren Therapievertrages, der das Erkennen der echten Motivationslagen voraussetzt, negative verdrängte Gefühle müssen z.B. in reaktualisierten Erlebnissituationen erkannt werden. Eine (innere) "Aussöhnung mit der leiblichen Herkunft" wird angestrebt, frühe Entscheidungen im therapeutischen Prozeß aufgedeckt und bearbeitet, so daß eine Chance zu Neuentscheidungen entsteht.

Besonders problematisch, obwohl zahlenmäßig nicht mehr sehr bedeutend, ist die geschlossene Unterbringung im Rahmen der Jugendhilfe. Da eine geschlossene Unterbringung in Grundrechte eingreift, muß eine solche Maßnahme sehr gut begründet werden und auch von einem Vormundschaftsgericht (nach § 1631b BGB) überprüft werden. Den Antrag auf geschlossene Unterbringung können die personensorgeberechtigten Eltern oder ein Vormund oder Pfleger stellen. Das Kind muß vom Gericht vorher persönlich angehört werden. Kinder- und Jugendpsychiater spielen bei diesen Unterbringungen insofern eine wesentliche Rolle, weil das Gericht vor der Unterbringung ein entsprechendes Sachverständigengutachten einholen muß (§ 70 ff.FGG). Eine geschlossene Unterbringung kann auch durch Jugendrichter im Strafverfahren nach den §§ 71 Abs. 2 und 72 Abs. 3 JGG angeordnet werden. Lipka (1993) hat darauf hingewiesen, daß nach verschiedenen Untersuchungen die Verringerung von Entweichungen, die durch eine geschlossene Unterbringung angestrebt wurde, nicht erreicht werden konnte. Er beschreibt drei mögliche Alternativen zur geschlossenen Unterbringung:

☐ Erlebnispädagogik,
☐ Einzelbetreuung (siehe oben),
☐ Gruppenpädagogische Alternativen.

In den letzten Jahren hat sich die Erlebnispädagogik in einem Institut und Trägerverein mit einem Bundesverband und einer entsprechenden Fachzeitschrift organisiert (Information: Bundesgeschäftsstelle, Barckhausenstraße 8, 21335 Lüneburg). Brünger (1993) hat in seiner Dissertation sozialtherapeutische Interventionen an Bord von Segelschiffen als "Sonderform therapeutischen Umgangs mit dissozialem Verhalten bei Jugendlichen" mit qualitativer Methodik (vgl. Fegert und Gerwert 1993) untersucht. Ausführlich stellt er in seiner Arbeit auch Konzept und Rahmenbedingungen der Arbeit des "Heilpädagogischen Jugendheimes zur See 'Anna Catharina'" dar. Anhand von 15 ausführlichen Falldarstellungen läßt sich diese schwierige Arbeit sehr gut nachvollziehen. Kritisch betont der Autor, daß längere Aufenthalte an Bord (über 6 Monate) in der Regel nicht angezeigt sind. Er weist aufgrund seiner Untersuchungen daraufhin, daß er neben der "Verwöhnungsverwahrlosung" vor allem die "Kombination von Dissozialität und psychischer Störung" als eine Kontraindikation solcher Maßnahmen ansieht. Im Rückblick auf die von ihm untersuchten Einzelfälle empfiehlt er dringend eine kinder- und jugendpsychiatrische "Aufnahmeuntersuchung" vor Einleitung einer entsprechenden Maßnahme. Dieser sehr differenzierte Auswertung kann von ihrem methodischen Anspruch auch beispielhaft für noch ausstehende, zunächst hypothesengenerierende Evaluationsversuche, z.B. im Bereich der intensiven sozialpädagogischen Einzelbetreuung, angesehen werden. Ich bin der Ansicht, daß bisher bei der umstrittenen Diskussion um die geschlossene Unterbringung zu wenig die hohe Ambivalenz vieler Jugendlicher in den ersten Tagen bzw. ersten Wochen einer solchen Maßnahme beachtet wird. Flexiblere Systeme zunächst geschlossener (eventuell nur für Tage) Unterbringung mit Übergang in anschließende freiwillige Maßnahmen könnten gerade für "Trebegänger" ein wichtiges Angebot sein. In diesem Zusammenhang soll noch erwähnt werden, daß im Rahmen des § 1631b BGB einstweilige Anordnungen auf vorläufige Unterbringung, für die eine maximale Dauer von sechs Wochen möglich sind, die bei vielen Fällen ausreichend erscheinen.

3.6 Maßnahmen nach BSHG

Für körperbehinderte und geistig behinderte Kinder und Jugendliche gehen Eingliederungshilfen nach dem BSHG Maßnahmen nach dem KJHG vor. Für die anderen Kinder und Jugendlichen bleiben mögliche Leistungen nach dem Bundessozialhilfegesetz die letzte Alternative, wenn alle vorher genannten Leistungsträger spezifische Leistungen verweigert haben. Es kann gerade in einer jetzt anstehenden Übergangsphase durchaus möglich sein, daß im Sinne einer Subsidiarität zunächst einmal bei verweigerten Leistungen durch andere Kostenträger Leistungen nach dem BSHG gewährt werden und dann der Träger der Sozialhilfe sich an die eigentlich zuständigen Leistungsträger wendet und die Erstattung solcher Kosten einfordert.

Bestimmte landesspezifische Regelungen haben die allgemeine Zuständigkeit der Sozialhilfeträger, z.B. für die Frühförderung oder Versorgung mehrfach behinderter Kinder, festgelegt.

4 Kinder- und jugendpsychiatrische Untersuchung und Mitwirkung bei der Hilfeplanung

Ablauf und Bedeutung kinder- und jugendpsychiatrischer Diagnostik im Rahmen der Definition der Anspruchsgrundlage nach § 35a zur Einleitung von Maßnahmen der Eingliederungshilfe bzw. kombinierten Maßnahmen der Hilfen zur Erziehung und der Eingliederungshilfe

4.0 Einleitung

Nach Steinhausen (1993) hat jede **kinder- und jugendpsychiatrische Untersuchung** zum **Ziel**

"eine Bestandsaufnahme von Problemen im Verhalten, Symptomen und erlebten **Störungen der Befindlichkeit** bei Kindern und Jugendlichen in einem jeweils zu spezifizierenden **sozialen Kontext** sowie vor dem Hintergrund einer jeweiligen **Lebens- und Entwicklungsgeschichte.** Diese Bestandsaufnahme soll in einer **wissenschaftlich begründeten Diagnose** mit dem Ziel einer Angabe von Maßnahmen münden, die geeignet sind, das jeweilige **Problem auf therapeutischem Wege positiv zu beeinflussen.** Um dieses Ziel zu erreichen, sind eine Reihe von **Informationen** unerläßlich, die sich der kinder- und jugendpsychiatrisch tätige Arzt über das **Gespräch** und die **Untersuchung** unter Einbeziehung einer Reihe von Zusatzmaßnahmen erarbeiten muß" (Steinhausen 1993, S. 35).

Im Rahmen der Regelungen nach § 35a KJHG kann eine kinder- und jugendpsychiatrische Untersuchung auf unterschiedlichen Ebenen zur Hilfeplanung beitragen.

4.0.1 Klärung der rechtlichen Grundlagen der Hilfe

Da die Anspruchsgrundlage des § 35a von der Zugehörigkeit des betrofffenen Kindes oder Jugendlichen zum Personenkreis der seelisch Behinderten oder von einer seelisch Behinderung Bedrohten abhängt, soll die kinder- und jugendpsychiatrische Untersuchung in diesem Kontext klären, ob bei der vorliegenden Problematik unbehandelt eine seelische Behinderung droht bzw. derzeit eine solche Behinderung vorliegt.

Cantwell (1988) hat eine Reihe von orientierenden Fragen für den diagnostischen Prozeß in der Kinder- und Jugendpsychiatrie beschrieben. Zuerst ist die Frage zu klären, ob das Kind an irgendeiner psychiatrischen Störung leidet und welcher

Art von definierten klinischen Syndromen oder Störungsbildern die jeweilige individuelle Problematik zuzuordnen sei.

Darüber hinaus ist stets zu klären, welche **intrapsychischen, familiären, soziokulturellen und biologischen (Genetik, Risiken in der Schwangerschaft und während der Geburt** etc.) Faktoren zu dieser Störung beitragen und wie diese einzelnen Faktoren im Einzelfall zu gewichten sind.

Zentral ist die Beschreibung von **Faktoren**, die das **Problem aufrechterhalten**, genauso wie von Ressourcen und Faktoren, die die normale Entwicklung des Kindes oder Jugendlichen unterstützen könnten. Hierzu gehört insbesondere eine Beschreibung der Stärken und Kompetenzen des Kindes und seiner Familie. Schließlich ist eine **Prognose** zu formulieren, die sich zunächst die Frage zu stellen hat, welchen Verlauf die Problematik des Kindes unbehandelt nehmen würde. Davon abzuleiten ist dann die Frage nach den im Einzelfall notwendigen **Interventionen, Maßnahmen** und **Hilfen**, wobei die **vermutete Effektivität** der gewählten Maßnahmen aus fachlicher Sicht begründet und für den Einzelfall gewichtet werden sollte.

Natürlich sind die genannten Fragestellungen zentral für die Klärung des Hilfebedarfs. Sie haben aber auch mit der Klärung der rechtlichen Grundlagen für die Hilfen zu tun, da hier aus kinderpsychiatrischer Sicht zu ermessen ist, ob eine dem Wohl des Kindes oder Jugendlichen entsprechende Erziehung nicht gewährleistet ist und welche Hilfen für seine Entwicklung geeignet und notwendig erscheinen (vgl. § 27 Abs. 1 KJHG). Diese Formulierungen nehmen bezug auf die Anspruchsgrundlage für die Hilfen zur Erziehung, so daß unter zwei Aspekten (Hilfen zur Erziehung § 27, Eingliederungshilfen § 35a KJHG bzw. § 39 BSHG) aus der kinderpsychiatrischen Untersuchung Beiträge zur Klärung der Anspruchsgrundlage auf Hilfen sich ergeben.

Die kinderpsychiatrische Feststellung, daß ein Kind aufgrund seiner spezifischen Problematik Anspruch auf Maßnahmen nach § 35a hat, muß m.E. als Feststellung der Anspruchsgrundlage im Bereich des § 35a ausreichen. Dies ist deshalb wichtig, weil die reine **gutachterlicher Festlegung** der Zugehörigkeit zu einem Personenkreis, d.h. letztendlich die **Etikettierung** als seelisch behindert, einerseits vom Buchstaben des § 35a weitgehend gefördert wird, andererseits aber dem Geist und der Struktur des KJHG (siehe oben) fundamental widerspricht. Versucht man wie bei den Hilfen zur Erziehung primär bestimmte **Problemlagen** zu beschreiben und **verknüpft diese Ausgangsproblemlage mit der Anspruchsbegründung** nach § 35a, läßt sich in der Formulierung der ärztlichen Stellungnahme für die Hilfeplanung eindeutig die Anspruchsgrundlage feststellen, ohne daß das stigmatisierende Label "seelisch behindert" direkt "ausgeteilt" werden müßte. Auf diese gesetzliche Formulierung wird nur durch die Erwähnung des entsprechenden Paragraphen verwiesen. Solche Detailüberlegungen sind nicht relativ belanglose, sprachliche Spitzfindigkeiten, wenn man bedenkt, daß bei der Hilfeplanung die Betroffenen und ihre Familien intensiv einbezogen werden sollen. Ich gehe deshalb davon aus, daß eine ärztliche Stellungnahme zur Hilfeplanung in der Regel von den Eltern und bei älteren Kindern auch von den Kindern bzw. Jugendlichen selbst prinzipiell gelesen werden können sollte. Dies setzt nicht nur eine relative Allgemeinverständlichkeit der Formulierung, sondern vor allem die Vermeidung stigmatisierender Formulierungen voraus, auch wenn sich solche explizit im Gesetzestext finden. Ein solches Vorgehen ist aus kinderpsychiatrischer Sicht nicht unüblich, nicht nur im Bereich der Eingliederungshilfen für Kinder und Jugendliche, sondern vor allem auch im strafrechtlich-forensischen Bereich haben wir es mit juristischen Formulierungen, wie z.B. dem Begriff der "seelischen Abartigkeiten" in den Formulierungen der §§ 20, 21 StGB zu tun, die wohl kaum ein Kinderpsychiater bei der Begutachtung vor einem jugendlichen Angeklagten aussprechen wird. Vielmehr wird in der Regel die Problemlage des Jugendlichen differenziert beschrieben werden, so daß dem Gericht klar wird, warum der entsprechende Jugendliche zum Zeitpunkt der Tat nicht oder nur eingeschränkt steuerungsfähig, einsichtsfähig etc., war. Analog zu diesem Beispiel kann auch im Bereich ärztlicher Stellungnahmen zum § 35a davon ausgegangen werden, daß der Leistungsträger die historisch aus dem Bereich des BSHG kommenden problematischen Formulierungen (vgl. Kapitel 2) kennt. Aus meiner Sicht ist es deshalb für die **Feststellung der rechtlichen Anspruchsgrundlage** für **Eingliederungshilfen** nach dem KJHG **nicht erforderlich**, daß der **untersuchende Arzt wörtlich schreibt**, daß das von ihm untersuchte Kind bzw. der Jugendliche **seelisch behindert** oder von einer solchen Behinderung bedroht ist.

Während für den Bereich des § 35a (vgl. auch die Reglung in § 36) die kinder- und jugendpsychiatrische Stellungnahme zur Begründung der Anspruchsträgerschaft die zentrale, entscheidende Bedeutung hat, ist die ärztliche Stellungnahme in bezug auf die Anspruchsgrundlage, wie sie im § 27 Abs. 1 KJHG formuliert wird, je nach Qualität und Umfang der ärztlichen Untersuchung bzw. auch der Arzt-Patienten-Beziehung, ein unterschiedlich zu **gewichtender Beitrag** (u.a. z.B. sozialpädagogisch etc.) zur Feststellung dieser Anspruchsgrundlage.

4.0.2 Klärung des Hilfebedarfs

In der ärztlichen Stellungnahme soll der untersuchende Kinder- und Jugendpsychiater sich dazu äußern, in welchem Umfang seiner Ansicht nach Hilfe bzw. unterschiedliche Hilfen erforderlich sind und wie sie gestaltet werden sollten. Abzuleiten ist die Angemessenheit der vorgeschlagenen Maßnahmen immer aus den Bedingungen im Einzelfall. Zunächst sollte, wie oben ausgeführt, festgestellt werden, welche Entwicklung dem Jugendlichen ohne entsprechende Hilfen auf der Basis fachlicher Kenntnis droht und welche geeigneten Maßnahmen einen positiven Einfluß haben könnten. Das heißt auch, daß primär das Ziel solcher Maßnahmen als ein **Entwicklungsziel** zu definieren ist. Nach Maaß (1992) ist bei der Hilfeplanung insbesondere zu überprüfen und zu begründen, ob "die Hilfe den Verbleib des jungen Menschen in seiner Familie voraussetzt oder außerhalb der eigenen Familie zu leisten ist". Regt der untersuchende Arzt Hilfen nach dem Katalog des § 27 ff. oder nach der Eingliederungshilfeverordnung an, so werden diese Anregungen im Rahmen von Hilfekonferenzen, an denen er sich auch beteiligen kann, in Teamentscheidungen geprüft werden, wobei dem **Jugendamt die Federführung** und Koordination bei der Umsetzung dieser Maßnahmen zukommt. Eine primäre Aufgabe des Kinderpsychiaters wird es dabei sein, entsprechend seiner Kompetenz auf **mögliche Hilfeleistungen und Therapien durch andere Kostenträger, z.B. die Kassen**, hinzuweisen bzw. diese Hilfen durch Verordnung bzw. Vermittlung bzw. Eröffnung des Antragsverfahrens einzuleiten. Etwas komplexer ist allerdings das Zusammenwirken in bezug auf die nach dem KJHG nun möglichen **kombinierten pädagogischen und (psycho)-therapeutischen Maßnahmen**. Die **Indikationsstellung** zu einer **Therapie** erfordert selbst wenigstens **therapeutische Basiskompetenzen** (vgl. die Regelungen in den Psychotherapierichtlinien, Kap. 3). Im Team des Jugendamtes können solche Fachkompetenzen vorliegen, z.B. bei Mitarbeitern und Mitarbeiterinnen mit Zusatzqualifikationen oder z.B. bei Therapeutinnen und Therapeuten in den spezialisierten "Fachdiensten" der Jugendämter, insbesondere in den Erziehungsberatungsstellen, ansonsten haben Ärzte für Kinder- und Jugendpsychiatrie und -psychotherapie diese Kompetenzen und auch die im Bereich Schule tätigen Schulpsychologen sind hier zu erwähnen.

Für therapeutische Maßnahmen ist m.E. bei der Hilfeplanung wünschenswert, daß nach der Feststellung einer geeigneten Therapieform bei der Hilfeplanung der nun von der Familie ausgewählte oder vom diagnostizierenden Kinder- und Jugendpsychiater und vom Jugendamt empfohlene Therapeut einen Behandlungsplan erstellt, der sich in zwei unabhängige Teile gliedert: einen **Kostenplan** mit Angabe der geplanten Therapiefrequenz und der Kosten für die Therapiestunden, und einen **inhaltlichen Behandlungsplan**, in dem die geplante Therapieform, die Stundenfrequenz und insgesamt das Vorgehen in bezug auf die spezifischen Hilfeziele und basierend auf der vorausgegangenen Diagnostik (Entwicklungsaspekt, intrapsychischer Aspekt, Familiensituation, biologische Faktoren) dargelegt wird. Zum Wohle der Betroffenen sollte eine regelmäßige Überprüfung schon allein dadurch vorgesehen werden, daß nur bestimmte Stundenkontingente, ähnlich wie bei den Regelungen bei Kassentherapien (siehe Kapitel 3), oder für bestimmte Zeiträume bei Psychotherapien und ähnlichen Therapieformen, z.B. ein Jahr, genehmigt werden. Während der **Kostenplan** im Hinblick auf seine Richtigkeit und Umsetzbarkeit vom **Kostenträger überprüft** werden muß, stellt sich die Frage nach der **inhaltlichen Prüfung des Behandlungsplans**. Für eine fachkompetente Überprüfung von Behandlungsplänen und für die notwendige Entscheidungsfreiheit gegenüber den Antragstellern und den den Behandlungsplan formulierenden Therapeuten, sind noch **weitgehendere Kenntnisse, Erfahrungen und Kompetenzen** als zur Indikationsstellung einer solchen Maßnahme erforderlich. Im Prinzip ähnelt die Beurteilung des Behandlungsplans dem Gutachterverfahren im Rahmen der sogenannten "Richtlinienpsychotherapie" der Krankenkassen (siehe Kapitel 3), allerdings nur in bezug auf die Prüfung, ob die geplante Maßnahme bei der beschriebenen Symptomatik stringent begründet wurde und ob sich durch diese, so durchgeführte Maßnahme das geplante Behandlungsziel wohl erreichen lassen wird. Die Analogie zum Kassengutachterverfahren gilt nicht in bezug auf die Einengungen auf bestimmte Therapieverfahren, da z.B. in § 27 Abs. 3 ein komplementärer und bewußt offener Katalog vorgesehen ist. Allerdings muß hier der Fairness halber aus eigener psychotherapeutischer Erfahrung erwähnt werden, daß die Gutachter im sogenannten "Kassenverfahren" durchaus Abweichungen von den Regeln, z.B. Paartherapie etc., in Ausnahmefällen befürworten, wenn diese Maßnahmen hinreichend begründet werden. Solche Anträge werden m.E. viel zu selten aus überzogener "Buchstabentreue" trotz klarer Indikationen nicht gestellt.

Die Stellungnahme zu einem Behandlungsplan erfordert neben den genannten Kompetenzen auch eine **Offenlegung vieler intimer und privater Daten durch die Familie**. Auch dies stellt ein wesentliches Problem dar, das der innerbehördlichen Überprüfung solcher Behandlungspläne enge Grenzen setzt. Zwar gibt es im KJHG (§§ 61 ff.) umfangreiche, sehr detaillierte zusätzliche Bestimmungen zum Sozialdatenschutz, doch wird allgemein m.E. nach auf das **Abhängigkeitsverhältnis der hilfesuchenden Eltern** und der **Betroffenen** von der **maßnahmengewährenden Stelle** zu wenig geachtet. Häufig wird aus einem spezifischen familiären Notstand heraus eine bestimmte Hilfe oder mehrere Hilfen gesucht, deshalb sind auch die sorgeberechtigten Eltern in der Regel bereit, der Verwendung intimster Daten schriftlich zuzustimmen, weil sie sonst denken, daß sie ohne diese Einwilligung nicht in den Genuß der entsprechenden Maßnahme kommen würden.

Deshalb sollte gerade in bezug auf Psychotherapien überlegt werden, ob nicht durch spezifische Regelungen hier noch ein besserer Schutz der Betroffenen vorgesehen werden sollte.

Folgende Vorgehensweisen wären in der Praxis m.E. realistisch umsetzbar:

a) Anonymisiertes Gutachterverfahren

Nach Abschluß der Hilfeplanung wird ein Therapeut gefunden. Dieser leitet den individuellen Kostenplan mit Angabe aller persönlichen Daten und gleichzeitig getrennt in einem verschlossenen Umschlag den anonymisierten Behandlungsplan an das zuständige Jugendamt. Der dortige Mitarbeiter, der mit der Umsetzung der Maßnahme betraut ist, leitet den anonymisierten Behandlungsplan unter Angabe seines Stellenzeichens und der Fallziffer an einen unabhängigen Gutachter mit entsprechender praktischer psychotherapeutischer Qualifikation weiter. Dieser nimmt in einem anonymisierten Gutachten unter Angabe der Fallnummer zum Behandlungsplan Stellung, er kann z.B. weitere diagnostische Abklärung etc. fordern.

Der Behandlungsplan, der zum Teil intimste Daten, z.B. über die sexuelle Partnerbeziehung der Eltern etc., enthalten kann, wenn sie für eine Therapieeinleitung wichtig sind, verbleibt also in einem Exemplar beim Therapeuten und in einem Exemplar beim Gutachter, wird aber nicht Bestandteil der Jugendamtsakte.

Vorteil dieses Verfahrens: Hoher **Datenschutz**. **Nachteil: Umständlichkeit**, vor allem **Probleme bei notwendigen Nachuntersuchungen**. Therapieverlaufsberichte müßten durch denselben Gutachter gesehen werden, um die im § 36 vorgesehene Überprüfung der Hilfe, zu gewährleisten, wobei hier nicht klar ist, ob der not-

84

wendigen Kontrolle genug Rechnung getragen wird, wenn dies allein aufgrund von Eltern- bzw. Therapeutenangaben geschieht.

b) Stellungnahme zum Behandlungsplan

Der Diagnostiker, welcher eine therapeutische Maßnahme im Hilfeplanungsprozeß empfohlen hat, überprüft auch den Behandlungsplan und den Behandlungserfolg.

Handelt es sich bei den Therapien um Maßnahmen der Eingliederungshilfe nach § 35a KJHG, wird es sich in der Regel bei diesem Diagnostiker um einen Kinder- und Jugendpsychiater handeln, für die anderen Bereiche kämen neben dem Kinder- und Jugendpsychiater, wie oben schon ausgeführt, auch die Therapeuten der Erziehungsberatungsstellen, eventuell Schulpsychologische Dienste oder auch niedergelassene Ärzte mit psychotherapeutischer Qualifikation, Psychologen mit psychotherapeutischer Qualifikation und Kinder- und Jugendlichenpsychotherapeuten in Frage. Im Rahmen des Berliner AGKJHG hat man sich, wie aus der Begründung zu § 26 AGKJHG hervorgeht, für diese Lösung entschieden:

"Therapeutische Leistungen erfüllen im Rahmen der Hilfen nach §§ 27 oder 35a SGB VIII die Funktion der Unterstützung, Förderung oder im Extremfall der Wiederermöglichung des pädagogischen Prozesses. Neben psychotherapeutischen Leistungen kommen auch andere therapeutische Leistungen in Betracht, wie Beschäftigungs-, Kunst- und Gestaltungs-, Bewegungs- und Musiktherapie oder körperorientierte Verfahren. Die Feststellung der geeigneten und notwendigen Art der Therapie und ihres Umfangs erfolgt durch **fachdiagnostische Dienste**. Das Merkmal der erforderlichen therapeutischen Qualifikation beinhaltet einen anerkannten Abschluß in dem jeweiligen therapeutischen Verfahren; darüber hinaus muß die persönliche Qualifikation in Beziehung zu den Bedürfnissen des jeweiligen Einzelfalls gebracht werden können. Das Nähere wird durch Verwaltungsvorschriften geregelt."

Diese ebenfalls in ihrer Konzeption fertiggestellten Verwaltungsvorschriften spezifizieren noch die Bedeutung der Fachdiagnostik, z.B. durch Psychologen in den Erziehungsberatungsstellen, Kinder- und Jugendpsychiater und andere Kinder- und Jugendlichenpsychotherapeuten etc. In Berlin werden sehr viele therapeutische Hilfen in Fällen, in denen die Kasse nicht zu Leistungen bereit sein kann, nach KJHG umgesetzt. Dieses Vorgehen halte ich für richtig und wichtig und verhindert erheblich teurere stationäre Maßnahmen. Allerdings ist nicht jede Therapieform in jedem Fall geeignet und unsere tägliche Arbeit zeigt klar, wie wichtig es ist, sowohl die Indikationsstellung wie auch den Therapieverlauf fachkundig zu überprüfen. Teilweise wird z.B. mit Kindern therapeutisch gearbeitet und die inhaltlich dazugehörige Elternarbeit wegen Verständigungsschwierigkeiten nicht fortgeführt, teilweise kommt es zu erheblichen Schwankungen in den Stundenfrequenzen, ohne daß der Träger der Maßnahme informiert wird etc. Allein schon aus ökonomischen Gründen, weil die entsprechende Maßnahme erfolgversprechend sein soll und nicht endlos laufen kann, ist deshalb eine entsprechende fachliche Überprüfung erforderlich.

Dieses Verfahren hat den Vorteil, daß die primär in Anspruch genommene Stelle oder Praxis, welche schon umfangreiche Diagnostik zur Vorbereitung der Hilfeplanung unternommen hat, nun vor dem Hintergrund dieser diagnostischen Ergebnisse dem Behandlungsplan und dessen Realisierung überprüft. Behandlungspläne müßten nicht anonymisiert werden, wenn sie – wie vorgeschlagen – zweigeteilt würden und der Kostenplan direkt an das Jugendamt gehen würde, während der inhaltliche Behandlungsplan an den ursprünglichen Diagnostiker zur Stellungnahme geht. Auch dieses Verfahren gewährt einen hinreichenden Datenschutz, da nicht nur kinder- und jugendpsychiatrische Stellen und Praxen durch die ärztliche Schweigepflicht, sondern auch traditionell die Erziehungsberatungsstellen hohe Standards im professionellen Umgang mit dem Schutz intimer familiärer Daten haben, was sicher mit ein Teil ihres Erfolges und ihrer Akzeptanz in der Bevölkerung ausmacht. Die psychotherapeutisch fachkompetenten Diagnostiker leiten dann ihre Stellungnahme zum Behandlungsplan an das federführende Jugendamt zur Umsetzung der Maßnahmen weiter.

Vorteile: Dieses Verfahren erlaubt eine **direktere Kooperation und Überprüfung** der Maßnahmen und sichert **dennoch genügend den Datenschutz. Nachteile:** Ein solches Verfahren setzt ein gut ausgebautes System von diagnostischer und therapeutischer Fachkompetenz im öffentlichen Sektor voraus oder es bedingt die kooperative Mitarbeit von niedergelassenen oder in Ambulanzen tätigen Ärzten, Psychologen, bei teilweise noch unklarer Finanzierung dieser Mitarbeit.

4.0.3 Gefährdung des Kindes. Braucht das Kind derzeit Schutz?

Neben der Klärung der Frage nach dem Hilfebedarf bzw. nach dem körperlichen und psychotherapeutischen Behandlungsbedarf muß auch immer geklärt werden, ob das Kindeswohl in den derzeitigen Lebensumständen gefährdet ist. Besonders, wenn es um Kindesvernachlässigung, Kindesmißhandlung oder sexuellen Mißbrauch von Kindern geht, kann es hier zu erheblichen Mißverständnissen in bezug auf die jeweilige Berufsrolle kommen. Manche Ärzte sind der Ansicht, daß sie quasi imperativ an ihre Schweigepflicht gebunden sind, oder daß es prinzipiell ärztlichem Tun widerspreche, behördliche Kontrollmaßnahmen bzw. Eingriffe in Familien zu initiieren. Da Kinder- und Jugendpsychiater in der Praxis immer wieder mit den Folgen von Deprivation, Mißhandlung und Mißbrauch zu tun haben, ist bei ihnen eine kategorische "Amtsfeindlichkeit" vielleicht seltener vorzufinden als bei Kinderärzten und Allgemeinpraktikern, die bisweilen im Sinne einer solchen strengen "Arbeitsteilung" plädiert haben. Rechtlich (vgl. Fegert 1993) sind Ärzte in diesem Zusammenhang in einer privilegierten Situation, die sie auch nutzen sollten. Einerseits bietet ihnen die ärztliche Schweigepflicht tatsächlich einen Rahmen, in dem sie sich in der Regel gegen jeglichen amtlichen Offenbarungsdruck wehren können. Der alte, schon im antiken Recht vorhandene Rechtsgrundsatz, daß das Recht des Schwachen bzw. Kranken das höchste Rechtsgut sei, gilt aber auch für Vernachlässigungs-, Mißhandlungs- und Mißbrauchsfälle (*Salus aegroti suprema lex*). Kein Arzt ist meines Wissens in der Bundesrepublik je wegen eines Bruchs der ärztlichen Schweigepflicht verurteilt worden, wenn er sich aus Sorge um das Kindeswohl zu einer Offenbarung gegenüber dem Amt entschlossen hat. Zu betonen ist hier noch, daß es im Rahmen des KJHG auch nicht um repressive Formen der Strafverfolgung elterlicher bzw. familiärer Defizite geht, sondern um den Versuch einer gemeinsamen Hilfeplanung auch unter schwierigen Bedingungen. Gerade das bedeutet, daß der Diagnostiker in diesem Prozeß jenseits aller Prinzipien der **Allparteilichkeit in der Kontaktaufnahme**, die immer geboten sind, **parteilich für das Kind auf die Berücksichtigung des Kindeswohls** achten muß.

Schon 1978 hat Remschmidt Kriterien für die Abschätzung des Kindeswohls bzw. der Gefährdung des Kindeswohls aus kinder- und jugendpsychiatrischer Sicht formuliert. Zu diesen Kriterien zählen die Gesundheit des Kindes, die Entfaltung der Persönlichkeit, die Freiheit von Belastungen, die Entwicklung interpersonaler Beziehungen, die Bindung und Identifikation in einer Familie und die Sicherung der materiellen Situation.

Nicht selten kann eine dezidierte ärztliche Stellungnahme an diesem Punkt dazu beitragen, daß nicht-vormundschaftsgerichtliche Maßnahmen nach § 1666 BGB notwendig werden, sondern daß im Rahmen der Hilfeplanung auf der Basis einer mehr oder weniger gegebenen Kooperation (die hier natürlich oft unter erheblichem Druck zustandekommt) zum Beispiel einer Fremdunterbringung ihres Kindes zustimmen. Äußern Kinder in Notlagen während der kinderpsychiatrischen Untersuchung direkt den Wunsch, geschützt untergebracht zu werden, muß dies auch für den Diagnostiker Anlaß sein, eine Inobhutnahme nach § 42 KJHG durch das zuständige Jugendamt zu ermöglichen.

Die Ergebnisse der kinder- und jugendpsychiatrischen Untersuchung werden in einem Arztbrief oder einer Epikrise zusammengefaßt, die eventuell ganz oder in Teilen Heimen, Pflegefamilien, nachbehandelnden Psychotherapeuten etc., mit Einwilligung der Sorgeberechtigten zugänglich gemacht werden können. Diese detaillierten Berichte sind mit der in ihnen enthaltenen Fülle von intimen Informationen für den Prozeß der Hilfeplanung nicht unbedingt erforderlich. Hier eignen sich wegen des Datenschutzes eher klar gegliederte, knappe ärztliche Stellungnahmen.

Die folgenden Abschnitte des Kapitels orientieren sich dennoch am Aufbau eines solchen Arztbriefes, weil er den Gang der Untersuchung und Diagnostik sehr gut wiederspiegelt. Abschließend wird in einem weiteren Abschnitt besprochen, wie Stellungnahmen zur Hilfeplanung und zur Therapieplanung bzw. Therapiefortsetzung aufgebaut sein sollten. Grundsätzlich lassen sich zunächst fünf Bereiche beschreiben, die bei der epikritischen Zusammenfassung einer kinder- und jugendpsychiatrischen Untersuchung erwähnt werden sollten:

1. Der Vorstellungsanlaß und die Bedingungen der Vorstellung,
2. anamnestische Angaben,
3. Befunde,
4. Diagnose(n),
5. Prognose und Maßnahmen.

Bei längerer Betreuung muß natürlich auch der Verlauf diskutiert werden.

4.1 Vorstellungsanlaß und die Bedingungen der Vorstellung

Vorstellungsanlaß ist in der Regel eine Symptomatik, die Anlaß zur Besorgnis gibt. Nach Cox (1994) ist allerdings die Präsenz einer solchen Symptomatik oder eines solchen Problems zwar eine inhaltlich notwendige Bedingung für die Vorstellung, aber nicht hinreichend als Grund für die Vorstellung. Denn wenn dies so wäre, müßten alle Kinder mit Problemen in entsprechenden Einrichtungen oder Praxen vorgestellt werden, und dies ist ja bei weitem nicht so. Nach Cox (1994) wird die Bereitschaft, ärztliche Hilfe in Anspruch zu nehmen, außer der Symptomatik, die Anlaß zur Vorstellung gibt, noch durch zahlreiche andere Faktoren beeinflußt. Als Beispiel nennt er die bekannte und mehrfach untersuchte Tatsache, daß Jugendliche bisweilen erhebliche emotionale Probleme durchleiden, ohne daß ihre Bezugspersonen davon Notiz nehmen. Bestimmte Probleme werden auch als "Frechheit oder schlechtes Betragen" einseitig oder falsch verstanden. Gerade bei verschleppten Problematiken oder nicht beachteten Symptomen wird das Problem häufig erst in einer **krisenhaften Zuspitzung** erkannt. Cox (a.a.O.) nennt als Beispiele verzweifelte, traurige Mädchen, deren Notlage erst wahrgenommen wird, wenn sie von zu Hause weglaufen oder einen Selbstmordversuch unternehmen etc. Des weiteren setzt die Inanspruchnahme eine **Informiertheit** über mögliche Hilfen und den Zugang zu solchen Hilfen voraus. Die Inanspruchnahme ist auch abhängig von den familiären Überzeugungen, Urteilen und Vorurteilen zum vorliegenden Problem und von den Einstellungen der Familie gegenüber Psychiatrie. Eigene (z.B. negative) Vorerfahrungen mit der Psychiatrie oder Heimerziehung können hier das Elternverhalten beeinflussen. Bei Veränderungen in psychosozialen Versorgungsnetzen, z.B. bei Beendigung einer bestimmten Hilfeform, kann die Problematik für die Familie unerträglicher werden, was zu einer Erst- bzw. Wiedervorstellung führen kann. In unserem Zusammenhang ist es besonders wichtig zu beachten, daß bisweilen die Familien gar keine Motivation zur Vorstellung ihres Kindes zur kinder- und jugendpsychiatrischen Untersuchung haben und der Druck, dies zu tun, durch Helfer, z.B. im Jugendamt, geschaffen wird. Hier ist es meiner Ansicht nach wichtig, daß in solchen Zusammenhängen die kinderpsychiatrische Untersuchung **nicht** als ein **formaler Verwaltungsakt**, der vor der Einleitung von Maßnahmen absolviert werden muß, dargestellt wird. Vielmehr handelt es sich um eine **umfassende Untersuchung mit offenem Ausgang**. Es ist deshalb im Einzelfall wichtig, den Eltern zu vermitteln, warum von fachkompetenter Seite der körperlich-neurologische, intellektuelle und emotionale Entwicklungsstand des Kindes untersucht werden soll, und warum es wichtig ist, das Ausmaß der jeweiligen Problematik und ihre vermutliche Weiterentwicklung zu begreifen. Da der spätere Prozeß der Hilfeplanung auf ein kooperatives Vorgehen zusammen mit den Sorgeberechtigten abzielt, ist auch die Inanspruchnahme einer kinder- und jugendpsychiatrischen Diagnostik in diesem Sinne vorzubereiten. Das heißt, in der Regel sollten die sorgeberechtigten Eltern selbst z.B. in Absprache mit dem Jugendamt die Vorstellung ihres Kindes veranlassen, d.h. ihr Kind zur Untersuchung anmelden und es zu den Untersuchungen begleiten und auch zu entsprechenden Anamnese- und Elterngesprächen und Beratungsgesprächen bereitstehen. Der Auftrag der Untersuchung kommt primär von den sorgeberechtigten Eltern, die sich direkt oder mit der Überweisung vom Haus- bzw. Kinderarzt an den Kinder- und Jugendpsychiater wenden. Eine solche kinder- und jugendpsychiatrische Untersuchung zur Diagnostik bei psychischen Problemen und Verhaltensauffälligkeiten stellt demnach auch eine **ärztliche Leistung** dar, die im Rahmen der **Krankenversicherungen** getragen werden muß. **Anders verhält es sich bei Gutachten**, die auch zur Inanspruchnahme einer kinder- und jugendpsychiatrischen Institution oder Praxis führen können. Hier muß noch nicht einmal eine primär erkennbare Problematik des Kindes vorliegen, denn gerichtliche Fragestellungen können sich auch auf mögliche Folgezustände von Entscheidungen oder gerade auch die Fragestellung, ob eine solche Problematik vorliegt, beziehen. Hier wird der Aufwand bei der Diagnostik durch den Auftraggeber des Gutachtens durch eine Aufwandsentschädigung beglichen.

Derzeit werden Familien noch häufig direkt vom Jugendamt beim Kinder- und Jugendpsychiater angemeldet. Bisweilen spricht in diesem Zusammenhang das Jugendamt einen sogenannten "Gutachtenauftrag" aus und erwartet die Zuordnung oder Nicht-Zuordnung zu einem bestimmten Personenkreis, wobei im Extremfall (auch solche Schreiben liegen mir vor!) dem Untersucher gleich noch mitgeteilt wird, daß er sich bei seiner Tätigkeit auf diese Zuordnung zur Behinderungsform beschränken solle, da die Beratung der Eltern und die Einleitung der entsprechenden Hilfeformen dann beim Jugendamt geschehe. Einmal abgesehen von der formalen Ebene, die ja bedeuten würde, daß der Auftraggeber eines solchen Gutachtens auch die Kosten dieser Begutachtung tragen müßte, bin ich der Ansicht, daß solche eingeschränkten Aufträge deshalb abgelehnt werden müssen, weil sie nicht dem **kooperativen und integrativen Konzept** der Hilfeplanung, wie sie in § 36 KJHG vorgesehen ist, entsprechen. Ohne eine gewisse Kooperation der Eltern bzw. ohne die Klärung, warum diese Kooperation nicht möglich ist, und ohne die Intervention von entsprechenden Helfern in diesen Fällen, ist eine kinder- und jugendpsychiatrische Untersuchung – egal, bei welchem Vorstellungsanlaß – nicht möglich. Ein einmaliges "Vorführen" des Kindes durch einen Sozialarbeiter vom Jugendamt ohne die Kooperation der Familien ermöglicht in der Regel nicht, zur Hilfeplanung differenziert und adäquat Stellung zu nehmen. Dies alles macht deutlich, daß Zeitpunkt der Vorstellung, begleitende Bezugspersonen, einweisender Arzt oder andere die Empfehlung aussprechende Stellen, schon früher aufgesuchte Behandler oder Stellen etc., bei der ersten Kontaktaufnahme durch den Kinder- und Jugendpsychiater Berücksichtigung finden müssen.

Der **konkrete Vorstellungsanlaß**, d.h. die aktuelle Symptomatik, wird so präzise wie möglich beschrieben. Hierzu gehört ihr Beginn, der Kontext, in dem die Symptomatik zuerst aufgetreten ist oder jetzt immer auftritt, und ihre Intensität (Angaben möglichst quantifiziert). Da die Maßstäbe von Eltern völlig unterschiedlich sind, kann sich der Kinder- und Jugendpsychiater also deshalb nicht damit begnügen, wenn Eltern zum Beispiel von schwerem Einnässen sprechen, sondern es gilt, detailliert festzustellen, und – wenn dies im Gespräch nicht möglich ist, z.B. durch Kalenderführung – herauszubekommen, wie häufig und in welchen Situationen das Kind einnäßt (siehe Kapitel 5). Auch das Zusammenwirken unterschiedlicher Problemfelder und Verschlechterung im Verlauf oder Krisen, die zur akuten Vorstellung führten, müssen beschrieben werden.

4.2 Anamnestische Angaben

4.2.1 Persönliche Anamnese des Kindes

Diese Formulierung – die Steinhausen (1993) in seinem Lehrbuch vorschlägt – habe ich dem gebräuchlicheren Terminus "Eigenanamnese" hier vorgezogen, weil bei Kindern und Jugendlichen diese Eigenanamnese in der Regel nur zum Teil auf eigenen Angaben des Kindes und Jugendlichen beruht. Die persönliche Anamnese des vorgestellten Patienten stellt die Entwicklung des Kindes von der Schwangerschaft an bis zum Untersuchungszeitpunkt dar. In der Regel geben die Kindeseltern Auskunft über Schwangerschaftsverlauf, Geburtsverlauf und frühkindliche Entwicklung. Prä- und perinatale Komplikationen, wie erheblicher Alkoholkonsum der Mutter während der Schwangerschaft oder Geburtskomplikationen mit Sauerstoffmangelversorgung für das Kind etc., können erklärend für die organische Mitverursachung späterer Zustandsbilder sein. Andererseits sind bei manchen Kindern und Jugendlichen zum Zeitpunkt der kinderpsychiatrischen Vorstellung die leiblichen Eltern nicht mehr erreichbar. Dies trifft zum Beispiel in der oben erwähnten Situation einer alkoholbedingten Schädigung des Kindes häufig zu. Beim sogenannten "fetalen Alkoholsyndrom" oder der Alkoholembryopathie leben die Kinder später nicht selten in Pflegefamilien, da schon in den ersten Lebensmonaten die Versorgung durch die süchtigen Mütter nicht gewährleistet werden konnte. Hier sind fremdanamnestische Zusatzangaben, z.B. aus Jugendamtakten, häufig für die Untersuchung wesentlich. Viele nachbetreuenden Institutionen oder Pflegefamilien sind leider auch heute noch oft nur spärlich über diese Ausgangsdaten informiert.

In bezug auf die ersten Lebensjahre werden die sogenannten "Meilensteine" der motorischen, sprachlichen Entwicklung und der Sauberkeitserziehung abgefragt. Die beginnende soziale Integration und der Umgang mit Trennungssituationen, eventueller Kindergartenbesuch, die Einschulung etc. sind weitere Eckpunkte der Anamneseerhebung. Schulische Entwicklung, psychosexuelle Entwicklung, aber auch die Integration in einen Freundeskreis und Stärken, Fähigkeiten und Hobbies des Kindes sollten bei der persönlichen Anamnese erfaßt werden. Während die prä- und perinatalen Einflüsse gerade für Entwicklungsstörungen in den ersten Lebensjahren große Bedeutung haben können, nimmt später der Einfluß situativer Faktoren und aktueller Belastungen auf das psychische Wohlbefinden immer mehr zu. Deshalb ist auch die genaue Registrierung von belastenden Lebensereignissen, sogenannten "life events" (wie Tod eines Elternteils, Scheidung, Trennung, Geburt eines Geschwisterkindes, Arbeitslosigkeit eines Elternteiles, Mißhandlung, Mißbrauch etc.) für die persönliche Anamnese wesentlich.

4.2.2 Familienanamnese

In der Familienanamnese versucht der Untersucher, sich einen Überblick über die Stellung des Kindes in seiner aktuellen Lebensumwelt zu verschaffen. Wichtig ist auch die Berücksichtigung der Herkunftsfamilie, familiärer Trennungen, Aufnahme in eine Pflegefamilie etc. Zentral ist hier eine Mehrgenerationenperspektive, in vielen Bereichen hat sich die Arbeit mit Genogrammen, psychosozialen Familienstammbäumen, bewährt. Beschrieben werden soll auch die derzeitige ökonomische Ausgangslage der Familie, ihre Ressourcen (Wohnraum, Arbeit der Eltern, eventuelle Geschwisterrivalität etc.). Teilweise empfiehlt es sich, neben der Schilderung der Erwachsenen die betroffenen Kinder ein Bild oder einen Grundriß ihrer Wohnung zeichnen zu lassen und sich einen üblichen Tagesablauf beschreiben zu lassen. Dies ist besonders in Fällen, in denen die Erziehungskompetenz der Eltern zumindest teilweise in Frage steht und sich elementare Fragen nach der Versorgung des Kindes erheben, sehr empfehlenswert (vgl. Fegert 1989/1992, S. 80–81). Viele, ursprünglich von familientherapeutischen Autoren entwickelten Sichtweisen haben in der Zwischenzeit allgemein die kinder- und jugendpsychiatrische Diagnostik geprägt. Einen Überblick über spezifische Familiendiagnostik bietet das Handbuch von Cierpka (1988). Neben der familiären Entwicklung im Lebenszyklus, d.h. der Mehrgenerationenperspektive, ist vor allem die Beschreibung unterschiedlicher **Grenzen** hilfreich. An der **Grenzlinie zwischen Familie und Gesellschaft** lassen sich "Peer"-Kontakte, Freundschaften, Einbettung in soziale Zusammenhänge, aber auch Abhängigkeit von Ämtern, Sozialhilfe, etc. beschreiben. Innerhalb der Familien sind die **Generationsgrenzen** von Bedeutung. Verwischungen oder Unklarheiten in bezug auf diese Grenzen führen zu Überforderungssituationen, wenn Kinder z.B. elterliche Verantwortung mit übernehmen (**Parentifizierung**), können aber auch charakteristischerweise in Mißbrauchssituationen mit Generationsgrenzen überschreitenden sexuellen Kontakten beobachtet werden. Auch die **interpersonellen Grenzen** zwischen den einzelnen Personen in der Familie, d.h. die jeweiligen **Koalitionen oder Ablehnung,** sind hier von Interesse und bestimmen mit die Problemlösungsmöglichkeiten innerhalb der Familie und die Bedeutung der jeweiligen Symptomatik für die einzelnen Familienmitglieder.

Klassische Elemente der psychiatrischen Familienanamnese, d.h. Behinderungen, psychische Erkrankungen, neurologische Erkrankungen und schwere andere Erkrankungen der Familienmitglieder und insbesondere Alkohol-, Drogen- und Tablettenabhängigkeit bei anderen Familienmitgliedern, komplettieren die kinder- und jugendpsychiatrische Familienanamnese.

4.2.3 Fremdanamnestische Angaben

In manchen Fällen wird es wichtig sein, die von den Betroffenen gemachten Angaben durch Fremdangaben zu relativieren und zu ergänzen. Eine zentrale Informationsquelle für den Kinder- und Jugendpsychiater stellt mit Einwilligung der Eltern die **Schule** dar. Viele Probleme, die im Elternhaus in ihrem ganzen Umfang gar nicht wahrgenommen werden, fallen erstmals im schulischen Rahmen auf. Lehrer sind häufig auch die privilegierten Vertrauenspersonen für Kinder, die zu Hause vernachlässigt, mißhandelt oder mißbraucht werden. Insofern sind gerade in problematischen Verhältnissen Eindrücke aus der Schule für die kinder- und jugendpsychiatrische Anamneseerhebung wesentlich. Oben schon erwähnt wurden Informationen z.B. aus Jugendamtsakten bei in Pflege gegebenen oder adoptierten Kindern oder Kinder in Heimen. Betreuende Sozialarbeiter oder Helfer können ebenso wichtige Informanten sein wie auch entferntere Familienmitglieder, Großeltern oder z.B. Gasteltern von Ferienmaßnahmen etc. Zur Bewertung solcher Angaben ist es wichtig, die Quelle und die Relevanz der Aussagen dieser Quelle (d.h. Vertrautheit mit dem Kind, Länge der Beziehung zum Kind etc.) im Auge zu behalten (vgl. Fegert 1993, S. 117).

4.3   Befunde

4.3.1 Körperliche und neurologische Untersuchungsbefunde

In der Regel gehört eine körperliche und neurologische Untersuchung zur kinderpsychiatrischen Befunderhebung. Dadurch kann der Kinderpsychiater den Reifungs- und Entwicklungszustand des Kindes beurteilen und körperliche Begleit- oder Grunderkrankungen erkennen, gerade in schwierigen sozialen Verhältnissen sind auch Eindrücke über den Pflege- und Ernährungszustand wichtig. Die Verhaltensbeobachtung bei der Untersuchung bietet eine wichtige Gelegenheit, Eindrücke über den Umgang des Kindes mit Scham und Körperlichkeit, aber auch Angst vor Verletzungen etc. zu sammeln (z.B. Fegert 1992, 1993). Manche Kinder ängstigen sich vor der körperlichen Untersuchung. Deshalb ist es wichtig, grundsätzlich dazu bereit zu sein, die Kinder auch im Beisein der erwachsenen Begleitperson zu untersuchen. Vielen Kindern, vor allem Jugendlichen, ist es allerdings sympathischer, bei der Untersuchung alleine mit dem Arzt bzw. der Ärztin zu sein. Elementar ist, daß dem noch angezogenen Kind ausführlich in Präsenz der Begleitperson erklärt wird, welche Untersuchungsschritte folgen werden. Auch die bei der Untersuchung verwandten Gegenstände und Geräte können dem Kind eventuell an einer Puppe oder einem Teddybär gezeigt und erklärt werden. Der Kinderpsychiater braucht nicht viele Instrumente für seine Diagnostik. Stethoskop zum Abhören von Herz und Lunge, Taschenlampe und Augenspiegel, Ohrenspiegel, Reflexhammer, Stimmgabel, Nadel, Wattetupfer und ähnliches zur Sensibilitätsprüfung. Erste wichtige Informationen ergeben sich schon bei der Inspektion: der Pflegezustand der Haut, Allergien, Ekzeme, müssen ebenso beschrieben werden wie Verletzungsspuren, Narben, eventuell auch Mißhandlungsspuren. Insofern ist es wichtig, im Rahmen der Untersuchung in der Regel auch eine Inspektion der Genital- und Analregion mit vorzunehmen.

Somatographische Daten wie Körpergröße, Gewicht und Kopfumfang können wichtige Hinweise für bestimmte Störungsbilder wie die Magersucht, oder auch das fetale Alkoholsyndrom etc. liefern.

Allerdings sollte ein wiederholtes Untersuchen von Kindern ohne klinischen Anlaß und ohne spezifische Fragestellung vermieden werden. Bailey (1994) hat darauf hingewiesen, daß es hier Sache des Kinder- und Jugendpsychiaters ist, eventuell multiple Vorbefunde von Kinderärzten, Kinderkliniken, Gynäkologen etc., die ihm nach der Anamneseerhebung relevant erscheinen, zusammenzufassen. Der Kinderpsychiater muß sich intensiv um die Kommunikation mit anderen Fachkollegen bemühen und sollte sich auch in der Regel auf deren Untersuchungsergebnisse verlassen, das heißt, beim eigenen Untersuchungsgang dann nur noch die für ihn wesentlichen Fragestellungen abklären.

Die Arbeitsgruppe um Touwen und Prechtl hat einen sehr ausführlichen, klar gegliederten **Untersuchungsgang** zur Überprüfung geringer **neurologischer Funktionsstörungen eingeführt** (Touwen 1982). Dieses entwicklungsneurologische Vorgehen setzt neben den üblichen Untersuchungen der Hirnnerven, der Reflextätigkeit und der Sensibilität einen Schwerpunkt auf die Überprüfung der feinmotorischen Koordination und vor allem auf die Entwicklung dieser Funktionen. Muskeltonus, Körperhaltung, Muskelkraft werden ebenso wie die Sinnesfunktionen Hörfähigkeit und Visus überprüft.

4.3.2 Zusätzliche Laboruntersuchungen und apparative Diagnostik

Eine **Blutentnahme,** die von vielen Kindern gefürchtet wird, gehört nicht routinemäßig zur kinderpsychiatrischen Diagnostik, ist aber in vielen Einzelfällen begründet und notwendig. Einige Stoffwechselerkrankungen können erhebliche psychische Folgezustände und/oder massive Entwicklungsverzögerungen hervorrufen und verlangen eine ausführliche Labordiagnostik. Auch bei den Eßstörungen, vor allem bei der sogenannten "Freß-Kotz-Sucht", der Bulimie, sind Verschiebungen der Blutsalze gefürchtete Komplikationen. Blut ist wichtiges Ausgangsmaterial für genetische Untersuchungen bei der Chromosomenanalyse.

Im **Urin** können die meisten Suchtmittel und Medikamente nachgewiesen werden. Ein **Drogenscreening** kann z.B. in Konfliktsituationen zwischen Eltern und Jugendlichen eine objektive Ebene – Hat der Jugendliche nun Drogen konsumiert oder nicht? – zur Grundlage des weiteren Vorgehens machen.

Nur sehr selten, bei spezifischen Fragestellungen, z.B. bei Verdacht auf infektiöse Erkrankungen im Gehirn oder bei bestimmten Tumorerkrankungen, ist für die

Diagnostik eine Untersuchung des Liquors, d.h. der Gehirnflüssigkeit oder des "Nervenwassers", erforderlich.

Apparative Diagnostik hat in der kinder- und jugendpsychiatrischen Diagnostik auch nicht die vorrangigste Bedeutung.

Am häufigsten, aber auch nicht in jedem Fall, wird die Ableitung eines **Elektroencephalogramms** (EEG) durchgeführt. Das **EEG** ist eine völlig harmlose und schmerzlose Untersuchung, die mit Anlegen der Elektroden und Ableitung weniger als eine Stunde in Anspruch nimmt. In der Regel werden die Elektroden zur Ableitung der "Hirnströme" mit Gumminetzen, die die Positionierung der Elektroden nach einem international festgelegten Schema erlauben, festgehalten. Da manchen Kindern der Stuhl und die Elektroden angst machen und Kinder nicht selten, vielleicht auch unter dem Eindruck von Gewalt- und Horrorvideos, einen Folter- bzw. den "elektrischen" Stuhl assoziieren, ist es empfehlenswert, vor der Untersuchung die Patienten ausführlich über die Untersuchung aufzuklären. Wichtig ist vor allem zu erwähnen, daß kein Strom zum Patienten fließt, sondern daß der EEG-Apparat Spannungsschwankungen zwischen den Elektroden mißt und aufzeichnet. Eine zentrale Bedeutung hat das EEG in der Epilepsie-Diagnostik, aber auch hirnfunktionale Reifungsdefizite lassen sich mit dieser Methode beschreiben und können im Verlauf beobachtet werden. Angesichts der neueren diagnostischen Möglichkeit der sogenannten "bildgebenden" Verfahren ist die Bedeutung des EEG zur Tumordiagnostik zwar zurückgetreten, doch erlaubt es ein erstes Screening (Durchsicht). Belastungsprüfungen wie EEG-Ableitung unter Hyperventilation, d.h. längerdauerndem tiefen Durchatmen, oder bei Fotostimulation, d.h. mit rhythmisch flackernden Lichtreizen, erlaubt zusätzliche Information in der Epilepsie-Diagnostik. Ähnliches gilt für das Schlafentzugs-EEG, bei dem die Kinder in der Regel bis Mitternacht wach bleiben dürfen (was sie gar nicht ungern tun) und am nächsten Morgen wieder sehr früh geweckt werden, so daß sie z.B. gegen Mittag nach Einnahme einer Mahlzeit so müde sind, daß sie unter der EEG-Ableitung in einem ruhigen, abgedunkelten Raum einschlafen.

Neuere, vom EEG ausgehende oder mit dem EEG kombinierte Techniken ermöglichen bei bestimmten Fragestellungen noch eine differenziertere Diagnostik. Die synchrone **Videodoppelbildaufzeichnung** erlaubt es, die Anfallssymptomatik gleichzeitig mit den Hirnströmen aufzuzeichnen und hinterher zu analysieren. Für die Kinderpsychiatrie interessant und teilweise vielversprechend sind neuere Entwicklungen der Untersuchung sogenannter **"evozierter" Potentiale**. Es handelt sich dabei um rechnerische Summationen bestimmter elektrischer Vorgänge im Gehirn, die auf bestimmte, z.B. akustische oder visuelle, Signale aufgezeichnet werden. Hier entwickelt sich derzeit ein Instrumentarium zu Funktionsdiagnostik, insbesondere bei neuropsychologischen Beeinträchtigungen. Solche Methoden werden in der kombinierten Wahrnehmungsdiagnostik wahrscheinlich in der Zukunft häufiger in der Praxis eingesetzt werden.

Bildgebende Verfahren wie die **Computertomographie** und die **Kernspintomographie** haben die neuropädiatrische Diagnostik von Hirnfehlbildungen, von intracerebralen Prozessen und Tumoren revolutioniert. Bei der Computertomographie handelt es sich um ein computergesteuertes Röntgenverfahren, wobei in einem Computer anatomischen Schnitten vergleichbare Bilder errechnet und dargestellt werden. Wichtig ist, daß für diese Untersuchung die Kinder mit dem Kopf ruhig in der Untersuchungsröhre liegen müssen. Bisweilen haben Kinder große Angst vor diesen Geräten, in der Regel lassen sie sich jedoch für solche Untersuchungen gut motivieren. Ein ähnliches Verfahren, allerdings aufbauend auf der Analyse des Echos auf Magnetfeldimpulse, stellt die Magnetresonanztomographie oder Kernspintomographie dar. Ihr Vorteil ist, daß im Gegensatz zur Computertomographie hier keine Strahlenbelastung entsteht.

Traditionelle Röntgendiagnostik, z.B. Darstellung des Schädels oder das Röntgen der Handwurzelknochen zur Bestimmung des Knochenalters, beschränken sich in der Kinder- und Jugendpsychiatrie heute nur noch auf sehr wenige spezifische Indikationen. Bei konkretem Mißhandlungsverdacht ist manchmal eine Röntgenübersicht oder eine Knochenszintigraphie, die multiple Frakturen erkennen lassen kann, indiziert.

Im Gegensatz zu den Röntgenverfahren bringen **Ultraschalluntersuchungen** keine Strahlenbelastung für die Patienten mit sich. Bei unklaren Bauchbeschwerden, aber auch bei der körperlichen Begleitdiagnostik zur Abklärung einer Enuresis oder Enkopresis (eines Einnässens bzw. Einkotens), stellt die unkompliziert durchzuführende Ultraschalluntersuchung einen ersten, wenig belastenden diagnostischen Schritt dar.

In begründeten Einzelfällen kann der Kinder- und Jugendpsychiater Rat und diagnostische Hilfe von fast **allen medizinischen Fachdisziplinen** benötigen. Hier ist seine Aufgabe, die Notwendigkeit solcher **Konsile** zu erkennen und die eingeholten Ergebnisse im Rahmen einer Hilfeplanung den Betroffenen, den Familien und auch den Behörden wie z.B. dem Jugendamt in ihrer Relevanz auf die Gesamtproblematik zu erläutern.

4.3.3   Testpsychologische Diagnostik

Testpsychologische Methoden gehören essentiell bei vielen Fragestellungen zur kinder- und jugendpsychiatrischen Untersuchung.

4.3.3.1 Intelligenztests

Da Schulleistungsprobleme häufig ein Hinweiszeichen auf eine allgemeine Problematik bei einem Kind sind, hat die orientierende Leistungsdiagnostik häufig eine zentrale Bedeutung. Es gibt eine ganze Reihe für Deutschland normierter, allgemeiner Intelligenztests, vor allem ab dem Grundschulalter. Eine wichtige systematische Unterscheidung betrifft den Anteil sprachgebundener Testanforderungen.

Sogenannte "sprachfreie" Intelligenztests haben Aufgaben, die einen hohen visuellen Aufforderungscharakter haben und die weniger förderungsabhängiges Schulwissen und sprachliche Kompetenzen zur Bearbeitung verlangen. Solche Tests sind vor allem bei ausländischen Kindern, die noch nicht lange in Deutschland leben, immer mit zur Beurteilung heranzuziehen. Zu den bekanntesten Intelligenztests gehören die unterschiedlichen Bearbeitungen des Wechsler-Intelligenztests, in Deutschland der sogenannte "HAWIK-R", Hamburg-Wechsler-Intelligenztest für Kinder – Revision von 1983, und als Wechsler analoges Verfahren das "Adaptive Intelligenzdiagnostikum" (AID, von Kubinger und Wurst 1988), beide für den Altersbereich von 6 bis 15 Jahren. Charakteristisch für die Wechsler-Tests ist eine Differenzierungsmöglichkeit zwischen einem sogenannten "Handlungsteil" und einem sogenannten "Verbalteil" des Tests. Grob vereinfachend kann man sagen, daß erhebliche Unterschiede zwischen den Ergebnissen in diesen Teilen auf spezifische Problemlagen hinweisen können. So kann z.B. ein relativ guter Handlungsteil bei besonders schlechten förderungsabhängigen Leistungen auf **Förderungsdefizite** und Vernachlässigung hinweisen. Einzelne Einbrüche im Handlungsbereich bei guten verbalen Fähigkeiten bieten bisweilen einen Hinweis auf spezifische Teilleistungsstörungen.

Die "Kaufmann Assessment Battery for Children" (KABC), die jetzt in einer deutschen Normierung vorliegt, erlaubt eine differenzierte Intelligenzdiagnostik ungefähr ab dem 4. Lebensjahr (die Autoren geben auch noch Normen für jüngere Kinder an, deren Testung jedoch oft sehr situationsabhängig ist, weshalb ich gewisse Einschränkungen formulieren möchte). Der KABC schließt somit die Lücke von der Kindergarten- und Vorschuldiagnostik zum Grundschulalter und wird deshalb in den nächsten Jahren zunehmend an Bedeutung gewinnen, insbesondere bei Entscheidungen für eine adäquate Beschulungsform für Kinder.

Bei Jugendlichen kommt nicht selten das "PSB" (Horn 1969), das Prüfsystem für Schul- und Berufsberatung zur Anwendung. Für lernbehinderte und geistig behinderte Kinder wurden spezielle Testbatterien entwickelt (z.B. TBGB, Bondy et al. 1975).

4.3.3.2 Entwicklungsdiagnostik und Diagnostik bei Teilleistungsstörungen

Entwicklungsdiagnostische Untersuchungsgänge sind von verschiedenen Fachgebieten entwickelt worden. Eine medizinische sozialpädiatrische Entwicklung ist die "Münchner Funktionelle Entwicklungsdiagnostik" nach Hellbrügge und Mitarbeitern (1978). Die Bailey-Skalen, Griffith-Skalen oder die orientierenden Denver-Skalen werden ebenso in der Praxis eingesetzt wie die von Kiphard (1976) entwickelten Anleitungen zur Entwicklungsüberprüfung oder der "Southern California Sensory Integration Test" (SCSIT) nach Ayres (1979), der neben der visuellen Wahrnehmung auch motorische Leistungen, somatosensorische Wahrnehmung und andere Koordinationsprüfungen enthält. Allerdings bestehen zu Recht methodische Vorbehalte gegenüber der Normierung dieses Verfahrens, so daß der Vorteil dieses wie auch vieler anderer Untersuchungsgänge vor allem in der Möglichkeit zu einer standardisierten Beobachtung und Beschreibung der Kinder liegt.

Verbreitet sind noch einfache Verfahren zur Wahrnehmungsdiagnostik wie z.B. Frostigs Test der visuellen Wahrnehmung. Darüber hinaus gibt es noch für spezielle Teilleistungsprobleme im Bereich Sprache, Motorik, Sprachverarbeitung besondere Verfahren.

Die **schulrelevanten Teilleistungsstörungen** lassen sich durch die häufig auch von den Schulpsychologischen Diensten angewandten **Lese- und Rechtschreibtests sowie Rechentests** überprüfen.

4.3.3.3 Selbstwertskalen und Persönlichkeitsfragebogen

Selbstwertskalen und Persönlichkeitsfragebogen ermöglichen die Einschätzung einzelner Persönlichkeits- bzw. psychopathologischer Aspekte.

Das Konzept des Selbstwertes und der Selbstsicherheit hat für viele kinder- und jugendpsychiatrische Problemlagen eine zentrale Bedeutung. Es liegen unterschiedliche psychometrische Verfahren vor, die auch für deutsche Populationen normiert wurden. Allerdings ist sowohl bei den Selbstdarstellungen als auch bei den Angaben auf bestimmten Persönlichkeitsfragebogen immer in Betracht zu ziehen, daß die Probanden im Sinne sozialer Erwünschtheit antworten. Manche Verfahren erfassen diesen Faktor auf einer spezifischen Skala. Hinzu kommen einzelne Verfahren, die bei spezifischen Fragestellungen, z.B. Suizidalität oder Schulangst, zur Anwendung kommen. Allerdings ist der verbreitet eingesetzte Angstfragebogen für Schüler (AfS) ein sehr unspezifisches Instrument, welches bei der Diagnostik der sogenannten "Schulphobie", die in der Regel eine Trennungsangststörung darstellt, nur wenig Hilfe leisten kann. Hier werden derzeit neuere spezifischere Verfahren aus den USA in Deutschland eingeführt (vgl. Greven und Fegert 1994).

4.3.3.4 Projektive Verfahren

Teilweise sehr einfach in der Anwendung und eine hervorragende Explorationsergänzung, die auch Aussagen über bestimmte Möglichkeiten in der Therapie zum Teil erlaubt, sind die sogenannten "projektiven" Verfahren. Das Material oder die Aufgabe wird dabei sozusagen als "Projektionsfläche" angeboten, auf die das untersuchte Kind sein Innerstes abbilden soll. Was bei solcher Interaktion zur Darstellung gelangt und wie dies vom erfahrenen Untersucher interpretiert wird, bleibt natürlich sehr subjektiv. Im Gegensatz zu den psychometrischen Verfahren stellen diese Verfahren Untersuchungsmethoden dar, die einen subjektiv einfühlenden Zugang erfordern und deshalb hinsichtlich ihrer Ergebnisse auch eine entsprechende Vorsicht bei der Interpretation verlangen.

In der Kinderpsychiatrie werden häufig **Satzergänzungstests** eingesetzt. Dabei sollen unvollständige Sätze von den Kindern assoziativ komplettiert werden, ohne daß lange über den Inhalt nachgedacht wird. Wenn sich ein Kind auf dieser Ebene mitteilen kann, ergibt sich häufig ein Bild sowohl über die intrafamiliale Situation wie auch über bestimmte psychische Konflikte und die Sozialbeziehungen.

Ganz einfach ist die **Wunschprobe**, bei der das Kind gefragt wird, was es tun würde, wenn es z.B. drei Wünsche frei hätte.

"Familie-in-Tieren" ist eine weitere projektive Aufgabe, die vielen Kindern große Freude bereitet und die nicht selten auch die Familien direkt zur Interpretation der Darstellung und der Beziehung der gewählten Tiere reizt.

Ausgehend von Bühlers "Welttest" entwickelte von Staabs in den 50er und 60er Jahren den sogenannten **"Sceno-Test"**, dessen Figuren übrigens noch heute wie in der damaligen Zeit aussehen. Aus dem Scenospiel, z.B. aus bestimmten Familienszenen, oder aber auch kargen architektonischen Aufbauten kann auf die emotionale Befindlichkeit des Kindes oder auf eine spezifische Problematik geschlossen werden. Bestimmte Spielmaterialien erlauben es, Bereiche zu benennen, so z.B. das Krokodil Aggressivität, die Schultafel den schulischen Leistungsbereich, Personen verschiedenen Alters vom Baby bis zu den Großeltern das familiäre Umfeld etc.

Zu den projektiven Verfahren zählen auch die unterschiedlichen Abkömmlinge des "Thematischen Aperzeptions-Tests", in Deutschland z.B. der Salzburger Thematische Gestaltungstest (TGT) oder der CAT bzw. TAT. Prinzip dieser Verfahren ist es, bestimmte festgelegte Bilder den Kindern vorzulegen und sie dann aufzufordern, hierzu eine Geschichte zu erzählen. Zu einem Jungen mit einer Geige werden häufig Berichte über Leistungssituationen, über Leistungserwartungen der Eltern etc. dargestellt. Auch Themen der psychosexuellen Entwicklung werden durch unterschiedliche Bildvorlagen evoziert, so daß sich für eine psychodynamische Interpretation sowohl Informationen über Triebkonflikt als auch über Abwehrformen und Objektbeziehungen ergeben. Eine Darstellung der wesentlichen intrafamiliären Beziehungen, Zuneigung und Ablehnung, ermöglicht der Family-Relations-Test, in der deutschen Bearbeitung als Familienbeziehungstest (FBT). Er wird zur Klarifizierung intrafamilialer Konflikte und ihrer Wahrnehmung durch die Kinder, z.B. in einer Scheidungssituation, nach Trennung etc., häufig mit erhellenden Ergebnissen angewandt.

4.3.4 Verhaltensbeobachtung, Fragebogen und Beurteilungsskalen

Die gezielte Verhaltensbeobachtung hat in der kinderpsychiatrischen Befunderhebung einen wichtigen Stellenwert. Bei bestimmten Störungsbildern, z.B. den Tic-Erkrankungen, kann eine videogestützte Beobachtung und Analyse wesentliche Informationen geben. Elternfragebögen, Lehrerfragebogen und Jugendlichenfragebogen haben sich im praktischen Einsatz weltweit bewährt. Am häufigsten werden derzeit die unterschiedlichen Formen der "Child Behavior Checklist" von Achenbach

PGAS (ELTERNEINSCHÄTZUNGSSKALA NACH DER SGKJ; Fegert 1994)

Für die folgenden Beschreibungen können "Noten" von 1 bis 6 gegeben werden, wobei wie in der Schule die Bewertungen 1, 2, 3 sehr gutes Zurechtkommen bis leichtere Probleme bezeichnen und 4, 5 bis 6 Probleme stärkeren Ausmasses erfassen. Wie bei Schulnoten ist eine zutreffende Einteilung nicht immer leicht zu finden. Wählen Sie den Bereich, der insgesamt am besten beschreibt, wie Ihr Sohn/Ihre Tochter in der Familie, in der Schule und mit Gleichaltrigen zurechtkomt! Zutreffendes bitte einkringeln!

Bitte, beurteilen Sie, wie Ihr Sohn/Ihre Tochter in den letzten 4 Wochen im Alltag zurechtgekommen ist!

1. Er/sie **kommt auf allen Gebieten** (Familie, Schule, mit Gleichaltrigen etc.) sehr gut bzw. **gut zurecht**. (Selbstverständlich können gelegentlich Alltagssorgen und -schwierigkeiten vorkommen.)

2. Nicht mehr als leichte Funktionsbeeinträchtigungen entweder zu Hause oder in der Schule oder mit Gleichaltrigen.
Er/sie zeigt Zeichen gefühlsmäßiger Belastung z.B. als Reaktion auf elterliche Trennung, Tod oder Geburt eines Geschwisters etc. Diese Belastung fällt vor allem innerhalb der Familie und guten Bekannten auf. Fremde würden es ihm/ihr nicht anmerken. Er/sie stört andere nur minimal.

3. Er/sie hat **Schwierigkeiten auf einem Gebiet**, kommt aber ansonsten recht gut zurecht. Fremde, die ihn/sie nicht kennen, würden die Probleme nicht unbedingt wahrnehmen. Diejenigen, die ihn/sie gut kennen, machen sich aber Sorgen.

4. Er/sie hat **unterschiedliche Schwierigkeiten** z.B. **zu Hause und** in der **Schule und/oder** auch mit **Gleichaltrigen**. Es gibt aber auch noch Situationen, in denen er/sie gut klarkommt. Seine/ihre Probleme werden für jeden offensichtlich, der z.B. als Lehrer oder enger Freund sich direkt mit ihm auseinandersetzt. In einer anderen Situation, die für ihn/sie weniger problembelastet ist, z.B. Ferien, Freizeit, könnte er/sie als unauffällig gelten.

5. Er/sie kommt in den meisten sozialen Bereichen **weniger gut zurecht** oder er/sie **zeigt eine schwere Beeinträchtigung in einem Gebiet** (z.B. durch Selbstmordgedanken, Schulverweigerung oder ausgeprägtes Schuleschwänzen, ausgeprägte Ängste, zwanghaftes Handeln oder ausgeprägtes zwanghaftes Grübeln, stark unangemessenes Verhalten im Umgang mit anderen Menschen oder häufige Episoden aggressiver Auseinandersetzungen, massive Regelüberschreitungen, wie Diebstähle, Körperverletzung etc.), wobei jedoch einige wichtige Beziehungen z.B. zu einigen wenigen Freunden oder der Großmutter etc. bestehen.

6. Er/sie ist **noch stärker beeinträchtigt**. Zeigt sehr starke Schwierigkeiten auf mehreren Gebieten (z.B. zu Hause, in der Schule, mit Gleichaltrigen oder in der Gesellschaft allgemein) oder hat eine komplette Unfähigkeit zur Funktion in einem dieser Bereiche. Er/sie braucht deshalb z.B. eine besondere Beschulung oder stationäre Behandlung, hat deshalb z.B. einen Schulverweis erhalten oder braucht sogar Pflege und Betreuung die meiste Zeit des Tages oder rund um die Uhr.

YGAS (JUGENDLICHENSKALA NACH DER SGKJ; Fegert 1994)

Die folgenden Beschreibungen werden "Noten" von 1 bis 6 zugeordnet, wobei wie in der Schule 1, 2, 3 sehr gutes Zurechtkommen bis leichtere Probleme bezeichnen, 4 und 5 bis 6 Probleme stärkeren Ausmasses erfassen. Wie bei Schulnoten ist eine Einteilung nicht immer leicht zu finden. Wähle den Bereich, der insgesamt am besten beschreibt, wie Du in der Familie, in der Schule und mit Gleichaltrigen zurechtkommst!
Zutreffendes bitte einkringeln!

Bitte, beurteile, wie Du in den letzten 4 Wochen zurechtgekommen bist!

1. Ich komme auf allen Gebieten (Familie, Schule, mit Gleichaltrigen etc.) sehr gut bzw. gut zurecht. (Selbstverständlich können gelegentlich Alltagssorgen und -schwierigkeiten vorkommen.)

2. Nicht mehr als leichte Funktionsbeeinträchtigungen entweder zu Hause oder in der Schule oder mit Gleichaltrigen.
Ich zeige Zeichen gefühlsmäßiger Belastung z.B. als Reaktion auf elterliche Trennung, Tod oder Geburt eines Geschwisters etc. Diese Belastung fällt vor allem innerhalb der Familie und guten Bekannten auf. Fremde würden es mir nicht anmerken. Ich störe andere nur minimal.

3. Ich habe Schwierigkeiten auf einem Gebiet, komme aber ansonsten recht gut zurecht. Fremde, die mich nicht kennen, würden die Probleme nicht unbedingt wahrnehmen. Diejenigen, die mich gut kennen, machen sich aber Sorgen.

4. Ich habe unterschiedliche Schwierigkeiten z.B. zu Hause und in der Schule oder auch mit Gleichaltrigen. Es gibt aber auch noch Situationen, in denen ich gut klarkomme. Meine Probleme werden für jeden offensichtlich, der z.B. als Lehrer oder enger Freund sich direkt mit mir auseinandersetzt. In einer anderen Situation, die für mich weniger problembelastet ist, z.B. Ferien, Freizeit, könnte ich als unauffällig gelten.

5. Ich komme in den meisten sozialen Bereichen weniger gut zurecht oder ich zeige eine schwere Beeinträchtigung in einem Gebiet (z.B. durch Selbstmordgedanken, Schulverweigerung oder ausgeprägtes Schuleschwänzen, ausgeprägte Ängste, zwanghaftes Handeln oder ausgeprägtes zwanghaftes Grübeln, stark unangemessenes Verhalten im Umgang mit anderen Menschen oder häufige Episoden aggressiver Auseinandersetzungen, massive Regelüberschreitungen, wie Diebstähle, Körperverletzung etc.), wobei jedoch einige wichtige Beziehungen z.B. zu einigen wenigen Freunden oder der Großmutter etc. bestehen.

6. Ich bin noch stärker beeinträchtigt. Zeige sehr starke Schwierigkeiten auf mehreren Gebieten (z.B. zu Hause, in der Schule, mit Gleichaltrigen oder in der Gesellschaft allgemein) oder habe eine komplette Unfähigkeit zur Funktion in einem dieser Bereiche. Ich brauche deshalb z.B. eine besondere Beschulung oder stationäre Behandlung, habe deshalb z.B. einen Schulverweis erhalten oder brauche sogar Pflege und Betreuung die meiste Zeit des Tages oder rund um die Uhr

und Edelbrock eingesetzt. Remschmidt und Walter (1990) haben eine deutsche Normierung für die Kinder- und Jugendlichenversion der "Child Behavior Checklist" vorgelegt. 1993 wurde in Zusammenarbeit mit T. Achenbach aus verschiedenen deutschen Versionen eine Konsensversion für die "Child Behavior Checklist" für 4- bis 18jährige Kinder, für den Fragebogen für 2- bis 3jährige Kinder, für den Lehrerfragebogen (Teacher Report Form, TRF) und für den Jugendlichenfragebogen (Youth Self Report, YSR) erarbeitet (genehmigte deutsche Version der Arbeitsgruppe der Kinder- und Jugendpsychiatrischen Universitätskliniken FU Berlin, Frankfurt/Main, Köln, Zürich, 1993).

Steinhausen (1993) hat auf die Bedeutung der Erfassung bestimmter Symptome per Fragebogen hingewiesen. Im praxisnahen Anhang seines Lehrbuchs stellt er einige wesentliche weitere Instrumente zur Diagnostik hyperaktiven Verhaltens, wie die Conners-Fragebogen, Beurteilungsskalen bei Eßstörungen etc., vor. Zur Einschätzung des psychosozialen globalen Funktionsniveaus, d.h. auch der Frage, wieviel Unterstützung bzw. Hilfen ein Kind bei seiner Lebensbewältigung benötigt, hat der Verfasser im Auftrag der Arbeitsgruppe "Kinder-, Jugendlichen-, Familiendiagnostik" aus der CGAS, der "Childrens Global Assessment Scale", einem 10-stufigen Expertenrating, eine jeweils 6-stufige Eltern- und Jugendlichenversion zur Einschätzung der sozialen Kompetenz und des Betreuungsbedarfs entwickelt. Diese einfachen Fragen erlauben es, z.B. auch in der gemeinsamen Besprechung, mit den Eltern eine Einschätzung des Ausmasses der Hilfebedürftigkeit und des Bedarfs nach sozialer Unterstützung zu gewinnen. Auch die Verlaufsevaluation ist damit möglich. Beide Skalen eignen sich deshalb zum Einsatz bei der Hilfeplanung und bei der Überprüfung des Hilfeplans.

4.3.5 Psychopathologischer Eindruck

4.3.5.0 Psychopathologie

Die Psychopathologie, die "Lehre von den Leiden der Seele", verlangt vom Untersucher eine Stellungnahme zum Verhältnis "normal versus abnorm" bzw. "gesund versus krank". Daß diese Grenzen fließend sind, hat Freud (1901, Ges. Werke IV) mit seiner Schrift "Zur Psychopathologie des Alltagslebens" unterstrichen. Scharfetter (1976) definiert Psychopathologie als Erlebnislehre:

"Der Patient 'hat' nicht Symptome, sondern erlebt bestimmte Erfahrungen und verhält sich daher in beschreibbar von der Gruppennorm abweichender Weise. Nichts von seinem Tun ist schlechthin unsinnig. Das ist keine wissenschaftliche Aussage, sondern ein Bekenntnis zur Psychopathologie als Erlebnislehre und Weg zur Therapie. Nur in dieser Einstellung werden wir dem kranken Menschen gerecht. Sogar 'verrücktes' Verhalten noch plausibel zum therapeutischen Handeln brauchbar einzuordnen, in eine erklärende Ableitung und eine funktionale Interpretation (Aufgrund welcher Erfahrung verhält sich der Patient in der beschriebenen Weise?) ist eine nie abgeschlossene Aufgabe".

Prinzipiell kann man eine allgemeine Psychopathologie, eine klinische, eine experimentelle, eine phänomenologische und eine psychodynamische Psychopathologie unterscheiden. Jaspers (1913, S. 20 ff.) beschrieb Kasuistik, statistische Analyse, Experiment, Phänomenologie, Verstehen und Erklären sowie die Erfassung von Ganzheit als Methoden der Psychopathologie. Einzelne psychopathologische Phänomene lassen sich durch die Einteilung und Gruppierung von Symptomen ordnen. Dies kann empirisch-methodisch durch Faktor- und Clusteranalysen erfolgen oder induktiv durch eine konventionalisierte Festlegung. T.M. Achenbach hat durch faktorenanalytische Untersuchungen aus den Einzelverhaltensweisen seine CBCL-Skalen entwickelt, die Dimensionen des Verhaltens wie Aggressivität, Destruktivität, sozialen Rückzug etc. beschreiben. Die klassische Psychopathologie geht bei der Formulierung des psychopathologischen Befundes bei Kindern und Jugendlichen beschreibend vor. Wichtig ist, daß der psychopathologische Befund die Schilderung eines momentanen Zustandsbildes ist. Beschrieben werden (modifiziert nach Steinhausen 1993)

- [ ] das **äußere Erscheinungsbild**: Attraktivität, Größe, Gewicht, Reife, eventuelle Fehlbildungen, erworbene körperliche Entstellungen, Kleidung, Sauberkeit, Pflegezustand,
- [ ] **Kontakt- und Beziehungsfähigkeit**: Kontaktaufnahme zum Untersucher, Rapport, Selbstsicherheit, Kooperation, Abhängigkeit von der Begleitperson und Trennungsangst,
- [ ] **Emotionen**: Stimmungen, Affekte, Angst, Selbstwert, Selbstvorwürfe,
- [ ] **Zwangshandlungen**, Zwangsgedanken,
- [ ] **Störungen des Eßverhaltens**,
- [ ] **funktionelle und somatoforme Störungen**,
- [ ] **Denkinhalte**: Befürchtungen, Phantasien, Träume, Denkstörungen, Selbstkonzept, Identität,
- [ ] **kognitive Funktionen**: Aufmerksamkeit, Steuerung, Orientierung, Auffassung, Wahrnehmung, Gedächtnis und Merkfähigkeit, allgemeine Intelligenz,
- [ ] **Sprache**: Umfang, Intonation, Artikulation, Vokabular, Komplexität, Sprachverständnis, Gesten,
- [ ] **Motorik**: Antrieb, Aktivität,
- [ ] **qualitative Auffälligkeiten** wie Tics, Stereotypien, Jaktationen,
- [ ] **soziale Interaktion** bzw. Störung des Sozialverhaltens,
- [ ] **Antrieb**,
- [ ] **formale Denkstörungen**, Wahn,
- [ ] **Ich-Störungen**,
- [ ] **Sinnestäuschungen**,
- [ ] **andere Störungen** wie Selbstschädigung, Suizidalität, Alkohol- Drogeneinfluß, sexuelle Auffälligkeiten und abnorme Bindungen an Objekte oder abnorme Interessen wie sie z.B. bei autistischen Kindern vorkommen.

Da die psychopathologische Beschreibung auch Ausgangspunkt für die Indikations- und Prognosestellung sein soll, haben insbesondere die Beschreibung der Rapportfähigkeit und der Introspektionsfähigkeit sowie die Beurteilung intakter

Persönlichkeits- und Ich-Anteile, die ein therapeutisches Arbeitsbündnis und die Realisierung von Hilfen ermöglichen, eine wesentliche Bedeutung. Eine mehr tiefenpsychologisch orientierte psychopathologische Befundung wird neben zentralen (Trieb-)Konflikten und einer Beschreibung der Fähigkeiten zu zwischenmenschlichen Beziehungen (Objektbeziehungsebene) vor allem aus ich-psychologischer Sicht eine Beschreibung bestimmter Abwehrebenen und Themen bei den betreffenden Patienten vornehmen. Beschrieben werden charakteristisch z.B. für Patienten mit sogenannten "frühen Störungen" und einer Borderline-Symptomatik, sogenannte "primitive" Abwehrmechanismen wie Spaltung und Dissoziation bei schizoiden Persönlichkeitsstrukturen, z.B. die Mechanismen der Projektion, Affektisolierung, Rationalisierung und Intellektualisierung, bei depressiven Persönlichkeitsstrukturen Identifikation, Regression und altruistische Abtretung etc. Für eine ausführliche Beschreibung sei auf Anna Freuds Buch "Das Ich und die Abwehrmechanismen" (1936) verwiesen. Gerade für die bisweilen schwierige psychopathologische Einschätzung von Borderline-Persönlichkeitsstörungen in der Adoleszenz empfiehlt Kernberg (1989) die Beachtung der Ebene der Identitätsdiffusion und die **Überprüfung der Fähigkeit zur Realitätsprüfung**.

Im Idealfall gibt ein gelungener psychopathologischer Befund nicht nur eine Verhaltensbeschreibung, sondern auch eine strukturelle Beschreibung der Persönlichkeit mit ihren Entwicklungsgrenzen und Entwicklungsmöglichkeiten wieder.

4.3.5.1 Psychopathologischer Eindruck von der Familie

Jenkins (1994) hat Dimensionen beschrieben, nach denen der Eindruck von einer Familie festgehalten werden sollte. Er empfiehlt zunächst **affektive Muster und Stimmungen** innerhalb der Familie zu beschreiben. Dann sollten die unterschiedlichen **Einstellungen gegenüber der Zielproblematik** beachtet werden. Wichtig sei zu beschreiben, wer sich in der Familie "als **Experte**" für das Problem fühlt, und wer in der Familie sich **am meisten Sorgen** macht. Des weiteren, wie dieser Besorgnis innerhalb der Familie Ausdruck verliehen wird. Auf der Basis einer mindestens **dreigenerationalen Betrachtung** – Ebene der Kindgeneration, Ebene der Elterngeneration, Ebene der Großelterngeneration – sollten die Stellung der einzelnen Familienmitglieder in bestimmten **Stadien des Lebenszyklus** sowie bestimmte Übergangskrisen beschrieben werden. Gerade diesen **Übergangsphasen** sollte besondere Beachtung gewidmet werden, wobei beschrieben werden sollte, wie die Familien mit solchen Übergängen umgeht. Strukturell soll die Familie über die Grenzen ihrer Subsysteme, über Hierarchien und Koalitionen beschrieben werden. Kommunikationsmuster wie "Wer spricht für wen?" oder "Ist die verbale und nonverbale Kommunikation kongruent?" sollten ebenfalls dargestellt werden. Dies mündet ein in die Beschreibung des familiären Konfliktbewältigungsstils. Abschließend solle die Frage beantwortet werden, warum zum jetzigen Zeitpunkt in der Familiengeschichte eine Vorstellung zur Untersuchung erfolgte und für welche Problemsituation oder in welchem Zusammenhang die Symptomatik, die den Anlaß zur Vorstellung bot, eine Problemlösung für die Familie darstellt. Auch abwesende Familienmitglieder und Personen sollten einbezogen werden. Der Untersucher sollte sich deshalb fragen, wen hätte ich gerne noch bei dem Gespräch dabei gehabt? (modifiziert nach Jenkins 1994, S. 69–70).

4.4 Diagnose

Die Information über den Vorstellungsanlaß, die anamnestisch erhobenen Daten und die Untersuchungsbefunde münden in eine Diagnosestellung ein. Der diagnostischen Klassifikation ist vor allem in den 70er Jahren der generelle Vorwurf des "Labeling" gemacht worden. Damit gemeint war die Tatsache, daß diagnostische Begrifflichkeiten latente Botschaften enthalten, welche die Träger dieses "Labels" etikettieren, ja stigmatisieren können. Cantwell und Rutter (1994) haben darauf hingewiesen, daß sich z.B. in diesem Zusammenhang manche Psychologen sorgten, daß die Tatsache, daß die Patienten nach einem psychiatrischen Klassifikationssystem diagnostiziert worden seien, dazu führen würde, daß sie irgendeine Form psychiatrischer Behandlung bräuchten. Oder, daß die Berücksichtigung von Lernbehinderungen in einem solchen System heißen würde, daß intellektuelle Defizite eine psychiatrische Erkrankung darstellten.

Die meisten Autoren befürchten negative Folgen durch ein gewisses "Labeling". Allerdings stellten andere Autoren fest, daß bestimmte Probleme leichter zu ertragen waren, wenn sie als Erkrankung innerhalb der Familie erkannt und beschrieben worden waren.

In dem Bestreben, vergleichbare Diagnosekategorien zu schaffen, beschrieb die "Amerikanische Psychiatrische Gesellschaft" mit ihrem diagnostischn und statistischen Manual DSM I (1952) zum ersten Mal verbindliche Klassifikationskriterien psychischer Störungen für Forschung und Klinik. Allerdings enthielten sowohl DSM I wie das psychiatrische Kapitel der "Internationalen Klassifikation der Erkrankungen", der ICD, ICD-8 1967 nur einige wenige Kategorien, die sich auf Störungen in der Kindheit bezogen. Nach Cantwell und Rutter war es Anna Freuds (1965) Verdienst, mit ihrem Entwicklungsprofil, das auf psychoanalytischen Konzepten basierte, ein erstes System vorgelegt zu haben, was primär auf Störungen im Kindes- und Jugendalter abhob. Trotz ständiger Verbesserungen und weiterer Differenzierung der gängigen Klassifikationsschemata ist die ursprüngliche Forderung, daß Klassifikationen auf der Basis von Fakten und nicht auf der Basis von Theorien beruhen sollten, nicht überall im strengen Sinne erfüllt worden. Rutters (1977) weiterer grundsätzlicher Anspruch an die Klassifikation betraf die Forderung, daß Störungsbilder beschrieben werden sollen, nicht Personen klassifiziert werden. Klassifikationssysteme sollten reliabel sein, d.h. unterschiedliche Untersucher sollten die entsprechenden Begriffe aufgrund operationalisierter Definitionen gleich gebrauchen können, die Klassifikation sollte zwischen unterschiedlichen Störungen differenzieren und sie sollte hinlänglich erschöpfend sein, d.h. wesentliche Störungsbilder sollten erfaßt werden. Neben klinischer Relevanz und Praktikabilität forderte Rutter auch die logische Konsequenz für ein Klassifikationssystem. Weniger optimistisch resümieren Cantwell und Rutter (1994), daß sowohl Validitätsaspekte wie auch Reliabilitätsaspekte nach wie vor nicht so weitgehend erfüllt sind, daß man heutzutage sagen könnte, daß "einfach weil zwei Forschergruppen in ihren Publikationen beide behaupten, daß sie DSM-IV- oder ICD-10-Kriterien angewandt haben, dann tatsächlich angenommen werden kann, daß sie die Diagnose in vergleichbarer Weise gemacht haben". Ein wichtiger Aspekt für die kinder- und jugendpsychiatrische Diagnostik war die Einführung multiaxialer Klassifikation durch Rutter et al. (1969). In Deutschland wurde das "Multiaxiale Klassifikationsschema" nach Rutter und Sturge 1975 durch Remschmidt und Schmidt eingeführt.

Zum neuesten Stand der multiaxialen Klassifikation vergleiche Schmidt (1994). Nach diesem Modell sollten entsprechend bestimmten Definitionen und Regeln kinder- und jugendpsychiatrische Problemlagen auf sechs Ebenen beschrieben werden:

Achse 1: Kinderpsychiatrische Diagnose
Achse 2: Entwicklungsstörungen
Achse 3: Intelligenz
Achse 4: Körperliche Begleit- bzw. Grunderkrankungen
Achse 5: Psychosoziale Belastungen
Achse 6: Schweregrad (z.B. eingeschätzt mit der CGAS nach Shaffer u.a. 1983)

Beide großen Klassifikationsysteme, die aktuelle Klassifikation der Weltgesundheitsorganisation, die sogenannte "ICD-10", und das diagnostische und statistische Manual der Amerikanischen Psychiatrischen Gesellschaft, noch gültig DSM-III-R oder die demnächst eingeführte Version DSM-IV, sehen multiaxialen Klassifikationen vor. Allerdings unterscheiden sie sich leicht in den Regeln zur Kombination von Diagnosen und zur hierarchischen Bedeutung der Achsen.

4.4.1 Kinder- und jugendpsychiatrische Diagnose

Die Zuordnung zu einem bestimmten Störungsbild, wie es z.B. in der ICD-10 operational definiert wurde, hat für die Hilfeplanung deshalb eine gewisse Bedeutung, weil aus der epidemiologischen Forschung Erfahrungswerte für die Prognose im Einzelfall herangezogen werden können.

In Kapitel 5 erfolgt eine ausführliche Diskussion einzelner diagnostischer Kategorien und der Versuch einer Zuordnung solcher aktueller Diagnosebegriffe zu den Begrifflichkeiten, welche im Katalog des § 3 Verordnung zu § 47 BSHG aufgeführt werden.

In Abweichung von dem Vorgehen im DSM-III-R und -IV und auch entgegen den Zuordnungen in der ICD-10 wird derzeit aus kinder- und jugendpsychiatrischer Sicht dazu tendiert, bei einer multiaxialen Klassifikation sogenannte "tiefgreifende Entwicklungsstörungen" wie Autismus als primär psychiatrische Syndrome auf der 1.

Achse zu kodieren, um sie besser von den Entwicklungsstörungen, die unterschiedliche andere psychiatrische Erkrankungen begleiten können, zu unterscheiden.

4.4.2 Entwicklungsstörungen

Auf der 2. Achse werden spezifische Entwicklungsverzögerungen und Entwicklungsstörungen klassifiziert. Dies betrifft umschriebene Entwicklungsstörungen des Sprechens und der Sprache (ICD-10 F 80), umschriebene Entwicklungsstörungen schulischer Fertigkeiten (ICD-10 F 81) und umschriebene Entwicklungsstörungen der motorischen Funktionen (ICD-10 F 82). Häufig sind auch kombinierte umschriebene Entwicklungsstörungen, wobei für die Hilfeplanung eine detaillierte Beschreibung der einzelnen Komponenten wesentlich ist.

4.4.3 Intelligenz

Eine gute intellektuelle Begabung stellt einen protektiven Faktor oder einen den Verlauf psychischer Erkrankungen günstig beeinflussenden Faktor dar. Intellektuelle Beeinträchtigungen müssen als zusätzliches Risiko angesehen werden. Unterscheiden kann man folgende Intelligenzbereiche:

☐ sehr hohe Intelligenz: IQ höher als 129
☐ hohe Intelligenz: IQ 115–129
☐ durchschnittliche Intelligenz: IQ 85–114
☐ niedrige Intelligenz: IQ 70–84
☐ leichte intellektuelle Behinderung: IQ 50–69
☐ mäßige intellektuelle Behinderung: IQ 35–49
☐ schwere intellektuelle Behinderung: IQ 20–34
☐ schwerste intellektuelle Behinderung: IQ unter 20

Wobei die letzten Angaben eine Pseudopräzision der Messungen in diesem Bereich vorgeben, wie sie realistischerweise nicht gegeben ist.

4.4.4 Somatische Bedingungen – körperliche Grund- bzw. Begleiterkrankungen

Das Auftreten einer psychischen Problematik als Folge einer körperlichen Grunderkrankung verdient es, differenziert betrachtet zu werden. Die Kombination einer spezifischen psychiatrischen Störung mit einer körperlichen Behinderung oder körperlichen Erkrankung kann zu anders gelagerten Problemsituationen führen, als sie durch eines der beiden Störungsbilder allein zu erwarten wären. Dies kann am Beispiel einer Magersucht bei einem an Typ I Diabetes mellitus erkrankten Mädchen erläutert werden. Aufgrund der Magersucht kann dieses zuckerkranke Mädchen in lebensbedrohliche Unterzuckerungszustände kommen. Körperliche Schäden als Un-

106

fallfolgen usw. sind wesentlich bei der Beschreibung eines hirnorganischen Psychosyndroms als Folgezustand solcher körperlichen Erkrankungen.

4.4.5 Abnorme psychosoziale Belastungen

Schon im ersten Entwurf des multiaxialen Klassifikationsschemas war eine Achse zur Erfassung psychosozialer Belastungen vorgesehen worden. Allerdings gab es keine operationalisierten Definitionen für die Beschreibung dieser Kategorien. Frau Van Goor-Lambo (1993) beschreibt die Entwicklung der neuen sogenannten "psychosozialen" Achse der WHO. Diese Achse enthält "eine detailliertere Spezifizierung der Kriterien für die Kodierung jeder einzelnen Kategorie. In Übereinstimmung mit dieser Änderung stellt sie expliziter fest, wie schwerwiegend die Faktoren sein müssen, um in Betracht gezogen zu werden" und im Vergleich zu bisherigen Kategorisierungen hat eine "konzeptuelle Umgruppierung der Kategorie stattgefunden" (van Goor-Lambo 1993, S. 47). In einer multizentrischen Untersuchung zur psychosozialen Achse mit besonderer Berücksichtigung eines West-Ost-Vergleiches stellten Burk und Poustka (1993) fest, daß in bezug auf einige Kategorien erhebliche Unterschiede zwischen West- und Ostdeutschland bestanden. Zum Beispiel wurde eine "mangelnde Wärme" in der Eltern-Kind-Beziehung in 34% der Fälle in Westdeutschland, aber bei 52% in Ostdeutschland kodiert. "Feindliche Ablehnung" oder Sündenbockzuweisung als elterliches Verhalten fanden die Untersucher in Ostdeutschland in 39% der Fälle, in Westdeutschland bei 16% der Kinder. Auch bei den Erziehungsbedingungen fanden sich signifikante Unterschiede zwischen Ost und West. Signifikant häufiger waren im Ostteil Deutschlands die Kinder, die nicht mit beiden Elternteilen zusammen aufwuchsen.

Overmeyer et al. (1993) verglichen die Erfassung psychosozialer Auffälligkeiten im klinischen Routinebetrieb mit der standardisierten Erfassung durch ein Interview. Sie stellten fest, daß vor allem im Ambulanzbetrieb, wenn relativ wenig Zeit zur Verfügung stand, ein strukturiertes Interview teilweise der offenen Befragung überlegen war. Allerdings resümieren sie: "Inwieweit die Benutzung des Interviews im klinischen Gebrauch von Nutzen ist, bleibt fraglich, zumal im stationären Setting der Informationsgewinn des halbstrukturierten Interviews gegenüber der Routineexploration nicht nachweisbar war" (Overmeyer 1993, S. 161).

Die Literaturübersicht, die die Autoren geben, zeigt, daß im Gegensatz zu den ersten Versuchen, eine psychosoziale Achse zu entwickeln, die neuentwickelte Achse 5 durch ihre verständlichen, operationalisierten Definitionen eine gute Übereinstimmung bei der Beurteilung einzelner Kategorien zwischen unterschiedlichen Untersuchern aufweist. Erfaßt werden die einzelnen Bereiche jeweils für das letzte halbe Jahr. Diese zeitliche Beschränkung ist wiederholt auf Kritik gestoßen. In einer eigenen Untersuchung (Fegert 1993) haben wir versucht, die abnormen psychosozialen Umstände auch rückwirkend für einzelne Lebensabschnitte von 0–3 Jahren, 4–6 Jahren, 7–9 Jahren, 10–12 Jahren, 13–15 Jahren und 16-18 Jahren zu erfassen. Hierbei zeigte sich, daß bestimmte "Life events" wie Tod eines Elternteils oder Migration auch retrospektiv recht zuverlässig erfaßt werden können und sie auch häufig für eine kinderpsychiatrische Symptomatik von Bedeutung sein können, wenn sie länger als ein halbes Jahr zurückliegen. Das gleiche gilt für körperliche Mißhandlung und sexuellen Mißbrauch innerhalb und außerhalb der Familie. Es ist bekannt, daß in der Regel der chronische jahrelange Mißbrauch sich aggravierend auf die Folgen auswirkt. Konzepte, die offensichtlich anderen Rahmenbedingungen entstammen, wie z.B. der Bereich inadäquate oder verzerrte intrafamiliäre Kommunikation, der in unserer Population von den Klinikern sehr häufig als auffällig kodiert wird, waren rückwirkend aufgrund mangelnder Überprüfbarkeit nicht einzuordnen. In einem vorsichtigen Resümee könnte man für unsere Fragestellung der drohenden seelischen Behinderung feststellen, daß es wichtig ist, abnorme psychosoziale Umstände zu erfassen und daß es sich lohnt, für bestimmte Schlüsseldaten wie Mißhandlung, Vernachlässigung, Mißbrauch, Trennung, Scheidung, Migration, psychische Störung bzw. abweichendes Verhalten eines Elternteils, Behinderung eines Elternteils, Behinderung der Geschwister, auch rückwirkend Daten zu erheben. Hervorgegangen sind viele dieser nun definierten Belastungen aus der Vulnerabilitäts- und Risikoforschung, z.B. in Großstudien wie der prospektiven longitudinalen Kauai-Studie von E.E. Werner und Mitarbeitern (siehe unten).

4.4.6 Schweregradbeschreibung

Shaffer und Mitarbeiter (1983) haben in Anlehnung an eine Skala zur Gesamteinschätzung der Schwere psychiatrischer Störungen im Erwachsenenalter eine Skala zur Einschätzung des Schweregrades psychischer Störungen bei Kindern und Jugendlichen, gemessen an der psychosozialen Funktionsbeeinträchtigung, entwickelt. Diese CGAS, Childrens Global Assessment Scale, wurde von Steinhausen für Deutschland überarbeitet und im klinischen Einsatz überprüft (Steinhausen 1987). Da es sich bei neueren Untersuchungen (Steinhausen und Erdin 1992) zeigte, daß das Vorhandensein abnormer psychosozialer Bedingungen die Intelligenz und insbesondere die klinische Symptomatik mit den Einschätzungen auf der CGAS korrelierten, kann man mit Markus (1993) schließen, "daß die Skala eher den Schweregrad der psychiatrischen Störung abbildet, als daß sie unabhängig davon vorhandene Fertigkeiten und Fähigkeiten beurteilt".

Dies muß allerdings nicht als negative Aussage überbewertet werden, denn ein einfaches Einschätzungsmaß für den Schweregrad psychiatrischer Störungen ist in der Praxis auch für die Hilfeplanung hoch willkommen. Die Mannheimer Autorengruppe Markus et al. (1993) versuchte, nun eine 7-stufige, 5-dimensionale Skala zur Funktionsfähigkeit eines Kindes unabhängig von seiner psychiatrischen Störung zu entwickeln. Diese einzelnen Subskalen beziehen sich auf die Bereiche Funktion in der Familie, erbrachte Leistungen, Gleichaltrigenbeziehungen, Interessen und

Freizeitbeschäftigung sowie Autonomie. Ziel der Untersucher war es, "ein mehr-dimensionales Instrument zur Erfassung des Funktionsniveaus von Kindern und Ju-gendlichen zu konzipieren. Dabei galt es, Beziehungen und Leistungsaspekte zu trennen sowie die Beziehungen inner- und außerhalb der Familie getrennt zu er-fassen". Solche differenzierten Erfassungssysteme sind heutzutage noch nicht Routine im klinischen Einsatz, doch kann durchaus empfohlen werden, zusätzlich zur globalen Einschätzung einer Funktionsbeeinträchtigung sich Gedanken über die genannten Bereiche zu machen, da sie für die differentielle Indikation (siehe unten) von spezifischen Hilfsmaßnahmen und Therapien durchaus relevant sind.

Für die Einschätzung des Hilfebedarfs erscheint die Elterneinschätzung der psychosozialen Funktionen ihrer Kinder und die Selbsteinschätzung der Jugendli-chen von Belang, da im Prozeß der Hilfeplanung ein Konsens über das Ausmaß der notwendigen Hilfen gefunden werden soll. Die nach den Skalen zur Gesamtschät-zung für Kinder und Jugendliche (CGAS) entwickelten Elterneinschätzungsskalen und Jugendlichenskalen (Fegert 1994) wurden bewußt 6-stufig abgefaßt, um in der Skalierung Assoziationen an Schulnoten zu wecken. Dies erlaubt den Jugendlichen und ihren Eltern durch die Analogie zu dieser allzu wohlbekannten Skala schnell ein Gefühl für den Skalencharakter des Instruments zu bekommen (Abbildung im Anhang).

4.5   Prognose, Maßnahmen

4.5.1 Prognosebestimmende Einzelfaktoren

Zur Prognoseabschätzung ist es wichtig zu verstehen, daß der Verlauf kinderpsychi-atrischer Erkrankungen immer durch unterschiedliche Faktoren verschieden stark determiniert wird. Remschmidt (1986) hat unterschiedliche Einzelfaktoren beschrie-ben, die sich in ihrer Wirkung teilweise überlappen, d.h. "in sehr verschiedener Weise zusammenwirken (z.B. additiv, kompetetiv, multiplikativ usw.)":

4.5.1.1 Genetische Faktoren

Hier betont Remschmidt, daß der Einfluß genetischer Faktoren heute nicht statisch als ein einmal festgelegtes Risiko, sondern dynamisch gesehen wird, "jede gene-tische Ausstattung trifft auf jeweils unterschiedliche Umwelt, Belastungsfaktoren und Lebensereignisse beeinflussen die Penetranz einer genetischen Disposition ebenso wie Entwicklungsprozesse, Risikofaktoren und protektive Faktoren".

4.5.1.2 Eigengesetzlichkeit der Erkrankung

Die in der epidemiologischen Forschung gängige Formulierung "natürlicher Verlauf" einer Erkrankung will die Eigengesetzlichkeiten des (unbehandelten) Erkrankungsverlaufs dokumentieren. Um diese Forschungsfragestellungen tatsächlich klären zu können, müßten im Bereich der Kinderpsychiatrie also bewußt erkannte psychische Probleme ohne Behandlung bleiben. Da ein solches Vorgehen ethisch nicht vertretbar ist, kann die Frage nach den Eigengesetzlichkeiten der Erkrankungsverläufe am ehesten durch prospektive Untersuchungen an Bevölkerungsstichproben, bei denen keine spezifischen Interventionen geplant sind, und bei denen die Forscher vor allem nicht diese Interventionen steuern, durchgeführt werden. Diese Studien können zwar kein wirkliches Abbild des "natürlichen Verlaufs" von Erkrankungen zeichnen, sie geben aber Auskunft darüber, wie Erkrankungen derzeit in unserer Gesellschaft bei unseren heutigen Behandlungsmethoden verlaufen. In einer vom "Bundesministerium Forschung und Technologie" (BMFT) geförderten Großstudie zum natürlichen Verlauf atopischer Erkrankungen wie Neurodermitis, Asthma, Nahrungsmittelallergien, Heuschnupfen etc., wird derzeit unter Leitung von Professor Wahn (Kinderallergologe) und Prof. Bergmann (Epidemiologe, Gesundheitsamt) eine Untersuchung über mehr als 1 000 Kinder, die 1990 in verschiedenen Zentren in Deutschland geboren wurden, durchgeführt. Der Autor ist für den kinderpsychiatrischen Teil dieser Untersuchung verantwortlich und kann deshalb aus eigenen Erfahrungen aus dieser Studie berichten, wie komplex einzelne Verlaufscharakteristika durch ganz unterschiedliche Faktoren mitbestimmt werden. Wir stellten z.B. fest, daß Durchschlafstörungen in den ersten drei Lebensjahren relativ häufig sind. Ein für Erklärungsansätze und Gruppenvergleiche sinnvolles, beschreibendes Muster der Entwicklung des Nachtschlafes in den ersten drei Lebensjahren ergibt sich erst, wenn man mindestens auch den Schlafort des Kindes (im Bett der Mutter, im Zimmer der Eltern oder im Kinderzimmer) und die Frage, ob und wie lange das Kind gestillt wurde, mit in Betracht zieht. Natürlich versuchen die Eltern, dieses für sie problematische Schlafverhalten ihrer Kinder zu beeinflussen. Verschiedene Untersuchungen zeigen, daß Schlafstörungen bei kleinen Kindern die Problematik sind, über die am häufigsten beim Kinderarzt geklagt wird. Wir wissen im Einzelfall nicht, wie die Eltern beraten wurden, ob z.B. kurzzeitig Medikamente verschrieben wurden, ob Beruhigungstees oder Verhaltensmaßregeln empfohlen wurden. Wir wissen nur wenig über die "Einmischung" mehr oder weniger willkommener Ratgeber, wie z.B. Nachbarn, Schwiegereltern etc. Dennoch gelingt es, einen Überblick nicht nur über Häufigkeiten, sondern über die Persistenz solcher Probleme zu gewinnen. Kennt man die Persistenz im Verlauf, kann man für jede Entwicklungsstufe ein bestimmtes relatives Risiko formulieren, daß die Problematik weiter bestehen wird. Die Kenntnis solcher Eigengesetzlichkeiten von Erkrankungen ist wichtig für Risikoabwägung und Indikationsentscheidungen.

Frühere Untersuchungen, die teilweise methodisch umstritten waren, zeigten, daß **introversive neurotische Störungen** (Angst, Panikattacken, Kontaktstörungen) einen relativ guten Spontanverlauf nehmen. Sheppard et al. (1973) haben ein Phänomen für Kinder und Jugendliche beschrieben, das man als allgemeine Remissionstendenz beschreiben könnte. Sie fanden, daß jeweils mit zunehmendem Alter bei mehr Fällen (teilweise mehr als die Hälfte der Kinder) eine Rückbildung der Symptomatik zu erwarten war und daß nur bei einer kleineren Gruppe sich die Symptomatik verstärkt und verschlimmert. Dies unterstreicht die Bedeutung des Entwicklungsaspektes. Allerdings haben alle wesentlichen epidemiologischen Studien gezeigt (z.B. klassische Studie von Robins 1966 oder Rutter u. Giller 1983, oder die Ergebnisse der Mannheimer Längsschnittstudie Esser und Schmidt 1987), daß **Störungen des Sozialverhaltens** eine **sehr hohe Persistenz** haben. Die zu erwartenden negativen Verläufe werden noch durch Faktoren wie Heimaufenthalte oder Aufenthalte in einer Pflegefamilie kompliziert. Coccolillo et al. (1992) fanden bei Erwachsenen, die die meiste Zeit ihrer Kindheit in Pflegefamilien verbracht hatten, eine Fülle von sozialen Problemen. Auch die Untersuchung von Robins und Price (1991) zeigt, wie ernst Sozialstörungen in der Kindheit zu nehmen sind, denn die Untersucher fanden, daß Störungen des Sozialverhaltens in der Kindheit prädiktiv für Substanzabhängigkeiten (Alkohol-/Drogenabusus) und für erwachsenes antisoziales Verhalten waren. Ich habe an dieser Stelle deshalb besonders auf den eher günstigeren Verlauf nicht chronifizierter emotionaler Probleme des Kindesalters und auf den zu erwartenden eher negativen Verlauf von Störungen des Sozialverhaltens im Kindesalter hingewiesen, weil in unserem derzeitigen Hilfesystem leichter Hilfen für Kinder mit emotionalen Problemen als für Kinder mit Sozialstörungen zu erhalten sind. Sozialstörungen werden häufig gar nicht als psychische Problematik konnotiert, sondern eher als Erziehungsdefizite angesehen. Die Sozialstörungen, die also nachweislich eine sehr viel höhere Chronifizierungstendenz und das Risiko eines hochproblematischen Ausgangs haben, finden wir auch am wenigsten im Rahmen des Katalogs seelischer Störungen nach § 3 Verordnung zu § 47 BSHG wieder. Daher hat man sehr gute wissenschaftliche Belege, wenn man heutzutage Kinder mit dissozialem Verhalten, wie sie sich auch häufig in Einrichtungen der Jugendhilfe finden, im spezifischen Einzelfall als massiv von einer seelischen Behinderung bedroht ansieht, und deshalb ihren Anspruch auf Maßnahmen der Eingliederungshilfe anerkennt. Ein weiteres wichtiges Argument, eine generelle Abkehr von dem an erwachsenenpsychiatrischen Kategorien orientierten Katalog nach § 3 Verordnung zu § 47 BSHG bildet die für alle kinder- und jugendpsychiatrischen Störungen relevante Entwicklungsdimension.

4.5.1.3 Entwicklungsfaktoren Alter und Geschlecht

Sehr viele kinder- und jugendpsychiatrische Erkrankungen haben eine bestimmte Altersspanne, in der sie zum ersten Mal auftreten bzw. bestimmte Inhalte oder Ausprägungsmuster von Problemen verändern sich mit dem Alter der Kinder. Dies wurde sehr gut für die Angststörungen beschrieben (siehe Abb.).

	18	
Existenzangst		
	17	Depression, Suizidalität
	16	
	15	
	14	
Reifungsangst	**13**	*Pubertätskrisen*
		Anorexia Nervosa
	12	Angst- und Zwangsneurosen
Realangst	**11**	*Hypochondrie*
	10	
	9	Todesfurcht
	8	
Sozialisationsangst		*Schulverweigerung*
	7	Schulangst
		Schulphobie
	6	Schulschwänzen
Umweltangst	**5**	*Dunkel-, Gewitter-,*
		Gespenster-, Tierphobien
	4	
		Pavor Nocturnus
	3	
Trennungsangst	**2**	
Achtmonatsangst	**1**	*"Fremdeln"*

Remschmidt (1986) versucht drei Verlaufstypen kinder- und jugendpsychiatrischer Erkrankungen zu beschreiben:

Typ A – charakterisiert durch einen kontinuierlichen bzw. zweigipfligen Verlauf, welcher sich auf Probleme bezieht, "die bereits in der frühen Kindheit auftraten und sich entweder kontinuierlich in die Adoleszenz fortsetzen oder nach einer mehr oder weniger ausgedehnten stummen Phase in der Adoleszenz wieder aktualisiert werden". Solche Verläufe findet man z.B. bei Trennungsangststörungen, dissozialen Störungen und andere kinderpsychiatrische Probleme, die primär eine deutliche Tendenz zur Persistenz zeigen.

Typ B – ist gekennzeichnet durch den Rückgang von Problemen, die in der Kindheit als behandlungsbedürftig angesehen wurden. Hierzu rechnet Remschmidt die "geläufigen" Verhaltensstörungen (Enuresis, Enkopresis, Hyperaktivität, Tics) und einen Teil der Kinder mit Teilleistungsstörungen sowie "manche neurotische Reaktionen (insbesondere Angstzustände und Tierphobien)".

Typ C – beschreibt Verhaltensprobleme, die in der Adoleszenz deutlich zunehmen oder bei weitgehender psychischer Unauffälligkeit im Kindesalter erst in der Adoleszenz beginnen. Remschmidt (1986) erwähnt als Beispiel "Störungen, deren ... Erstmanifestation in der Adoleszenz liegt, entweder weil in dieser Phase erstmalig die typischen psychischen Ausdrucksmittel zur Verfügung stehen oder aber weil sich zu diesem Zeitpunkt (unter Umständen begünstigt durch exogene Einflüsse) genetische Dispositionen manifestieren. Dies ist der Fall bei depressiven Syndromen verschiedener Genese, Zwangssyndromen, der Anorexia nervosa sowie bei den schizophrenen und manisch-depressiven Psychosen."

Dieser dritte von Remschmidt so beschriebene Verlaufstyp entspricht am ehesten in den einzelnen Krankheitsausprägungen den bekannten Verläufen bei Erwachsenen. Deshalb ist für diese Krankheitsbilder in der Regel eine Zuordnung zum erwachsenenpsychiatrisch geprägten Katalog der Eingliederungshilfeverordnung unproblematisch. Seit der "Isle of Wight-Studie" (Rutter et al. 1970) weiß man, daß diese Störungen weniger mit einem Reifungsrückstand oder Erziehungsproblemen assoziiert sind, daß sie häufiger mit einer belasteten bzw. pathologischen Familiensituation assoziiert waren, und daß mit dem Alter der Pubertät die für das Kleinkind- und Grundschulalter typische Jungenwendigkeit, d.h. das Überwiegen von Problemen bei Jungen, sich in der Adoleszenz ausgleicht bzw. teilweise sogar umdreht. Dieses Phänomen ist mitbedingt durch Störungen nach Remschmidts Verlaufstyp C wie die Eßstörungen, die eine sehr starke Mädchenwendigkeit aufzeigen, aber auch depressive Symptomatiken etc. Für unsere Fragestellung, welche Kinder im Einzelfall von einer seelischen Behinderung bedroht sind, bedeutet Remschmidts Ansatz einer entwicklungsabhängigen und geschlechtsspezifischen Verlaufskategorisierung eine wertvolle Orientierung. Kinder mit kontinuierlichen bzw. zweigipflig verlaufenden psychischen Störungen im Kindesalter sind schon aufgrund ihrer Problematik deutlich von einer späteren seelischen Behinderung bedroht (Verlaufstyp A). Kinder mit Problemen vom Verlaufstyp B sind nur unter bestimmten Voraussetzungen, d.h. beim Zusammentreffen unterschiedlicher agravierender Faktoren, von einer solchen negativen Entwicklung bedroht. Ausgehend von Remschmidts Beispielen sollte man vor allem bei Kindern mit Teilleistungsstörungen wie Legasthenie und mit hyperaktivem Verhalten nicht übersehen, daß als Konsequenz des schulischen Verhaltens sehr häufig eine massive dissoziale Problematik mit negativer Prognose droht. Die in der ICD-10 getroffene Unterscheidung zwischen einfachen Aktivitäts- und Aufmerksamkeitsstörungen (F 90.0) und hyperkinetischen Störungen des Sozialverhaltens (F 90.1) mit einer deutlich schlechteren Prognose erlaubt die Differenzierung. Ein weiteres Beispiel für völlig unterschiedliche Verlaufscharakteristika ist bei den in der Regel häufig spontan remittierenden Tic-Erkrankungen die schwere, häufig ungünstig verlaufende Tic-Erkrankung: das Gilles-de-la-Tourette-Syndrom (siehe Kap. 5). Daß wiederum einzelne Untergruppierungen von Störungsbildern anderen Verlaufstypen zuzuordnen sind, ändert nichts an der Praktikabilität von Remschmidts Typologie für die Abschätzung des Ausmaßes der Bedrohung von einer seelischen Behinderung aufgrund einer jeweiligen psychischen Störung des Kindes- und Jugendalters.

4.5.1.4 Systematische Einwirkungen (Therapie und andere Hilfen)

Bei der Besprechung der einzelnen zur Verfügung stehenden Therapiemethoden ist schon wiederholt auf Grawes et al. (1994) umfassende Übersicht zu den empirischen Ergebnissen über Therapieverläufe bezuggenommen worden. Ganz allgemein kann festgestellt werden, daß abgesehen vor allem von verhaltenstherapeutischen Studien derzeit im Kindes- und Jugendalter wenig spezifische Ergebnisse über die Beeinflussung von Krankheitsverläufen durch Therapie vorliegen, die wissenschaftlichen methodischen Kriterien entsprechen. Auf ein weiteres Problem in der Evaluierung von Therapieerfolgen haben in bezug auf die Kinderspieltherapie Bell et al. (1989) hingewiesen. Ganz allgemein wird als **"Sleeper-Effekt"** ein Phänomen bezeichnet, das die Tatsache charakterisiert, daß die durch die Therapie angestoßenen Umstrukturierungsprozesse Zeit brauchen und daß deshalb manche Therapieeffekte erst wesentlich später, z.T. lange nach Abschluß der Therapie, auftreten. Unsere eigenen oben kurz referierten Ergebnisse zu Hilfen nach § 35a zeigten, daß im Zeitraum eines Jahres, in dem die entsprechende Maßnahme durchgeführt worden war, durch den Kinder- und Jugendpsychiater Verbesserungen der Symptomatik festgestellt wurden. Allerdings ließ sich auch zeigen, daß diese Hilfen eher familiäre Defizite kompensieren und daß häufig implizit mitangenommene Ziel den Familien selbst zu einer besseren "Funktion" zu verhelfen, nicht erreicht wurde. An den belastenden familiären Verhältnissen änderte sich häufig, wenigstens in diesem kurzfristigen Zeitraum, nichts wesentliches.

4.5.1.5 Lebensereignisse, Risikofaktoren, protektive Faktoren

Eine der bedeutendsten Untersuchung zu Risikofaktoren zum Langzeitverlauf, aber auch dazu, an welchen Kindern trotz multipler Belastungen diese negativen Einflüsse einfach "abprallen" (das Konzept der Resilience), ist die berühmte *Kauai*-Studie von Emmy E. Werner, bei der 1955 auf dieser hawaiianischen Insel geborene Kinder im Alter von 1, 2, 10, 18 und jetzt 32 Jahren nachuntersucht wurden (Werner 1993; Werner u. Smith 1992). Ziel dieser Studie war es einerseits, das Schicksal aller 698 in diesem Jahr auf der Insel geborenen Kinder bis ins Erwachsenenalter zu dokumentieren. Ein zweites wesentliches Ziel bestand darin, die langfristigen Konsequenzen perinataler Komplikationen und psychosozialer Belastungsfaktoren auf die Entwicklung und auf das spätere Erwachsenenleben zu untersuchen. Mehr als die Hälfte der Untersuchungskohorte (54%) wuchs in ärmlichen Verhältnissen auf. Ihre Väter waren angelernte oder ungelernte Arbeiter auf den örtlichen Zucker- oder Ananasplantagen und die Mütter waren meist ohne Schulabschluß. Zunächst wurden Faktoren für die Vulnerabilität der Kinder beschrieben. Hierzu zählten Risikofaktoren zum Zeitpunkt der Geburt wie perinatale Komplikationen, genetische Anomalien, aber auch psychopathologische Auffälligkeiten der Eltern, geringer Bildungsgrad der Mutter und chronische Armut. Als weitere Risikofaktoren für die Entwicklung wurden Trennungen, wiederholte Krankheiten, Entwicklungsverzögerungen, Erkrankungen der Eltern, Vaterabwesenheit, Fremderziehung, das Vorhandensein eines behinderten Geschwisterkindes und bei Mädchen frühe Schwangerschaften in der Adoleszenz identifiziert. Ungefähr ein Drittel der inzwischen erwachsen gewordenen Kinder in der Studie kamen aus der Hochrisikogruppe, d.h. sie waren in Armut geboren, sie hatten mittlere bis schwere perinatale Belastungen und sie lebten in einer familiären Umgebung, die durch chronische Disharmonie zwischen den Erwachsenen, Alkoholismus der Eltern oder psychische Störungen der Eltern belastet war. Zwei Drittel dieser Probanden entwickelten tatsächlich schwere Lern- und Verhaltensprobleme im Alter von 10 Jahren und hatten psychische Störungen, Konflikte mit dem Gesetz und/oder Jugendlichenschwangerschaften hinter sich, als sie 18 Jahre alt waren. Allerdings entwickelten sich auch 72 Personen (= ein Drittel der ehemaligen Hochrisikogruppe) zu gut ausgebildeten jungen Erwachsenen, die auch ein gutes Selbstvertrauen zeigten. Das besondere Interesse galt also der Frage, warum an diesen Kindern, die den gleichen Belastungen ausgesetzt waren, diese Risiken "einfach abprallten". Mit einem Jahr sind diese Kinder häufig schon als sehr aktiv beschrieben worden. Die Mädchen wirkten auf ihre Umgebung eher "knuddelig", die Jungen waren "pflegeleicht". Auch Eß- und Schlafprobleme waren bei diesen Kindern seltener. Bei der Untersuchung mit 20 Monaten stellten die Pädiater und Psychologen, die sie untersuchten, schon ihre Wachheit und ihre Offenheit für neue Erfahrungen fest. Sie waren weit entwickelt in ihrem kommunikativen Verhalten und in ihrer Motorik und hatten mehr Möglichkeiten, sich selbst zu helfen, als die anderen Hochrisikokinder. In der Grundschule gaben die Lehrer an, daß diese Kinder gut mit

Vulnerabilität vs. resilience

(−) .... (+) .... 18 J

protektive Faktoren

viel Zuwendung
positive Eltern-Kind-Beziehung
weitere Beziehungsperson (neben d. Mutter)
Freunde und Kameraden
geregelter, strukturierter Haushalt
Zusammenhalt der Familie
Hilfe und Rat bei Bedarf (Eltern, Lehrer)

Kindliche Faktoren

Erstgeborenes,
hohe Aktivität
als Säugling,
positives
Sozialverhalten,
Fähigkeiten
zur Selbsthilfe,
gute Kommunikation,
ausgeprägte Interessen,
Selbstkontrolle,
positives Selbstkonzept

Entwicklung

biol. Belastungsfaktoren

& " Live events "

Entwicklungsverzögerungen
chronische Krankheiten
Schwangerschaft in der Adoleszenz

-Scheidung / Trennung der Eltern
-Tod eines Elternteiles
- etc.

Biologische und psychosoziale Risiken zum Zeitpunkt der Geburt

perinatale Komplikationen
genetische Abweichungen

chronische Armut
geringer Bildungsgrad der Mutter
psychopathologische Auffälligkeiten der Eltern

ihren Klassenkameraden zurechtkamen, sie hatten auch bessere Schulleistungen als die Kinder, die später Probleme entwickelten. Eltern und Lehrer stellten fest, daß sie viele Interessen hatten und eine Menge Aktivitäten und Hobbys, die nicht nur den engen geschlechtlichen Stereotypen, wie Fußballspielen für Jungen etc. entsprachen. Zum Zeitpunkt des Schulabschlusses konnte man bei diesen Kindern ein positives Selbstkonzept feststellen und die Überzeugung, daß sie selbst kontrollieren, was geschieht (internal locus of control). Sie zeigten sich leistungsorientiert, aber auch verantwortungsvoll und fürsorglich. Vor allem die Mädchen, die sich trotz negativer Startbedingungen so positiv entwickelt hatten, waren deutlich selbstsicherer und unabhängiger als die anderen Frauen in der Untersuchungskohorte. Zentral scheint den Autoren die Tatsache zu sein, daß nur wenige dieser resilianten Personen längere Trennungen von ihrer primären Bezugsperson im ersten Lebensjahr erlebt hatten, und daß alle es geschafft hatten, eine enge Bindung zu wenigstens einer Bezugsperson zu entwickeln, von der sie im Kleinkindalter reichlich positive Zuwendung bekamen. Diese Bezugspersonen mußten nicht unbedingt leibliche Eltern sein, sondern auch Großeltern, ältere Geschwister oder Babysitter konnten hinreichende Bindungsangebote bieten und sich auch als ein positives Identifikationsmodell anbieten. Diese widerstandsfähigen Jungen und Mädchen hatten viele positive emotionale Beziehungen außerhalb ihrer Familie, Hobbies und Aktivitäten spielten eine große Rolle in ihrer Freizeit. Auch die Erwachsenennachuntersuchungen konnten einen hohen Prozentsatz der ursprünglichen Hochrisikogruppe wieder erfassen. So gibt es z.B. Informationen über 88% der resilienten Hochrisikopersonen, über 90% der Frauen, die schon im Jugendlichenalter schwanger geworden waren, und über 80% derjenigen Hochrisikopersonen, die erhebliche psychische Probleme und/oder delinquentes Verhalten gezeigt hatten. Die widerstandsfähigen Personen aus der Hochrisikogruppe waren zum großen Teil (76% der Frauen, 60% der Männer) verheiratet und lebten in einem Kontext, der ziemlich unterschiedlich zu dem traumatischen häuslichen Rahmen war, dem sie entstammten. Dennoch stellte dieser familiäre Hintergrund ein Problem dar, da ihre Eltern und Geschwister mit ihren häuslichen und emotionalen Problemen ihr "familiäres Glück" immer wieder bedrohten.

Von den 103 delinquenten Jugendlichen in der Kohorte wurde ein sehr großer Teil (drei Viertel der Männer, 90% der Frauen) im Erwachsenenalter nicht wieder straffällig. Ein Ergebnis, das die Bedeutung eines spezifischen Jugendstrafrechts und multiple Anstrengungen für straffällig gewordene Jugendliche unterstützt. Es stellte sich allerdings eine kleine Kerngruppe von jugendlichen Straftätern heraus, die auch im Erwachsenenalter eine Reihe von Verbrechen verübt hatten. Ihre delinquenten Karrieren hatten früh in der Pubertät begonnen und sie waren im Alter von 10 Jahren von ihren Eltern und Lehrern als Sorgenkinder eingeschätzt worden. Werner schließ daraus, daß der frühe Beginn delinquenter Karrieren zu den negativsten Verläufen führe und sieht ihre Ergebnisse gestützt durch die Kohorten von schwarzen und weißen Kindern aus Philadelphia (Wolfgang et al. 1987). Von den 70 Kindern, die im Alter von 10 Jahren erhebliche psychische Probleme hatten, hatten nur wenige mit 30 Jahren noch behandlungsbedürftige psychische Störungen. Allerdings hatte ein größerer Teil der Männer, die aus dieser Gruppe hervorgegangen war, Schwierigkeiten, einen Arbeitsplatz zu finden, Scheidungen waren in dieser Gruppe häufiger, Übergriffe auf Familienmitglieder und kriminelle Handlungen waren ebenfalls häufiger. Nur ein Drittel der in der Studie als behandlungsbedürftig eingeschätzten Kinder hatten tatsächlich im Jugendlichenalter psychologische oder psychiatrische Behandlungen erhalten. Ein Fünftel der Männer und ein Drittel der Frauen mit psychischen Problemen im Alter von 10 Jahren bekannten sich als Erwachsene zu "fundamentalistischen Religionspraktiken", die ihnen Sicherheit gaben, wie z.B. die Zeugen Jehovas etc. 18% der ursprünglich mit 10 Jahren psychisch belasteten Kinder hatten behandlungsbedürftige schwere Probleme im Erwachsenenalter. In unserem Kontext könnte dies heißen: Ca. ein Sechstel der mit 10 Jahren psychisch auffälligen Kinder wird als Erwachsener seelisch behindert sein. Unter Bezugnahme auf die schwedische Untersuchung von Magnusson (1988) stellt Werner fest, daß Kinder, die in mehreren Bereichen Probleme zeigen, wenn sie noch relativ jung sind, stabiler in ihrer negativen Entwicklung bis ins Erwachsenenalter bleiben, als Personen, die nur in einem Bereich ein umschriebenes Problem hatten. Dies ist der empirische Beleg, warum es wichtig ist, bei der Einschätzung der individuellen Bedrohung von einer seelischen Behinderung nicht nur eine spezifische psychiatrische Diagnose als Grundlage zu nehmen, sondern das Zusammenwirken unterschiedlicher Problemfelder, wie es z.B. bei einer multiaxialen Diagnostik beschrieben wird, zu berücksichtigen.

Für die Bewertung und Durchführung von Hilfen zur Erziehung und Eingliederungshilfen sind Rutters (1987) Interpretationen protektiver Prozesse interessant. Er geht davon aus, daß durch protektive Faktoren die Bedeutung eines Risikos reduziert wird, z.B. auch durch eine geringere Exposition in bezug auf das Risiko. Wie unsere kleine Erhebung über Maßnahmen nach § 35a zeigen konnte, wurden offensichtlich durch Einsätze von Familienhelfern, Einzelfallhelfern und Therapeuten die weiterbestehenden psychosozialen Risiken in ihrer Wirkung reduziert.

Nach Rutter können des weiteren durch protektive Faktoren negative Kettenreaktionen verändert werden, können die Chancen von Entwicklungsschritten und Übergängen in andere Entwicklungsphasen, z.B. Ablösung bei Jugendlichen, positiv genutzt werden, was zu einer Steigerung des Selbstwertgefühls und Erweiterung der Selbständigkeit und Kompetenz führen kann. Eine zentrale Funktion protektiver Prozesse ist auch, daß sie der Vereinzelung und der Abkapselung entgegenwirken, indem sie für eine Integration in Sozialbeziehungen und einen Ausbau der persönlichen Erfahrungen ermöglicht. Diese protektiven Prozesse und Ressourcen des einzelnen durch kompetente Hilfe zu unterstützen, entspricht bei Kindern und Jugendlichen mit seelischen Problemen der Aufgabe der Hilfen zur Erziehung und den Eingliederungshilfen.

4.5.2 Indikationsstellung und Einleitung von Maßnahmen für Kinder mit psychischen Problemen

4.5.2.0 Theorie der Indikationsstellungen

Sieht man einmal von Franz Heigls Buch zur "Indikation und Prognose in Psychoanalyse und Psychotherapie" ab, so fällt auf, daß der Bereich der Indikationsstellung lange Zeit unabhängig von den jeweiligen Therapieorientierungen eher marginal behandelt wird. Betrachtet man die Entwicklung und Verbreitung unterschiedlicher Therapieverfahren, so läßt sich als gemeinsames Kriterium feststellen, daß gerade in den Anfangsphasen fast unkritisch die Wirksamkeit der neuen Methode für alle Problemfelder proklamiert wird. Einschränkungen werden eher in bezug auf die Motivation der Patienten bzw. Familien etc. als in bezug auf die Wirksamkeit der Verfahren formuliert. Grob verallgemeinernd hat man bei der Lektüre solcher Schriften häufig den Eindruck, die Patienten hätten sich bestimmten "Idealtechniken" anzupassen und nicht die therapeutische Vorgehensweise an die spezifischen Realitäten und Bedürfnisse der Patienten. Karl König (1994) hat für die psychoanalytische Therapie nicht nur die Zusammenhänge zwischen Prognose und Indikationsstellung ausführlich dargestellt, sondern er geht auch explizit auf Eigenschaften der Therapeuten auf bestimmte Kompetenzen und Risiken ein. Sein Buch enthält technische Hinweise zu verschiedenen Vorgehensweisen beim Erstinterview und geht neben den klassischen Patientencharakteristiken auch auf praktische Realitäten wie Wohnort oder Angehörige und andere wichtige Bezugspersonen im Zusammenhang mit den Entscheidungen für bzw. gegen eine Behandlung ein. Neben dem klassischen analytischen Setting bespricht er auch Entscheidungen im Zusammenhang mit Gruppenpsychotherapien, Indikationen zur Paartherapie sowie die Indikation zur stationären Psychotherapie. Schneider (1992) hat in einer Übersichtsarbeit darauf hingewiesen, daß das Forschungsparadigma des "Therapievergleichs" sich in einer Vielzahl von Metaanalysen in bezug auf die differentielle Indikationsfrage als wenig aussagekräftig erwiesen hat. Er nennt als Hauptgründe die "Unterschiedlichkeit der Begriffs- und Theoriebildung der verschiedenen Therapieschulen, die eine an empirischen Wissenschaftsstandards orientierte Überprüfung der differentiellen Effektivität zwischen den Behandlungsmethoden erschwert". Er empfiehlt deshalb, zunächst die differentielle Indikationsentscheidung zwischen unterschiedlichen Therapiemethoden mit einem gemeinsamen theoretischen Bezugssystem zu untersuchen.

Anna Freud führte schon 1945 in ihrem Aufsatz über "Indications for child analysis" **Entwicklung** als einen für das Kindes- und Jugendalter besonders wichtigen Parameter bei der Indikationsstellung ein. Der Grad der Beeinträchtigung der Entwicklung ist für sie ausschlaggebend bei der Indikation einer Kindertherapie, nicht die jeweiligen auffallenden Verhaltensweisen oder eine Einschränkung der Aktivität oder bestimmte auslösende Situationen etc.

Während verhaltenstherapeutische Verfahren häufig symptombezogen indiziert und in ihrer Wirksamkeit im Sinne einer Symptomreduktion evaluiert wurden, geben auch die sogenannten nicht-direktiven klientenzentrierten Methoden und in jüngerer Zeit vor allem die Familientherapie ein fast unbegrenztes Indikationsspektrum an. Textor (1985) zeigt in seiner systematischen Darstellung über familientherapeutische Konzepte, daß viele, vor allem amerikanische Familientherapeuten überhaupt keine Indikationen oder Kontraindikationen für die Behandlung ganzer Familien erwähnen, sondern systemische Therapien bei allen Klienten meinen anwenden zu können. Andere Autoren führen wiederum "lange Listen von Indikationen und Gegenindikationen an", wobei sich jedoch je nach Autor die Angaben über Indikation und Kontraindikation z.T. erheblich voneinander unterscheiden.

Wenn deshalb schon schulimmanent häufig eine unklare Darstellung und konzeptuelle Fundierung von Indikationsbereichen vorliegt, muß insbesondere schulübergreifend auf die fast fehlende metatheoretische Beschäftigung mit der Indikationsfrage hingewiesen werden. Im Bereich der Behandlung und Hilfsmaßnahmen für Kinder und Jugendliche verfügen wir nach wie vor nicht über ausreichend aussagekräftige, vergleichende Therapieverlaufsstudien, um fundierte spezifische, zwischen den einzelnen Verfahren differenzierende, prognostisch begründete Indikationsstellungen vornehmen zu können.

Nach Remschmidt (1988, 1991) stellt der Aspekt der Indikationsstellung und auch die Kenntnis der Grenzen von Psychotherapie ein wichtiges Ziel der kinder- und jugendpsychiatrischen Weiterbildung dar.

4.5.2.1 Das Spektrum empfohlener Maßnahmen in unserer Inanspruchnahmepopulation

Anhand unserer Praxis der Indikationsstellung in der Poliklinik der Abteilung für Psychiatrie und Neurologie des Kindes- und Jugendalters der FU läßt sich sehr gut der Übergang vom BSHG zum KJHG durch Fakten beschreiben. In Berlin waren auch zu Zeiten der BSHG-Regelungen schon umfangreiche ambulante Eingliederungshilfen, darunter auch psychotherapeutische Maßnahmen, möglich. Im folgenden werden eine poliklinische Stichprobe aus der ersten Hälfte der 80er Jahre und eine Stichprobe aus der ersten Hälfte der 90er Jahre aus derselben Poliklinik gegenübergestellt, um Feststellungen über die Veränderungen nach der Einführung des KJHG zu treffen. Ganz allgemein sei schon die Bewertung vorausgeschickt, daß in Berlin, wo auch schon in den 80er Jahren nach BSHG eine Fülle von ambulanten Eingliederungshilfen, auch Psychotherapien, durchgeführt wurden, durch die Einführung des KJHG der Bestand an Hilfen nicht gefährdet wurde und es auch nicht zu wesentlichen Veränderungen im Maßnahmespektrum gekommen ist.

In der ersten Stichprobe von N = 2425 Patienten, die wir im Zeitraum zwischen 1981 bis 1985 in unserer Berliner Klinik untersuchten, die damals unter der kommissarischen Leitung von Prof. Steinhausen stand, wurden bei 1516 Jungen und 911 Mädchen insgesamt über 3000 Hilfsmaßnahmen indiziert.

Die Kombination von verschiedenen Hilfsmaßnahmen mit Kindertherapien ist bei unserer Klientel also eher die Regel denn die Ausnahme. In knapp 10% der Fälle war keine Maßnahme notwendig. Über die Probleme, eine professionelle (Nichteinmischung) dem Hilfesuchenden plausibel zu machen, vergleiche Specht (1991). Bei 222 Kindern, entsprechend 9,1% der Fälle, wurden Fremdunterbringungen (hauptsächlich in therapeutischen Heimen) durchgeführt. In 7% der Fälle empfahlen die Untersucher eine Umschulung oder Versorgung im Kindergarten, im Hort oder in Einrichtungen der Lebenshilfe für geistig Behinderte.

Intensive **nachgehende und aufsuchende Sozialarbeit** war in 2,6% der Fälle erforderlich.

Gerade bei den **kleineren Kindern spielten durch Heilmittelverordnung** leicht zu realisierende Übungsbehandlungen im Rahmen von Krankengymnastik, Beschäftigungstherapie und Logopädie eine große Rolle. Insgesamt 15,5% der Patienten bekamen eine derartige Übungsbehandlung.

Ein Berliner Spezifikum stellt in diesem Umfang noch der Einsatz von sogenannten sozialpädagogischen Einzelfallhelfern dar. 24,4% aller Patienten bekamen einen solchen Helfer verordnet. Diese Maßnahmen werden nicht über die Krankenkassen finanziert, sondern wurden bisher als Eingliederungshilfe nach dem Bundessozialhilfegesetz gewährt und sind nunmehr im Rahmen des neuen Kinder- und Jugendhilfegesetzes möglich.

Erziehungsberatung wurde in 17,7% der Fälle empfohlen. Eine analytische Kindertherapie bei niedergelassenen Psychagoginnen wurde in 12,2% der Fälle, eine Verhaltenstherapie in 8,5% der Fälle empfohlen. Neben diesen beiden heute durch die Krankenkassen finanzierten Therapieformen wurden vor allem sehr häufig klientzentrierte Spieltherapien mit Elternberatung (23%) eingeleitet. In 7,5% wurde eine Familientherapie durchgeführt. Auch diese beiden letztgenannten Therapieformen wurden als Maßnahmen der Eingliederungshilfe finanziert. Gruppentherapien spielten mit 1,6% nur eine nachgeordnete Rolle. Stationäre Behandlungen waren bei 3,7% aller Fälle erforderlich.

Während die Verteilung der Maßnahmen keine überraschenden Geschlechtseffekte aufwies, sind einige **schichtabhängige Phänomene** auffällig. Erwartungsgemäß waren Fremdunterbringungen und Sozialarbeitereinsätze sowie der Einsatz von sozialpädagogischen Einzelfallhelfern in den unteren Sozialschichten häufiger empfohlen worden als in der Mittel- und Oberschicht. Verblüffend deutlich ausgeprägt war der hochsignifikante Unterschied bei der Verordnung analytischer Kindertherapie für Kinder aus den oberen Schichten und die dazu korrespondierende Mehrverordnung von verhaltenstherapeutischen Maßnahmen bei Kindern aus den unteren Schichten. Ob die dahinterliegenden Entscheidungsprozesse einzig und allein realistische Einschätzungen oder auch gewisse stereotype Annahmen unserer Klinikmitarbeiter über Therapieerfolg, Verbalisationsfähigkeit und Schichtzugehörigkeit wiederspiegeln, kann auf dieser Datenbasis nicht gesagt werden.

Ausgehend von der Diagnose lassen sich unterschiedliche Maßnahmenmuster erkennen. So erweisen sich die neurotischen Störungen (nach ICD-9) als Domäne der analytischen Therapie. Bei den Störungen des Sozialverhaltens wurden in 30,5% der Fälle Einzelfallhelfer als einzige Maßnahme oder in Kombination mit anderen Maßnahmen eingesetzt, in 22,8% der Fälle wurde ein klientzentrierte Therapie durchgeführt, in 10,23% der Fälle eine Verhaltenstherapie, in 8,9% der Fälle eine Familientherapie und in 8,6% der Fälle eine analytische Therapie. Immerhin in fast 20% der Fälle (19,6%) war eine Fremdunterbringung erforderlich. Bei den emotionalen Störungen war der Prozentsatz der Fremdunterbringungen sehr viel geringer – 5,4%. Klientzentrierte Therapie mit 34,2%, Erziehungsberatung mit 18,7% und analytische Kindertherapie mit 15,5% waren die am häufigsten verordneten Maßnahmen. Gefolgt von Familientherapie mit 7%, Verhaltenstherapie mit 6,4% und in 24,8% als alleinige Maßnahme oder in Kombination mit anderen Maßnahmen Einzelfallhilfe. Bei den hyperkinetischen Syndromen bekam weit über ein Drittel aller Patienten (37,8%) einen Einzelfallhelfer. In 43,7% wurden Übungsbehandlungen, insbesondere Beschäftigungstherapie und Psychomotorik, verordnet. Erziehungsberatung und klientzentrierte Therapie mit 27,4% und 15,6% spielten als Maßnahme eine Rolle ebenso wie die Verhaltenstherapie mit 14,1%. Familientherapie mit 5,2% bleibt noch zu erwähnen, während die analytische Therapie bei diesem Störungsbild kaum verordnet wurde.

Nun zum Vergleich die 2. Stichprobe (N = 555, Jahrgang 1992): Diese Untersuchung (vgl. Fegert 1993) zeigte, daß auch **nach der Einführung des KJHG** häufig kombinierte Maßnahmen von uns Kinder- und Jugendpsychiatern vorgeschlagen wurden, die in der Regel durch einen Hilfeplan gemäß § 36 KJHG koordiniert worden sind.

Bei 13% der Patienten waren aus unserer Sicht keine bzw. nur unspezifische Maßnahmen notwendig. Bei 25% der Patienten empfahlen wir eine ambulante Psychotherapie als einzige Maßnahme, wobei nur ein kleiner Teil der in Kliniknähe wohnenden Patienten in der Klinik selbst versorgt werden konnte. Bei 10% der Patienten wurde eine Beschäftigungstherapie, Logopädie oder Krankengymnastik (KG) verschrieben.

Abgesehen von den ambulanten Psychotherapien, die zu ungefähr 60% als einzige Hilfeart eingesetzt wurden, wurden andere Maßnahmen sehr viel häufiger in Kombination verordnet. Betrachtet man die Finanzierung der empfohlenen Maßnahmen, so fällt auf, daß in unserer Berliner Poliklinikklientel das Jugendamt für die Finanzierung von notwendigen Hilfsmaßnahmen nach dem KJHG erheblich beansprucht wird. Vernachlässigt man andere Finanzierungen (9% der gesamten Hilfen, die im Bereich der Schule umgesetzt wurden), kann man feststellen, daß nach der Einführung des KJHG Krankenkassen und Jugendamt als Kostenträger ungefähr gleich stark bei der Realisierung und Finanzierung von Maßnahmen belastet werden. Eine Analyse der vom Jugendamt gewählten einzelnen Hilfen zeigt, daß ambulante Psychotherapien mehr als ein Drittel der vom Jugendamt zu tragenden Maßnahmen darstellen. In Berlin sind hierfür an die GOÄ angelehnte Sätze bei der Honorierung der Psychotherapeuten üblich. Wenn das KJHG 1995 schließlich in allen Bundesländern voll gelten wird, ist auch nach der Einführung des § 35a da

Ermittlung des individuellen Hilfebedarfs bei Kindern und Jugendlichen, die von einer seelischen Behinderung bedroht sind

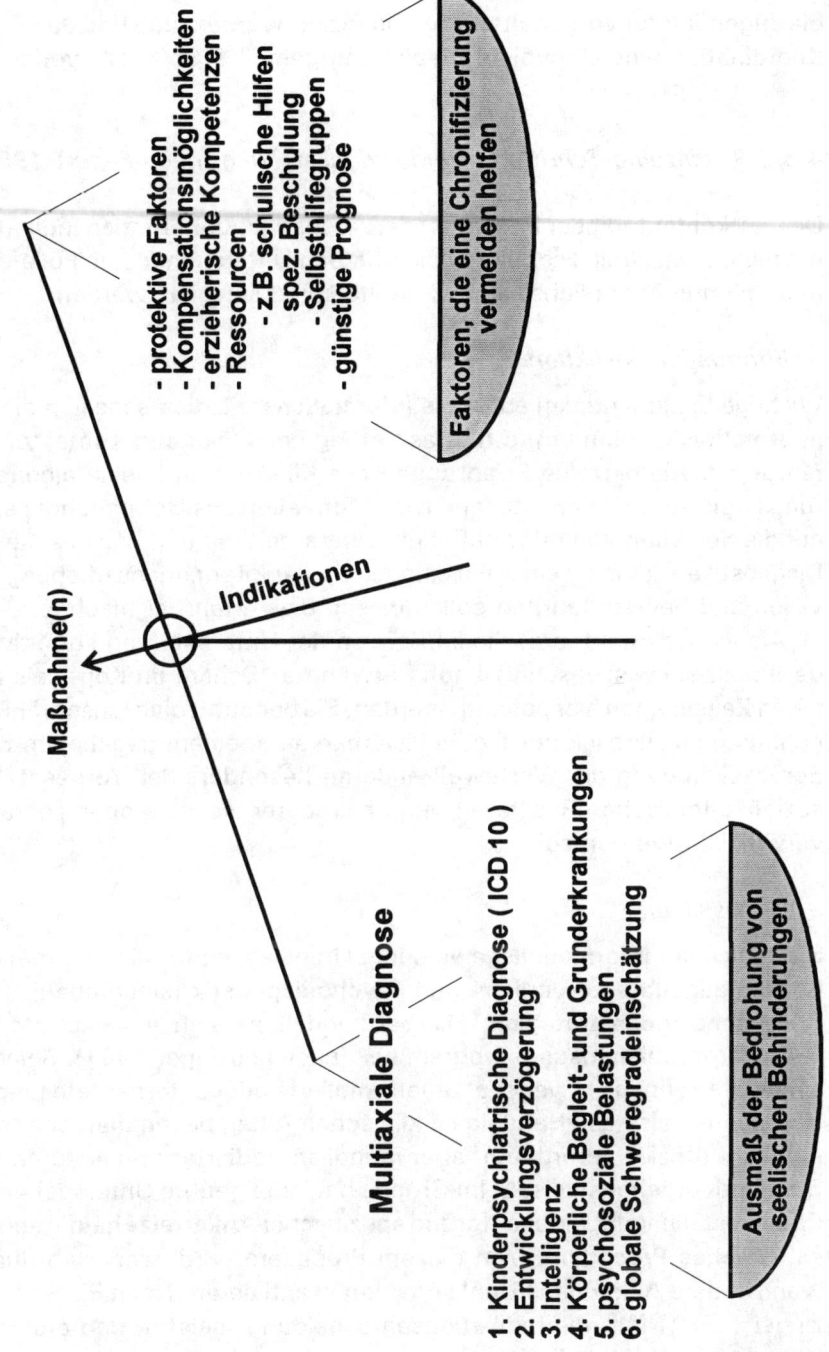

Maßnahme(n)

Indikationen

- protektive Faktoren
- Kompensationsmöglichkeiten
- erzieherische Kompetenzen
- Ressourcen
  - z.B. schulische Hilfen
    spez. Beschulung
  - Selbsthilfegruppen
- günstige Prognose

Faktoren, die eine Chronifizierung vermeiden helfen

Multiaxiale Diagnose

1. Kinderpsychiatrische Diagnose (ICD 10)
2. Entwicklungsverzögerung
3. Intelligenz
4. Körperliche Begleit- und Grunderkrankungen
5. psychosoziale Belastungen
6. globale Schweregradeinschätzung

Ausmaß der Bedrohung von seelischen Behinderungen

mit zu rechnen, daß eine ganze Reihe von sich ergänzenden Hilfsmaßnahmen durch die Jugendämter vorgehalten bzw. finanziert werden muß und daß ihre Planung und Koordination eine sinnvolle Hilfeplanung gemäß § 36 KJHG verlangen wird.

4.5.2.3 Einzelne Schritte der Indikationsstellung (nach Fegert 1992)

Der Erstkontakt mit der Familie ist der Ausgangspunkt für den Indikationsstellungs-prozeß im Einzelfall. Hier bieten sich für den Untersucher eine Fülle von Informatio-nen, die primär zunächst einmal gefiltert und selegiert werden.

– Informationsselektion

Wichtige Einflußkriterien auf diese **Informationsselektion** scheinen die **Strategien zur Informationsgewinnung**, d.h., das **Setting** bei den ersten Kontakten; die **Berufser-fahrung** sowie einzelne Erfahrungen des Klinikers und seine eigene innere Erfah-rungswelt. Als dritter Faktor spielt die **Motivation** des Untersuchers eine große Rolle auf die Selektion von Informationen. Überarbeitung und psychische Belastung des Diagnostikers kann zu einer Einschränkung der Informationserhebung führen. Super-vision und Selbsterfahrung sollen diesen Bias erfahrbar machen.

Als vierter Punkt muß die im Bereich der Untersuchung kognitiver Prozesse in der Publizistikwissenschaft häufig erwähnte "Schere im Kopf" als Instanz der **in-neren Zensur** auch hier genannt werden. Sie bedeutet eine Einschränkung der Wahr-nehmung im Hinblick auf die Realisierbarkeit in einem gegebenen Kontext, durch Berücksichtigung der Wertewelt anderer, besonders der Vorgesetzten, sowie der sozioökonomischen Realitäten, innerhalb derer die Hilfe oder Therapiemaßnahme verwirklicht werden soll.

– Urteilsbildung

Strategien der Informationsgewinnung: Grundlegend für die Informationsgewinnung ist eine adäquate körperliche und Psychodiagnostik (siehe oben).

Entscheidungsstrategien: Hierbei handelt es sich um explizite oder implizite "Standardproblemlösungsprogramme" (nach Leuzinger 1981). Solche Vorgehens-schemata können entweder als ausformulierte oder unterrichtete Empfehlungen zur Vorgehensweise das Handeln im klinischen Alltag bestimmen oder es handelt sich um nicht offiziell verordnete, aber mündlich tradierte, von anderen übernommene Standardvorgehensweisen. Im Grunde hat jeder geübte Untersucher für bestimmte Problemstellungen, die er aufgrund spezifischer **Ankerreize** häufig sehr früh erkennt, ein **übliches Procedere**. Von diesem Procedere wird wiederum nur abgewichen, wenn andere Anker neue Denkschablonen aktivieren. Nach Blaser (1977) und Leu-zinger (1981) fällt die Indikationsentscheidung meist in den ersten Minuten des Kontaktes (vgl. auch die Ergebnisse zur Diagnosestellung in den ersten Minuten von Hordern und Green (1970) und Gauron und Dickinson (1969)). Die weitere Zeit im Erstkontakt dient nur der Aufnahme zusätzlicher Informationen, die die primäre

124

Hypothese stützen soll. Es sei denn, die Wahrnehmung neuer wesentlicher Anker-reize erfordere die Umorientierung.

Beispiel: Ein Kind wirkt zunächst emotional deutlich belastet. Die neurologische Untersuchung und Psychodiagnostik lassen erhebliche Koordinationsdefizite und Wahrnehmungsstörungen erken-nen. Von seinem ursprünglichen Handlungsschema emotionale Belastung – Kinderspieltherapie weicht Untersucher X nun ab. Er denkt sich, es handele sich um eine sekundäre emotionale Bela-stung und hält zunächst eine beschäftigungstherapeutische Behandlung des 7jährigen Jungen für indiziert, wobei er sich durch die Anregung zur regelmäßigen Wiedervorstellung die Möglichkeit zur adaptiven Indikationsstellung im weiteren Verlauf offenlassen möchte.

Konkretisierung der Urteilsbildung durch:
☐ Diagnoseformulierungen
☐ Prognoseabschätzung
☐ Einschätzung der Ressourcen des Patienten/der Familie
☐ Sozioökonomische Realitäten des Versorgungsnetzes vor Ort

Beeinflußt durch die therapeutische Orientierung, die Wertewelt und die prak-tischen Erfahrungen des Untersuchers erfolgt nun auf der Basis einer psychodyna-mischen oder systemischen Hypothesenformulierung oder einer Verhaltensanalyse z.B. die Auswahl der im spezifischen Fall geeigneten Therapieform und/oder flan-kierender Hilfsmaßnahmen.

Therapieform und flankierende Hilfsmaßnahmen
Zu unterscheiden sind individuumorientierte Maßnahmen, familienorientierte Maß-nahmen und gruppenorientierte Maßnahmen (vgl. Remschmidt 1991). (Zur Indika-tion von gruppentherapeutischen Verfahren bei kinder- und jugendpsychiatrischen Erkrankungen siehe Lehmkuhl u. Lehmkuhl 1991.)

☐ *Individuumorientierte Maßnahmen für Kinder und Jugendliche mit einer psychi-schen Problematik*
Hierzu zählen nach Remschmidt (1991) die medikamentöse Behandlung mit Psy-chopharmaka, psychotherapeutische Behandlungsmethoden, Verhaltenstherapie und kognitive Therapieansätze, funktionelle Übungsbehandlungen (wie Wahrneh-mungstraining, Psychomotorik und kreative Methoden). Hilfen und Eingliede-rungshilfen wie Einzelfallhelfereinsätze, klienzentrierte Kinderpsychotherapie, aber auch Erziehungsbeistandschaft, Vollzeitpflege und Heimerziehung sowie die intensive sozialpädagogische Einzelbetreuung (§ 35 KJHG) zielen auf das Indi-viduum ab.

☐ *Familienorientierte Therapieformen und Hilfsmaßnahmen*
Nach Remschmidt (a.a.O.) gehört hierzu die Familienberatung, verschiedene For-men der Familientherapie und die Behandlung im häuslichen Milieu (Home treat-ment). Auch die wichtigen Familienhelfereinsätze nach dem KJHG sind primär familienorientierte Maßnahmen. An sehr vielen Erziehungsberatungsstellen gibt es familienorientierte Angebote.

□ *Gruppenzentrierte Behandlungsmethoden*

Remschmidt rechnet hierzu offene Gruppenpsychotherapien, zielgerichtete Gruppenpsychotherapien, aber auch Elterngruppen. Hinzuzufügen wären in unserem Kontext Selbsthilfegruppen und die allgemeine Jugendarbeit (§ 11 KJHG), die mit ihrer Anregung zu Sport, Spiel und Geselligkeit, aber auch durch Maßnahmen der Kinder- und Jugenderholung und durch die offene Jugendarbeit niederschwellige, altersadäquate Angebote macht, die sich (siehe oben) protektiv, d.h. eine positive Entwicklung begünstigend, auch auf Kinder auswirken, die erheblichen Entwicklungsrisiken ausgesetzt sind.

– *Urteilsformulierung*

Die mehr oder weniger rasch in einem komplexen Prozeß abgelaufenen Wahrnehmungs- und Entscheidungsprozesse, die in dem vorgeschlagenen Schema sicher nur grob simplifiziert zur Darstellung kommen konnten, müssen nun in eine schriftliche Form gebracht werden. Ziel ist eine sprachliche Gestaltung, durch deren Formulierung der Indikationsprozeß für Außenstehende, nicht Beteiligte, transparent und nachvollziehbar wird. Ein typisches Beispiel wäre hierfür das Ausformulieren von Kassenanträgen bzw. Stellungnahmen für die Hilfeplanung nach § 36 KJHG.

4.5.2.4 Formulierung einer Stellungnahme zur Hilfeplanung nach § 36

Ziel einer solchen Stellungnahme muß es sein, die Sichtweise des Diagnostikers, basierend auf den gemeinsam mit dem Betroffenen gewonnenen Informationen, möglichst effektiv in den Hilfeplanungsprozeß einfließen zu lassen, teilweise persönlich am Prozeß der Hilfeplanung bei einer Hilfekonferenz teilzuhaben. In der Regel können aber klar formulierte Stellungnahmen ausreichen. Eine solche Stellungnahme sollte Angaben darüber enthalten, wann das Kind zum ersten bzw. wiederholten Male untersucht wurde, ob das Kind aufgrund der diagnostizierten Problematik Anspruch auf Maßnahmen der Eingliederungshilfe nach § 35a KJHG hat, oder ob aus ärztlicher Sicht erzieherische Defizite bestehen, die durch Hilfen zur Erziehung oder kombinierte Maßnahmen der Eingliederungshilfe und Hilfen zur Erziehung gebessert werden könnten. Abschließend soll auf ärztliche bzw. ärztlich verordnete Maßnahmen eingegangen werden und eine Empfehlung für die im Prozeß der Hilfeplanung zu treffenden Entscheidungen über Maßnahmen der Eingliederungshilfe bzw. Hilfen zur Erziehung formuliert werden. Da davon ausgegangen werden kann, daß durch die Einbeziehung der Personensorgeberechtigten beim Prozeß der Hilfeplanung die Problematik des Kindes und Problemsituation der Familie in den Worten der Familie dargelegt werden, erübrigt sich in manchen Fällen auch die spezifische Nennung einer Diagnose.

Eine ärztliche Stellungnahme zur Frage der drohenden seelischen Behinderung und zu entsprechenden Maßnahmen könnte also folgendermaßen aussehen:

126

Stellungnahme zur Hilfeplanung gemäß § 36 KJHG

```
Peter Mustermann, geb...., wohnhaft...., wurde im Zeitraum
von...bis... kinderpsychiatrisch, testpsychologisch, beschäf-
tigungstherapeutisch, logopädisch etc. (Zutreffendes anfüh-
ren!) untersucht. Aufgrund der diagnostizierten Problematik
besteht Anspruch auf Maßnahmen der Eingliederungshilfe nach
§ 35a KJHG. Ärztlicherseits empfehlen wir in der derzeitigen
Situation die Durchführung .... (z.B. einer Familientherapie)
sowie ... (z.B. den Einsatz eines Familienhelfers). Eine ...
(z.B. logopädische Behandlung) haben wir bereits durch ärztli-
che Verordnung am ... eingeleitet.
```

Empfiehlt der ärztliche Untersucher eine psychotherapeutische Maßnahme, die nicht über die Krankenkassen finanziert werden kann, weil die Kassen solche Leistungen nicht vorsehen oder weil das Maximalkontingent einer Kassenbehandlung ausgeschöpft wurde, aber aufgrund massiver psychosozialer Beeinträchtigungen eine zeitliche umschriebene Fortführung notwendig erscheint, dann sollte der Untersucher gleich dazu Stellung nehmen, daß die empfohlene Maßnahme keiner Krankenbehandlung nach SGB V entspricht, sondern es sich vielmehr um eine Maßnahme der Eingliederungshilfe bzw. kombinierte Maßnahme der Eingliederungshilfe und Hilfe zur Erziehung handele.

Abschließend sollte darauf hingewiesen werden, daß man bei Unklarheiten im Hilfeplanungsprozeß zu Rückfragen zur Verfügung steht und daß mit schriftlichem Einverständnis der Eltern eventuell für die Hilfeplanung, vor allem aber für die die Hilfe umsetzenden Personen die ausführlichen Ergebnisse der Untersuchung zugänglich gemacht werden können.

Einen Sonderfall stellt die Stellungnahme zu einem psychotherapeutischen Behandlungsplan dar.

Hier sollte unter Bezugnahme auf den Behandlungsplan zunächst dazu Stellung genommen werden, ob das Verfahren und die empfohlene Frequenz bei der bestehenden Problemlage angemessen erscheint. Bei positiver Stellungnahme sollte ein Zeitraum für die notwendige Überprüfung der Maßnahme durch Wiedervorstellung benannt werden. Bei negativer Stellungnahme müssen die entsprechenden Passagen aus dem Behandlungsplan kommentiert und entsprechende Empfehlungen ausgesprochen werden.

Es ist selbstverständlich, daß die Personensorgeberechtigten ihr schriftliches Einverständnis zur Abgabe einer solchen Stellungnahme und zur Übermittlung der entsprechenden Daten ausdrücklich geben müssen. Specht (persönliche Mitteilung) empfiehlt, auf diese Einwilligungserklärung direkt in der Stellungnahme bezugzunehmen.

5 Drohende seelische Behinderung: Kinder- und Jugendpsychiatrische Klassifikation und der Katalog seelischer Störungen nach § 3 VO zu § 47 BSHG

5.0 Einleitung

Die in der Verordnung zu § 47 BSHG angegebene Aufzählung von Störungsbildern umfaßt ein sehr breites Spektrum von Erkrankungen aus dem Bereich der Erwachsenenpsychiatrie, die nach Ansicht des Gesetzgebers zu einer wesentlichen seelischen Behinderung führen können. Die hier aufgeführten Begriffe sind an psychiatrische Klassifikationen der 50er und 60er Jahre angelehnt und aus fachlicher Sicht überholt. Für die praktische Anwendung im Bereich des § 35a KJHG muß deshalb unter Bezugnahme auf den Katalog im § 3 VO zu § 47 BSHG ein **zeitgemäßer Katalog** formuliert werden, der sowohl den vom Gesetzgeber bewußt gewählten Wegfall des Zusatzes **wesentlich** wie den für das Kindes- und Jugendalter so wichtigen Begriff der **drohenden** seelischen Behinderung besonders berücksichtigt. Die folgende Darstellung geht dementsprechend vor und orientiert sich an der derzeit gültigen neuesten Form der Internationalen Klassifikation psychischer Störungen, d.h. dem Kapitel V (F) der ICD-10 der Weltgesundheitsorganisation. An besonders wichtigen Stellen oder bei abweichenden Konzeptualisierungen wird ebenfalls auf das diagnostische und statistische Manual psychischer Störungen der "Amerikanischen Psychiatrischen Gesellschaft", DSM-III-R bzw. die neueste, noch nicht endgültig eingeführte Revision DSM-IV, bezuggenommen.

5.1 Körperlich nicht begründbare Psychosen

5.1.0 Einleitung

Zu diesen Erkrankungen gehören **Schizophrenien, schizotype** und **wahnhafte Störungen** (Kapitel F 2) sowie **einige der affektiven Störungen** (Kapitel F 3 der ICD-10). Schizophrenien und affektive Störungen sind hinsichtlich ihres Verlaufes wesentlich zu unterscheiden. In der Akutphase benötigen sowohl die früher sogenannten "en-

Droht eine "seelische Behinderung"?
nach § 3 VO zu § 47 BSHG

1. Körperlich nicht begründbare Psychosen	2. Folge von Krankheiten und Verletzungen des Gehirns, von Anfallsleiden oder von anderen Krankheiten oder körperlichen Beeinträchtigungen	3. Suchtkrankheiten	4. Neurosen und Persönlichkeitsstörungen	5. Andere seelische Störungen
F2 Schizophrenie, schizotype und wahnhafte Störungen F3 affektive Störungen	F0 organische einschl. symptomatischer psychischer Störungen F06 andere psychische Störungen aufgrund einer Schädigung oder Funktionsstörung des Gehirns oder einer körperlichen Erkrankung F07 Persönlichkeits- und Verhaltensstörungen aufgrund einer Erkrankung, Schädigung oder Funktionsstörung des Gehirns F80.3 Landau-Kleffner-Syndrom (Sprachstörung aufgrund zentralnervöser Störungen)	F1 psychische und Verhaltensstörungen durch psychotrope Substanzen	Teile F3 (nicht psychotische, affektive Störungen) F4 neurotische, Belastungs- und somatoforme Störungen F6 Persönlichkeits- und Verhaltensstörungen Teile F9 Verhaltens- und emotionale Störungen mit Beginn in der Kindheit und Jugend	F5 Verhaltensauffälligkeiten mit körperlichen Störungen und Faktoren F84 tiefgreifende Entwicklungsstörungen F90 hyperkinetische Störungen F91 Störungen des Sozialverhaltens F95 Ticstörungen F98 andere Verhaltens- und emotionale Störungen mit Beginn in der Kindheit und Jugend

nach ICD 10

Entwicklungsstörung	F80 umschriebene Entwicklungsstörungen des Sprechens und der Sprache F81 umschriebene Entwicklungsstörungen schulischer Fertigkeiten F82 umschriebene Entwicklungsstörungen der motorischen Funktionen F83 kombinierte umschriebene Entwicklungsstörungen
Intelligenz	
Körperliche Symptomatik	
Abnorme Belastungen	1. Abnorme intrafamiliäre Beziehungen 2. Psychische Störungen, abweichendes Verhalten o. Behinderung in der Familie 3. Inadäquate oder verzerrte intrafamiliäre Kommunikation 4. Abnorme Erziehungsbedingungen 5. Abnorme unmittelbare Umgebung 6. Akute, belastende Lebensereignisse 7. Gesellschaftliche Belastungsfaktoren 8. Chronische Belastungen im Zusammenhang mit Schule und Arbeit 9. Belastende Lebensereignisse infolge von Verhaltensstörungen oder Behinderungen des Kindes
Schweregrad	

dogenen Psychosen" wie die "endogenen Depressionen" bzw. manisch-depressiven Zustandsbilder ärztliche, d.h. meist stationär psychiatrischen Behandlung. Bei den Erkrankungen des **schizophrenen Formenkreises** folgt der floriden Phase jedoch häufig eine Residualphase. Im DSM-III-R werden als Charakteristika der **Residualphase** "affektive Abstumpfung, Verflachung, Beeinträchtigung der Rollenerfüllung" genannt. Einige der psychotischen Symptome wie Wahn, Halluzinationen, können bei Residualzuständen weiterbestehen. "Eine Rückkehr zur vollen prämorbiden Leistungsfähigkeit ist bei dieser Störung nicht üblich. Vollständige Remissionen kommen vor, jedoch ist ihre Häufigkeit Gegenstand kontroverser Diskussionen." Am häufigsten ist ein Verlauf mit akuten Exazerbationen und residualen Beeinträchtigungen zwischen den Episoden.

Demgegenüber ist für die **affektiven Störungen** typisch, daß die Symptome nach Ablauf einer Phase vollständig verschwinden können und die Leistungsfähigkeit wieder den prämorbiden Zustand erreicht. Jugendliche Patienten mit schizophrenen Erkrankungen sind deshalb allein schon aufgrund des üblichen Verlaufes dieses Krankheitsbildes häufiger von einer seelischen Behinderung bedroht als Jugendliche mit affektiven Störungen.

5.1.1   Schizophrenie (ICD-10 F 20)

5.1.1.1 Schizophrene Störungen (F 20)

Schizophrene Erkrankungen im Kindesalter sind eine absolute Rarität. Unter 1% der schizophrenen Erkrankungen beginnt vor dem 10. Lebensjahr. Die Erkrankungswahrscheinlichkeit für die Gesamtbevölkerung bezogen auf das gesamte Leben für eine Schizophrenie liegt bei knapp 1%, jedoch sind im Gegensatz zur Erwachsenenpsychiatrie die schizophrenen Psychosen auch im Bereich der stationären jugendpsychiatrischen Behandlung bei weitem nicht das häufigste Krankheitsbild. Nach der ICD-10 sind schizophrene Störungen im allgemeinen durch grundlegende charakteristische Störungen von Denken und Wahrnehmung sowie inadäquate verflachte Affektivität gekennzeichnet. Man unterscheidet **paranoide Schizophrenien** mit Verfolgungswahn, Beziehungswahn, Stimmen, die den Betroffenen bedrohen oder ihm Befehle geben, oder auch Geruchs- oder Geschmackshalluzinationen etc., **hebephrene Schizophrenien**, die meist zwischen dem 15. und 25. Lebensjahr beginnen und häufig mit einer Affektverflachung oder einem häufig situationsinadäquaten, selbstversunkenen Lächeln einhergehen. Diese schizophrene Störung mit Beginn im Jugendalter hat generell wohl eine ungünstige Prognose. Des weiteren gibt es **katatone Schizophrenien** mit charakteristischen stuporösen (Stupor: Erstarrung gleich abnormer Zustand mit Fehlen jeglicher erkennbarer körperlicher und psychischer Aktivität) mutistischen (sprachliche Äußerungen bleiben aus, werden vermieden) Zuständen, Erregungszuständen und undifferenzierte Schizophrenieformen.

Die in der ICD-10 besonders hevorgehobenen postschizophrenen Depressionen und schizophrenen Residualzustände haben für Maßnahmen nach § 35a KJHG eine besondere Bedeutung. Schizophrene **Residualzustände** (F 20.5) sind gekennzeichnet durch das Vorherrschen sogenannter "Negativ-Symptomatik" wie psychomotorischer Verlangsamung, verminderter Aktivität, Affektverflachung, Passivität und Initiativemangel, geringer verbaler und nonverbaler Kommunikation, Vernachlässigung der Körperpflege und sozialer Leistungsfähigkeit. Im Jugendlichenalter führen solche Residualzustände zu Abbrüchen von Beschulungs- bzw. Lehrverhältnissen, häufig zu einem kompletten Interessenverlust und Verlust von Gleichaltrigenkontakten, so daß Maßnahmen der Eingliederungshilfe im Sinne von Hilfen zur angemessenen Schulbildung, oder bei Berufsausbildung im Sinne von Hilfen zur Ausbildung für einen Beruf, oder eine sonstige angemessene Tätigkeit, wie auch Hilfen bei der Wohnungsbeschaffung und Erhaltung, und Hilfen zur Teilnahme am Leben in der Gemeinschaft eine Rolle spielen. Auch angemessene Betreuungen in Tageseinrichtungen oder spezialisierten Heimeinrichtungen können wichtige Hilfen sein.

Anton A.[*], ein 18½-jähriger ehemaliger Berufsschüler, wurde von seiner Mutter und seinem Stiefvater vorgestellt, weil er nach dem Schulabschluß in mehreren Lehrverhältnissen scheiterte und sich auch sozial zunehmend zurückgezogen hatte. Familienanamnestisch ist zu erwähnen, daß ein Onkel mütterlicherseits an einer Schizophrenie erkrankt sein soll. Seine Eltern trennten sich, als er acht Jahre alt war, er blieb bei seiner Mutter, die, als er 13 Jahre alt war, mit einem neuen Partner zusammenzog. Kurz darauf verschlechterten sich seine Schulleistungen, er zog sich auch von seinen Freunden zurück, wirkte häufig sehr verschlossen, wie abwesend, manchmal aber auch kleinkindhaft-läppisch.

Bei der Aufnahmeuntersuchung war er körperlich völlig gesund, auffällig war jedoch seine schlaffe, hypotone Körperhaltung, wobei allerdings keine neurologischen Auffälligkeiten diagnostiziert wurden. Ein erster Versuch einer psychologischen Testung mußte wegen massiver Konzentrationsschwierigkeiten abgebrochen werden, später erzielte er einen Gesamt-IQ im unteren Bereich der Lernbehinderung. Psychopathologisch war er in der Kontaktaufnahme eher gehemmt, manchmal verlegen lächelnd, wobei er aber dem Untersucher bereitwillig Auskunft

---

[*] Es sei festgestellt, daß es sich hier um fiktive Krankengeschichten bzw. nach Tölle (1987) um "kontermierte Darstellungen" handelt. Es wird also keine individuelle Biographie in identifizierbarer Weise wiedergegeben, sondern die Krankengeschichten werden aus verschiedenen biographischen Details zusammengesetzt, so daß den "rechtlichen Anforderungen der Nichtidentifizierbarkeit hierdurch genüge getan" wird. Natürlich ist diese Methode "künstlich", dennoch können auch solche konstruierten Krankengeschichten das theoretisch Gesagte an einem Beispiel verdeutlichen und erfüllen somit ihren didaktischen Zweck. Aus denselben Gründen der Nichtidentifizierbarkeit tragen die einzelnen Krankengeschichten konstuierte Namen in alphabetischer Reihenfolge. Frau Clifft (1986) hat ausgehend von Stellungnahmen der "Ethik-Kommitees der Amerikanischen Psychologischen Gesellschaft" (1985) und der "Weltgesellschaft für Psychiatrie" (1977) detaillierte Richtlinien für die Verfremdung von klinischem "Fallmaterial" in Publikation erstellt. Der Autor hat sich bei der Darstellung seiner Fallbeispiel hier weitgehend nach ihren Vorschlägen gerichtet.

gab. Hierbei stellte es sich heraus, daß er seit Jahren kommentierende, ihn herabwürdigende Stimmen hört. Wenn es ihm besonders schlecht geht, befehlen ihm diese Stimmen auch bestimmte Handlungen (imperative Stimmen).

Wir diagnostizierten eine hebephrene Schizophrenie und stellten seine derzeit eingeschränkten intellektuellen Leistungsmöglichkeiten fest. Abgesehen von der nunmehr vier Jahre zurückliegenden Ehescheidung bestanden derzeit keine weiteren psychosozialen Belastungen. Die Globaleinschätzung seiner sozialen Funktionen ergab, daß er zu einem eigenständigen Leben derzeit nicht in der Lage war, sondern völlig in Abhängigkeit im Haushalt seiner Mutter lebte.

Anton A. wurde mehrere Monate stationär jugendpsychiatrisch behandelt und auf ein entsprechendes Neuroleptikum eingestellt. Sein Zustand verbesserte sich unter dieser Behandlung deutlich, jedoch war trotz dieser Besserung nicht an die Wiederaufnahme einer Lehre zu denken.

In Zusammenarbeit mit dem Jugendamt konnte eine geeignete rehabilitative Einrichtung gefunden werden. Folgende Stellungnahme zur Hilfeplanung ging an das Jugendamt:
Der heranwachsende Anton A. wurde in unserer Abteilung seit dem... wegen einer hebephrenen Schizophrenie stationär behandelt. Aufgrund dieser Erkrankung ist er derzeit nicht in der Lage, erneut eine Berufsausbildung aufzunehmen. Zur Verselbständigung und zur Bewältigung von Alltagsanforderungen benötigt er noch strukturierte Hilfen, wie sie ihm nur eine entsprechende Heimeinrichtung gewähren kann. Bei der geplanten Heimunterbringung handelt es sich um eine Maßnahme der Eingliederungshilfe. Anton A. hat Anspruch auf diese Maßnahme nach § 35a KJHG in Verbindung mit § 40 BSHG. Aufgrund seiner Erkrankung benötigt er auch in seiner neuen Umgebung regelmäßige psychiatrische Untersuchungen, auch zur Überwachung der medikamentösen Behandlung.

Bettina B., eine 15-jährige Gymnasiastin, wurde direkt im Anschluß an eine Klassenfahrt ins Ausland von ihrer Lehrerin und den Kindeseltern akut zur Aufnahme gebracht, weil sie sich während der Fahrt zunehmend verfolgt fühlte und wiederholt Beziehungsideen geäußert hatte. Sie war z.B. der Überzeugung, daß der englische Fernsehsprecher ihr verschlüsselte Botschaften zukommen ließ. Schließlich sei sie einen Tag völlig verschwunden und sei in einiger Entfernung vom Aufenthaltsort der Gruppe völlig desorientiert aufgefunden worden. Die letzten Nächte vor der Rückkehr habe sie kaum mehr geschlafen, sie habe permanent getrieben gewirkt. Teilweise habe sie völlig verzweifelt Ängste geäußert, daß sie nie mehr zurückkehren würde.

Bettina ist das zweite von insgesamt fünf Kindern in ihrer Herkunftsfamilie. Ihre Geburt erfolgte nach unkomplizierter

Schwangerschaft nach längerem Geburtsstillstand mit Kaiserschnitt. Keine Entwicklungsauffälligkeiten, unauffällige psychosoziale und schulische Entwicklung bis zu den geschilderten Ereignissen keine familiären Belastungen.

Zum Zeitpunkt der stationären Aufnahme hatte das Mädchen schon mehrere Tage kaum mehr Flüssigkeit und gar kein Essen mehr zu sich genommen und auch kaum mehr geschlafen und befand sich dementsprechend in einem reduzierten körperlichen Zustand. Psychopathologisch war sie massiv geängstigt, reagierte teilweise gereizt-dysphorisch. Sie war zur Person, aber nicht zu Zeit und Ort orientiert. Ihre offenbar andrängenden Gedanken stellte sie in einem sehr zerfahrenen, von Ideenflucht und Gedankenabreißen gekennzeichneten, dauernden Redefluß dar (formale Denkstörungen). Sie war der festen Überzeugung, daß ein bestimmter englischer Fernsehsprecher sich in sie verliebt habe, während dessen Kollege gleichzeitig ihr und ihrer Familie schaden wolle (Liebeswahn und Beeinträchtigungswahn). Deutlich wurden akustische, optische und Geruchshalluzinationen und am Aufnahmetag auch zunehmend Körperhalluzinationen.

Wir diagnostizierten eine akute paranoide Schizophrenie. Nach mehrmonatiger medikamentöser Behandlung klang die Erkrankung quasi komplett ab. Das Mädchen äußerte jedoch große Angst und Scham vor der Wiedereingliederung in die Schule. Sie befürchtete einerseits aufgrund der Erkrankung weniger belastbar zu sein, sich nicht mehr konzentrieren zu können und erhebliche Lücken durch den Klinikaufenthalt zu haben, andererseits äußerte sie massive Ängste vor der Reaktion ihrer Klassenkameraden.

Folgende ärztliche Stellungnahme ging an das Jugendamt: Bettina B. wurde seit dem ... in unserer Abteilung wegen einer paranoiden schizophrenen Erkrankung stationär behandelt. Zur Wiedereingliederung in ihre alte Schule benötigt sie direkte pädagogische und psychologische Unterstützung. Aus ärztlicher Sicht empfehlenswert ist der Einsatz einer Einzelfallhelferin mit einem Stundenkontingent von zunächst 10 Wochenstunden inklusive Zusammenhangsarbeit, das nach einem halben Jahr auf 5 Stunden reduziert werden kann, zur Unterstützung beim Wiedereinstieg in das Alltagsleben. Bettina B. hat Anspruch auf diese Maßnahme nach § 35a KJHG. Wir befürworten diese Maßnahme als Maßnahme der Eingliederungshilfe in Verbindung mit § 40 Abs. 1,3 BSHG.

5.1.1.2 Schizotype Störungen

Die sogenannten **schizotypen Störungsbilder** (F 21) werden bisweilen bei Jugendlichen diagnostiziert, die über Jahre durch ihr seltsames, exzentrisches, eigentümliches Verhalten, ihre soziale Isolierung und Tendenz zum sozialen Rückzug aufgefallen sind, wenn darüber hinaus Beziehungsideen, autistisches (auf sich selbst bezogen, ohne Kontakt zu anderen) Versunkensein oder andere psychotische Symptome wenigstens bisweilen aufgetreten sind. Auch hier ist neben der medizinischen Behandlung ein gezielte multiprofessionelle Rehabilitation und Hilfe zur Wiedereingliederung erforderlich.

5.1.1.3 Wahnhafte Störungen

Die **wahnhaften Störungen** (F 22) sind psychische Störungen, bei denen der Wahn allein das zentrale Symptom darstellt. Je nach Wahninhalt bzw. Ausprägung des Wahnsystems ist die psychosoziale Beeinträchtigung im Alltagsleben völlig unterschiedlich. Es gibt Kranke mit ausgeprägten Wahnsystemen, die dennoch auch beruflich leistungsfähig sind, wie es wiederum andere gibt, die aufgrund von wahnhaften Ideen überhaupt nicht mehr ihr Zimmer verlassen können. Das Ausmaß der sogenannten "seelischen Behinderung" bzw. die "drohende seelische Behinderung" muß also im Einzelfall konkret abgeklärt werden.

5.1.1.4 Vorübergehende akute psychotische Störungen

Vorübergehende akute psychotische Störungen (F 23) bedürfen einer fachärztlichen Abklärung und stellen in der Regel aufgrund ihres passageren Charakters kein primäres Behinderungsrisiko dar.

5.1.1.5 "Folie à deux"-ähnliche Zustände

Sogenannte "folie à deux"-ähnliche Zustände (gemeinsamer Wahn, wörtlich: Wahnsinn zu zweit) induzierter wahnhafter Störungen (F 24) treten zwar relativ selten auf, können aber im Kindes- und Jugendalter zu massivsten psychosozialen Folgen und zu entsprechend hohen rehabilitativen Anstrengungen führen. Zu denken ist dabei an Kinder, die mit psychosekranken Eltern bzw. einem psychosekranken Elternteil allein aufwachsen und in das elterliche Wahnsystem einbezogen werden bzw. Teile dieses Wahns mit übernehmen. Den psychotischen Elternteil und das Kind verbindet dann meist eine außergewöhnlich enge Beziehung und beide Teile bestärken sich in ihren wahnhaften Überzeugungen. Dies kann zu jahrelangen Schulversäumnissen, zu kompletter Isolation etc. führen, so daß Eingliederungshilfen in den o.g. Bereichen dringend und über längere Zeit erforderlich werden. Häufig ist eine Trennung beider im Wahn verbundener Partner unausweichlich. Dies bedeutet, daß auch stationäre Maßnahmen bzw. längerfristige Jugendhilfemaßnahmen wie Heimunterbringung in geeigneten heilpädagogischen Einrichtungen häufig erforderlich werden.

Claus C. wurde, nachdem die Schule eine Schulversäumnisklage erhoben hatte und ein Zwangsgeld gegen die sorgeberechtigte Mutter angedroht worden war, recht widerwillig dem Druck folgend zur Untersuchung vorgestellt. Er zeigte ein äußerst bizarres Verhalten und ausgeprägte Zwangshandlungen. Am auffallendsten war, daß seine Mutter und er offensichtlich ein gemeinsames Wahnsystem hatten, in dem vor allem auch die Schule als verfolgende und bedrohende Angst eine wesentliche Bedeutung hatte. Vor allem, seit der Junge die Schule nicht mehr besuchte, hatte er sich viele wahnhafte Überzeugungen seiner Mutter zu Eigen gemacht und hatte auch z.B. das Kontrollieren der Haustür etc. aktiv mitübernommen. Andererseits kam es wiederholt zu heftigen Auseinandersetzungen zwischen ihm und seiner Mutter, bei denen die Mutter auch mehrmals Polizei oder Krankenwagen um Hilfe gebeten hatte.

Wir empfahlen eine stationäre Aufnahme von Claus, da uns unklar war, inwieweit ein folie à deux-artiger Zustand vorlag oder ob eine eigene Wahnsymptomatik bei dem Jungen zu behandeln war. Nach der Trennung, die unter erheblichen Schwierigkeiten zu bewerkstelligen war, zeigte sich bald, daß bei dem Jungen die Zwangserkrankung im Vordergrund stand, während die paranoiden Inhalte sehr bald ohne medikamentöse Behandlung verschwanden. Mehrmals versuchte die Kindesmutter nach Besuchen, den Jungen gegen ärztlichen Rat aus der stationären Behandlung zu nehmen, so daß schließlich vormundschaftsgerichtliche Maßnahmen ergriffen werden mußten. Trotz dieses erheblichen Konfliktes gelang es, Klaus Mutter in die Betreuung des Sozialpsychiatrischen Dienstes zu bringen und für ihre Behandlung zu sorgen. Wir befürworteten mit einer ärztlichen Stellungnahme die Unterbringung des Jungen in einem heilpädagogischen Heim, das spezifisch auf seine über Jahre angewachsenen schulischen Lücken eingehen konnte und auch Besuchskontakte der nach wie vor massiv auffälligen Kindesmutter tolerierte.

5.1.1.6 Schizoaffektive Störungen

Die **schizoaffektiven Störungen** (F 25) haben Symptomanteile schizophrener Störungen genauso wie Anteile affektiver Störungen. Vor allem die Patienten, die unter manisch getönten schizoaffektiven Episoden leiden, haben häufig vollständige Remissionen und entwickeln seltener Residualzustände.

5.1.1.7 Psychiatrische Versorgung und Nachsorgemaßnahmen bei Jugendlichen mit schizophrenen Erkrankungen

In der Akutphase aller schizophrener Erkrankungen und wahnhafter Erkrankungen kann eine erhebliche Selbstgefährdung mit auftreten. Teilweise muß deshalb auch gegen den Willen der Betroffenen eine Heilbehandlung vorgenommen werden. Wenn nötig, muß eine entsprechende Heilbehandlung über eine Zwangseinweisung nach PsychKG realisiert werden.

Ob das Instrument der Inobhutnahme (§ 42 KJHG) aufgrund einer geringeren Stigmatisierung der Betroffenen und der anschließend möglichen vormundschafts-richterlichen Anordnung einer Unterbringung nach § 1631a BGB auch in diesem Bereich in Zukunft größere Bedeutung gewinnen wird, ist noch offen. Gerade für die Gruppe jugendlicher schizophrener Erkrankter besteht ein dringender Bedarf spezialisierter Einrichtungen, die z.B. eine Ausbildung unterstützen wie auch un-terschiedlicher Formen betreuten Wohnens (§ 34 KJHG).

Vor allem nach einer zweiten oder weiteren Phasen von schizophrenen Erkran-kungen (Werry et al. 1991; Werry 1992) stellt sich in ca. 80% der Fälle ein Re-sidualzustand mit psychosozialen Beeinträchtigungen, vor allem Negativsymptomen und einzelnen produktiven Symptomen, ein, die als Gesamtbild nach Werry und Taylor (1994) in einer seelischen Behinderung unterschiedlichen Ausmaßes resul-tieren. Dieselben Autoren heben hervor, daß ein kleiner Teil jugendlicher Patienten schon nach der ersten oder zweiten Episode chronisch an einer weiterhin produk-tiven Psychose erkrankt bleibt. Solche fluktuierenden schlechten Verläufe, wie sie auch Eggers (1978) und Brenner (1990) beschrieben haben, sind zwar selten, stel-len aber das maximale Ausmaß seelischer Behinderung dar und erfordern kombinier-te psychiatrische und heilpädagogische Anstrengungen in speziellen Einrichtungen für jugendliche und heranwachsende Menschen. Lehmkuhl (1986) hat in einer kri-tischen Literaturübersicht darauf hingewiesen, daß vor allem nach den Unter-suchungen von Weiner (1982) im Vergleich zu erwachsenen Schizophrenen mehr Jugendlichen primär ein chronischer Verlauf (52% der Adoleszentenpsychosen ver-sus 25% der Erwachsenen) drohe. Vollremissionen seien bei einem Viertel und Teilremissionen bei einem weiteren Viertel der jugendlichen Patienten zu erwarten. Allgemein gelten als prognostisch ungünstige Faktoren der frühe Beginn der psy-chotischen Erkrankung, ein langsamer schleichender Beginn ohne auslösende psy-chosoziale Belastung, die prämorbide schlechte schulische und soziale Integration, d.h. auch Verhaltensauffälligkeit und multiple Kontaktproblem im Vorfeld der psy-chotischen Erkrankung, eine familiäre Belastung durch schizophrene Verwandte und im Behandlungsverlauf die geringe Kooperationsbereitschaft sowie primär ungünsti-ge Behandlungsverläufe ohne rasche Symptombeseitigung unter neuroleptischer Be-handlung.

Für den beschriebenen Personenkreis fehlen in der Nachsorge und für den Übergang ins Erwachsenenleben geeignete pädagogisch-therapeutische Einrichtun-gen mit kompetenter jugendpsychiatrischer Beratung und intensiver Zusammenar-beit zwischen Klinik und Heimeinrichtung. Die Einrichtung "Leppermühle" in der Nähe von Gießen mit 15 Wohngruppen, heimeigener Martin-Luther-Schule, berufs-vorbereitendem Werkstattbereich sowie verschiedenen heilpädagogischen und the-rapeutischen Funktionsbereichen ist ein solches Modell, welches in den Jahren seit der Gründung bewiesen hat, wie sinnvoll und notwendig eine solche Einrichtung ist. Getragen wird sie von dem "Verein für Jugendfürsorge und Jugendpflege". In der Gesamtheimeinrichtung gibt es sieben Jugendwohngruppen für Jugendliche und junge Erwachsene mit schwerwiegenden psychiatrischen Erkrankungen. Hinzu kommen Außenwohngruppen und betreutes Einzelwohnen. Ähnliche Einrichtungen werden z.B. vom Verein "Heilpädagogisches Kinderheim Oberotterbach" und in Zusammenarbeit mit dem Tübinger "Verein für psychoanalytische Sozialarbeit" in Süddeutschland geführt, wobei insgesamt festzustellen ist, daß es massiv an geeigneten Betreuungseinrichtungen, die eine solche Nachbetreuung als Maßnahme nach § 35a KJHG durchführen können, fehlt.

5.1.2 Affektive Psychosen

Affektive Psychosen mit depressiven, manischen oder bipolaren Ausprägungsformen sind auch im Kindesalter relativ selten. Knapp ein Fünftel aller affektiven Störungen treten in den ersten beiden Lebensjahrzehnten, dann vor allem aber im Jugendalter, auf. Rothenberger (1992) geht davon aus, daß bezogen auf das Gesamtkollektiv jugendlicher psychotischer Patienten etwa 30% an einer affektiven Psychose leiden. "Niedergeschlagenheit, Nachlassen der kognitiven Leistungen und Selbstmordrisiko auf der einen Seite sowie Ratlosigkeit, Schlaflosigkeit, Enthemmtheit, Selbstüberschätzung, Ausgelassenheit, Flegelhaftigkeit und Einreißen von Tabuschranken auf der anderen Seite stellen bei den betroffenen Jugendlichen akute Gefahren in dieser ohnehin schwierigen Entwicklungsphase dar" (Rothenberger 1992, S. 1). Lehmkuhl (1992) betont, daß bei manischen bzw. depressiven Phasen die Behandlung zunächst in der Regel im stationären Rahmen beginnen sollte, da Selbstgefährdung und zumeist nicht vorhandene bzw. geringe Motivation eine ambulante Behandlung eher verunmöglichen. Die stationäre Akutbehandlung (vgl. Blanz 1992) affektiver Psychosen kommt in der Regel nicht ohne eine Psychopharmakotherapie aus. Für die psychosoziale Reintegration ist es wesentlich, die Jugendlichen von der Notwendigkeit einer Rezidivprophylaxe zu überzeugen. Neben dem seit Jahren bewährten Lithium, das allerdings auch erhebliche beeinträchtigende Nebenwirkungen und einen engen Wirkspiegelbereich hat, hat in den letzten Jahren das Antiepileptikum Carbamazepin auch als Phasenprophylaktikum zunehmend an Bedeutung gewonnen (vgl. Poustka 1992).

5.1.2.1 Manische Episoden

In **manischen Episoden** (F 30) können erkrankte Jugendliche in ihrer Euphorie im entsprechenden Leichtsinn bei vermindertem Schlafbedürfnis teilweise erhebliche Schulden anhäufen oder auch aufgrund der erhöhten Reizbarkeit beträchtlichen Schaden bei aggressiven Auseinandersetzungen anrichten. Während sie im Akutzustand dringend klinischer stationärer und medikamentöser Behandlung bedürfen, können sie, wenn sie nach der Klinikentlassung vor einem "psychosozialen Scherbenhaufen" stehen, den sie in der akuten Manie verursacht haben, einer Eingliederungshilfe bedürfen.

Dieter D. ist ein 17-jähriger, ehemaliger Gymnasiast, der nach eigenen Angaben seit einiger Zeit als freischaffender Bildhauer zusammen mit seinem Vater (ebenfalls Künstler) ein Atelier betreibt. Zur stationären Aufnahme hatten Bestellungen von teueren Materialien (Marmor etc.) in völlig unangemessenem Umfang und auch sonstige Verhaltensauffälligkeiten geführt, die seinem Vater, der seit längerer Zeit Veränderungen bei Dieter festgestellt hatte, dazu veranlaßten, nun seinen Sohn zu zwingen, sich in Behandlung zu begeben. Dieter hatte in den letzten Tagen vor der Aufnahme kaum noch geschlafen, war nachts durch verschiedene Bars gezogen, weil er als Künstler das Leben und die Sexualität studieren müsse etc. Familienanamnestisch gab es mehrere Hinweise auf affektive Erkrankungen in beiden Herkunftsfamilien, ein Bruder der Mutter hatte sich suizidiert. Zu Dieters Anamnese berichteten die Eltern, daß er mit 14 Jahren einen ähnlichen Zustand durchlebt habe, der durch einen längeren Italien-Aufenthalt im Sommeratelier "abgefangen" werden konnte.

Die akute Manie wurde neuroleptisch behandelt. Es gelang dann, Daniel von der Notwendigkeit einer Phasenprophylaxe zu überzeugen, die schließlich mit Carbamazepin erfolgte, da er dieses Medikament bei weitem besser als Lithium tolerierte. Dieter hatte keinen Schulabschluß. Realistisch betrachtet waren seine künstlerischen Ambitionen zu hoch gegriffen. Nach der Klinikentlassung empfahlen wir eine intensive Betreuung durch einen Einzelfallhelfer, der Dieter einerseits beim Wiedereintritt in die Schule unterstützen sollte und es ihm ermöglichen sollte, so zu einem Schulabschluß zu gelangen, andererseits mit ihm altersgemäße Sozialkontakte anbahnen sollte.

5.1.2.2 Bipolare und depressive Episoden

Auch bei **bipolaren** (F 31) und **depressiven** (F 32) **Episoden** kann trotz der in der Regel zu erwartenden kompletten Remission eine sozialpädagogische Unterstützung, z.B. durch einen Einzelfallhelfer, eine wichtige Eingliederungshilfemaßnahme sein, damit die entsprechenden Jugendlichen nach einer Krankenhausbehandlung wieder schulisch und in Gleichaltrigenkontakten Tritt fassen können.

Harrington (1994) gibt die Häufigkeit depressiver Störungen bei Präadoleszenz aufgrund neuerer Untersuchungen mit ICD-10 bzw. DSM-III-R- oder DSM-IV-Kriterien zwischen 0,5 und 2,5% und bei Jugendlichen zwischen 2 und 8% an. Betrachtet man die Geschlechtsverteilung und die Altersentwicklung, sei auffällig, daß Depressionen bei Kindern ungefähr gleich häufig über die Geschlechter verteilt seien, ab der Adoleszenz sich aber das Überwiegen weiblicher Betroffener wie im Erwachsenenalter einstelle. Die Bedeutung genetischer Einflüsse für affektive Störungen ist unumstritten. Am deutlichsten sind diese Einflüsse wohl bei Bipolarerkrankungen bei Erwachsenen nachzuweisen (McGaffin und Katz 1986), während sie bei unipolar depressiven Verläufen eine geringere prädiktive Bedeutung haben (McGaffin 1991).

5.1.2.3 Dysthymien

In der späten Adoleszenz finden sich auch primär chronische depressive Verstimmungen, sogenannte **Dysthymien** (F 34.1), die häufig von sozialem Rückzug gekennzeichnet sind und nicht selten bei massiver psychosozialer Belastung in der Herkunftsfamilie auftreten. Hier sind ganz unterschiedliche Maßnahmen der Eingliederungshilfe und der Hilfe zur Erziehung, die von der Fremdunterbringung bis zu unterstützenden Einzelfallhelfer- bzw. Familienhelfereinsätzen reichen, erforderlich.

Generell zu beachten ist, daß die früher traditionelle psychiatrische Trennung zwischen sogenannten "neurotischen" Depressionen und den depressiven Psychosen in der ICD-10 aufgegeben wurde. Zwar werden die Episoden nach Schweregrad und nach dem Hinzutreten psychotischer Symptome noch subdifferenziert, doch wurde generell von der prinzipiellen nosologischen (systematische, klassifikatorische Einordnung und Beschreibung von Krankheiten) Unterscheidung abgegangen. Aufgrund dieser wechselnden Zuordnung von Depressionssymptomen im Kindes- und Jugendalter, die im Bereich der ICD-9 noch teilweise als emotionale Störungen, teilweise als neurotische Depressionen erfaßt wurden, gibt es kaum verläßliche statistische Häufigkeitsschätzungen. Dennoch kann festgestellt werden, daß Zustandsbilder, in denen depressive Symptome eine herausragende Rolle spielen, sowohl im Kindes- als auch im Jugendalter auftreten. Die Behandlung dieser Störung der Emotionalität ohne psychotische Begleitsymptome erfolgen in der Regel primär im Bereich der Leistungen nach dem SGB V, wobei vor allem an die psychoanalytische Kinderspieltherapie und an andere Psychotherapien durch Kinder- und Jugendlichentherapeuten zu denken ist. Teilweise kann es aufgrund der mit der Problematik einhergehenden Schwierigkeiten in der Alltagsbewältigung angezeigt sein, zusätzlich zur Psychotherapie weitere Maßnahmen der Eingliederungshilfe für diese Kinder einzuleiten. Diese letztgenannten affektiven Störungen ohne psychotische Symptome müßten dem 4. Abschnitt des § 3 der Verordnung zugeordnet werden: "Neurosen und Persönlichkeitsstörungen".

5.2 Seelische Störungen als Folge von Krankheiten und Verletzungen des Gehirns, von Anfallsleiden oder von anderen Krankheiten oder körperlichen Beeinträchtigungen

Das Kapitel F 0 "Organische, einschließlich symptomatischer psychischer Störungen" der ICD-10 beschreibt ein Großteil der hier infragekommenden Störungsbilder, während die unterschiedlichen Formen dementiellen Abbaus, die in der Regel Alterskrankheiten sind, hier kurz eine Rolle spielen, sind die **organischen Funktionsstörungen** des Gehirns bzw. psychische Störungen aufgrund einer körperlichen Grunderkrankung in Kapitel F 06 sowie die Persönlichkeits- und Verhaltensstörung aufgrund einer Erkrankung, Schädigung oder Funktionsstörung des Gehirns in Kapitel F 07, auch im Kindes- und Jugendalter vorkommende Probleme. Während die akuten, organisch erklärbaren, psychischen Ausnahmezustände sehr häufig mit der Beseitigung ihrer exogenen Ursache wenigstens teilweise vorübergehend sind, sind organische Persönlichkeitsstörungen, wie insbesondere das postencephalizische Syndrom (F 07.1) oder Psychosyndrome nach Schädel-Hirn-Traumen, zum Teil Störungsbilder, die bleibende neurologische Funktionsstörungen mit beinhalten können. Sie entsprechen deshalb auch teilweise Körperbehinderungen, so daß es zur Konkurrenz von Maßnahmen nach § 39 BSHG bzw. nach § 35a KJHG kommt.

Erica E., ein 4-jähriges Mädchen, wurde im Rahmen eines Versicherungsgutachtens vorgestellt. In ihren ersten Lebensmonaten hatte sie einen Autounfall mit schwerem Schädel-Hirn-Trauma überlebt, der jedoch einen mehrmonatigen Krankenhausaufenthalt und diverse neurochirurgische und traumatologische Interventionen erforderlich machte. Ihre Sprachentwicklung und ihre motorische Entwicklung waren zum Untersuchungszeitpunkt recht auffällig. Sie konnte nur wenige Worte klar artikulieren und sprach insgesamt ein unverständliches Kauderwelsch, wobei sie quasi permanent vor sich hin plapperte, ohne Sprache zur Kommunikation einzusetzen. Hierfür benutzte sie vielmehr Gesten. Während der ausführlichen Anamneseerhebung wurde deutlich, daß die extrem junge Kindesmutter keine der vom Kinderarzt empfohlenen Rehabilitationsmaßnahmen eingeleitet hatte und daß sie nicht wußte, wie mit ihrer schwierigen Tochter umzugehen ist. Die Versicherungsfragestellung, die schnell und einfach zu beantworten war, trat sehr schnell in den Hintergrund und es begann eine mühsame Überzeugungsarbeit, die zum Ziel hatte, daß Erica in eine Sonderkindertagesstätte kommen sollte, in der sie kombinierte logopädische, psychomotorische Förderung erhalten sollte. Da sich schnell herausstellte, daß die Mutter, die in der Zwischenzeit noch zwei weitere Kinder hatte, mit ihrer familiären Situation völlig überfordert war, empfahlen wir in unserer Stellungnahme zur Hilfeplanung den Einsatz eines Familienhelfers, rieten der Kindesmutter zur Erziehungsberatung und sorgten zusammen mit dem zuständigen Jugendamt für die Aufnahme des Mädchens in

einer entsprechenden Sonderkindertagesstätte. Regelmäßige
Wiedervorstellungen zur Evaluierung ihres Entwicklungsstandes
und zur Bewertung der getroffenen Maßnahmen wurden zunächst in
halbjährigem Abstand empfohlen.

Während die epileptischen Psychosen im Kapitel F 06.8 mit erfaßt werden, ist
für das Kindes- und Jugendalter noch das Landau-Kleffner-Syndrom eine erworbene
Aphasie (Sprachstörung aufgrund zentralnervöser Störungen) mit Epilepsie (ICD-10
F 80.3) zu erwähnen. Es handelt sich dabei um eine Störung, bei der Kinder mit
zuvor normaler Sprachentwicklung sowohl ihre rezeptiven wie auch ihre expres-
siven Sprachfertigkeiten verlieren, wobei jedoch ihr allgemeine Intelligenz erhalten
bleibt. Im EEG finden sich paroxysmale Auffälligkeiten fast immer im Temporallap-
penbereich und klinisch häufig sind auch epileptische Anfälle. Die wirklichen
Ursachen der Störung sind noch unbekannt, teilweise wird ein Entzündung des Gehirns, eine Encephalitis, als Ursache vermutet. Der Verlauf der Erkrankung kann
sehr unterschiedlich sein, ca. ein Drittel der Kinder wird wieder vollständig gesund,
während andere einen mehr oder weniger starken Defekt des Sprachverständnisses
und ihrer sprachlichen Fertigkeiten behalten. Besonders für diese schwergeschädig-
ten Kinder sind dringend Maßnahmen der Eingliederungshilfe, häufig auch kombinierte Maßnahmen der Eingliederungshilfe und Maßnahmen nach SGB V, wie z.B.
Logopädie, Ergotherapie, neben der medizinischen Behandlung des Krampfleidens
erforderlich.

Unklar ist es, ob man sekundäre Neurotisierungen nach Körperbehinderungen
und körperlichen Beeinträchtigungen eher hier oder bei den Neurosen und Persönlichkeitsstörungen (4.) einordnen sollte. Lempp (1994) erklärt den Begriff der
sekundären Neurotisierung als eine neurotische Störung, bei der eine zunächst
(primär) überwiegend organisch bedingte Funktionsschwäche später (sekundär)
durch eine psychische Beziehungsstörung zwischen dem Kind und den das Kind
umgebenden Mitmenschen eine dann überwiegend psychoreaktive Störung her-
vorgerufen hat.

Fritz F. ist ein 17-jähriger Jugendlicher, bei dem im Alter
von 8 Jahren nach einer schweren Infektionskrankheit ein
juveniler (Typ 1) Diabetes mellitus diagnostiziert worden war.
Sehr schnell hat er es nach einer stationären Einstellung
gelernt, mit seiner Zuckererkrankung und der entsprechenden
Diät und der Dosierung seiner Insulinspritzen zurechtzukommen.
Er bestimmte sich lange Zeit selbst seinen Blutzuckerspiegel
und war sehr kooperativ. Als er 14 Jahre alt war, trennten
sich seine Eltern und er reagierte darauf mit mehreren bedroh-
lichen diabetischen Entgleisungen. Es kam zu immer mehr stationären Aufenthalten, in immer kürzeren Abständen. Schließlich holten die behandelnden Diabetologen ein jugendpsychia-
trisches Konsil für diesen Jungen ein. Hierbei stellte sich
heraus, daß der Junge seit längerer Zeit depressiv war, Sui-
zidgedanken hatte und im Rahmen dieser psychischen Problematik

seine diabetischen Entgleisungen quasi als selbstschädigendes
Verhalten zu sehen waren. Im Krankenhaus, wo sich viele Schwestern und auch vertraute Ärzte liebevoll um ihn kümmerten,
ging es ihm jedes Mal recht schnell wieder gut. Immer, wenn er
im Krankenhaus lag, tauchten auch beide Eltern vereint auf,
während sie ansonsten vehement um viele Details stritten. In
unserer ärztlichen Stellungnahme befürworteten wir eine niederfrequente Familientherapie zur Klärung des für den Jungen
belastenden Trennungsprozesses, sowie den Einsatz eines Einzelfallhelfers, der für ihn eine weitere stabilisierende
Kontaktperson darstellen sollte.

5.3 Suchtkrankheiten

Suchtkrankheiten durch Opioide, Cannabinoide, Sedativa, Hypnotika, Kokain,
Stimulanzien, Halluzinogene, Lösungsmittel und andere psychotrope Substanzen
werden im Kapitel F 1 "Psychische und Verhaltensstörungen durch psychotrope
Substanzen" der ICD-10 benannt. Obwohl wir nicht mit Lempp (a.a.O.) übereinstimmen, wenn er Drogenabhängigkeit und Alkoholismus von Jugendlichen unter
dem Oberbegriff der Neurosen dem Katalog der "Seelische Störungen" nach § 3
VO zuordnet, gehen wir mit ihm überein, daß stets "psychische und psychosoziale
Probleme eine wesentliche Voraussetzung für Drogenabhängigkeit und Alkohol-
mißbrauch sind". Während Entzug und Entgiftung in der Regel als Krankenbehandlung nach SGB V in dafür geeigneten Kliniken bzw. Spezialeinrichtungen
durchgeführt werden, ist die Rehabilitation und Wiedereingliederung solcher
Jugendlicher, z.B. durch ländliche Wohnprojekte, durch Einzelbetreuung etc., ein
wichtiger Bereich für Eingliederungshilfe und Jugendhilfe. Aufgrund der Bedeutung
gerade bei den sozial Schwächsten, häufig auch bei Heimkindern etc., soll hier
noch das sogenannte "Schnüffeln" (ICD-10 F 18 "Störung durch flüchtige Lösungsmittel") besonders erwähnt werden. Diese Lösungsmittel (wie z.B. in
Fleckenmitteln, Verdünnern von Klebstoffen etc.) können zum Teil bleibende neurologische Störungen auslösen. Kinder und Jugendliche, die schnüffeln, finden sich
gehäuft unter sogenannten "Trebegängern". Um ihnen zu helfen, sind bisweilen
niederschwellige Maßnahmen, z.B. durch Streetworker, Schlafplätze etc., ebenso
erforderlich wie Maßnahmen zum Schutz der Kinder, z.B. durch eine Inobhutnahme.

Gabi G. war 15 Jahre alt, als ich sie (nach ihren Angaben)
nach ihrem achten Selbstmordversuch auf der Intensivstation
unseres Klinikums kennenlernte. Sie war zunächst sehr abwei-
send, beschimpfte den Untersucher teilweise mit obszönen Ausdrücken. Ihre Arme waren übersät mit Narben vom "Ritzen", an
Armen und Beinen hatte sie Narben von ausgedrückten Zigaret-
ten. Ein Drogenscreening im Urin wies verschiedene Substanzen
nach.

Nachdem wir uns ca. eine halbe Stunde teilweise angeschwiegen bzw. "angetrotzt" hatten, veränderte sich ihr Verhalten plötzlich, als ich sie nach Mißhandlungs- und Mißbrauchserlebnissen befragte. Sie äußerte, darüber nicht reden zu wollen. Dies habe ohnhin keinen Zweck. Zu ihren Eltern wolle sie nicht zurück, von dort sei sie schon vor Jahren immer wieder weggelaufen, sie habe dann mit 11 Jahren begonnen, heftig Alkohol zu trinken. Kurzzeitig sei sie im Heim untergebracht worden, dort habe sie sich dann, "weil es billiger war", auch das "Schnüffeln" angewöhnt. Nach der Rückkehr in die Familie war sie häufig für längere Zeit auf "Trebe" und kam in den Kreislauf von Drogenabhängigkeit und Beschaffungsprostitution. Schließlich berichtete sie, daß sie seit ihrem 5. Lebensjahr von ihrem Stiefvater mißbraucht worden war und daß dieser sie zumindest auch für pornographische Aufnahmen an andere Männer "weiterverkauft" hatte. Sie weigerte sich, ihre Eltern zu sehen und wollte sich in stationäre Behandlung begeben. Deshalb führten wir mit dem zuständigen Jugendamt eine Inobhutnahme nach § 42 KJHG durch. Kurze Zeit darauf wollte sie die Station wieder verlassen, sie gab an, daß es sie "zu ihren Kumpels am Zoo" ziehe. Sie war zu diesem Zeitpunkt weiterhin suizidal und wir hielten sie gegen ihren Willen auf Station fest und klärten die Unterbringung vormundschaftsgerichtlich. Regelmäßige Urinkontrollen auf Drogen ergaben, daß sie es im Rahmen der stationären Behandlung schaffte, "clean" zu bleiben. Dafür nahm sehr schnell ihr selbstschädigendes Verhalten teilweise ein extrem belastendes Ausmaß an. Mehrmals entwich sie unerlaubt aus der stationären Behandlung, ging auch zu ihren "alten Kumpels", jedoch ohne Drogen zu nehmen, fast wie um sich von deren "Verläufen" abschrecken zu lassen. Sie kehrte jedes Mal freiwillig auf die Station zurück. Bei einer Hilfekonferenz in ihrem Beisein befürworteten wir ihre Unterbringung in einer betreuten Jugendlichenwohngemeinschaft. Kurze Zeit nach der Entlassung signalisierten die Mitarbeiter der Wohngemeinschaft, daß sie mit ihren permanenten Suiziddrohungen und selbstschädigenden Handlungen überfordert seien. Schließlich wurde Gabi in eine Einrichtung für Langzeitpsychotherapie vermittelt. Diagnostisch handelte es sich bei ihr um eine posttraumatische Belastungsstörung.

Verschiedene Studien haben gezeigt, daß Drogenabhängigkeit und Sucht vor allem bei Mädchen sehr häufig mit einem vorangegangenen, jahrelangem Mißhandlungs- oder Mißbrauchstrauma verbunden sind. Die Weltgesundheitsorganisation (1981) hat vier Formen des Substanzmißbrauches beschrieben:

1. Unsanktionierter **Gebrauch**.
2. **Risikoreicher Gebrauch** einer Substanz.
   Hier wird eine Substanz eingenommen, die eventuell zu schädlichen Konsequenzen für den Konsumenten führen wird.

3. **Dysfunktioneller Gebrauch**.
   Hier führt der Drogenkonsum zu einer Beeinträchtigung der psychosozialen Integration (z.B. Arbeitsplatzverlust, Eheprobleme, etc.).
4. **Schädlicher Drogenmißbrauch**, wobei Drogenabhängigkeit als Unterform des schädlichen Gebrauchs definiert wird.

Die breite öffentliche Diskussion über Legalisierung sogenannter "weicher" Drogen etc. und die allgemeine Beachtung, die Themen, die mit Rauschgiftkonsum in Verbindung stehen, z.B. in der Presse finden, dürfen nicht vergessen lassen, daß Alkohol als akzeptierte Droge in unserer Gesellschaft auch bei Jugendlichen quantitativ das Hauptproblem darstellt. In ihrer aktuellen Übersicht berichten Farrell und Taylor (1994) von Raten zwischen 10 und 30% der Jugendlichen zwischen 11 und 16 Jahren, die regelmäßig mindestens einmal in der Woche Alkohol trinken.

Schwieriger ist es, Zahlen über unerlaubten Drogenkonsum oder das "Schnüffeln" anzugeben. In einer Befragung von 3000 Londoner Schulkindern (Swadi 1988) gaben mit 11 Jahren 13% aller Kinder, mit 16 Jahren 26% aller befragten Kinder an, schon einmal solche Substanzen ausprobiert zu haben. Regelmäßiger Drogenmißbrauch rangierte zwischen 2 und 16% und Schätzungen für das "Schnüffeln" lagen zwischen 3 und 11%. Noch verschärft wird die Problematik durch den Medikamentenmißbrauch, über den die Eltern der Kinder oft kaum einen Überblick haben, obwohl teilweise auch Medikamente aus dem Elternhaus "abgezweigt" werden.

5.4 Neurosen und Persönlichkeitsstörungen

5.4.0 Einleitung

Versucht man diesen Oberbegriffen Diagnosekategorien aus der ICD-10 zuzuordnen, wird man teilweise auf nicht einfach zu lösende Probleme, vor allem bei typischen Krankheitsbildern des Kindes- und Jugendalters, stoßen. Man kann z.B. mit Lempp einen relativ weiten Neurosebegriff anwenden und dann Schlafstörungen, Ernährungsstörungen im Säuglings- und Kleinkindalter, das Einnässen bei Tag oder bei Nacht, genauso wie psychosomatische Beschwerden, Tics etc., dem neurotischen Spektrum zuordnen (Lempp 1994, S. 24 ff.). Lempp führt für diese Störungsbilder aus, daß sie zwar nach seiner Ansicht neurotische Störungen seien, aber nicht primär zur seelischen Behinderung führten, und er unterscheidet davon schwere neurotische Störungen, die er im Rahmen des § 35a für relevant hält. Der Systematik der ICD-10 folgend, haben wir uns hier entschlossen, Verhaltensauffälligkeiten mit körperlichen Störungen und Faktoren wie die Eßstörung, Schlafstörung, Sexualstörung etc., sowie manche Störungen mit Beginn in Kindheit und Jugend, ebenso wie die Entwicklungsstörungen, einer weiteren Kategorie zuzuordnen, die eine drohende seelische Behinderung als Folge anderer seelischer Störungen benennt. Natürlich lassen sich diese Störungsbilder teilweise mit Rekurs auf andere, leider z.T. sehr veraltete Konzepte in die Nähe der unter den Nummern 1 bis 4 genannten Störungsbilder bringen. Dies wurde z.B. in bezug auf den Autismus, in dem früher häufig eine infantile Psychose gesehen wurde, wiederholt versucht. Wir werden uns daran halten, übereinstimmend mit der neueren Klassifikation und vielen wissenschaftlichen Befunden, Autismus als tiefgreifende Entwicklungsstörung aufzufassen und systematisch in diesem Rahmen zu besprechen. Dennoch erscheint es wichtig, diese älteren Denktraditionen zu erwähnen, um zu verdeutlichen, **daß hier nicht neue Ansprüche konstruiert werden**, sondern daß dadurch, daß die Forschung in den letzten 25 Jahren sehr viel mehr Spezial- und Einzelwissen über kinder- und jugendpsychiatrische Problematiken hervorgebracht hat, nun auch eine differenziertere Nosologie der Störungen des Kindes- und Jugendalters vorliegt, die sich nur noch da mit der Erwachsenennosologie überschneidet und deckt, wo diese Überschneidungen inhaltlich sinnvoll sind, weil die beschriebenen Störungen sowohl im Kindes-, Jugendlichen- und Erwachsenenalter auftreten, bzw. die im Erwachsenenalter voll ausgeprägten Störungen ihren Beginn in Kindheit und Jugend haben. Der Katalog des § 3 VO zu § 47 BSHG war zum Zeitpunkt seiner Entstehung vom erwachsenenpsychiatrischen Diagnosespektrum her ein extrem weit gefaßter, der nur eine gewisse Einschränkung durch die begrenzende Wortwahl "wesentliche" Behinderung erhielt.

Aus der Systematik der ICD-10 lassen sich dem damals gängigen Begriff der Neurosen und Persönlichkeitsstörungen folgende Problemkreise zuordnen:

☐ **Emotionale Störungen** des Kindesalters (F 93)
☐ **Affektive Störungen** ohne psychotische Symptome (Kapitel F 3, siehe oben)
☐ **Neurotische-, Belastungs- und somatoforme Störungen** (Kapitel F4) wie phobische Störungen, andere Angststörungen, Zwangsstörungen, Belastungs- und Anpassungsstörungen, dissoziative Störungen und somatoforme Störungen.
☐ Zu den **Persönlichkeitsstörungen**, die per Definition im Gegensatz zum weiten psychiatrischen Gebrauch (im Rahmen des Psychopathiekonzeptes) dieser Kategorie heutzutage nur bei chronischen Persönlichkeitsauffälligkeiten, d.h. also frühestens in der späten Adoleszenz diagnostiziert werden sollen, auch wenn der Beginn solcher Persönlichkeitszüge sicher in der Kindheit anzusiedeln ist, zählen paranoide Persönlichkeitsstrukturen ebenso wie schizoide Persönlichkeitsstörungen, dissoziale Persönlichkeitsstörungen, emotional instabile Persönlichkeitsstörungen vom impulsiven und Borderline-Typus, histrionische Persönlichkeitsstörungen, anankastische (zwanghafte) Persönlichkeitsstörungen, ängstlich-vermeidende Persönlichkeitsstörungen, abhängige Persönlichkeitsstörungen und abnorme Auffälligkeiten der Impulskontrolle, wie pathologisches Spielen, pathologische Brandstiftung oder Pyromanie, pathologisches Stehlen (Kleptomanie) und die Störungen der Geschlechtsidentität und der Sexualpräferenz, wie z.B. Fetischismus, Transvestismus, Exhibitionismus, Voyeurismus, Pädophilie (Kapitel F 6 der ICD-10).

☐ **Einzelne Störungen des Sozialverhaltens** (ICD-10 F 91), z.B., die auf den familiären Rahmen beschränkten Störungen des Sozialverhaltens (F 91.0) oder die kombinierten Störungen des Sozialverhaltens und der Emotionen (F 92) sind z.T. auch klassischen Vorstellungen neurotischer Erkrankungen zuzuordnen. Der Begriff "neurotische Delinquenz" bezeichnete z.B. Störungen des Sozialverhaltens, die quasi einem unbewußten Motiv folgend zur Entdeckung bei Regelüberschreitungen führten und damit einen Hilferuf der emotional leidenden Betroffenen darstellen sollten.

5.4.1 Emotionale Störungen des Kindesalters (F 93)

Die **emotionale Störung mit Trennungsangst des Kindesalters** (F 93.0) ist klassischerweise häufig unter der zwar verbreiteten, aber irreführenden Bezeichnung **"Schulphobie"** bekannt. Im Schulalter handelt es sich um Kinder, die z.T. erhebliche Schulfehlzeiten (Monate und Jahre) akkumulieren, so daß zunächst durch die Schulen bzw. durch eine Schulversäumnisklage oder schulärztliche und schulpsychologische Untersuchungen erste Maßnahmen eingeleitet bzw. veranlaßt werden. Typischerweise haben diese Kinder keine schulischen Leistungsprobleme, waren oft gute Schüler, und fallen deshalb so spät mit ihren erheblichen Schulversäumnissen auf, da häufig viele ärztliche Atteste vorliegen und die Eltern im Kontakt mit der Schule auch bemüht wirken. Im Gegensatz zum Schuleschwänzen, bei dem die genannten Phänomene nicht zutreffen, wissen die Eltern in der Regel über das Fehlen ihrer Kinder Bescheid oder dulden es zumindest, wenn sie es nicht gar (un)bewußt fördern. Charakteristisch für diese Störungen ist die unrealistische Furcht, daß den engsten Bezugspersonen etwas passieren könnte, die massive Furcht vor Trennung und damit verbunden die Schulverweigerung, häufig eine Verschiebung im Tag- und Nachtschlafrhythmus und die Notwendigkeit, die Bezugspersonen in der Nähe zu wissen, um einschlafen zu können etc. Hinzu kommen oft somatische Symptome, die dann, wie oben erwähnt, zu verschiedenen ärztlichen Untersuchungen, teilweise auch zu stationärer Diagnostik führen, wegen Übelkeit, Bauchschmerzen, Kopfschmerzen, Erbrechen etc. ohne organische Ursache. Diese Störungen treten vor allem werktags am Vormittag auf, sind "eigenartigerweise" nachmittags oder an den Wochenenden und in Ferienzeiten fast gänzlich verschwunden, wenn nicht aus anderem Grund eine Trennung von den Eltern droht.

Eine eigene Untersuchung zeigte, daß vor Einführung dieser spezifischen Diagnosekategorien der ICD-10 dasselbe Störungsbild phänomenologisch erfaßt werden konnte und bei den jüngeren Kindern bis zum Pubertätsalter eher den emotionalen Störungen und ab der Pubertät bei Jugendlichen eher diagnostisch den schweren neurotischen Störungen bis hin zu Persönlichkeitsstörungen zugeordnet wurde. Dieses Störungsbild ist deshalb wichtig, weil es unbehandelt primär zu einer extremen Beeinträchtigung bzw. Unfähigkeit zur Teilnahme am Leben in der Gesellschaft führen kann. Kinder und Jugendliche mit einer Trennungsangststörung sind also massiv von einer seelischen Behinderung bedroht und bedürfen deshalb therapeutischer Maßnahmen, Maßnahmen der Eingliederungshilfe und teilweise auch unterschiedlicher Hilfen zur Erziehung. Diese Bedürfnislage wird häufig verkannt, da es sich aus der Fremdsicht eher um wohlbehütete bis überbehütete Kinder handelt und die Eltern nicht den Anschein erwecken, diese Kinder zu vernachlässigen. Daß die Problematik genau in der Dynamik der überengen Eltern-Kind-Beziehung liegen kann, wird manchmal bei der Überbetonung anderer psychosozialer Risiken, wie sie z.B. bei Unterschichtsfamilien vorkommen, vergessen. Die überengen Beziehungen, oft zwischen Mutter und Kind, können so weit gehen, daß primär eine stationäre psychotherapeutische Behandlung erforderlich wird. Hier ist oft schon die nicht ohne Druck (teilweise mit vormundschaftsgerichtlicher Anordnung) durchzuführende Trennung und das Überstehen derselben kurativ für die Kinder und Jugendlichen. Nach solchen stationären psychotherapeutischen Interventionen oder als Begleitmaßnahme für ambulante Therapien sind teilweise unterstützende Hilfen zur Sicherung des Schulbesuches und zum Aufbau sozialer Kompetenzen unbedingt erforderlich. Längere Zeit unbehandelte Schulphobiker haben vor allem im Jugendlichenalter eine ungünstige Prognose und können oft primär keinen Eingang in das Berufsleben finden, sondern leben als "völlig abhängige Tyrannen" im Elternhaus weiter, wo sie teilweise nur noch für die notwendigsten Verrichtungen überhaupt das Bett verlassen.

Herbert H., ein 15-jähriger, ehemaliger Gesamtschüler von einem Gymnasialzweig, wurde wegen mehr als einjährigem Schulversäumnis zu einem Zeitpunkt vorgestellt, als er das Haus seit Wochen kaum mehr verlassen hatte. Der Hausarzt der Familie hatte ihn für den Vorstellungstermin in der Jugendpsychiatrie medikamentös mit Tranquilizern (Beruhigungsmitteln) behandelt. Zur Familie: Herbert hat noch eine kleine Schwester, 7 Jahre alt. Sein Vater starb vor zwei Jahren nach einem Verkehrsunfall, während Herbert im Schullandheim war. Seit dieser Zeit verstärkten sich seine Trennungsängste, die schon ab dem Kindergartenalter auffällig waren, zunehmend. Er bekam an Wochentagen häufig Bauchschmerzen und unerklärliches Fieber, wurde deshalb auch von verschiedenen Ärzten teilweise für längere Zeit krankgeschrieben. Da Herbert immer ein guter Schüler gewesen war, reagierte die Schule, die prompt alle Entschuldigungen erhielt, zunächst nicht. Herbert kümmerte sich zu Hause um seine kleine Schwester, machte mit ihr Hausaufgaben.

Er konnte das Haus nicht mehr verlassen, seit seine Mutter wieder einen Partner gefunden hatte.

Wir diagnostizierten eine massive Trennungsangststörung mit zunehmenden generalisierten Ängsten und agoraphobischen Tendenzen.

Herbert zeigte in der testpsychologischen Untersuchung überdurchschnittliche intellektuelle Fähigkeiten, er war körperlich völlig gesund, obwohl er tatsächlich an Schultagen morgens häufig einen sehr schnellen Puls und bisweilen sogar Fieber und Schweißausbrüche vor Angst hatte.

Im Rahmen der stationären Behandlung besuchte er zunächst die Klinikschule und konnte dann nach einem gescheiterten Schulversuch auf seiner bisherigen Schule noch von der Klinik aus auf ein sehr viel strengeres, aber auch geordneteres und überschaubares Gymnasium wechseln. Erstaunlich war der Verlauf der Elternarbeit. Der Junge, der bei Aufnahme meinte, die Trennung von seiner Mutter körperlich nicht überleben zu können und deshalb auch vom Arzt unter beruhigende Medikamente gesetzt worden war, lebte sich ohne Medikamente auf Station recht schnell ein und war bei den ersten Besuchen seiner Mutter eher reserviert. Sehr kühl entschied er sich von seinem klaren Intellekt geleitet sehr schnell dafür, nicht mehr nach Hause zurückzukehren, weil er der Ansicht war, daß dann das Risiko, daß seine Symptomatik wiederkehren würde, zu groß sei. Er suchte selbst Kontakt zum Jugendamt, das schließlich für ihn einen Platz in einer betreuten Wohngemeinschaft fand. Wir befürworteten diese Hilfe mit einer ärztlichen Stellungnahme. Ohne darüber hinausgehende Hilfen gelang ihm trotz knapp zweijähriger Schulversäumnisse der Wiedereinstieg in ein Gymnasium ohne wesentlichen Zeitverlust. Er hat inzwischen seine Schullaufbahn mit dem Abitur abgeschlossen. Er benötigt aber auch noch als Heranwachsender die Betreuung in der therapeutischen WG.

Auch die Störungen mit **sozialer Überempfindlichkeit** des Kindesalters (ICD-10 F 93.2) sind häufig Anlaß für ambulante Hilfsmaßnahmen, da diese Störungen unbehandelt in zu Chronifizierung neigende soziale Phobien übergehen können. Dasselbe gilt für die phobischen Störungen des Kindesalters (F 93.1), die ebenfalls als **phobische Störungen** zu chronifizieren drohen (vgl. F 40 bzw. F 41). Eine typische Kategorie des Kindes- und Jugendalters stellt die emotionale Störung mit **Geschwisterrivalität** (F 93.3) dar. Sie bezeichnet eine Rivalität und Eifersucht, die über die ganz normal Rivalität zwischen Geschwistern weit hinausgeht. Bei solchen, häufig auf einer Identitätsstörung beruhenden, mit einer massiven Selbstwertproblematik verbundenen emotionalen Beeinträchtigung kann z.B. durch einen Familienhelfereinsatz oder durch die konzentrierten Bemühungen eines Einzelfallhelfers oder durch eine Spieltherapie den Betroffenen ambulant geholfen werden und damit der Übergang in eine chronische depressive Störung vermieden werden. Unbehandelt ebenfalls im Vorfeld einer sozialen Phobie anzusiedeln, ist der teilweise posttraumatisch im Kleinkind- und Vorschulalter am häufigsten auftretende **elektive Mutismus**. Der Zusatz elektiv bezeichnet, daß die Kinder nicht gänzlich verbale Kommunikation verweigern, sondern sich bestimmte Gesprächspartner erwählen. In der Regel sprechen diese Kinder mit engen Bezugspersonen, meistens der Mutter, aber nicht im Kindergarten oder mit fremden Personen. Voraussetzung für diese Diagnose ist ein normales Niveau des Sprachverständnisses und der kommunikativen Kompetenzen sowie der Beleg dafür, daß die Kinder mit einer Vertrauensperson tatsächlich sprechen. Häufig ist dies in Videobeobachtungen sehr gut zu dokumentieren. Es handelt sich hier also nicht um eine Sprachentwicklungsverzögerung oder eine primäre Sprachstörung, sondern um eine im alten Wortsinn neurotische Kommunikationsstörung. Solche Kinder sind durch ihren Rückzug aus der Alltagskommunikation von einer erheblichen Beeinträchtigung bedroht, nicht selten ist das Störungsbild auch Ausdruck einer massiven psychosozialen Belastung, wie z.B. bei sexuellem Mißbrauch in der Familie, so daß therapeutische und sozialpädagogische Bemühungen um eine Wiederherstellung der Kommunikation mit der Außenwelt teilweise auch Voraussetzung für ein Erfassen der Gesamtsituation und das Einleiten entsprechender Jugendhilfemaßnahmen darstellt.

5.4.2 Frühe Bindungsstörungen

Während die Diagnose der Persönlichkeitsstörungen erst ab dem späten Jugendlichenalter gestellt werden sollte, gibt es zwei Störungen mit Beginn in der Kindheit, die mit massiven Beeinträchtigungen in der frühesten Kindheit verbunden sind und die selbst bei hohem persönlichen helferischen Einsatz jahrelange problematische Verläufe, die einer seelischen Behinderung gleichkommen, erwarten lassen. Lempp (a.a.O.) hat solche Problemfälle, die teilweise dann als "schwer erziehbar", später als "verhaltensgestört, psychopathisch, verwahrlost" gekennzeichnet wurden dem psychoanalytischen Begriff Balints von der "basic disorder" oder Grundstörung zugeordnet. Er sieht darin eine schwere frühkindliche psychische Fehlentwicklung, die schon im Kindesalter durch "nicht unerhebliche Erziehungsschwierigkeiten durch Widersetzlichkeit und Aggressivität bei ausgeprägter Kontaktunfähigkeit mit gleichzeitig bestehendem Kontakthunger charakterisiert sind". Er hat auf die nachgewiesenen Zusammenhänge mit frühkindlicher Deprivation ebenfalls hingewiesen. Ausdrücklich warnt er davor, diese Kinder einfach als "erziehungsschwierig" zu bezeichnen und sie allein repressiven Maßnahmen, z.B. den üblichen Maßregeln der Justiz bis hin zur Jugendstrafe, zu unterwerfen. Er hat völlig recht, daß diese Kinder sehr häufig im Laufe ihres Lebens mit dem "ganzen Repertoire des 4. Abschnitts der Leistungen der Jugendhilfe nach dem SGB VIII" in Kontakt kommen, indem sie z.B. sozialpädagogische Familienhilfe oder auch Erziehung in Tagesgruppen oder Vollzeitpflege, Heimerziehung, betreute Wohnformen etc., benötigen. Gerade bei früh in Heimen untergebrachten Kindern oder früh in Pflege bzw. zur Adoption gegebenen Kindern werden nicht selten diese Störungsbilder diagnostiziert. Lempp (a.a.O.) hat diese schweren Beeinträchtigungen in seiner Systematik wohl aufgrund einer gewissen Nähe zu späteren sogenannten "Borderline-Störungen", die er ebenfalls in diesem Kapitel bespricht, den Psychosen zugeordnet. Dies ist aus unserer Sicht kaum nachvollziehbar, ich ordne sie hier ebenso wie die Persönlichkeitsstörungen den "Neurosen und Persönlichkeitsstörungen" des Katalogs nach § 3 VO zu. Die ICD-10 beschreibt sie als **reaktive Bindungsstörung des Kin-**

desalters (F 94.1) und **Bindungsstörung des Kindesalters mit Enthemmung** (F 94.2). Die **reaktive Bindungsstörung** ist "wahrscheinlich direkte Folge ausgeprägter elterlicher Vernachlässigung, Mißbrauch oder schwerer Mißhandlung". Kinder mit einer frühen Bindungsstörung finden sich deshalb gehäuft in Pflegefamilien, Kinderheimen oder Tageseinrichtungen, waren also oft ab frühester Kindheit über Hilfs- und Kinderschutzmaßnahmen dem Jugendamt bekannt. Diese schwerwiegende Diagnose bedingt allerdings auch die wichtige Festellung, daß die Erwartungen an Einrichtungen und Familien, die sich um solche Kinder kümmern und die sich dieser Kinder annehmen, nicht überzogen sein dürfen. Teilweise leiden diese Kinder noch jahrelang unter ihrer massiven Kontaktstörung mit Distanzlosigkeit, aber auch mißtrauischer Ablehnung, aggressiven Durchbrüchen etc. Oft reicht es deshalb nicht aus, eine geeignete Einrichtung oder Familie für ein solches Kind zu finden, sondern diese Kinder haben aufgrund ihrer diagnostizierten psychischen Problematik Anspruch auf Eingliederungshilfen, die ihnen einen Schulbesuch häufig in Kleingruppen, und andere Schritte zu einer Teilnahme am sozialen Leben erst ermöglichen können. Psychotherapeutische und heilpädagogische Maßnahmen, insbesondere auch die Beratung von Pflegeeltern, Adoptiveltern und entsprechenden Kleinsteinrichtungen sind ebenfalls dringend erforderlich.

Die sogenannte **"Bindungsstörung des Kindesalters mit Enthemmung"** (F 94.2) bezeichnet Störungsbilder bei Kindern, die häufig in den ersten fünf Lebensjahren einen extremen Mangel an Kontinuität der Betreuungspersonen, z.B. mehrfachen Wechsel der Pflegefamilien oder Betreuungseinrichtungen, erlebt haben. Sie haben oft ein wahllos freundliches, Aufmerksamkeit suchendes Verhalten bis hin zur Distanzlosigkeit, häufig Schwierigkeiten beim Aufbau vertrauensvoller Beziehungen zu Gleichaltrigen und zu Erwachsenen. Dazu nicht selten eine Fülle emotionaler oder Verhaltensstörungen, die klassischen Deprivationsfolgen, wie sie von den Pionieren der Bindungsforschung (Spitz, Bowlby) als Hospitalismus beschrieben wurden, gehören hierher, und sind Störungen, bei denen die Betroffenen massiv von einer seelischen Behinderung bedroht sind.

Zu beachten ist auch, daß bei diesen reaktiven Bindungsstörungen sehr häufig aufgrund z.B. einer vorausgegangenen Deprivation erhebliche **Entwicklungsdefizite** in unterschiedlichen Bereichen festzustellen sind. Deshalb benötigen diese Kinder häufig eine abgestufte Hilfeplanung, die unterschiedliche Therapiemaßnahmen, wie Sprachbehandlung, Krankengymnastik, Beschäftigungstherapie, Psychotherapie und weitere Hilfen, in eine vernünftige Rangfolge und in einen realisierbaren Zeitplan bringt. Hier ist eine multiprofessionelle Zusammenarbeit bei der Hilfeplanung und eine kompetente Beratung der primären Versorgungspersonen in Institutionen oder Pflege- bzw. Adoptivfamilien unbedingt erforderlich.

Ingrid I. ist ein 7 Jahre altes Mädchen, das von seinen Pflegeeltern vorgestellt wurde, weil es ein Jahr nach Aufnahme in dieser Pflegefamilie immer noch massive Auffälligkeiten und multiple Entwicklungsrückstände zeigt.

Ingrid wurde von ihrer polytoxikomanen Mutter ohne vorausgegangene Vorsorge in einer Klinik mit relativ niederem Geburtsgewicht geboren. Trotz massiver Unterstützung gelang es der Mutter nicht, sich um ihre Tochter zu kümmern. Das Mädchen soll teilweise den ganzen Tag von der Kindesmutter, die sich erneut prostituierte, in der Wohnung allein gelassen worden sein. Daraufhin wurde das Kind bei der Mutter herausgenommen und kam zunächst in eine Kurzpflegestelle, die jedoch wegen einer plötzlichen Erkrankung der Pflegemutter geschlossen werden mußte. Ingrid kam dann in ein Kinderheim. Als sie zwei Jahre alt war, hatte ihre Mutter eine Entziehungskur gemacht und sich offenbar deutlich stabilisiert, so daß ihr das Mädchen zurückgegeben wurde. Aufgrund von verschiedenen Hinweisen aus der Nachbarschaft, die neben einer massiven Vernachlässigung auch eine Mißhandlung des Mädchens befürchten ließen, wurde Ingrid im Alter von drei Jahren erneut von ihrer Mutter getrennt und kam in ein Kinderheim. Dort zeigte sie, wie sich aus den Heimberichten entnehmen ließ, ein massiv auffälliges Verhalten. Sie jaktierte den ganzen Tag über, wenn sie dabei nicht unterbrochen wurde, vor allem aber abends vor dem Einschlafen. In der Gegenwart von Erwachsenen war sie distanzlos. Sie sprach nur wenige Worte und artikulierte diese recht undeutlich.

Vom Heim wurde schnell erkannt, daß diese undifferenzierte Einrichtung mit großen Gruppen für dieses kleine Mädchen nicht geeignet war. Eine Pflegefamilie wurde gesucht, aber erst nach längerer Zeit gefunden. In dieser Familie wurde die Betreuung des Kindes sehr bald zu einer erheblichen Belastung aufgrund von Ingrids nach wie vor stark ausgeprägten Jaktationen, ihres massiven Entwicklungsrückstandes in der Motorik, in der Wahrnehmung und im sprachlichen Bereich und vor allem aufgrund ihres distanzlosen und teilweise auch ungesteuert aggressiven Verhaltens, das auch die leiblichen Kinder der Pflegefamilie einer erheblichen Belastung aussetzte.

Wir diagnostizierten eine frühe Bindungsstörung mit Enthemmung und empfahlen nach einer ausführlichen Entwicklungsdiagnostik eine Reihe von Fördermaßnahmen. Diese Maßnahmen konnten auf dem Wege der ärztlichen Verordnung schnell eingeleitet werden. Darüber hinaus benötigten die Pflegeeltern intensive Beratung, welche von einer Erziehungsberatungsstelle in Wohnnähe der Familie übernommen wurde. Als Ingrid zwei Jahre später erneut in der Kinderpsychiatrie vorgestellt wurde, hatte sie in der Entwicklung sehr gut aufgeholt. Sie hatte jedoch im schulischen Bereich leistungsmäßig erhebliche Schwierigkeiten und war auch in ihrer Kontaktaufnahme und durch ihre Aggressionen weiterhin massiv auffällig. Bei einer Hilfekonferenz empfahlen wir den Einsatz eines Einzelfallhelfers zur Unterstützung ihrer Bewältigung der schulischen Anforderungen und eine Kinderpsychotherapie mit begleitender Beratung der Pflegeeltern.

5.4.3 Angststörungen und Panikstörungen

Zu den früher sogenannten "Angstneurosen" gehören die phobischen Störungen. Sie werden unterteilt in soziale Phobien, welche häufig in Kindheit und Jugend beginnen (F 40.1), die Agoraphobie (F 40.0), die durch Ängste und Schwierigkeiten, offene Plätze zu betreten, sich in Menschenmengen zu bewegen etc., gekennzeichnet ist, und andere spezifische Phobien, die sich z.B. auf Tiere, auf das Eingeschlossensein (Claustrophobie), die Höhenangst, spezielle Examensängste etc., beziehen können. Im Gegensatz zu diesen situativen Ängsten sind allgemeine Angststörungen nicht auf bestimmte Auslöser oder Umgebungssituationen beschränkt. ICD-10 nennt hier Panikstörungen (F 41.0) mit schweren Angstattacken, mit plötzlichem Beginn mit Herzklopfen, Brustschmerzen, Erstickungsgefühlen, Schwindel, Entfremdungsgefühlen, Furcht zu sterben etc., und die generalisierte Angststörung (F 41.1) mit sogenannter "frei flottierender Angst", die anhält. Solche Jugendliche haben meist über mehrere Wochen fast permanent Befürchtungen, die zu Konzentrationsschwierigkeiten, Nervosität etc. führen, sie stehen unter extremer motorischer Spannung, körperlicher Unruhe etc. und zeigen deutliche Zeichen vegetativer Übererregbarkeit, Benommenheit, Schwitzen, Tachykardie (schneller Herzschlag), Tachypnoe (schnelle Atmung), Oberbauchbeschwerden, Schwindelgefühle etc. Auch gemischte Störungen, z.B. aus Angst und Depression (F 41.2) oder andere, werden aufgezählt. Die Prävalenz der Phobien liegt im Schulalter unter 1%. Bei Phobien muß vor allem die soziale Einschränkung, die aus der jeweiligen Phobie resultiert, betrachtet werden. Tierphobien, die bei Mädchen häufiger sind (in unseren Breiten vor allem die Spinnenphobie), sind oft kaum behandlungsbedürftig und schränken eine Teilnahme am Alltagsleben quasi nicht ein. Soziale Phobien oder die Agoraphobie können eine das Leben in der Gesellschaft erheblich beeinträchtigende, die einzelne Person behindernde Erkrankung sein, wobei gezielte Maßnahmen zur Therapie und zur Begleitung, d.h. zur Wiedereingliederung in das soziale Leben, erforderlich werden können. Generalisierte Angststörungen, die früher sogenannten "klassischen Angstneurosen" können die Patienten teilweise so in ihren Bann ziehen, daß sie kaum mehr am Leben in einer Gemeinschaft teilnehmen können. Häufig ist nach bisweilen jahrelangen Vorläufen initial eine stationäre Behandlung erforderlich. Nach der Klinikentlassung können neben ambulanter Psychotherapie therapeutisch-pädagogische Maßnahmen und gezielte verhaltenstherapeutische Maßnahmen in Realsituationen erforderlich sein.

Juliane J. ist eine 17-jährige Jugendliche, die nach dem Realschulabschluß und nach dem Scheitern eines ersten Lehrverhältnisses zunächst Höhenängste entwickelte und dann schnell zunehmend in allen sozialen Situationen massive Ängste hatte, so daß sie nicht mehr in der Lage war, ihre Wohnung zu verlassen. Zur Vorstellung wurde sie von ihrer Mutter begleitet, mit der sie sich aber seit ca. zwei Jahren heftig zerstritten hatte. Sie war nach dem Schulabschluß von zu Hause ausgezogen und war nun durch ihre Symptomatik wieder völlig von der Hilfe der Mutter abhängig. In dieser Situation befürworteten wir durch unsere ärztliche Stellungnahme den kurzfristigen Einsatz einer Einzelfallhelferin, die durch ihre Unterstützung bei Gängen zum Arbeitsamt, bei den notwendigen Schritten zur Einleitung einer über die Kasse finanzierten Psychotherapie und bei der alltäglichen Lebensführung in ihrer eigenen Wohnung unterstützte. Im Sinne eines verhaltenstherapeuten Trainings übte diese Einzelfallhelferin, wie mit uns besprochen, mit dem Mädchen das Verlassen der Wohnung, was ihr relativ schnell wieder einen zunehmenden Bewegungsradius ermöglichte.

Hier gelang es durch den schnellen Einsatz eines Einzelfallhelfers, die Wiederaufnahme einer Berufsausbildung zu unterstützen und einer seelischen Behinderung im Rahmen einer chronifizierten Angsterkrankung vorzubeugen. Der beschriebene Einzelfallhelfereinsatz war, wie das Beispiel zeigt, neben der durch die Kasse finanzierten Psychotherapie dringend erforderlich.

Rachel G. Klein (1994) gibt eine Übersicht über die Häufigkeit von Angststörungen im Kindes- und Jugendalter. Es liegen Informationen aus unterschiedlichen Studien über die Altersspanne von 7 bis 16 Jahren vor. Nach diesen Angaben kann man von einer Häufigkeit zwischen 5 und 8% Angststörungen bei allen Kindern ausgehen. Basis der Erhebungen war in den meisten Fällen das standardisierte Instrument DISC (Diagnostic interview schedule for children). Ungefähr die Hälfte der genannten Angststörungen waren einfache oder komplizierte Trennungsangststörungen. Sowohl aus klinischen wie aus epidemiologischen Studien wird sehr schnell deutlich, daß Angststörungen eine Generalisierungstendenz haben, d.h., das unterschiedliche Angststörungen häufig kombiniert auftreten.

5.4.4 Zwangserkrankungen

Zum Bereich der früher klassisch sogenannten "Zwangsneurosen" sind die Zwangsstörungen (ICD-10 F 42) zuzuordnen. Zwangskranke Patienten haben Zwangsgedanken, Zwangshandlungen, d.h. Vorstellungen oder Impulse, die sie permanent beschäftigen und von denen sie wissen, daß sie real "unsinnig" sind. Gerade weil sie diese Inhalte als unsinnig oder obszön etc. erleben, versuchen sie sich ohnmächtig und hilflos gegen diese stereotypen Gedanken und Handlungen zu wehren. Bei schwer ausgeprägten Zwangsstörungen nimmt die Ausführung bestimmter Zwangsrituale oder auch der Grübelzwang so breiten Raum ein, daß die Patienten nicht mehr in der Lage sind, am Alltagsleben teilzunehmen. Sie brauchen dann oft Stunden, um einfache Verrichtungen auszuführen, weil sie enorme Mengen an Zwangsritualen, z.B. beim Waschen, Duschen etc., verrichten müssen. Teilweise kommen sie auch überhaupt nicht mehr zum Handeln, weil sie im Grübeln verharren. Schwerste Zwangserkrankungen im Kindes- und Jugendalter bedürfen nicht selten primär einer stationären Behandlung, bei der bisweilen eine medikamentöse Mitbehandlung neben der Psychotherapie erforderlich werden kann. Um wieder einfache Alltagshandlungen, z.B. im Rahmen des Schulbesuchs oder beim Erledigen der Hausaufgaben, durchführen zu können, brauchen die Kinder häufig ein psychologisch und pädagogisch geschulte Hilfsperson, die erkennt, wenn sie sich im Grübeln oder in Zwangshandlungen verlieren, und diese gezielt unterbricht. Zu Recht hat Lempp (a.a.O.) darauf hingewiesen, daß bei Kindern und Jugendlichen häufig in die Zwangshandlungen und Rituale die ganze Familie, insbesondere die Mütter, mit einbezogen werden.

"Um ihrem Kind vermeintlich zu helfen oder auch nur drohenden, fruchtlosen, aber heftigen Auseinandersetzungen aus dem Wege zu gehen, fügen sich die Eltern und oft die ganze Familie in die Tyrannei, die ein Zwangskranker in der Familie ausüben kann, wodurch die ganze Familie in ihrem Zusammenleben beeinträchtigt wird und manchmal auch daran zerbricht, die Geschwister aus dem Haus gehen, der Vater sich scheiden läßt und am Schluß die Mutter mit dem zwangskranken Kind eine verhängnisvolle Symbiose eingeht.Deshalb müssen die Hilfsmaßnahmen in diesen Fällen Unterstützung und Beratung auch für die gesamte Familie umfassen können".

Kurt K., 15-jähriges Einzelkind einer recht religiösen Familie, wird vorgestellt, weil er kaum mehr zum Schulbesuch in der Lage ist, da er morgens unendlich viel Zeit beim Waschen, Sichanziehen und beim Frühstücken dadurch verliert, daß er immer wieder bestimmte Handlungen wiederholen muß. Wie sich bei den ersten Gesprächen herausstellt, hat er schon seit geraumer Zeit einen erheblichen Waschzwang, er kann Türklinken nicht mehr berühren und muß auf bestimmten Wegen bestimmte Schrittfolgen einhalten bzw. den Atem anhalten. Auf seine Schwierigkeiten beim Anziehen angesprochen sagt er, daß dies alles problematisch sei, da er nicht irgendein Kleidungsstück bevorzugen oder benachteiligen wolle. Dies sei ungerecht. Deshalb könne er sich nicht entscheiden, ob er zunächst mit dem Unterhemd oder der Unterhose anfangen solle etc. Er stünde dann quasi reglos da, "in seinem Inneren tobe aber eine heftige Auseinandersetzung um die richtige Lösung". Seine relativ alten Eltern beschäftigten sich sehr mit dieser Problematik. Die Mutter war fast den ganzen Tag mit dem Jungen zusammen und versuchte in permanenten Diskussionen, ihn von der Unsinnigkeit seines Tuns zu überzeugen. Ebenso eloquent debattierte der Junge darüber, daß er ja wisse, daß sein Handeln und seine Gedanken unsinnig seien, daß er diese aber nicht unterbrechen könne etc. Die Eltern hatten sich an die Schulbehörde gewandt und dort mit Hinweis auf die Symptomatik ihres Kindes einen Hauslehrer beantragt. Dieser Antrag war abgelehnt worden. Daraufhin wandten sie sich an das zuständige Jugendamt mit der Bitte um den Einsatz eines Einzelfallhelfers, der mit dem Jungen schulische Übungen machen sollte. Von Jugendamt und Schule waren die Eltern auf die Notwendigkeit einer jugendpsychiatrischen Untersuchung und Behandlung hingewiesen worden. Erst als sie von der Schule durch die Androhung von

Zwangsgeld massiv unter Druck gesetzt wurden, wandten sie sich an eine Klinik, lehnten aber die vorgeschlagene stationäre Behandlung, die aufgrund der Schwere der Symptomatik und der massiven neurotischen Familienbeziehungen dringend angezeigt war, ab. Ihren Auftrag an den untersuchenden Arzt verstanden sie vielmehr als Wunsch nach der Befürwortung ihres Konzeptes Hauslehrer. In unserer ärztlichen Stellungnahme, die wir den Eltern auch persönlich erklärten und aushändigten, teilten wir sowohl der Schulbehörde als auch dem Jugendamt mit, daß wir bei Kurt dringend eine stationäre Behandlung für vordringlich halten, da halbherzige Versuche, eine ambulante Therapie aufzunehmen, im Vorfeld gescheitert waren. Wir stellten zwar fest, daß der Junge aufgrund seiner Symptomatik von einer seelischen Behinderung bedroht war, empfahlen aber keine Maßnahmen der Eingliederungshilfe, da wir die stationäre Behandlung für den angemessenen Schritt hielten. Jugendamt und Schule forderten wir auf, weiterhin konsequent ihre bisherige Haltung zu vertreten.

5.4.5 Konversionsstörungen, Dissoziative Störungen, Somatisierungsstörungen

Zum klassischen Neurosekonzept gehören auch die Störungen, an denen Freud hauptsächlich die ersten wesentlichen Schritte bei der Entdeckung seiner Theorie gemacht hat, die von ihm sogenannten "Konversionsneurosen" oder Hysterien. Sie haben in unseren Breiten, im Vergleich zum Fin de siècle des letzten Jahrhunderts, erheblich an Häufigkeit nachgelassen, kommen aber nach wie vor noch bei Mädchen häufiger als bei Jungen vor. Scheinbar haben die Eßstörungen heutzutage in den hochentwickelten, industrialisierten Gesellschaften den Platz der charakteristischen "Jungmädchen-Erkrankungen" eingenommen. In unsere Klientel sind Konversionsstörungen bei Patientinnen aus dem Mittelmeerraum deutlich häufiger.

5.4.5.1 Konversionsstörungen

In der ICD-10 werden sie unter der Gruppe F 44 "Dissoziative Störungen" zusammengefaßt. Die klassischen "hysterischen" Lähmungs-, Blindheitssymptome etc. fallen unter die Kategorien F 44.4 bis F 44.7, als sogenannte "Dissoziative Störungen der Bewegung und der Sinnesempfindung". Es handelt sich dabei um Störungsbilder, die eine körperlich Erkrankung vermuten lassen, bei denen jedoch ein körperliche Verursachung **ausgeschlossen** werden kann. Psychogene Bewegungsstörungen oder Lähmungen kommen ebenso vor wie Störungen der Sinneswahrnehmung oder psychogene Krampfanfälle, sogenannte "Pseudo-Epilepsien". Auffällig ist häufig, daß die Patienten durch ihre massiv beeinträchtigende Erkrankung kaum beunruhigt wirken. Schon Charcot sprach von der sogenannten "Belle indifference" der "Hysterikerinnen" und meinte damit die scheinbar "gepflegte Gleichgültigkeit" ohne merklichen Leidensdruck, mit der noch die kompliziertesten Zustände und die wegen dieser Zustände verursachte Diagnostik ertragen werden. Wichtig ist zu wissen, daß diese Störungsbilder für die Patienten unbewußt entstehen, diese Patienten sind **keine Simulanten**. Sehr häufig besteht bei Betreuungspersonen der Versuch, "den Schwindel nachzuweisen" und die Betroffenen wegen ihrer Störungen massiv zu beschämen. Soll eine Heilung ermöglicht werden, ist oft die Bahnung eines **ehrenvollen Rückzugs**, häufig auch über suggestive Maßnahmen, erforderlich. Konversionsstörungen können auf diese Weise sich z.T. ebenso schnell und überraschend auflösen, wie sie gekommen waren. Selbstverständlich bedürfen jedoch die körperlichen Folgezustände, z.B. nach einer hysterischen Lähmung, die entsprechende Muskelatrophie eines krankengymnastischen Trainings und der entsprechenden Nachversorgung. Da die Konfliktlagen, die zum Ausbruch der Störungsbilder führen, klassischerweise verdrängt sind, bietet sich eine tiefenpsychologisch fundierte oder analytische Behandlung der Patientinnen und Patienten an. Solche Behandlungen sind in der Regel Kassenleistungen, ebenso wie die häufig stationäre Diagnostik und Behandlung während der akuten Erkrankungsphase. Maßnahmen nach § 35a KJHG bzw. Hilfen zur Erziehung werden hierbei seltener erforderlich. Sie sind dann angezeigt, wenn die Konversionsstörung vor dem Hintergrund einer massiven familiären Problematik, sozialen Problematik etc., zu verstehen ist und diese Problematik durch eine entsprechende Hilfe gemildert werden kann.

5.4.5.2 Dissoziative Störungen

Die anderen in diesem Kapitel der ICD-10 aufgeführten Störungen sind die dissoziative Amnesie (d.h. ein psychogener Erinnerungsverlust oder dissoziative Fugue, bei der die Betroffenen sich plötzlich anderenorts wiederfinden, ohne zu wissen, wie sie dorthin gelangt sind, wobei Alltagsfunktionen erhalten bleiben) und der dissoziative Stupor, bei dem die Patienten bewegungslos liegen oder sitzen, Sprache und spontane oder gezielte Bewegungen fehlen völlig oder sind kaum wahrzunehmen. Dennoch kann man an der Atmung, an gelegentlichem Augenöffnen etc. feststellen, daß der Patient weder schläft noch bewußtlos ist (F 44.2). Des weiteren Trance- und Besessenheitszustände (F 44.3) sind relativ selten und werden vor allem im Zusammenhang nach schweren traumatischen Erlebnissen, die von den Betroffenen durchgestanden wurden, beschrieben. Gerade in der Literatur über sexuellen Mißbrauch und schwere Mißhandlungen in der frühen Kindheit hat eine weitere dissoziative Störung, die multiple Persönlichkeitsstörung (F 44.81), in den letzten Jahren eine herausragende Bedeutung gewonnen. Dissoziative Störungen waren von allen herausragenden Psychiatern um 1900 beschrieben worden und sind dann in der Folge fast völlig in Vergessenheit geraten. Schwere Mißhandlungen und sexueller Mißbrauch über lange Zeit, vor allem in der Kleinkindzeit, scheint die Entstehung solcher Störungsbilder mit zu bedingen. Tatsächlich ist z.B. beim sexuellen Mißbrauch verständlich, daß, wenn ein tagsüber freundlich zugewandter Vater das Mädchen in einer völlig veränderten emotionalen Situation nachts mißbraucht, um sich dann am nächsten Tag wiederum überhaupt nichts anmerken zu lassen, die Vorstellung schon recht naheliegt, daß nur durch ein Auseinanderhalten dieser Erlebnisebenen diese völlig verwirrende Lebenssituation überlebt werden kann. Gerade amerikanische Autorinnen und Autoren haben sich in den letzten Jahren intensiv mit der Extremform der **multiplen Persönlichkeitsstörung**, aber auch mit leichteren Formen **dissoziativer Störungen**, der **Depersonalisationsstörung** etc., befaßt. Aus der Arbeitsgruppe, die die entsprechenden Kriterien für das DSM-III-R bzw. DSM-IV erarbeitet hat, hat Marlene Steinberg ein standardisiertes Interview für dissoziative Symptome entwickelt, das bei Folgezuständen bei schwer mißhandelten Personen eingesetzt werden kann. Das DSM-IV hat hier, meiner Meinung nach, eine sinnvollere Einteilung als die ICD-10 gefunden. Konversionsstörungen und dissoziative Störungen werden hier nicht vermischt, sondern die Konversionsstörungen werden mit den Somatisierungsstörungen zum Kapitel der somatoformen Störungen zusammengefaßt. Die dissoziativen Störungen gliedern sich im DSM-IV wie folgt: 300.12 – dissoziative Amnesie, 300.13 – dissoziative Fugue, 300.14 – dissoziative Identitätsstörung (multiple Persönlichkeitsstörung), 300.6 – Depersonalisationsstörung, 300.15 – nicht näher bezeichnete dissoziative Störung.

Während dissoziative Amnesien, Fugue und auch stuporöse Zustände häufig kurzfristige und schnell vorübergehende Reaktionen darstellen, die nach einer direkten Intervention bisweilen keine weiteren Maßnahmen verlangen, haben Personen mit dissoziativen Identitäts- oder Depersonalisationsstörungen häufig eine dramatische Kindheitsvorgeschichte und sind faktisch seelisch behindert im Sinne des § 3 VO. Nicht selten befinden sich solche Jugendliche in Heimerziehung, wobei die betreuenden Institutionen mit der Problematik massiv überfordert sind. Neben einer psychotherapeutischen Behandlung ist deshalb oft eine Klärung des Umfeldes und eine Beratung der betreuenden Institution dringend erforderlich. Konkrete Hilfen zur Bewältigung des Alltags können ebenso notwendig sein wie spezifische Fördermaßnahmen zur schulischen Wiedereingliederung.

Lisa L., eine 14-jährige Jugendliche, wird stationär aufgenommen, weil sie in dem Heim, in dem sie in den letzten zwei Jahren lebte, in eine völlige Außenseiterposition geraten war. Auf ihren Wunsch und angeblich zu ihrem Schutz hatten die Erzieher ihr in einer ehemaligen Besenkammer außerhalb der Gruppe eine Schlafnische eingerichtet. Immer wieder kam es vor, daß sie stundenlang wegblieb, ohne sich zu erinnern, wo sie gewesen war. Sie hatte heftige Auseinandersetzungen vor allem mit zwei Jungen in ihrer Heimgruppe. Während der stationären Behandlung gab sie so viele Hinweise auf Mißhandlungen in der frühen Kindheit, daß die behandelnde Therapeutin aus unterschiedlichen Jugendamtsakten und anderen Aufzeichnungen versuchte, die Vorgeschichte des Mädchens zu recherchieren. Schließlich ergab sich folgendes Bild: Ihre mindestens deutlich lernbehinderte, alkoholabhängige Mutter war in einer ländlichen Gaststätte Barfrau und eventuell auch Prostituierte gewesen. Lisa hatte mehrere Geschwister von unterschiedlichen Vätern. Die Mutter lebte zwei Jahre vor Lisas Geburt mit dem Wirt der Gaststätte zusammen, Lisa war aber nicht sein Kind. Deshalb habe dieser Mann von Anfang an Lisa gehaßt, körperlich mißhandelt und ab dem Vorschulalter darauf bestanden, daß sie in einer Kammer am Stall und nicht im Haus schlafe. Dort wurde sie "völlig verwildert, wie ein Wolfskind" vom Jugendamt angetroffen und aus diesen Verhältnissen herausgenommen. Sie kam dann zunächst in ein Heim, später in eine Pflegefamilie, in der sie wiederum geschlagen wurde, so daß sie erneut im Heim landete. Dort wurde sie von einem Erzieher sexuell mißbraucht und wurde in das Heim, aus dem sie aufgenommen wurde, verlegt. Hier war sie sehr schnell zum Opfer einer "Jungsclique" geworden, die sie teilweise schlug, erpreßte und sexuell nötigte.

Das Mädchen lebte die meiste Zeit in einer "Phantasiewelt", befand sich ständig im Dialog mit mehreren sie beschützenden, engen Begleitern, ohne die sie sich verloren fühlte. Sie hatte mindestens zwei völlig unterschiedliche "Charakterqualitäten" und war in einem dieser Zustände sehr aggressiv und aufbrausend. Erst nach monatelanger Behandlung gewannen reale Beziehungen ähnliches Gewicht wie ihre imaginären Beschützer. Schließlich hatte sich ihr Verhalten soweit gebessert, daß sie in eine heilpädagogische Langzeiteinrichtung mit Kleinstgruppen verlegt werden konnte. In Zusammenarbeit mit der zuständigen Heimpflege des Jugendamtes hatten wir diese Lösung angebahnt und durch unsere ärztliche Stellungnahme befürwortet.

Die ICD-10 faßt die somatoformen Störungen, die den psychogenen Störungen, die neurologische Probleme imitieren, d.h. den Konversionsstörungen nahestehen, im Kapitel F 45 zusammen. Die Depersonalisationsphänomene, die entsprechend der Einteilungslogik der DSM-IV zu dem dissoziativen Bereich gehören, erscheinen in der ICD-10 in einer letzten Sammelkategorie unter F 48.1 als Depersonalisations- oder Derealisationssyndrom.

5.4.5.3 Somatisierungsstörungen

Somatisierungsstörungen (F 45.0) können im Jugendalter oft deshalb nicht diagnostiziert werden, obwohl sich eine entsprechende Entwicklung massiv andeutet, weil für diese Diagnose eine seit Jahren bestehende, häufig wechselnde körperliche Symptomatik erwartet wird. Bei diesen Patienten wird nicht selten ein teilweise medizinisch unterstützter Medikamentenmißbrauch beobachtet. Häufiger werden im Kindes- und Jugendalter einzelne sogenannte "somatoforme autonome Funktionsstörungen" (F 45.3) diagnostiziert. Dazu gehören z.B. psychogene Probleme z.B. des kardiovasculären Systems wie die klassische Herzneurose, die allerdings mehr erwachsene Männer (z.B. in der Midlife-crisis) betrifft. Bei Kindern häufig sind psychogene Störungen des oberen und unteren Gastrointestinaltraktes, d.h. Probleme, die mit Aufstoßen, Magenbeschwerden, Bauchschmerzen, scheinbarer Verstopfung, Blähungen etc., zu tun haben. Auch unklare Atemstörungen, z.B. das recht häufige Hyperventilationssyndrom, gehören in diesen Bereich. Solche Patienten bedürfen teilweise einer oder mehrerer Hilfen. Typisch für die Kinder und Jugendlichen, die von diesen Krankheitsbildern betroffen sind, ist jedoch, daß sie von der organischen Verursachung ihrer Problematik überzeugt sind, und primär psychotherapeutische Hilfe oder andere psychosoziale und pädagogische Hilfen ablehnen. Vielmehr sind sie damit beschäftigt, immer wieder "noch bessere" Ärzte zu konsultieren, um schließlich hinter die Ursache ihres Leidens zu kommen. Solche psychosomatischen Störungen können eine Chronifizierungstendenz von erheblichem Schweregrad und Ausmaß haben. Sie führen dann zu einer ausgeprägten seelischen Behinderung. Das heißt, daß bei vielen dieser Störungen der Bedrohungstatbestand gegeben ist, die Betroffenen jedoch ihren Anspruch auf Hilfe selten geltend machen werden.

5.4.6 Persönlichkeitsstörungen

Wie eingangs zu diesem Bereich ausgeführt, sind Persönlichkeitsstörungsdiagnosen (ICD-10 Kapitel F 60) vor dem Alter von ca. 16 Jahren eher unangemessen. Vorläufer treten zwar häufig als Folge extrem psychosozial belastender Umstände schon in der Kindheit und im früheren Jugendalter auf, doch kann im Zeitraum, in dem sich die Persönlichkeit noch entwickelt, logischerweise nicht von einem Endzustand, einer Persönlichkeitsstörung, gesprochen werden. Alle Persönlichkeitsstörungen sind mit erheblichen Beeinträchtigungen psychosozialer Funktionen verbunden und damit sind diese Patienten logischerweise von einer seelischen Behinderung bedroht. Die ICD-10 beschreibt folgende Persönlichkeitsstörungen:
Paranoide Persönlichkeitsstörung (F 60.0), schizoide Persönlichkeitsstörung (F 60.1), dissoziale Persönlichkeitsstörung (F 60.2), emotional instabile Persönlichkeitsstörung (F 60.3), histrionische Persönlichkeitsstörung (F 60.4), zwanghafte Persönlichkeitsstörung (F 60.5), ängstlich vermeidende Persönlichkeitsstörung (F 60.6), abhängige Persönlichkeitsstörung (F 60.7) und andere und kombinierte Persönlichkeitsstörung.
Für den Bereich der Jugendhilfe sind vor allem die dissozialen Persönlichkeitsstörungen sowie die emotional instabilen Persönlichkeitsstörungen vom impulsiven und vom Borderline-Typus von größter Bedeutung. Personen mit dissozialer Persönlichkeitsstörung sind aufgrund ihrer andauernden Mißachtung sozialer Normen und Regeln und Verpflichtungen häufig in Einrichtungen der Jugendhilfe untragbar und haben früh Kontakte mit der Justiz. Gerade in der Betreuung durch die Jugendgerichtshilfe muß mit solchen Persönlichkeitsproblemen umgegangen werden können, wobei dazu auch noch eine realistische Einschätzung ihrer relativen Un-

erreichbarkeit gehört. Häufig wirken diese Jugendlichen dickfällig und scheinen kaum zur Empathie für die von ihren Taten Betroffenen in der Lage zu sein. Auf Bestrafung reagieren sie selten in der von den Pädagogen gewünschten Art und Weise, häufig sind sie recht geschickt im Vertuschen oder auch im Verschieben der Schuldbezichtungen von anderen etc. Ihr psychisches Leid wird dabei am ehesten deutlich, wenn ihre ständige Reizbarkeit, ihre geringe Frustrationstoleranz und letztendlich ihre Unfähigkeit, enge Beziehungen und Freundschaften einzugehen, deutlich.

Aggressive, ausagierende Jugendliche mit einer Persönlichkeitsstörung vom impulsiven Typus stellen ebenso für viele Einrichtungen der Jugendhilfe ein erhebliches Problem dar. Da diese Jugendlichen eher in der Lage sind, nach einem Impulsdurchbruch verzweifelt zu sehen, was sie angerichtet haben, steht hier pädagogisch wie psychotherapeutisch die Bearbeitung der Impulskontrollstörung im Vordergrund. Das Konzept der Borderline-Störung ging ursprünglich davon aus, daß es sich bei den Betroffenen um Personen handelt, die auf der "Grenzlinie" zwischen Psychosen und Neurosen liegen. Kernberg, einer der "Väter dieses Konzeptes" hat die Fähigkeit zur Realitätsprüfung bei diesen Personen als wichtiges Unterscheidungsmerkmal unterstrichen. Borderline-Persönlichkeitsstörungen manifestieren sich klassischerweise in erheblichen Konflikten im frühen Jugendlichenalter. Häufig nehmen diese Jugendlichen ihre soziale Umwelt gespalten in Gute und Böse wahr, nicht selten lösen diese heftigen innerpsychischen Vorgänge sogar massive Konflikte unter den, mit diesen Jugendlichen zusammenlebenden, anderen Jugendlichen und den Betreuern aus. Charakteristisch sind heftige emotionale Krisen, selbstschädigendes Verhalten, Suiziddrohungen und wiederholte Suizidversuche. Emotional instabile Persönlichkeitsstörungen werden ebenfalls nicht selten bei mißhandelten, vernachlässigten und mißbrauchten Kindern und Jugendlichen gefunden. Diese Jugendlichen neigen auch zu Alkohol-, Medikamenten- oder Drogenabusus, so daß auch unter den Jugendlichen mit Suchtkrankheiten ein erheblicher Anteil von Jugendlichen mit Störungen vom Borderline-Typ zu finden sind. Unlösbar ist für diese Jugendlichen häufig ihr Wunsch nach Autonomie, der von heftigen Schuldgefühlen begleitet ist, und ihre Abhängigkeitsbedürfnisse, Wünsche und Gefühle, die sie sich selbst häufig als unfähig erleben lassen und tief beschämen. Diese Patienten können klinisch ein sehr schillerndes Symptombild mit Angstinhalten, Zwangssymptomen, depressiven Symptomen, unterschiedlichen Formen der Impulskontrolle (siehe oben) und aggressiven Konflikten bieten. Die Menschen in ihrer Lebensumgebung brauchen Beratung, da diese Störungsbilder häufig bei den verantwortlichen Personen Ohnmacht und Hilflosigkeit auslösen und diese wiederum zu Strafimpulsen und aggressiven Regungen gegen den Patienten führen, weil Kontrolle wiedererlangt werden soll. Vorrangiges Ziel aller Maßnahmen der Eingliederungshilfe muß der Aufbau stabiler Beziehungen im Alltag sein. Ziel dabei ist es, daß diese Patienten zunehmend zwischen ihrer inneren Realität und äußeren Realität zu unterscheiden lernen. Schwellensituationen mit Trennung oder vermeintliche bzw. reale Kränkungen können akute Problemzustände auslösen, in denen eine Krisenintervention erforderlich ist. Neben den unterschiedlichen pädagogischen Hilfen sind oft jahrelange psychotherapeutische Bemühungen angezeigt.

Martin M., ein 15-jähriger Jugendlicher, wurde uns in einer verzweifelten Situation vom Heimleiter vorgestellt. Das Erzieherteam war über Martin völlig zerstritten, einige forderten seine sofortige Verlegung, andere wollten ihn davor beschützen, daß man ihn immer zum Sündenbock für alle Probleme der Gruppe mache. Martin hatte vor ca. drei Jahren, bei Aufnahme im Heim, "geschnüffelt", hatte im Heim immer wieder andere massiv körperlich angegriffen, hatte sich selbst auch häufig verletzt, "geritzt" und hatte zwei Suizidversuche unternommen. Er hatte ein ganz besonderes Vertrauensverhältnis zu zwei Erziehern und war auch beim Heimleiter wegen seiner vielen kreativen und prosozialen Charakteranteile trotz aller Schwierigkeiten recht beliebt. Sehr schnell wurde deutlich, wie der Junge aufgrund seiner Persönlichkeitsstörung das Betreuerteam spaltete. Im Rahmen der Krisenintervention kamen wir zusammen mit den Erziehern und den Vertretern des zuständigen Jugendamtes zu der Empfehlung, daß ein externer Psychotherapeut Martin zweimal wöchentlich behandeln solle und gleichzeitig zunächst einmal wöchentlich, dann 14-tägig (im Verhältnis 1:4), eine Teamberatung bezogen auf den Fall Martin durchführen solle. Wir befürworteten diese Therapie als Eingliederungshilfe nach § 35a KJHG in Verbindung mit § 40 BSHG mit einer ärztlichen Stellungnahme und entschlossen uns bei zwei Nachuntersuchungen, die Maßnahme, die gute Erfolge zeigte, wegen der weiterhin bestehenden Grundproblematik zu verlängern. Dem Jugendlichen gelang es in diesem Zeitraum, nicht aus der Gruppe ausgestossen zu werden, seinen Schulabschluß zu machen und seinen Auszug mit einigen anderen Jugendlichen in eine Außenwohngruppe vorzubereiten.

5.5 Andere seelische Störungen, bei denen die Betroffenen von einer seelischen Behinderung bedroht sind

5.5.1 Eßstörungen

Die Eßstörungen (ICD-10 F 50.0), Magersucht – Anorexia nervosa (F 50), die "Freß-Kotz-Sucht" – Bulimia nervosa (F 50.2) und andere bzw. kombinierte Eßstörungen sind Erkrankungen, die vorwiegend jugendliche Mädchen betreffen und die zu lebensbedrohlichen Zustandsbildern aufgrund des Gewichtsverlustes oder aufgrund von Entgleisungen im Haushalt der Blutsalze führen können. Im DSM-IV wird die Anorexie als Eßstörung beschrieben, die durch die Weigerung gekennzeichnet ist, das Körpergewicht über einem minimalen, auf Alter und Körpergröße bezogenes Normgewicht zu halten. Charakteristisch sind intensive Furcht vor Gewichtszunahme, die Patientinnen fühlen sich dick und fett, obwohl sie untergewichtig sind. Sie haben eine Körperschemastörung, bei Mädchen nach der Menarche besteht eine Amenorrhoe. Unterschieden wird ein rein asketischer Typ (restricting type), bei dem die Gewichtsreduktion allein durch das Hungern erzielt wird, und ein Störungsbild mit Freßattacken und Laxantien- oder Diuretikamißbrauch (binge eating/purging type).

Im Gegensatz zu Lempp (a.a.O., S. 28 ff.), der aufgrund der sozial äußerlich guten Anpassung der betroffenen Mädchen davon ausgeht, daß eine Intervention der Jugendhilfe eher selten erforderlich sein wird, sind wir der Ansicht, daß diese schweren Störungsbilder mit teilweise vitaler Bedrohung – manche klinischen Katamnesestudien berichten von Sterberaten bis zu einem Fünftel der schwer erkrankten Patientinnen – bei längerem Verlauf dazu führen, daß die Betroffenen von einer seelischen Behinderung bedroht sind. Früher Behandlungsbeginn bedingt offensichtlich eine günstigere Prognose. Gerade für die frühe Behandlung leichterer Formen gibt es eine Fülle von familientherapeutischen Ansätzen. Im gegenwärtigen Leistungssystem der Krankenkassen gibt es kaum direkte Finanzierungsmöglichkeiten für Familientherapie. Die bewußt offene Form des § 27.3 und auch die Eingliederungshilfemaßnahmen nach § 35a lassen solche Behandlungen zu, die eine massive Erkrankung und damit eine drohende seelische Behinderung vermeiden können. Bei schwereren Verläufen ist eine stationäre Behandlung unumgänglich. Häufig stellt sich bei diesen schwer betroffenen Mädchen heraus, daß gerade mit der Rückkehr in das Herkunftsmilieu erneut Rückfälle verbunden sind, so daß sich manche Mädchen häufig nicht nach der ersten Behandlung, jedoch im weiteren Verlauf der Erkrankung unter erheblichen Mühen zu einer Verselbständigung, z.B. zum Wohnen in einer betreuten Wohngemeinschaft etc., entschließen. Bei diesen Verselbständigungsprozessen sind Eingliederungshilfsmaßnahmen oft dringend erforderlich. Tatsächlich sind die meisten anorektischen Patientinnen extrem leistungsorientiert, so daß Maßnahmen, die eine adäquate Beschulung ermöglichen sollen, fast nie notwendig werden.

Nina N., ein 15½-jähriges Mädchen, wurde gegen ihren Willen von den Eltern vorgestellt, weil sie bei einer Größe von 178 cm noch 31 kg wog. Sie hat sehr früh, mit 8½ Jahren, ihre erste Regelblutung gehabt, hatte aber nunmehr seit 1½ Jahren im Rahmen ihrer Eßstörung eine Amenorrhoe (Ausbleiben der Regelblutung). Beide Eltern waren Lehrer. Ninas acht Jahre ältere Schwester studierte an einer Fachhochschule für Sozialarbeit. Während der längerdauernden stationären Behandlung zeigte es sich, daß Nina zwar im stationären Milieu relativ zuverlässig zunehmen konnte und auch schließlich frei essen konnte, daß sie aber bei jedem längeren Belastungsurlaub nach Hause wieder deutlich abnahm. Schließlich thematisierte sie dies auch aktiv in den Elterngesprächen und gab ihren größten Wunsch an, zur älteren Schwester in eine WG ziehen zu können.

In den Familiengesprächen wurde schnell deutlich, daß die junge Erwachsene mit dieser Aufgabe überfordert wäre, allerdings konnten sich das Mädchen und seine Eltern schließlich auch wegen mangelnder anderer Alternativen mit der Aufnahme in eine engmaschig betreute therapeutiche Wohngemeinschaft anfreunden. Zusammen mit der zuständigen Heimpflegeabteilung machten unsere Kliniksozialarbeiterinnen einen geeigneten WG-Platz ausfindig. Nina stellte sich dort vor und wir empfahlen mit einer ärztlichen Stellungnahme zur Hilfeplanung die Kostenübernahme für diese aus unserer Sicht geeignete Jugendhilfemaßnahme.

5.5.2 Schlafstörungen

Nicht organische Schlafstörungen (F 51), darunter der im Kindesalter auftretende Pavor nocturnus und das Schlafwandeln, führen selten zu einer psychosozialen Beeinträchtigung. Sie bieten Anlaß zu medizinisch-neurologischer Diagnostik, sie stellen in der Regel keinen Anlaß für Maßnahmen der Eingliederungshilfe dar.

5.5.3 Sexuelle Funktionsstörung

Sexuelle Funktionsstörung werden seltener von Jugendlichen geklagt, die häufig noch keine Maßstäbe für das Sexualverhalten haben und sich noch in der Exploration eigener Vorlieben und bei ihren ersten Erfahrungen befinden.

5.5.4 Tiefgreifende Entwicklungsstörungen (F 84)

5.5.4.1 Frühkindlicher Autismus

Als bedeutendste Form der tiefgreifenden Entwicklungsstörung ist der von Leo Kanner (1943) beschriebene frühkindliche Autismus (F 84.0) zu nennen. Nach den Kriterien des DSM-IV sind bei autistischen Störungen die soziale Interaktion und die Kommunikation massiv gestört und es finden sich repetitive und stereotype Verhaltensmuster, Interessen und Aktivitäten. Charakteristisch ist eine Entwicklungsverzögerung, die vor dem 3. Lebensjahr beginnt und die dissoziale Interaktion, die Sprachentwicklung und das Symbolspiel betrifft. Als Beispiel für die Störungen der sozialen Interaktion werden u.a. eine merkliche Störung im Einsatz von Blickkontakt und Gesichtsausdruck zur Regulierung der nonverbalen Kommunikation beschrieben. Deutlich ist eine Störung der Empathiefähigkeit. Die Sprachentwicklung ist häufig verzögert oder fehlt. Ca. drei Viertel aller Patienten mit autistischen Störungen haben eine deutliche Intelligenzminderung. Gesichert ist eine deutliche Knabenwendigkeit. Prognostisch wichtig ist der Spracherwerb und die meßbare nicht-sprachliche Intelligenz. Günstigere Verläufe sind mit einem höheren IQ und einer relativ früh einsetzenden Sprachentwicklung noch vor dem 5. Lebensjahr statistisch korreliert. Nach Lord und Rutter (1994) ist mit einer Häufigkeit zwischen zwei und fünf Fällen pro 10 000 bei engen Definitionen und für den weiteren Begriff der tiefgreifenden Entwicklungsstörungen zwischen 1 und 2 ‰ zu rechnen. Der frühkindliche Autismus ist eine tiefgreifende Störung, die primär einer seelischen Behinderung gleichkommt. Ein erheblicher Anteil der am Vollbild des frühkindlichen Autismus erkrankten Patienten wird auf Dauer nicht zu einem selbständigen Leben in Gemeinschaft in der Lage sein und ständig einer Betreuung bedürfen. Die Ätiologie ist nach wie vor unklar, nachdem die älteren Theorien im Autismus eine massive Mutter-Kind-Beziehungsstörung gesehen haben, dominieren derzeit biologisch-biochemische und genetische Hypothesen, wobei nach wie vor die letzte Klärung noch aussteht, man aber davon ausgehen kann, daß biologische Prädispositionen durch Umwelteinflüsse moduliert werden. Ein hoher Prozentsatz der Kinder mit autistischen Syndromen ist geistig behindert, es gibt aber auch autistische Kinder mit normaler Intelligenz oder vor allem ausgestanzten Hochbegabungen. Diesen Kindern wird eine generelle Zuordnung autistischer Kinder zum Personenkreis der geistig Behinderten nicht gerecht. Neben Eingliederungshilfemaßnahmen wie der Betreuung in geschützten Werkstätten und spezifischen Einrichtungen zielen manche Maßnahmen direkt auf die Milderung der Folgen der seelischen, sozial interaktiven Behinderung ab. Gerade weil durch Behandlungsmaßnahmen bei Autismus oft nur Teilerfolge und nicht etwa eine Heilung zu erzielen ist, sind z.T. langdauernde, oft multiple und kostspielige Maßnahmen der Eingliederungshilfe erforderlich. Gerade bei diesem Personenkreis zeigt sich das Dilemma, das durch die Unterteilung der Zuständigkeit zwischen Sozialhilfe und Jugendhilfe nun an der Grenzlinie zwischen geistiger Behinderung und seelischer Behinderung entstanden ist.

Otto O. ist ein 7-jähriger, nun schulpflichtiger Knabe, bei dem im Alter von 4 Jahren die Diagnose eines frühkindlichen Autismus gestellt wurde. Anlaß zur Wiedervorstellung war die Klärung der Frage, wie er adäquat beschult und tagsüber betreut werden könne. Obwohl er deutliche Fortschritte in der Sprachentwicklung und in seiner Gruppenfähigkeit nach zweijähriger Betreuung in einer Kindergruppe des Vereins "Hilfe für das autistische Kind" gezeigt hatte, war es ausgeschlossen, daß er als Integrationskind eine normale Schule besuchen könnte. Auch der Besuch einer Kleinklasse in einer Lernbehindertenschule war derzeit nicht denkbar. Wir befürworteten seine Beschulung und Förderung in einem integrierten Schul- und Hortprojekt des Vereins "Hilfe für das autistische Kind", welches jedoch relativ weit entfert von seiner Wohnung lag. Aufgrund der häuslichen Verhältnisse war es darüber hinaus notwendig, einen Taxitransport zu organisieren, da er nicht mit öffentlichen Verkehrsmitteln ohne Schwierigkeiten zum Hort gelangen konnte. In der entsprechenden ärztlichen Stellungnahme stellten wir fest, daß Otto aufgrund seiner Erkrankung seelisch behindert ist und er zur Gewährleistung der bestmöglichsten schulischen und Entwicklungsförderung dringend der genannten Maßnahmen der Eingliederungshilfe bedarf.

5.5.4.2 Autistische Psychopathie

Die früher sogenannte "autistische Psychopathie", die also eventuell auch nach der Logik der Verordnung den Persönlichkeitsstörungen zugeordnet werden kann, das sogenannte "Asperger-Syndrom" (F 84.5) gehört ebenfalls zu den tiefgreifenden Entwicklungsstörungen. Bei dieser seltenen Krankheit fällt eine extreme Knabenwendigkeit auf. Diese Patienten sind mindestens normal intelligent, häufig jedoch motorisch relativ ungeschickt. Sie fallen durch ihre z.T. extrem seltsamen Sonderinteressen, z.B. für Bahnfahrpläne, technische Baupläne und Funktionen etc., auf. Einschränkungen dieser Interessen tolerieren sie kaum, reagieren häufig darauf mit heftigen emotionalen Ausbrüchen. Aufgrund ihrer mindestens normalen Intelligenz ist hier eine Zuordnung zum Personenkreis der geistig Behinderten unsinnig. Jugendliche mit Asperger-Syndrom haben häufig große Schwierigkeiten, in der Gleichaltrigengruppe zurecht zu kommen und haben erhebliche Probleme in der Ablösung aus dem familiären Kontext und mit dem Eintritt ins Berufsleben. Bei diesen schweren Schritten benötigen sie diverse Eingliederungshilfemaßnahmen, die auch auf ihre Kontaktstörung Rücksicht nehmen. Sie gehören aufgrund ihrer Problematik zum Personenkreis, der von einer seelischen Behinderung bedroht ist.

Peter P., ein 14-jähriger Gymnasiast, war nach Angaben seiner Eltern schon immer relativ kontaktscheu. Er hatte nie enge Freunde und galt in seiner Klasse als "Eisenbahnfreak und Fahrplanspezialist", insgesamt als skurriler Sonderling. Es fehlte ihm in vielen sozialen Bereichen deutlich an Empathie, doch brachte er vor allem in einigen naturwissenschaftlichen Fächern hervorragende Schulleistungen. Sein Lieblingsspielzeug war ein Computer, auf dem er mit CD-ROM Zugriff auf den gesamten Fahrplan der Bahn hatte. Er sammelte Eisenbahnmodelle und Fahrpläne und wurde, nachdem er zunächst eher scheu Kontakt zum Untersucher aufnahm, fast kleinkindhaft zutraulich, als er im Untersuchungszimmer ein Eisenbahnmodell entdeckte, was er sofort herbeiholte.

Aufgrund seiner Problematik verließ er immer weniger die Wohnung zur Freizeitgestaltung. Er fürchtete, von anderen Jugendlichen lächerlich gemacht zu werden. Die ausführliche testpsychologische Untersuchung ergab einen überdurchschnittlichen Intelligenzquotienten und zeigte auch die vehementen Empathie- und Beziehungsstörungen auf. Wir diagnostizierten ein Asperger-Syndrom. In unserer ärztlichen Stellungnahme zur Hilfeplanung erklärten wir, weshalb dieser Junge aufgrund seiner Symptomatik von einer sozial betonten seelischen Behin-

derung bedroht ist und empfahlen den Einsatz eines Einzelfallhelfers, der ihn zunächst dazu veranlassen sollte, am
Nachmittag nach der Schule Freizeitaktivitäten zu entwickeln
und nicht nur die ganze Zeit vor dem Computer zu verbringen.
Tatsächlich gelang dies dem Einzelfallhelfer, der zunächst
Peter über gemeinsame Bahnfahrten und Besuche des Technik-
museums motivierte, partiell.

5.5.4.3 Rett-Syndrom

Die desintegrativen Störungen des Kindesalters, vor allem das Rett-Syndrom
(F 84.2), das bisher nur bei Mädchen beschrieben wurde, ist charakterisiert durch
massive Rückschritte in der Entwicklung nach vorausgegangener normaler Entwicklung. Der Krankheitsbeginn liegt zwischen dem 7. und 24. Lebensmonat. Am
typischsten sind stereotype Händewaschbewegungen und der Verlust zielgerich-
teter Handbewegungen. Teilweise können diese Kinder wie autistische Kinder
wirken. Allerdings zeigen sie keine komplexen Stereotypien und nur selten selbst-
beschädigendes Verhalten. Häufig treten zusätzlich noch epileptische Anfälle auf.
Je nach Schweregrad des Zustandsbildes rechtfertigt das Rett-Syndrom sowohl die
Zuordnung zum Personenkreis der Körperbehinderten als auch zum Personenkreis
der von einer seelischen Behinderung Bedrohten und manchmal auch zum Personenkreis der geistig behinderten Kinder. Da eine Fülle von medizinischen Maßnahmen notwendig ist, scheint die komplette Zuordnung zum § 39 BSHG generell eher
sinnvoll.

5.5.4.4 Hyperkinetische Störung mit Intelligenzminderung

Die hyperkinetischen Störungen mit Intelligenzminderung und Bewegungsstereo-
typien, d.h. Verhaltensauffälligkeiten mit getriebener Unruhe, Hyperaktivität, bei
geistig behinderten Jugendlichen (F 84.4) sind klar im Zusammenhang mit der geistigen Behinderung zu sehen und entsprechen so dem Bereich des § 39 BSHG.

5.5.5 Hyperkinetische Störungen (F 90)

Im Rahmen des früher häufig gebrauchten Konzepts der minimalen cerebralen Dysfunktion (MCD) der Eingliederungshilfe nach oder "frühkindlichen Hirnschädigung"
wurden hyperkinetische Störungen häufig als Folgezustände einer cerebralen Dysfunktion angesehen. Insofern wäre ihre Zuordnung zu den seelischen Störungen als
Folge von Krankheit oder Verletzung des Gehirns stimmig gewesen. Nach wie vor
ist die Ätiologie dieser Problematik allerdings unklar. Phänomenologisch imponiert
meist ein **Aufmerksamkeitsdefizit** und die **motorische Hyperaktivität**. Völger (1992)

hat in ihren Nachuntersuchungen von Kindern, bei denen fünf Jahre zuvor bei der neurologischen Untersuchung eine leichte Hirnfunktionsstörung festgestellt worden war, gefunden, daß 88% der Patienten Aufmerksamkeitsstörungen in Alltagssituationen zeigten, 79% Irritierbarkeit und 81% Hyperaktivität. 81% der nachuntersuchten Patienten hatten während des Katamnesezeitraumes von ca. fünf Jahren therapeutische oder sozialpädagogische Maßnahmen erhalten.

"Der Elternfragebogen nach Rutter ergab im Verlauf einen statistisch signifikanten Rückgang von Verhaltensauffälligkeiten im Gesamtscore und in der Subskala für emotionale Störungen, jedoch nicht in der Skala für dissoziale Störungen..." (Völger 1992, S. 106). Frau Völger stellte fest, daß leichte motorische Funktionsstörungen für die Sozialentwicklung der Patienten nur eine vergleichsweise geringe Relevanz hatten. Eine entsprechend hohe Relevanz mißt sie visuellen Funktionsstörungen, Lernstörungen und Teilleistungsstörungen bei.

Die ICD-10 unterscheidet einfache Aktivitäts- und Aufmerksamkeitsstörungen von **hyperkinetischen Störungen des Sozialverhaltens,** die zusätzlich zur Aufmerksamkeitsstörung auch massive Regelverstöße und dissoziales Verhalten beinhalten. Kinder mit hyperaktivem Verhalten sind häufig in ihrer schulischen Entwicklung massiv bedroht. Für einen Teil besteht neben pädagogischen und psychologischen Interventionen eine sinnvolle adjuvante (unterstützende, nicht teilende) Behandlung in der Gabe von unter das Betäubungsmittelgesetz fallenden Aufputschmitteln (Stimulanzien, z.B. Methylphenidat "Ritalin®"), die diese Kinder paradoxerweise ruhiger und konzentrationsfähiger werden lassen. Große kinderpsychiatrische Prospektivuntersuchungen, wie z.B. die Mannheimer Studie, haben gezeigt, daß diese Störungen, vor allem wenn sie mit einer Störung des Sozialverhaltens kombiniert sind, eine deutlich ungünstigere Prognose als die emotionalen Probleme im Kindesalter haben. Zur Beratung der Eltern ist es wichtig zu verstehen, daß diese Kinder, die häufig von Lehrern oder Außenstehenden als schlecht erzogene, ungezogene Kinder betrachtet werden, unter einer bekannten Erkrankung leiden und es sich bei diesem Störungsbild nicht primär um ein elterliches Versagen handelt. Diese Kinder bedürfen unterschiedlicher Maßnahmen der Eingliederungshilfe, wobei in der Anwendung des § 35a oder kombinierter Maßnahmen nach § 35a oder § 27 auch argumentativ in der Beratung den Eltern gegenüber ein Vorteil liegt, da hier klar von immanenten Schuldzuweisungen abgesehen wird. Immer wieder ist es wichtig, den betroffenen Familien klar zu machen, daß die im Zusammenleben mit einem hyperkinetischen Kind unvermeidlichen Problem häufig sekundäre Schwierigkeiten sind, die nicht primär im Versagen oder in der Erziehungsunfähigkeit der Eltern begründet sind. Die hyperkinetischen Störungen sind im Schulalter relativ zahlreich und kommen bei Jungen ca. fünfmal häufiger als bei Mädchen vor. Bei ziemlich ähnlicher Phänomenologie finden sich in einem Fall mehr Anhaltspunkte für eine organische Mitbeteiligung, z.B. durch hirnorganische Reifungsverzögerungen, in anderen Fällen deutliche Hinweise auf eine Sozio- bzw. Psychogenie durch das familiäre Umfeld. Insofern wäre es systematisch etwas unredlich, diesen für die Jugendhilfe wichtigen Problembereich einfach pauschal den seelischen Störungen als Folge von

Krankheiten des Gehirns zuzuordnen. Die hyperkinetischen Syndrome sind eines der Beispiele, weshalb mit dem Übergang der Zuständigkeit für die von seelischer Behinderung bedrohten Kinder generell von den Beispielen für wesentliche seelische Behinderung im Katalog des § 3 VO abgegangen werden sollte.

Ralf R., ein knapp 9-jähriger Junge, der in seinen ersten beiden Schulbesuchsjahren schon dreimal die Schule gewechselt hatte, wurde von seinen Eltern vorgestellt, weil er nach einer Auseinandersetzung mit der Lehrerin in der Pause das Klassenzimmer unter Wasser gesetzt und damit einen erheblichen, glücklicherweise von seiner Versicherung getragenen Wasserschaden verursacht hatte. Die Eltern schilderten Ralf als "Irrwisch", der ständig in Bewegung sei. Ralf könne sich kein Glas Milch eingießen, ohne daß ein Malheur geschehe. Zu Kindergeburtstagen werde er schon lange nicht mehr eingeladen, weil jeder wisse, daß alles in einer Katastrophe ende, wenn er dort auftritt. Seine Lehrer beurteilten auf den von uns ausgegebenen Verhaltenseinschätzungsfragebogen nach Connors sein Verhalten als extrem unkonzentriert und auffällig. Ralf war ein sehr phantasievoller Junge, der aufgrund seiner Hypermotorik zwar nicht gut zeichnen konnte, seinen farbenfrohen zeichnerischen Produkten aber so phantasievolle, treffende Bezeichnungen gab, daß ihn die Kunstlehrerin für relativ geschickt hielt. Eine ausführliche beschäftigungstherapeutische Untersuchung objektivierte, ähnlich wie testpsychologische Untersuchungen, eindeutige Wahrnehmungsdefizite. Wir diagnostizierten ein hyperkinetisches Syndrom und empfahlen den Kindeseltern neben einer beschäftigungstherapeutischen Behandlung den Versuch einer Therapie mit Stimulanzien. Die Eltern lehnten dies zunächst ab und versuchten eine phosphatfreie Diät, die ihnen von einer Bekannten empfohlen wurde. Tatsächlich zeigte der Junge in den ersten Diätwochen nach Ansicht der Eltern, weniger nach Ansicht der Lehrer, eine leichte Verhaltensverbesserung. Schließlich eskalierten aber zu Hause erhebliche Konflikte wegen nachgewiesener oder vermuteter "Diätverstöße". In der Schule sank sein Leistungsniveau weiter ab, so daß die Lehrer trotz Ralfs guter intellektueller Ausgangslage, die wir testpsychologisch festgestellt hatten, eine Umschulung auf eine Lernbehindertenschule vorschlugen. Zu diesem Zeitpunkt entschlossen sich die Eltern, einem Behandlungsversuch mit Methylphenidat zuzustimmen. Die Schule erklärte sich bereit, über einen mehrwöchigen Zeitraum über das Verhalten des Jungen Buch zu führen. Auslaßversuche zeigten eindeutig, daß er sehr positiv auf die Behandlung reagierte. Auch in der beschäftigungstherapeutischen Behandlung machte er nun große Fortschritte. Seine Stellung in der Familie thematisierte er bei seiner Beschäftigungstherapeutin zunehmend als Problem, so daß nach Abschluß der beschäftigungstherapeutischen Übungsbehandlung wir bei einer Hilfekonferenz einige familientherapeutische Sitzungen empfahlen. Wir

168

befürworteten diese Maßnahme als kombinierte Maßnahme der Eingliederungshilfe und Hilfe zur Erziehung.

5.5.6 Störungen des Sozialverhaltens (F 91)

Ein weiteres Beispiel sind die Störungen des Sozialverhaltens (F 91), die ebenfalls eine heterogene Gruppe darstellen und die nur zu einem kleinen Teil im Rahmen der sogenannten "neurotischen Delinquenz" oder im Rahmen späterer dissozialer Persönlichkeitsstörungen von den Beispielen im § 3 VO direkt abgedeckt werden. Störungen des Sozialverhaltens treten ebenfalls bei Jungen deutlich häufiger als bei Mädchen auf, bei ca. 5% aller Jungen liegt zum Ende der Grundschulzeit eine Störung des Sozialverhaltens vor. Auch in bezug auf diese Störung haben prospektive kinderpsychiatrische Untersuchungen gezeigt, daß sie generell eine ungünstigere Prognose haben als die emotionalen Probleme des Kindesalters, die teilweise auch unbehandelt nach der Pubertät wieder zurückgehen. Insofern ist es wenig verständlich, daß die ausagierenden Sozialstörungen, die traditionell die Mitarbeiter der Jugendhilfe immer beschäftigt haben, aufgrund von Einordnungsschwierigkeiten wenig Berücksichtigung finden. Lempp erwähnt sie in seiner Schrift zum § 35a SGB VIII nur am Rande. Die ICD-10 unterscheidet im Kapitel F 91 Störungen des Sozialverhaltens, die auf den familialen Rahmen beschränkt sind, und Störungen des Sozialverhaltens bei fehlenden sozialen Bindungen, d.h. Dissozialität, aggressives Verhalten und Delinquenz als Einzelgänger, während bei den Störungen des Sozialverhaltens bei vorhandenen sozialen Bindungen (F 91.2) die dissozialen Handlungen häufig in einer Bande, "Gang", einer ebenfalls dissozialen Gleichaltrigengruppe ausgeführt werden. Die Jugendlichen haben dann nicht eine völlige Orientierungslosigkeit in bezug auf soziale Normen, sondern orientieren sich in der Regel an den Normen und Ehrenkodices ihrer zum Teil delinquenten Subkultur. Schuleschwänzen, gemeinsames Stehlen, Gruppendelinquenz etc. gehören in diesen Bereich. Der eingangs angesprochene historische Zuständigkeitskonflikt zwischen Kinderpsychiatrie und Jugendhilfe zeigt sich bei dieser schwer zu behandelnden und auch schwer pädagogisch zu führenden Gruppe von Jugendlichen mit umgekehrten Vorzeichen. In der Regel sind Jugendpsychiater gerade bei schweren Störungen des Sozialverhaltens der Ansicht, daß es sich primär um langfristige Aufgaben der Jugendhilfe handelt, während in der Jugendhilfe teilweise die Tendenz besteht, solche Patienten zu psychiatrisieren und zu hospitalisieren oder die Problematik als alterstypische "Verhaltensstörung" zu bagatellisieren, ohne daß dadurch das Problem gelöst werden könnte. Tatsächlich fehlt es an kooperativen multiprofessionellen spezifischen Einrichtungen für diese gefährdeten Jugendlichen. Die Tatsache, daß ihre multiplen Probleme auch als seelische Störung mit dem Risiko der drohenden seelischen Behinderung zu sehen sind, mag bei der Realisierung mancher aufwendiger Maßnahmen auch angesichts der Kosten im Bereich der stationären Heilbehandlung hilfreich sein.

Sebastian S. ist ein 11-jähriger Junge, der von seinen Eltern auf Druck des Jugendamtes poliklinisch vorgestellt wird. Seine zwei älteren Geschwister sind seit mehreren Jahren im Heim, er hat noch vier jüngere Geschwister. Sebastian war schon seit Jahren teilweise in heftige aggressive Auseinandersetzungen verwickelt. Zusammen mit seinen "Kumpels" hatte er längere Zeit kleinere Mitschüler auf dem Schulweg überfallen und ihnen das Taschengeld und teilweise die Schulbrote abgenommen. Wer sich weigerte, wurde zum Teil sehr heftig gedemütigt. Einem Jungen soll Sebastian die Jacke ausgezogen haben und zusammen mit seinen Freunden darauf uriniert haben. Im letzten Schulhalbjahr schwänzte Sebastian zunehmend und hielt sich vor allem in einem verlassenen Bauwagen, den er zusammen mit seinen "Kumpels" zum "Hauptquartier" erklärt hatte, auf. Er kam teilweise sehr spät nach Hause, was den Eltern wegen ihrer erheblichen Alkoholprobleme nicht besonders aufgefallen war. Sebastian rauchte und gab an, gelegentlich Alkohol zu trinken. Wiederholt hatte er Ladendiebstähle verübt, zweimal war er dabei "erwischt" worden. Nachdem in der Nähe des Bauwagens mehrere PKW beschädigt und diverse Autoradios und andere Gegenstände gestohlen worden waren, wurde das Jugendamt durch die herbeigerufene Polizei auf Sebastian und seine Freunde aufmerksam gemacht. Die Probleme in Sebastians Herkunftsfamilie waren dem Jugendamt auch aufgrund seiner älteren Geschwister seit Jahren bekannt. Das Jugendamt empfahl auch für Sebastian eine Heimunterbringung. Die Eltern handelten bei der Besprechung der Hilfeplanung noch eine "Schonfrist" aus, in der der Junge in unserer Abteilung untersucht werden sollte, damit ein adäquater Vorschlag gefunden werden könne. Auch wir kamen nach Abschluß der Diagnostik zu keinem anderen Lösungsvorschlag für Sebastian, allerdings konnten wir die Anforderungscharakteristika der empfohlenen Einrichtung detaillierter spezifizieren. Ein wichtiges Resultat der Untersuchung war es aber, daß die Kindeseltern Vertrauen faßten und auch die jüngeren Geschwister in der Abteilung vorstellten. Hierbei diagnostizierten wir erhebliche Entwicklungsdefizite und leiteten diverse ambulante Hilfsmaßnahmen ein.

5.5.7 Ticstörungen (F 95)

Ticstörungen (ICD-10 F 95) treten vor allem im Vorschulalter als häufig vorübergehende Blinzeltics, Grimassieren im Gesicht oder Kopfschütteln auf. Charakteristisch ist ein wellenförmiger Verlauf. Von einer vorübergehenden Ticstörung wird bei einer Dauer nicht über einem Jahr gesprochen. Schwerwiegender sind chronische motorische oder vokale Tics. Vokale Tics sind Grunzlaute, Räuspern oder andere unartikulierte ticartige Geräusche, aber auch der Gebrauch obszöner Wörter oder Schimpfwörter im Sinne einer Koprolalie. Die Extremform dieses Störungsbildes wurde im letzten Jahrhundert von dem französischen Neurologen

Gilles de la Tourette beschrieben. Leckman und Cohen (1994) geben an, daß bei über 10% aller Jungen und bei bis zu 10% aller Mädchen vorübergehend Tics auftreten. Umstrittener sind die Daten für die massivste Tic-Erkrankung, das Tourette-Syndrom. Nach einer neueren Studie aus Israel, die Leckman und Cohen zitieren (Apter et al., noch unveröffentlicht), gehen sie von einer Häufigkeit von ca. 0,4 ‰ aus. Deutlich ist, daß Jungen sehr viel häufiger am Tourette-Syndrom erkranken als Mädchen. Das Tourette-Syndrom, die kombinierte vokale und multiple motorische Ticstörung (F 95.2) ist eine schwere kinderpsychiatrische Erkrankung, die häufig zu einer Ablehnung und sozialen Isolation der Patienten führt. Durch ihre multiplen motorischen Tics (Aufwerfen der Arme, Rucken der Schultern etc.) und durch ihre vokalen Tics werden die betroffenen Kinder häufig in Gruppen, insbesondere in der Schule, scheinbar untragbar. Sie werden vor allem von ihren Klassenkameraden, die dieses seltsame Verhalten nicht verstehen können, oft massiv gehänselt. Dieses schwere Störungsbild, bei dem neben einer (stationären) psychotherapeutischen Behandlung auch eine medikamentöse Behandlung angesagt ist, führt dazu, daß die betroffenen Kinder und Jugendlichen unter einer massiven Beeinträchtigung ihrer sozialen Funktionen leiden, sie sind deshalb massiv von einer seelischen Behinderung bedroht. Maßnahmen der Eingliederungshilfe sollen ihr Verbleiben in einem sozialen Kontext oder ihre Wiedereingliederung, z.B. in die Schule, aber auch im Freizeitbereich, unterstützen.

Timo T., ein 11-jähriger, zarter, für sein Alter recht großer Junge, der seit dem 5. Lebensjahr an einem Blinzeltic leidet. Seit ca. einem Jahr hat seine allein mit ihm lebende Mutter auch ruckartige Bewegungen der Schulter und der Arme und zunächst tiefe, gutturale Geräusche und Grunzlaute bemerkt. Der überall als schüchtern und brav bekannte Timo hatte in den letzten Wochen in der Schule erhebliche Schwierigkeiten, weil er von einigen Lehrern vom Unterricht ausgeschlossen worden war, da er den Unterricht durch unflätige Bemerkungen gestört haben sollte. Auch der Mutter war aufgefallen, daß er stereotyp obszöne Wörter und Wörter aus der Fäkalsprache gebrauchte. Diagnostisch handelte es sich offensichtlich um ein Gilles de la Tourette-Syndrom. Timo, der schon früher eher ein Einzelgänger gewesen war, wurde nun in seiner Klasse lächerlich gemacht und verspottet, zum Teil auch von Mitschülern imitiert. Er wollte die Schule wechseln, war aber, noch bevor Maßnahmen ergriffen werden konnten, so verzweifelt, daß die Mutter befürchtete, daß er sich etwas antun könne. Wir empfahlen deshalb initial eine stationäre Behandlung, während derer der Junge auch medikamentös eingestellt wurde, wodurch die Tic-Symptomatik deutlich zurückging, jedoch nicht ganz verschwand. Während der Abschlußphase der stationären Behandlung bereiteten wir seine Umschulung und seine Integration in eine neue Schule vor. Timo sollte noch eine über die Kasse finanzierte Psychotherapie bekommen. Seine Mutter, die im Rahmen der Beratungsgespräche während der stationären Behandlung beschlossen hatte, wieder arbeiten zu gehen, beantragte, nachdem sie glücklicherweise schnell eine geeignete Stelle gefunden hatte, beim Jugendamt den Einsatz eines Familienhelfers für Timo. Wir befürworteten diese Maßnahme.

5.5.8 Enuresis

Eines der meistgenannten und bekanntesten kinderpsychiatrischen Krankheitsbilder, das Einnässen oder die Enuresis (F 98.0), ist keine einheitliche Symptomatik. Man unterscheidet nächtliches Einnässen vom Einnässen tagsüber und man spezifiziert, ob ein Einnässen primär oder sekundär aufgetreten ist. Die Kinder, bei denen die Sauberkeitserziehung noch nie abgeschlossen wurde, leiden unter einer primären Enuresis, die Kinder, die z.B. nach einem Konflikt oder gar nicht so selten nach der Geburt eines Geschwisterkindes etc., passager wieder einnässen, leiden an einer sekundären Enuresis.

Shaffer (1994) beschreibt auf der Basis einer Übersicht über mehrere Studien zur Verhaltensentwicklung, daß zwischen dem Alter von 2 und 4 Jahren bei zunehmend mehr Kindern die Sauberkeitserziehung abgeschlossen wird, während eine gewisse Restgruppe von Kindern bleibt, die einen verzögerten Abschluß der Sauberkeitserziehung aufweist. Nach unseren eigenen Untersuchungen mit der deutschen Version der Achenbachschen "Child Behavior Checklist" für 2- bis 3-Jährige (Fegert, Gütschow, Wolf, noch unveröffentlicht) kooperierten im Alter von 2½ Jahren ein Viertel der Kinder noch nicht bei der Sauberkeitserziehung. Unsere Daten zeigen auch, daß Mädchen eher etwas früher sauber werden als Jungen. Dennoch sind nach Scheffer bis zum Alter von 5 Jahren die Häufigkeiten für das Einnässen zwischen den Geschlechtern gleich verteilt. Später, z.B. mit 11 Jahren, gibt es doppelt so viel Jungen als Einnässer wie Mädchen. Rutter und Mitarbeiter (1973) gaben an, daß im Alter von 7 Jahren 7% aller Jungen noch mehr als einmal pro Nacht einnässen. Tatsächlich gibt es aber auch einige wenige Einnässer, die trotz unterschiedlichster Behandlungsversuche bis ins Erwachsenenalter nicht trocken werden.

Die primäre Enuresis ist eine Form der Reifungsverzögerung und wird am besten mit Kalenderführung und unspezifischen Beobachtungsmaßnahmen, Verstärkerprogrammen, oder bei guter Kooperation der Kinder auch mit verhaltenstherapeutischen apparativen Konditionierungsmethoden wie Klingelapparaten behandelt, wobei natürlich eine ausführliche Beratung der Familie und kinderpsychiatrische bzw. psychotherapeutische Betreuung des Kindes gewährleistet sein muß.

Die sekundäre Enuresis ist als im bisherigen Verständnis "neurotisches Symptom des Kindesalters" zu verstehen und könnte deshalb dem Punkt 4 des § 3 VO eventuell zugeordnet werden. Wir stimmen voll mit Lempp (a.a.O.) überein, daß diese Störungsbilder jedoch selten zu einer langdauernden erheblichen Einschränkung führen, so daß diese Kinder in der Regel nicht von einer erheblichen seelischen Behinderung bedroht sind, wenn nicht andere depressive Symptome,

172

Selbstwertstörungen oder andere psychosoziale Belastungen mit auftreten.

5.5.9 Enkopresis

Das Einkoten (Enkopresis, F 98.1) ist im Gegensatz dazu eine massive Erkrankung, die in vielen Familien Ausdruck erheblicher Konflikte ist und auch in den Reaktionen der Erwachsenen häufig erhebliche Aggressionen mobilisiert. Nicht selten muß bei längerdauernden Verläufen an eine stationäre Behandlung gedacht werden. Viele dieser Patienten und ihre Familien brauchen im Anschluß an die Behandlung noch Maßnahmen wie z.B. eine Familienhilfe oder auch eine ambulante Psychotherapie. Bei der Enkopresis ist es ernsthaft begründet zu diskutieren, ob die betroffenen Kinder von einer seelischen Behinderung bedroht sind. Dies wird vor allem so sein, wenn noch andere ungünstige familiäre und psychosoziale Faktoren hinzutreten.

Ulla U., ein 10-jähriges Mädchen, wurde von ihrer Mutter bei einem Notfalltermin vorgestellt, weil diese befürchtete, "auszurasten" und das Kind heftig zu mißhandeln. Ulla, die seit ihrem Alter von 7 Jahren, nachdem sie früh sauber geworden war, wieder einkotete, hatte in den letzten Wochen wiederholt verschmierte Unterhosen in der Wohnung versteckt. Nun hatte die Mutter hinter der Heizung verklebt mehrere Unterhosen gefunden und war vor Wut völlig fassungslos. Der Stiefvater des Mädchens, der auch angab, daß die Eltern es im guten wie im bösen auf jede Art versucht hätten, dem Mädchen das Einkoten abzugewöhnen, schlug eine stationäre Behandlung vor, und wir boten dem Mädchen den nächsten, auf unserer Kinderstation freiwerdenden Behandlungsplatz an.

Ulla war bei Aufnahme sehr traurig und kotete ein- bis zweimal am Tag ein. Durch ein Belohnerprogramm, zunächst für Toilettenbesuch, später für "erfolgreichen" Toilettenbesuch, konnte die Einkotfrequenz erheblich reduziert werden, schließlich verschwand das Symptom völlig. Gleichzeitig war das Mädchen zunehmend verbal und auch körperlich aggressiver geworden. Die Eltern schienen diese Entwicklung zu bedauern, weil ihr "wohlerzogenes Kind" durch den "schlechten Umgang" auf der Station "frech" geworden sei. Ulla war sehr eifersüchtig auf ein Geschwisterchen, das während ihres stationären Aufenthaltes geboren wurde. Bei der Entlassung empfahlen wir, unter anderem auch deshalb, den Einsatz einer sozialpädagogischen Einzelfallhelferin, die ihr einerseits helfen sollte, ihre schulischen Lücken aufzuarbeiten und ihr auch ein spezifisches Beziehungsangebot machen sollte.

5.6 Andere wesentliche Faktoren, die eine seelische Störung mitbestimmen

5.6.0 Einleitung

Remschmidt und Schmidt haben 1977, orientiert an Rutter, Shaffer und Sturge, deren multiaxiales Klassifikationsschema für psychiatrische Erkrankungen im Kindes- und Jugendalter in Deutschland eingeführt. Zentrales Ziel multiaxialer kinderpsychiatrischer Diagnostik ist es, nicht nur eine nosologisch Zuordnung durch psychiatrische Diagnosen zu schaffen, sondern Problemlagen von Kindern auch in bezug auf ihr Entwicklungsniveau, ein für die Kindheit herausragender Faktor, und in bezug auf ihre Intelligenz, auf körperliche Grunderkrankungen und die psychosozialen Lebensbedingungen zu beschreiben. Nach dem neuesten Stand (vgl. Schmidt 1994) zählt auch eine Einschätzung des globalen Schweregrades der psychosozialen Beeinträchtigung der Kinder mit zur fachgerechten kinder- und jugendpsychiatrischen Diagnostik. Deshalb ist es wichtig, im folgenden noch kurz auf die im Zusammenhang mit den genannten Störungen auf der sogenannten 1. Achse der psychiatrischen Diagnosen auftretenden Entwicklungsstörungen einzugehen.

5.6.1 Entwicklungsstörungen

Sprachentwicklungsstörungen (ICD F 80) sind gerade bei deprivierten, vernachlässigten Kindern häufig. Diese Kinder bekommen aus Gründen des Kinderschutzes häufig Maßnahmen wie die Erziehung in einer Pflegefamilie oder Heimunterbringung und bedürfen gleichzeitig einzelner oder kombinierter heilpädagogischer Behandlung. Sie können deshalb aufgrund einer drohenden seelischen Behinderung Anspruch auf heilpädagogische Maßnahmen der Eingliederungshilfe haben, andererseits können viele dieser Maßnahmen auch als Kassenleistungen erbracht werden.

Ähnliches gilt für die umschriebenen Entwicklungsstörungen motorischer Funktionen (F 82) und auch für die kombinierten Entwicklungsstörungen in verschiedenen Bereichen. Häufig ist es bei multipel entwicklungsverzögerten Kindern wichtig, im Rahmen eines Hilfeplans einen koordinierten Therapieplan bzw. ein Behandlungskonzept zu erstellen, daß das Ineinandergreifen unterschiedlicher Maßnahmen, wie Ergotherapie, Krankengymnastik und Logopädie sowie anderer heilpädagogischer Maßnahmen, die Unterbringung in einer geeigneten Einrichtung etc., koordiniert. Teilweise ist es erforderlich, auch entsprechende Einrichtungen bzw. Pflegefamilien oder Adoptivfamilien danach zu wählen, ob in ihrer Nähe für das Kind wesentliche Maßnahmen realisiert werden können.

Juristisch umstrittener sind die umschriebenen Entwicklungsstörungen schulischer Fertigkeiten, zu denen neben den Rechenstörungen oder Dyskalkulie vor allem die bekanntere Lese-Rechtschreibstörung und kombinierte Lernstörungen gehören. Die primäre Zuständigkeit für die Kompensation spezifischer Lernschwierigkeiten liegt bei der Schule. Erfolgen die notwendigen Förderungsmaßnahmen dort nicht oder zu spät, oder reichen die dort ergriffenen Maßnahmen nicht aus, sind Kinder mit einer schweren Legasthenie von einer seelischen Behinderung bedroht. Deshalb können auch therapeutische Maßnahmen angezeigt sein. Prospektive kinderpsychiatrische Untersuchungen zeigten, daß Legasthenie nicht selten im Verlauf mit Störungen des Sozialverhaltens verbunden sind, wobei diese Kinder dann sozial eine sehr schlechte Prognose haben. Gelingt es, durch rechtzeitige spezifische Maßnahmen das Abgleiten in eine dissoziale Entwicklung zu verhindern, eine sogenannte "sekundäre Neurotisierung" mit entsprechendem schlechten Selbstbild etc. zu bearbeiten, so sind solche Maßnahmen als Maßnahmen der Eingliederungshilfe zu verstehen, da sie einer drohenden seelischen Behinderung vorbeugen. Andererseits besteht auch die Auffassung, daß Teilleistungsschwächen wie Legasthenie, Dyslexie oder Dyskalkulie in die Leistungspflicht der Krankenkassen nach SGB V fallen, da ein "organbezogener" Störungszustand bestehe, der vor allem durch neuropsychologische, aber auch neurologische Befunde gesichert werden könne. Martinius und Amorosa (1994) haben anhand von Einzelentscheidungen diese konkurrierenden Auffassungen dargestellt und aus kinder- und jugendpsychiatrischer und psychotherapeutischer Sicht auch zur Qualifikation von Lern- und Legasthenietherapeuten Stellung genommen. Insbesondere betonten sie bezugnehmend auf ein Verfahren vor dem Arbeitsgericht München (AZ.: 12 Ca 3653/92), "daß bloße Erfahrungen ohne fachbezogene Grundausbildung und die Aneignung von mehr oder weniger speziellen Fertigkeiten mittels Teilnahme an Kursen nicht ausreicht, um für die Durchführung von Eingliederungshilfe im Sinne der Behandlung einer krankhaften Störungen bei Kindern mit Lese-Rechtschreibschwäche" qualifiziert zu sein. Die beiden Autoren schlagen vor, eine spezifische Qualifikation zum Lerntherapeuten durch curriculare Weiterbildung einzuführen. Als Ausgangsfächer diskutieren sie: Klinische Psychologie, Kinder- und Jugendpsychiatrie, Heilpädagogik/Sonderpädagogik, Psycholinguistik, Logopädie, Kenntnisse in einem psychotherapeutischen Verfahren halten sie für erforderlich. Sie schlagen vor, ein Curriculum zu konstruieren mit insgesamt 40 Stunden Unterricht in den Bereichen

☐ Teilleistungsstörungen (Klassifikation, Theorie, Befunden),
☐ Krankheitsbilder, die in Kombination mit Teilleistungsschwächen auftreten,
☐ Psychopathologie,
☐ spezielle Diagnostik von Teilleistungsstörungen,
☐ Behandlung.

Auffallend ist, daß die Autoren vor der nach wie vor bestehenden Zuständigkeit des Bereichs Schule auch für die Förderung schwieriger Kinder wohl primär resigniert haben. Leider zeigt die Realität tatsächlich, daß vielerorts für die spezifische Förderung von Kindern mit Teilleistungsschwächen im Rahmen der Schule wenig Ressourcen vorgehalten werden. Neuere Verlaufsuntersuchungen zum Langzeitverlauf der Legasthenie (z.B. Strehlow et al. 1992) zeigen jedoch, daß, je länger man wartet, umso mehr eine Verfestigung und Chronifizierung von primär leichter angehbaren Teilleistungsschwächen eintritt. Die ab dem mittleren Schulalter zu beobachtenden komplexeren Zustandsbilder, die häufig eine allgemeine Mißerfolgs-ängstlichkeit mit beinhalten, sind spätestens dann (aufgrund von Versäumnissen anderer Leistungsträger, Schule bzw. Krankenkasse, hier ist insbesondere an Wahr-nehmungstraining zu denken) zu einer Aufgabe der Eingliederungshilfe wegen einer drohenden seelischen Behinderung geworden.

5.6.2 Intelligenz

Trotz aller theoretischen Diskussionen um das Intelligenzkonzept und die ver-schiedenen Verfahren der Intelligenzmessung kann festgehalten werden, daß eine eher niedrige Intelligenz für den Verlauf vieler psychischer Störungen und vor allem für die Wirkung therapeutischer Maßnahmen ein ungünstiger Faktor ist, während eine eher höhere Intelligenz sich protektiv auswirken kann, da dieses Intel-ligenzniveau gewisse Kompensationsmechanismen erschließt. Niedere Intelligenz ordnet per Defintionen Kinder und Jugendliche dem Personenkreis der geistig Behinderten zu und bringt sie damit in den Zuständigkeitsbereich des § 39 BSHG.

5.6.3 Körperliche Grunderkrankungen

Manche psychischen Erkrankungen können als sekundäre Folge im Umgang bzw. in der Auseinandersetzung mit einer körperlichen Grunderkrankung entstehen. Z.B. bei chronischen Erkrankungen wie Diabetes mellitus etc. Die spezifischen Pro-blemlagen solcher mehrfach erkrankter Kinder sind zu berücksichtigen, auch hier ist die Konkurrenz der Hilfesysteme von Nachteil und zu bedauern, daß im Wider-spruch zum Integrationsgedanken letztendlich auf die einheitliche Zuordnung aller Kinder und Jugendlichen zum Bereich der Jugendhilfe verzichtet wurde.

5.6.4 Psychosoziale Belastungen

Die Weltgesundheitsorganisation hat sich international verbindlich auf eine Klas-sifikation der psychosozial relevanten Belastungen geeinigt. Auf dieser 5. Ebene spielen auffällige intrafamiliäre Beziehungen (z.B. Mangel an Wärme in der Eltern-Kind-Beziehung, Disharmonie in der Familie, Sündenbockzuweisung, Kindesmiß-handlung, sexueller Mißbrauch, aber auch psychische Störungen oder Behinderun-gen eines Elternteils, abnorme Erziehungsbedingungen wie elterliche Überfürsorge oder unzureichende elterliche Aufsicht und Förderung, Erziehung im Heim, bela-stende Lebensereignisse, gesellschaftliche Belastungsfaktoren, wie Verfolgung und Diskriminierung, eine Rolle. Alle diese Faktoren modulieren den Verlauf psychischer Erkrankung im dem Sinne, daß in der Regel das zusätzliche Auftreten solcher Bela-stungen zu einer ungünstigeren Prognose und zu einem höheren Hilfebedarf führt.

An dieser Stelle muß ein letzter diagnostischer Bereich angesprochen werden, die **posttraumatischen Belastungsstörungen** und **Anpassungsstörungen**. Diese Reaktionen auf schwere Belastungen und Anpassungsstörungen (ICD-10 F 43) spielen gerade im Zusammenhang mit ungünstigen psychosozialen Umständen und Traumen, wie **Mißhandlung** und **Mißbrauch**, eine große Rolle. In unserer eigenen Klientel ist die Diagnose "posttraumatische Belastungsstörung" bei von sexuellem Mißbrauch betroffenen Kindern hochsignifikant häufiger. Dies deckt sich mit der internationalen Literatur, die in diesen Syndromen mit Alpträumen, sich aufdrängenden Erinnerungen (Nachhallerinnerungen, Flashbacks), Angst- oder Panikausbrüchen, teilweise kombiniert mit Alkoholkonsum etc., eine typische Reaktionsform der menschlichen Psyche auf schwerste Belastungen sehen. Der ältere Begriff der "traumatischen Neurose" stellt die Zuordnungsmöglichkeit zum Katalog des § 3 VO klar. Gerade die posttraumatische Belastungsstörung, die oft über Jahre und Jahrzehnte anhalten kann, kann zu einer massiven seelischen Behinderung führen und ist deshalb Anlaß für multiple Maßnahmen der Eingliederungshilfe.

Demgegenüber sind die akuten Belastungsreaktionen sowie die Anpassungsstörungen **passagere** Erscheinungen, die häufig einer Krisenintervention und einer prompten Beratung bedürfen und bisweilen auch akute Hilfen vom Jugendamt, z.B. kurzfristigen Familienhelfereinsatz etc., notwendig machen, die jedoch in der Regel kurzfristig und vorübergehend sein sollen. Allerdings muß hier an dieser Stelle darauf hingewiesen werden, daß diese Diagnosekategorie nicht selten mißverstanden wird und für sozusagen verständliche psychische Störungen bei ungünstigen sozialen Verhältnissen angewandt wird. Dies entspricht jedoch nicht der Logik der ICD-10 und suggeriert eine milde und vorübergehende Problematik in Fällen, bei denen ein langfristiger, komplizierter und prognostisch oft ungünstiger Verlauf zu erwarten ist.

6. Umsetzung

Durch die Neuregelungen im KJHG sind für die Jugendhilfe wesentliche Arbeitsbereiche hinzugekommen. Die regionale Jugendhilfebehörde trägt nun die Mitverantwortung für die Betreuung von Kindern und jungen Menschen, die "federführend" und koordinierend einer seelischen Behinderung bedroht oder seelisch behindert sind.

Wiederholt ist deshalb der Vorschlag gemacht worden, kinder- und jugendpsychiatrische Kompetenz in das Jugendamt zu integrieren. Der Vorschlag liegt rein praktisch nahe, wie unsere Umfrage (vgl. Fegert 1994) zeigte, da Kinder- und Jugendpsychiater im Öffentlichen Gesundheitsdienst am engsten und am häufigsten mit Stellen des Jugendamtes kooperieren. Allerdings äußerten Kinder- und Jugendpsychiater im Öffentlichen Gesundheitsdienst wiederholt erhebliche Bedenken gegen eine solche Integration, da sie befürchten, noch direkter dem ressortpolitischen Spardruck unterworfen zu sein, wenn sie Angehörige derselben Behörde wären. Immer wieder wurde die Notwendigkeit einer unabhängigen fachlichen ärztlichen bzw. psychologischen Stellungnahme zur Hilfeplanung in diesem Zusammenhang erwähnt. Tatsächlich ist es seit vielen Jahren so, daß in der institutionalisierten Kinder- und Jugendpsychiatrie, in Kliniken, Polikliniken, aber auch in den meisten Stellen des Öffentlichen Gesundheitswesens, die kinderpsychiatrische Versorgung ohnehin in einem multiprofessionellen Team erfolgt. In der Regel gehören Sozialarbeiter und Sozialpädagogen als fester integraler Bestandteil zu dieser pluridisziplinären Versorgung. Da Kinder- und Jugendpsychiater wissen, wie wichtig die Vertretung unterschiedlicher fachlicher und beruflicher Standpunkte in Teamdiskussionen ist, kann schnell nachvollzogen werden, daß auch in der Jugendhilfe Strukturen entstehen müssen, bei denen die Mitwirkung von Kinder- und Jugendpsychiatern institutionalisiert wird. Dies wäre sowohl durch die Beschäftigung von Kinder- und Jugendpsychiatern im Jugendamt (mit den oben angegebenen Bedenken bzw. Nachteilen) oder durch fest institutionalisierte Kooperationen möglich. Tatsächlich wird in Zukunft ein Arbeitsschwerpunkt der Kinder- und Jugendpsychiater im Öffentlichen Gesundheitsdienst, die keinen kurativen Auftrag haben, neben der Diagnostik die inhaltliche Beratung der Jugendhilfebehörden in Einzelfällen aber auch bei der Planung der Hilfen nach § 35a KJHG sein. Welche Strukturen der Zusammenarbeit sind hierbei vorgesehen bzw. denkbar?

6.1 Mitwirkung von Kinder- und Jugendpsychiatern bei der Versorgung von einzelnen betroffenen Kindern und ihren Familien

Die Mitwirkung der Kinder- und Jugendpsychiater durch Diagnosestellung und begründete Maßnahmenempfehlung wurde in den vorangegangenen Kapiteln ausführlich erläutert. Prinzipiell ist es denkbar, daß diese Mitwirkung durch eine ärztliche Stellungnahme sowohl durch niedergelassene Kinder- und Jugendpsychiater, durch Fachkollegen in Kliniken und Polikliniken, als auch durch spezialisierte Pädiater, z.B. in sozialpädiatrischen Zentren, vor allem im Rahmen der Frühförderung, und durch Kinder- und Jugendpsychiater im Öffentlichen Gesundheitsdienst oder im Jugendamt erfolgt. Die Arbeitsweise wird sich dabei zwar institutionell bedingt von den Abläufen her jeweils etwas unterscheiden, maßgeblich ist jedoch, daß die ärztliche Stellungnahme eine fachlich unabhängige Äußerung bleiben muß, die sich jeweils auf den Einzelfall bezieht und von pauschalen Mechanismen der Maßnahmenzuteilung absieht.

Kinder- und Jugendpsychiater, Sozialpädiater, klinisch tätige Psychologen, Kliniksozialarbeiter, Beschäftigungstherapeuten, Logopäden etc., d.h. alle Fachgruppen, die ein kinderpsychiatrisches Team konstituieren, müssen darüber hinaus in Zukunft verstärkt an der Fort- und Weiterbildung von Jugendamtsmitarbeitern mitwirken, damit ihre Stellungnahmen auf ein entsprechend vorbereitetes Verständnis bei den Mitarbeitern im Jugendamt stoßen, die die Beratung der Familien durchführen.

6.2 Kinder- und jugendpsychiatrische Mitwirkung an (Problemfall-)Konferenzen

Das KJHG sieht im Prozeß der Hilfeplanung ausdrücklich die Teamentscheidung vor. Gehört dem Team des Jugendamtes kein Kinder- und Jugendpsychiater an und steht vor allem auch kein therapeutisch erfahrener Psychologe zur Teilnahme an solchen Teamberatungen zur Verfügung, empfiehlt es sich, regelmäßige regionale Fallkonferenzen vorzusehen, bei denen problematisch Einzelfälle und die Realisierung von Hilfen in der Praxis diskutiert werden können. Die exemplarische Behandlung solcher Fälle in diesen multiprofessionellen Konferenzen stellt auch eine Form der Fort- und Weiterbildung dar. Steht kein Kinder- und Jugendpsychiater aus dem Bereich des Öffentlichen Gesundheitswesens zur Verfügung, sondern muß ein niedergelassener Kinder- und Jugendpsychiater oder ärztlicher bzw. psychologischer Psychotherapeut zu dieser Mitwirkung genommen werden, kann überlegt werden, ob diese Mitarbeit nicht als Fortbildung bzw. Fallsupervision honoriert und damit sichergestellt werden kann.

6.3 Fachliche Entscheidungen in Streitfällen

Sowohl die Ansprüche der Personensorgeberechtigten auf Hilfe zur Erziehung (§ 27 ff. KJHG) wie auch die Ansprüche der Betroffenen bei kinder- und jugendpsychiatrischen Erkrankungen nach § 35a KJHG sind dem Wesen nach einklagbare Rechtstitel. Die Entscheidung über die angemessene Hilfeform soll zwar, wenn nicht unverhältnismäßige Mehrkosten entstehen, den Wünschen der Eltern entsprechen, wird aber letztendlich im Zusammenwirken mehrerer Fachkräfte vom Jugendamt getroffen. In Zeiten immer knapper werdender finanzieller Ressourcen, vor allem aber aufgrund der Psychodynamik bestimmter Einzelfälle, wird es in der Praxis immer wieder zu heftigen Auseinandersetzungen über die angebotene Hilfeart kommen. Der Gang zum Verwaltungsgericht mit entsprechender anwaltlicher Vertretung ist für viele Familien, die dringend adäquater Hilfe bedürften, kaum vorstellbar. Die langen gerichtlichen Bearbeitungszeiten werden des weiteren dazu führen, daß, bis eine gerichtliche Entscheidung über die entsprechende Hilfeart getroffen ist, "das Kind ohnehin schon in den Brunnen gefallen ist". Dies gilt insbesondere bei ambulanten Maßnahmen, die auch einen präventiven Charakter im Hinblick auf eine sonst drohende Heimunterbringung etc. haben. Strunk hat deshalb in einem Editorial der "Zeitschrift für Kinder- und Jugendpsychiatrie" (1994, S. 85, 86) die Einführung einer "Beschwerdeinstanz" bei den Landesjugendämtern empfohlen.

"Diese Beschwerdeinstanz könnte aus einem kleinen Kreis kompetenter Praktiker der Jugendhilfe, einem Jugendamtsleiter oder Ressortleiter des Landesjugendamtes, einem Klinischen Psychologen, Kinder- und Jugendpsychiater, Sozialpädagogen und einem Verwaltungsjuristen sowie einem Vertreter der freien Träger in der Jugendhilfe bestehen, deren Empfehlung entsprechendes Gewicht haben sollte".

Wegen strittiger Abgrenzungsprobleme zwischen dem Träger der Sozialhilfe und der Jugendhilfe sollte meiner Meinung nach auch ein Repräsentant der Sozialhilfeträger einem solchen Gremium angehören. Meiner Ansicht nach sollte ein solcher Beschwerdeausschuß regelmäßig tagen, seine Existenz müßte in Ausführungsbestimmungen geregelt werden, seine Empfehlungen als bindend angesehen werden. Wichtig ist es, die Zahl der Teilnehmer an einem solchen Ausschuß sehr begrenzt zu halten, um das Gremium arbeitsfähig zu machen. In der Regel sollte nach Aktenlage entschieden werden. Wenn dies bei einer Ausschußsitzung nicht möglich ist, sollte ein Ausschußmitglied entsprechend seiner fachlichen Kompetenz mit der persönlichen Überprüfung der Fragestellung beauftragt werden. Dieses Ausschußmitglied könnte seine Befunde in der nächsten Sitzung referieren. Eilentscheidungen sollten im schriftlichen Umlaufverfahren möglich sein.

6.4 Mitwirkung bei der Jugendhilfeplanung

Die zuständigen Beratungsgremien bei der Jugendhilfeplanung sind die regionalen und die Landesjugendhilfeausschüsse. Ihre Zusammensetzung wird in den Landesausführungsgesetzen näher geregelt. Es gibt deshalb regionale Unterschiede in ihrer Zusammensetzung. Allerdings muß bis jetzt festgestellt werden, daß der veränderte Kompetenzbereich der Jugendhilfe und das Hinzukommen der Zuständigkeit für die von einer seelischen Behinderung bedrohten und seelisch behinderten jungen Menschen in der Regel keinen Niederschlag in der Zusammensetzung dieser Gremien gefunden hat. Wie die in diesem Buch dargelegten epidemiologischen Zahlen verdeutlichen, sind Kinder mit psychischen Problemen keine *"quantité négligeable"* (vernachlässigbare Größe). Es ist deshalb kaum zu verstehen, daß alle möglichen freien und weltanschaulichen Gruppen einen festen Sitz mit Stimme im Landesjugendhilfeausschuß haben, ärztliche Experten, die sich mit psychischen Problemen bei Kindern befassen, mit ihrem Fachverstand dort aber häufig nicht fest eingeplant sind. Da in Zukunft viele wichtige Versorgungsentscheidungen auf der regionalen Ebene getroffen werden müssen, wird die Kompetenz der vor Ort in Frühförderung und Kinder- und Jugendpsychiatrie tätigen Ärzte notwendig sein, um spezielle Akzente bei Planungen wie bei der Begründung der Verwendung bestimmter Haushaltsmittel oder der Begründung von Mehrbedarf zu leisten. Diesen Experten wird es auch obliegen, die regionalen Gremien darauf hinzuweisen, warum für spezielle Gruppen von Betroffenen überregionale Lösungen notwendig sind und welchen Beitrag die Kommunen zu solchen überregionalen Lösungen leisten sollten. Beim Landesjugendhilfeausschuß wäre ein Expertengremium nötig, das ähnlich wie der oben genannte Beschwerdeausschuß auch aus einem erfahrenen Praktiker der Jugendhilfe, einem Ressortleiter des Landesjugendamtes, einem Klinischen Psychologen, einem Kinder- und Jugendpsychiater, einem Sozialpädagogen, einem Juristen und einem Finanzexperten sowie einem Vertreter der freien Träger in der Jugendhilfe bestehen sollte, um teure, spezifische, überregionale Angebote für bestimmte Problemfelder vorzubereiten und umzusetzen.

Abschließend bleibt allerdings einzuräumen, daß die Nichtbeteiligung von Kinder- und Jugendpsychiatern in der Jugendhilfeplanung nicht zuletzt am mangelnden öffentlichen Engagement der Kinder- und Jugendpsychiater selbst gelegen hat. Das KJHG hat die Federführung für die Planung und Umsetzung von Hilfen eindeutig in der Kompetenz der Jugendhilfe festgeschrieben. Es liegt nun an den Kinder- und Jugendpsychiatern, dies zu respektieren und einen engagierten Beitrag innerhalb der Jugendhilfe auch bei der im Vergleich zur drängenden Klinikarbeit bisweilen zähen Gremienarbeit zu leisten.

6.5 Sonderregelungen

Die ausführliche Darstellung von möglichen psychischen Problemen von Kindern und Jugendlichen hat aufgezeigt, daß es einen relativ gut beschreibbaren Personenkreis von Anspruchsträgern für Maßnahmen nach dem § 35a KJHG gibt. Während die früher problematisch Grenzziehung zwischen Eingliederungshilfen für seelisch Behinderte oder von einer solchen Behinderung Bedrohte und "reinen

Erziehungshilfemaßnahmen" durch die Integration der Eingliederungshilfe für seelisch Behinderte in das Kinder- und Jugendhilfegesetz kein Problem mehr darstellt, verlaufen die problematischen Abgrenzungen zwischen den einzelnen Behinderungsformen. Wiederholt habe ich darauf hingewiesen, daß vor allem bei sehr jungen Kindern, d.h. in der Regel im Bereich der sogenannten "Frühförderung" (bis zum 6. Lebensjahr oder bis zum Schul-eintritt) und bei sogenannten "mehrfach-behinderten" Kindern pragmatische Sonderregelungen bei der Umsetzung notwendig sind.

Aus entwicklungspsychologischer und medizinischer Sicht ist es bei Kleinkindern selten möglich, eine klare Zuordnung zu einem spezifischen Behindertenpersonen-kreis zu treffen. § 10 Abs. 2 KJHG hat deshalb ausdrücklich vorgesehen, daß das Landesrecht regeln könne, "daß Maßnahmen der Frühförderung für Kinder unabhängig von der Art der Behinderung vorrangig von anderen Leistungsträgern gewährt werden". Von dieser Möglichkeit zur praxisnahen Globalregelung für die Frühförderung sollte m.E. unbedingt Gebrauch gemacht werden, um den Eltern betroffener Kinder unnötige Wege und Kompetenzsstreitigkeiten der Behörden zu ersparen. Schwieriger sind solche globale Regelungen für die von multiplen Einschränkungen und Behinderungen betroffenen Kinder. Dies zeigt z.B. die ausführlich dargelegte Debatte um die sozialrechtliche Zuordnung autistischer Syndrome, wobei sowohl die Stellungnahme des Wissenschaftlichen Beirats des Bundesverbandes "Hilfe für das autistische Kind" (Remschmidt 1994) als auch die fachliche Stellungnahme von Specht (1994) es nahelegt, in der Regel, d.h. beim Vorliegen einer gleichzeitigen geistigen Behinderung und körperlicher Beeinträchtigung, die Kostenträgerschaft beim Sozialhilfeträger anzusiedeln. Wichtig ist es, daß, ähnlich wie bei Streitig-keiten um die örtliche Zuständigkeit (§ 86d KJHG – Verpflichtung zum vorläufigen Tätigwerden), Zuständigkeitsstreitigkeiten nicht zu Ungunsten der Betroffenen ausgetragen werden. Vielmehr sollten angesprochene Stellen bei notwendigen Maß-nahmen, die stets auch einen präventiven Charakter haben und weitere Verschlim-merungen des Zustandsbildes verhindern sollen, in Vorleistung gehen, bis ent-sprechende definitive Regelungen zwischen den Kostenträgern im Einzelfall ge-funden wurden. Generell wird eine solche primäre Leistungsverpflichtung in § 43 SGB I angesprochen. § 43 Abs. 1 SGB I unterstreicht, daß, wenn ein Anspruch auf Sozialleistungen besteht und zwischen mehreren Leistungsträgern streitig ist, wer zur Leistung verpflichtet ist, der Leistungsträger, der als erster "angegangen" wurde, zunächst vorläufig Leistungen erbringen kann.

6.6   Ost-West-Unterschiede in der Umsetzung

Im Gegensatz zu vielen westlichen Bundesländern, die von der maximalen Dauer der möglichen Übergangsregelungen Gebrauch gemacht hatten und die darüber hinaus auf etablierte Strukturen und Erfahrungen (vor allem aus dem Bereich der Sozialhilfeträger) zurückgreifen können, galt es für die östlichen Bundesländer in der

Regel direkt nach der "Wende" an die Umsetzung des KJHG zu gehen. Für Kinder und Jugendliche, die von einer seelischen Behinderung bedroht sind, bedeutete die "Wende" institutionell einen erheblichen Einschnitt. Durch die völlig unterschiedliche Organisation im Gesundheitswesen brach nach 1989 ein relativ gut organisierter Versorgungsbereich in staatlichen Polikliniken und Fachambulanzen zusammen. Diese Fachdienststellen des Öffentlichen Gesundheitswesens, die in der ehemaligen DDR einen konkreten Behandlungsauftrag hatten und ambulante Behandlungen, auch medikamentöse Einstellungen bei Epilepsie, rehabilitative Maßnahmen etc., durchführten, waren entsprechend unterschiedlicher Übergangsregelungen nur noch für kurze Zeit zur Ausübung kurativer Funktionen berechtigt. Zahlreiche Ärztinnen und Ärzte ließen sich nieder. Wegen der zu erwartenden finanziellen Schwierigkeiten wagten sie nicht das Überleben als Kinder- und Jugendpsychiater in freier Praxis, sondern gründeten eine Praxis nach Vorqualifikation als Nervenärzte, Pädiater oder Allgemeinpraktiker.

Auch im Bereich der stationären Maßnahmen der Jugendhilfe gibt es erhebliche Probleme, teilweise mit der Trägerschaft. Für sehr schwierige sogenannte "verhaltensauffällige" Kinder und Jugendliche gab es in der ehemaligen DDR an manchen kinder- und jugendpsychiatrischen Fachkliniken angegliederte, spezielle, internatsähnliche Schulen und Einrichtungen, die dem Krankenhausträger zugeordnet waren. Die Übernahme dieser Einrichtungen in die Jugendhilfe erfolgte nicht überall reibungslos, so daß auch hier zum Teil erhebliche Versorgungsprobleme entstanden. Allgemein erscheint der Heimsektor auf dem Gebiet der ehemaligen DDR auch heute noch relativ undifferenziert, es fehlt vor allem an heilpädagogischen Einrichtungen, an familiengegliederten Kleinsteinrichtungen und an spezifischen Angeboten für Jugendliche, wie Wohngemeinschaften etc.. Besonders angesichts des Fehlens solcher differenzierter Angebote wäre das Entstehen eines ambulanten Hilfesektors nachhaltig zu fördern. Bis heute sind allerdings in dieser Richtung keine klaren Ansätze zur Realisierung festzustellen. Vielmehr wird die Nichtbewilligung solcher Maßnahmen, z.B. Eingliederungshilfe als Einzelfallhelfereinsatz oder ambulante Psychotherapie, häufig damit begründet, daß vor Ort diese Hilfeleistungen nicht verfügbar seien. Es mangelt zwar nicht an gut ausgebildeten Psychologen, Sozialpädagogen etc., diese können sich allerdings nicht auf das Wagnis einlassen, eine therapeutische Praxis oder einen Trägerverein für Einzelfallhilfe o.ä. zu gründen, weil wiederum die Anlaufzeiten bis zur Bewilligung von Maßnahmen enorm lang sind, da die Behörden im Umgang mit diesen Maßnahmen noch keine Routine entwickeln konnten. Berlin bietet aufgrund seiner spezifischen Situation die Ausgangslage eines "natürlichen Experiments" im regionalen Vergleich. 1993 führten wir eine Erhebung bei den Ost- und West-Berliner Jugendpsychiatrischen Diensten durch. Wir erfragten konkrete Daten aus der Patientenstatistik 1992 (vgl. Fegert 1994).

Nach Zensusdaten von 1989 leben in Ost-Berlin 289 948 Kinder bis zum Alter von 18 Jahren, dies entspricht 22,6% der Gesamtbevölkerung von 1 279 212 Einwohnern. Die in die Auswertung einbezogenen Dienste haben einen Einzugsbereich von 244 693 Kindern. In West-Berlin leben 337 509 Kinder, entsprechend einem Anteil von 15,8% der Gesamtbevölkerung von 2 134 051 Einwohnern. Die in die Auswertung einbezogenen Bezirke haben 272 608 Einwohner unter 18 Jahren.

Die in die Untersuchung einbezogenen westlichen Dienste hatten 1992 insgesamt 4906 Patienten, dies entspricht 1,8% der Kinder in ihrem Einzugsbereich. Bei 2 037 Patienten handelte es sich um Neuvorstellungen, bei 2 869 um Wiedervorstellungen. In 2652 Fällen wurden Maßnahmen nach dem Kinder- und Jugendhilfegesetz auf Anregung des Jugendpsychiatrischen Dienstes umgesetzt; dies bedeutet, ungefähr 1% aller Kinder in den westlichen Bezirken kamen auf diesem Wege in den Genuß einer Maßnahme nach dem KJHG, die Hälfte dieser Maßnahmen waren Psychotherapien, d.h., 0,55% der Kinder bis zu 18 Jahren bekommen eine Psychotherapie finanziert als Eingliederungshilfemaßnahme über das Kinder- und Jugendhilfegesetz. Bezogen auf die Inanspruchnahmepopulation der westlichen Kinder- und Jugendpsychiatrischen Dienste heißt das: 54% der Fälle kommen in den Genuß von KJHG-Maßnahmen, 30,6% aller Fälle bekommen eine Psychotherapie.

Nun zum Vergleich die Realitäten in Ost-Berlin. Die ausgewählten Kinder- und Jugendpsychiatrischen Dienste sahen ingesamt 6603 Patienten, dies entspricht 2,7% der Kinder bis zum Alter von 18 Jahren in ihrem Einzugsbereich. Vergleicht man beide Inanspruchnahmezahlen, die westlichen und die östlichen, die um ca. 1% höher liegt, kann man feststellen, daß beide um ca. 10% unter den in epidemiologischen Untersuchungen angenommenen Zahlen an behandlungsbedürftigen Jugendlichen liegen. Legt man zum Vergleich noch Großstadtkollektive, wie z.B. die von Rutter untersuchten, zugrunde, wird der Unterschied noch deutlicher. Offensichtlich wird ein maßgeblicher Anteil psychisch kranker Kinder und Jugendlicher gar nicht durch die Jugendpsychiatrischen Dienste diagnostiziert und versorgt.

In den östlichen Diensten wurden 1563 Fälle neuvorgestellt, Wiedervorstellungen waren 5040 Fälle. Der Anteil der Wiedervorstellungen war also in Ost-Berlin höher, dennoch sind die wesentlichen Verhältnisse weitgehend vergleichbar. Nun kommt jedoch der unser Thema berührende schockierende Unterschied: Während im Westen über die Hälfte der im JPD vorgestellten Kinder eine Maßnahme nach KJHG bekam, wurden in Ost-Berlin in 24 Fällen KJHG-Maßnahmen umgesetzt. Hinzu kamen noch 134 BSHG-Maßnahmen bei geistig Behinderten oder körperlich Behinderten, d.h., in 0,36% der Fälle wurde in Ost-Berlin eine Maßnahme der Eingliederungshilfe eingeleitet. Bezogen auf die Kinder und Jugendlichen bis 18 Jahre bedeutet dies, 0,009% bekamen eine entsprechende Maßnahme der Eingliederungshilfe.

Vergleicht man die personelle Ausstattung der westlichen und östlichen Dienste, so arbeiten in Ost-Berlin durchschnittlich pro Dienst 1 Arzt, in West-Berlin 1,16 Ärzte; in Ost-Berlin 1,75 Psychologen, in West-Berlin 1,16; in Ost-Berlin 1 Sozialarbeiter, in West-Berlin 0,36; in Ost-Berlin 1,1 Arzthelferinnen oder Verwaltungskraft, in West-Berlin 0,55 Arzthelferin oder Verwaltungskraft. Durchschnittlich

184

also 3,75 akademische Mitarbeiter in Ost-Berlin und 2,68 akademische Mitarbeiter in West-Berlin pro Dienst. Berechnet man nun die Fallzahlen pro Akademiker West und Ost und vergleicht diese, sieht man, daß von der Zahl der Fälle sehr vergleichbar gearbeitet wird. Pro Akademiker werden in West-Berlin 203,3 Fälle, in Ost-Berlin 220 Fälle im Jahr gesehen. Im Westen sind davon 84,3 Neuvorstellungen und 119 Wiedervorstellungen, im Osten sind es nur 52 Neuvorstellungen und 168 Wiedervorstellungen. Eklatant ist, daß jeder Mitarbeiter West 110 Maßnahmen nach KJHG im Jahr eingeleitet hat, die Mitarbeiter Ost 0,8 Maßnahmen im Jahr. Auch dies verdeutlicht noch einmal den krassen Unterschied, für den Bezeichnungen wie statistisch hochsignifikant zwar wissenschaftlich korrekt, aber versorgungspolitisch inadäquat erscheinen. Der Unterschied ist nicht signifikant, sondern provokant. In der gleichen Stadt bei gleicher Gesetzgebung gibt es für Kinder und Jugendliche mit gleichen Problemen eine völlig ungleiche Versorgung, obwohl sie aufgrund vergleichbarer Diagnosen die entsprechenden Anspruchsgrundlagen erfüllen. Die Schlußfolgerung aus dem Gesagten ist, daß es für die östlichen Bundesländer (vgl. KJHG § 82 Abs. 2) zu den zentralen Länderaufgaben gehören muß, eventuell durch bestimmte Modellprojekte auf einen gleichmäßigen Ausbau geeigneter Einrichtungen und vor allem spezifischer ambulanter Angebote hinzuwirken. Es muß erreicht werden, daß auch in Ostdeutschland fachlich indizierte Therapien und die ärztlichen Maßnahmenvorschläge vor Ort umgesetzt werden können. Familien dürfen sich nicht als hoffnungslose Bittsteller beim Jugendamt fühlen und auf die allgemeinen Aufbauschwierigkeiten verwiesen werden (Wohlgemerkt, es handelt sich bei den Hilfen zur Erziehung um einen Anspruch der Personensorgerechtigten und bei den Hilfen nach § 35a KJHG um einen direkten Anspruch der Betroffenen!). Ohne entsprechende unterstützende und vorbereitende Maßnahmen wird im Osten Deutschlands kein vom Staat unabhängiger freier therapeutischer Sektor von nennenswertem Ausmaß durch Niederlassungen und Praxisgemeinschaften bzw. Therapieeinrichtungen freier Träger entstehen können. Vielleicht ist es deshalb symptomatisch, daß derzeit mehr über Auslegungsaspekte und Abgrenzungsprobleme des § 35a KJHG geredet wird als über die konkrete Umsetzung. Ziel dieses Buches sollte es sein, eine schnellstmögliche örtliche Umsetzung dadurch zu fördern, daß ein relativ umfassender Überblick über die Notwendigkeiten der Versorgung von Kindern und jungen Menschen, die von einer seelischen Behinderung bedroht sind oder die an ihrer Eingliederung in unsere Gesellschaft durch seelische Vorgänge behindert sind, gegeben wurde. Bedenkt man noch einmal die fast utopisch anmutenden Bestimmungen des § 80 KJHG zur Jugendhilfeplanung, die festlegen, daß die Träger der Öffentlichen Jugendhilfe im Rahmen ihrer Planungsverantwortung den Bedarf unter Berücksichtigung der Wünsche, Bedürfnisse und Interessen der jungen Menschen und der Personensorgeberechtigten zu ermitteln und die zur Befriedigung des Bedarfs notwendigen Vorhaben rechtzeitig und ausreichend zu planen haben (dabei ist Vorsorge zu treffen, daß auch ein unvorhergesehener Bedarf befriedigt werden kann), bleibt auf der Basis dieser Regelung keine Legitimation für ein resigniertes Schulterzucken oder den ständigen

Verweis auf leere Kassen als Rechtfertigung, von der Umsetzung erfolgreicher Maßnahmen abzusehen.

Kritische Versorgungsforschung zum § 35a KJHG in Ost und West scheint geboten, damit auch den staatlichen Planungsgremien eine Kontrolle über die Umsetzung einer an sich begrüßenswerten Bestimmung gegeben wird.

Anhang 1: Wesentliche gesetzliche Bestimmungen

SGB I:

§ 10
Eingliederung Behinderter

Wer körperlich, geistig oder seelisch behindert ist oder wem eine solche Behinderung droht, hat unabhängig von der Ursache der Behinderung ein Recht auf die Hilfe, die notwendig ist, um
1. die Behinderung abzuwenden, zu beseitigen, zu bessern, ihre Verschlimmerung zu verhüten oder ihre Folgen zu mindern,
2. ihm einen seinen Neigungen und Fähigkeiten entsprechenden Platz in der Gemeinschaft, insbesondere im Arbeitsleben, zu sichern.

§ 29
Leistungen zur Eingliederung Behinderter

(1) Nach dem Recht der Eingliederung Behinderter können in Anspruch genommen werden:
1. medizinische Leistungen, insbesondere
   a) ärztliche und zahnärztliche Behandlung,
   b) Arznei- und Verbandmittel,
   c) Heilmittel einschließlich Krankengymnastik, Bewegungs-, Sprach- und Beschäftigungstherapie,
   d) Körperersatzstücke, orthopädische und andere Hilfsmittel,
   e) Belastungserprobung und Arbeitstherapie,
      auch in Krankenhäusern und Vorsorge- und Rehabilitationseinrichtungen,
2. berufsfördernde Leistungen, insbesondere
   a) Hilfen zur Erhaltung oder Erlangung eines Arbeitsplatzes,
   b) Berufsvorbereitung,
   c) berufliche Anpassung, Ausbildung, Fortbildung und Umschulung,
   d) sonstige Hilfen zur Förderung einer Erwerbs- oder Berufstätigkeit auf dem allgemeinen Arbeitsmarkt oder in einer Werkstatt für Behinderte,
3. Leistungen zur allgemeinen sozialen Eingliederung, insbesondere Hilfen
   a) zur Entwicklung der geistigen und körperlichen Fähigkeiten vor Beginn der Schulpflicht,
   b) zur angemessenen Schulbildung einschließlich der Vorbereitung hierzu,
   c) für Behinderte, die nur praktisch bildbar sind, zur Ermöglichung einer Teilnahme am Leben in der Gemeinschaft,
   d) zur Ausbildung einer angemessenen Tätigkeit, soweit berufsfördernde Leistungen nicht möglich sind,
   e) zur Ermöglichung und Erleichterung der Verständigung mit der Umwelt,
   f) zur Erhaltung, Besserung und Wiederherstellung der körperlichen und geistigen Beweglichkeit sowie des seelischen Gleichgewichts,
   g) zur Ermöglichung und Erleichterung der Besorgung des Haushalts,
   h) zur Verbesserung der wohnungsmäßigen Unterbringung,
   i) zur Freizeitgestaltung und zur sonstigen Teilnahme am gesellschaftlichen und kulturellen Leben,
4. ergänzende Leistungen, insbesondere
   a) Übergangs- oder Krankengeld,
   b) sonstige Hilfen zum Lebensunterhalt,
   c) Beiträge zur gesetzlichen Kranken-, Unfall- und Rentenversicherung sowie zur Bundesanstalt für Arbeit,
   d) Übernahme der mit einer berufsfördernden Leistung zusammenhängenden Kosten,

e) Übernahme der Reisekosten,
f) Behindertensport in Gruppen unter ärztlicher Betreuung,
g) Haushaltshilfe.

(2) Zuständig sind die in den §§ 19 bis 24 und 28 genannten Leistungsträger.

§ 43
Vorläufige Leistungen

(1) Besteht ein Anspruch auf Sozialleistungen und ist zwischen mehreren Leistungsträgern streitig, wer zur Leistung verpflichtet ist, kann der unter ihnen zuerst angegangene Leistungsträger vorläufig Leistungen erbringen, deren Umfang er nach pflichtgemäßem Ermessen bestimmt. Er hat Leistungen nach Satz 1 zu erbringen, wenn der Berechtigte es beantragt; die vorläufigen Leistungen beginnen spätestens nach Ablauf eines Kalendermonats nach Eingang des Antrags.

(2) Für die Leistungen nach Absatz 1 gilt § 42 Abs. 2 und 3 entsprechend. Ein Erstattungsantrag gegen den Empfänger steht nur dem zur Leistung verpflichteten Leistungsträger zu.

SGB V:

Nach § 27 SGB V haben Versicherte einen Anspruch auf Krankenbehandlung, wenn sie notwendig ist, um eine Krankheit zu erkennen, zu heilen, ihre Verschlimmerung zu verhüten oder Krankheitsbeschwerden zu lindern. Die Krankenbehandlung umfaßt:
1. ärztliche Behandlung,
2. zahnärztliche Behandlung,
3. Versorgung mit Arznei-, Verband-, Heil- und Hilfsmitteln,
4. häusliche Krankenpflege und Haushaltshilfe,
5. Krankenhausbehandlung,
6. medizinische und ergänzende Leistungen zur Rehabilitation sowie Belastungserprobung und Arbeitstherapie.

SGB VIII = KJHG:

§ 10
Verhältnis zu anderen Leistungen und Verpflichtungen

(1) Verpflichtungen anderer, insbesondere Unterhaltspflichtiger oder der Träger anderer Sozialleistungen, werden durch dieses Buch nicht berührt. Leistungen anderer dürfen nicht deshalb versagt werden, weil nach diesem Buch entsprechende Leistungen vorgesehen sind.

(2) Die Leistungen nach diesem Buch gehen Leistungen nach dem Bundessozialhilfegesetz vor. Maßnahmen der Eingliederungshilfe nach dem Bundessozialhilfegesetz für junge Menschen, die körperlich oder geistig behindert oder von einer solchen Behinderung bedroht sind, gehen Leistungen nach diesem Buch vor. Landesrecht kann regeln, daß Maßnahmen der Frühförderung für Kinder unabhängig von der Art der Behinderung vorrangig von anderen Leistungsträgern gewährt werden.

§ 35a
Eingliederungshilfe für seelisch behinderte Kinder und Jugendliche

(1) Kinder und Jugendliche, die seelisch behindert oder von einer solchen Behinderung bedroht sind, haben Anspruch auf Eingliederungshilfe. Die Hilfe wird nach dem Bedarf im Einzelfall

1. in ambulanter Form,
2. in Tageseinrichtungen für Kinder oder in anderen teilstationären Einrichtungen,
3. durch geeignete Pflegepersonen und
4. in Einrichtungen über Tag und Nacht sowie sonstigen Wohnformen geleistet.

Für Aufgabe und Ziel der Hilfe, die Bestimmung des Personenkreises sowie die Art der Maßnahmen gelten § 39 Abs. 1 und § 40 des Bundessozialhilfegesetzes, soweit die einzelnen Vorschriften auf seelisch Behinderte Anwendung finden.

(2) Ist gleichzeitig Hilfe zur Erziehung zu leisten, so sollen Einrichtungen, Dienste und Personen in Anspruch genommen werden, die geeignet sind, sowohl die Aufgaben der Eingliederungshilfe zu erfüllen als auch den erzieherischen Bedarf zu decken. Sind heilpädagogische Maßnahmen für Kinder, die noch nicht im schulpflichtigen Alter sind, in Tageseinrichtungen für Kinder zu gewähren und läßt der Hilfebedarf es zu, so sollen Einrichtungen in Anspruch genommen werden, in denen behinderte und nichtbehinderte Kinder gemeinsam betreut werden.

§ 36
Mitwirkung, Hilfeplan

(1) Der Personensorgeberechtigte und das Kind oder der Jugendliche sind vor ihrer Entscheidung über die Inanspruchnahme einer Hilfe und vor einer notwendigen Änderung von Art und Umfang der Hilfe zu beraten und auf die möglichen Folgen für die Entwicklung des Kindes oder des Jugendlichen hinzuweisen. Vor und während einer langfristig zu leistenden Hilfe außerhalb der eigenen Familie ist zu prüfen, ob die Annahme des Kindes in Betracht kommt. Ist Hilfe außerhalb der eigenen Familie erforderlich, so sind die in Satz 1 genannten Personen bei der Auswahl der Einrichtung oder der Pflegestelle zu beteiligen. Der Wahl und den Wünschen ist zu entsprechen, sofern sie nicht mit unverhältnismäßigen Mehrkosten verbunden sind.

(2) Die Entscheidung über die im Einzelfall angezeigte Hilfeart soll, wenn Hilfe voraussichtlich für längere Zeit zu leisten ist, im Zusammenwirken mehrerer Fachkräfte getroffen werden. Als Grundlage für die Ausgestaltung der Hilfe sollen sie zusammen mit dem Personensorgeberechtigten und dem Kind oder dem Jugendlichen einen Hilfeplan aufstellen, der Feststellungen über den Bedarf, die zu gewährende Art der Hilfe sowie die notwendigen Leistungen enthält; sie sollen regelmäßig prüfen, ob die gewählte Hilfeart weiterhin geeignet und notwendig ist. Werden bei der Durchführung der Hilfe andere Personen, Dienste oder Einrichtungen tätig, so sind sie oder deren Mitarbeiter an der Aufstellung des Hilfeplans und seiner Überprüfung zu beteiligen.

(3) Erscheinen Hilfen nach § 35a erforderlich, so soll bei der Aufstellung und Änderung des Hilfeplans sowie bei der Durchführung der Hilfe ein Arzt, der über besondere Erfahrungen in der Hilfe für Behinderte verfügt, beteiligt werden. Erscheinen Maßnahmen der beruflichen Eingliederung erforderlich, so sollen auch die Stellen der Bundesanstalt für Arbeit beteiligt werden.

BSHG:

§ 40
Maßnahmen der Hilfe

(1) Maßnahmen der Eingliederungshilfe sind vor allem
1. ambulante oder stationäre Behandlung oder sonstige ärztliche oder ärztlich verordnete Maßnahmen zur Verhütung, Beseitigung oder Milderung der Behinderung,
2. Versorgung mit Körperersatzstücken sowie mit orthopädischen oder anderen Hilfsmitteln,
2a. heilpädagogische Maßnahmen für Kinder, die noch nicht im schulpflichtigen Alter sind,
3. Hilfe zu einer angemessenen Schulbildung, vor allem im Rahmen der allgemeinen Schulpflicht und durch Hilfe zum Besuch weiterführender Schulen einschließlich der Vorbereitung hierzu;

die Bestimmungen über die Ermöglichung der Schulbildung im Rahmen der allgemeinen Schulpflicht bleiben unberührt,

4. Hilfe zur Ausbildung für einen angemessenen Beruf oder für eine sonstige angemessene Tätigkeit,

5. Hilfe zur Fortbildung im früheren oder einem diesem verwandten Beruf oder zur Umschulung für einen angemessenen Beruf oder eine sonstige angemessene Tätigkeit; Hilfe kann auch zum Aufstieg im Berufsleben gewährt werden, wenn die Besonderheit des Einzelfallers dies rechtfertigt,

6. Hilfe zur Erlangung eines geeigneten Platzes im Arbeitsleben,

6a. Hilfe bei der Beschaffung und der Erhaltung einer Wohnung, die den besonderen Bedürfnissen des Behinderten entspricht,

7. nachgehende Hilfe zur Sicherung der Wirksamkeit der ärztlichen oder ärztlich verordneten Maßnahmen und zur Sicherung der Eingliederung des Behinderten in das Arbeitsleben,

8. Hilfe zur Teilhabe am Leben in der Gesellschaft.

(2) Behinderten, bei denen wegen Art oder Schwere ihrer Behinderung arbeits- und berufsfördernde Maßnahmen nach Absatz 1 mit dem Ziel der Eingliederung auf dem allgemeinen Arbeitsmarkt nicht in Betracht kommen, soll nach Möglichkeit Gelegenheit zur Ausübungg einer der Behinderung entsprechenden Beschäftigung, insbesondere in einer Werkstatt für Behinderte, gegeben werden.

(3) Der Begriff der Werkstatt für Behinderte und ihre fachlichen Anforderungen richten sich nach den Vorschriften des Schwerbehindertengesetzes.

(4) Soweit es im Einzelfall gerechtfertigt ist, können Beihilfen an den Behinderten oder seine Angehörigen zum Besuch während der Durchführung der Maßnahmen der Eingliederungshilfe in einer Anstalt, einem Heim oder einer gleichartigen Einrichtung gewährt werden.

Anhang 2: Abschätzung des Hilfebedarfs

2.1 **Fragenkatalog (nach der Arbeitshilfe für die Rehabilitation psychisch Kranker und Behinderter der Bundesarbeitsgemeinschaft für Rehabilitation, modifiziert für Kinder und Jugendliche mit seelischen Behinderungen bzw. die von einer seelischen Behinderung bedroht sind)**

Themen des Fragenkataloges sind:
- ☐ Art und Ausmaß der Behinderung
- ☐ Die Bedürfnisse nach Förderung und Hilfe
- ☐ Die vorhandenen bzw. verbliebenen Fähigkeiten und Fertigkeiten
- ☐ Die zu berücksichtigenden sozialen Bezüge

2.1.1 **Welche Symptome/Schädigungen liegen vor?**

- ☐ Aus fachlicher Sicht
- ☐ Aus der Sicht des betroffenen Kindes oder Jugendlichen
- ☐ Aus der Sicht der Bezugsperson
- ☐ Aus der Sicht der Lehrer
- ☐ Aus der Sicht des Jugendamtes

2.1.2 **Bereich der alltagspraktischen Fertigkeiten**

Ist das betroffene Kind oder der/die betroffene Jugendliche hinsichtlich seiner/ihrer möglichst selbständigen Lebensführung in der Lage,
- ☐ persönliche Interessen auszudrücken und zu verwirklichen?
- ☐ in altersentsprechender Weise sein Zimmer in Ordnung zu halten und für sich zu sorgen?
- ☐ sich selbst zu waschen, zu pflegen und auch seine Kleidung zu achten?
- ☐ altersangemessen mit Geldbeträgen (Taschengeld, Ausbildungsvergütungen etc.) umzugehen?
- ☐ öffentliche Angebote (z.B. im kulturellen, psychosozialen Bereich) in Anspruch zu nehmen?
- ☐ notwendige Informationen mit Hilfe seiner Eltern oder auch ohne Unterstützung (z.B. bei Behörden) einzuholen?
- ☐ eigenverantwortlich oder unter Aufsicht ärztlich verordnete Medikamente einzunehmen?

2.1.3 **Bereich der Entfaltung der Persönlichkeit**

- ☐ Ist die Fähigkeit zur Selbstwerteinschätzung realistisch oder eingeschränkt (vgl. Anhang 2.2.)?
- ☐ Besteht eine Neigung zu psychischen Fehlhaltungen oder Fehlreaktionen?
- ☐ Liegt eine gehemmte oder gesteigerte Aggressivität vor?
- ☐ Besteht eine labile Stimmung?
- ☐ Liegen Störungen im Bereich der Sexualität vor?
- ☐ In welchem Umfang verfügt das Kind oder der/die Jugendliche über Fähigkeiten, sein Zimmer, seinen persönlichen Lebensraum zu gestalten?
- ☐ Hat das Kind Hobbys oder andere Interessen, die es pflegt?
- ☐ Kann sich das Kind altersentsprechend in andere einfühlen?
- ☐ Gibt es bei dem Kind schon Ansätze zur Verarbeitung seiner seelischen Probleme? Wie wirken sich diese Ansätze auf die Lebensplanung aus?

191

2.1.4   Bereich der biologisch-psychologischen Veränderungen (sofern somatische Krankheits-anteile vorliegen)

☐ Wie werden diese körperlichen Krankheitsanteile verarbeitet?
☐ Erfolgt eine Fixierung auf organische Krankheitsbilder?
☐ Welchen Stellenwert hat der somatische Krankheitsfaktor im sozialen Zusammenhang?
☐ Liegen wechselnde organische Beschwerden vor?
☐ Handelt es sich um psychosomatische Störungen?
☐ Haben Medikamente Anteil an den somatischen Beschwerden?

2.1.5   Zusätzliche andere Erkrankungen

Bestehen zusätzlich andere organische Erkrankungen:
☐ Welche Beziehungen bzw. Wechselwirkungen bestehen zwischen organischer Erkrankung und den psychischen Problemen des Kindes oder Jugendlichen?

2.1.6   Süchtiges Verhalten

☐ Gibt es Hinweise auf Alkoholkonsum bzw. Alkoholabhängigkeit des Kindes oder Jugendlichen?
☐ Gibt es Hinweise auf Drogen- oder Medikamentenmißbrauch oder -abhängigkeit?
☐ Gibt es Hinweise auf das "Schnüffeln" von Inhalationsstoffen?
☐ Raucht das Kind oder der Jugendliche? Seit welchem Alter?

2.1.7   Bereich der schulischen/beruflichen Leistungsfähigkeit

☐ Ist das Kind oder der/die Jugendliche in der Lage, seine/ihre erworbenen schulischen Fertigkeiten und Qualifikationen ein- bzw. umzusetzen?
☐ Ist das Kind oder der/die Jugendliche in der gegenwärtigen Beschulungssituation oder in seinem gegenwärtigen Ausbildungsverhältnis über- bzw. unterfordert; ggf. worin besteht die Über- bzw. Unterforderung?
☐ Liegen infolge der psychischen Störungen/organischen Störungen Medikamenten- oder Drogeneinflüsse, Beeinträchtigungen in der schulischen bzw. beruflichen Belastbarkeit oder Leistungsfähigkeit vor?

2.1.8   Bereich der sozialen Integration in der Schule bzw. am Ausbildungsplatz bzw. Arbeitsplatz:

☐ Wie ist das Verhältnis zu Lehrern, Mitschülern oder Kollegen?
☐ Sind die Leistungsanforderungen zu hoch/zu niedrig?
☐ Hat das Kind in der Schule regelmäßig Kontakt zu anderen Kindern? Ist es Außenseiter in seiner Gruppe? Gehört er bestimmten Gruppierungen an?
☐ Entzieht er/sie sich dem Kontakt zu Mitschülern?
☐ Kann er/sie Konflikte in der Schule von sich aus ansprechen und zu ihrer Lösung beitragen?
☐ Kann er/sie seine/ihre Interessen zum Ausdruck bringen?
☐ Hat er/sie in der Pause eine feste Bezugsgruppe oder wird er an Pausengesprächen nicht beteiligt?

2.1.9   Bereich der familiären Integration

☐ Unterhält er Kontakt zu seinen Eltern und Geschwistern?
☐ Bei Jugendlichen: Bestehen Ablösungsschwierigkeiten von den Eltern? Bei Kindern: Besteht eine übergroße Abhängigkeit von den Eltern, z.B. mit Trennungsangst? Bei

192

Heranwachsenden: Wohnt er/sie als junger Erwachsener immer noch bei den Eltern?
- ☐ Verhält sich die Familie überbehütend, vernachlässigend? Gibt es Kontakte zu anderen Verwandten oder Nachbarn etc.?
- ☐ Wie ist die familiäre Wohnsituation? Wer schläft wo mit wem? Welche Konflikte gibt es?

2.1.10 Bereich der außerfamiliären sozialen Integraton

- ☐ Besteht ein fester Freundeskreis?
- ☐ Nimmt das Kind bzw. der Jugendliche am öffentlichen Leben teil (Vereine, Besuch von kulturellen, sportlichen, politischen Veranstaltungen etc.)?

2.2 Einschätzungsbogen

2.2.1 PGAS (ELTERNEINSCHÄTZUNGSSKALA NACH DER SGKJ; Fegert, 1994)

Die folgenden Beschreibungen können "Noten" von 1 bis 6 gegeben werden, wobei wie in der Schule die Bewertungen 1, 2, 3 sehr gutes Zurechtkommen bis leichtere Probleme bezeichnen, und 4, 5 bis 6 Probleme stärkeren Ausmasses erfassen. Wie bei Schulnoten ist eine zutreffende Einteilung nicht immer leicht zu finden. Wählen Sie den Bereich, der insgesamt am besten beschreibt, wie Ihr Sohn/Ihre Tochter in der Familie, in der Schule und mit Gleichaltrigen zurechtkommt!

Bitte beurteilen Sie, wie Ihr Sohn/Ihre Tochter in den letzten 4 Wochen im Alltag zurechtgekommen ist!

1. Er/sie **kommt auf allen Gebieten** (Familie, Schule, mit Gleichaltrigen etc.) sehr gut bzw. **gut zurecht.** (Selbstverständlich können gelegentlich Alltagssorgen und -schwierigkeiten vorkommen.)
2. Nicht mehr als leichte Funktionsbeeinträchtigungen entweder zu Hause oder in der Schule oder mit Gleichaltrigen
Er/sie zeigt Zeichen gefühlsmäßiger Belastung z.B. als Reaktion auf elterliche Trennung, Tod oder Geburt eines Geschwisters etc. Diese Belastung fällt vor allem innerhalb der Familie und guten Bekannten auf. Fremde würden es ihm/ihr nicht anmerken. Er/sie stört andere nur minimal.
3. Er/sie hat **Schwierigkeiten auf einem Gebiet,** kommt aber ansonsten recht gut zurecht. Fremde, die ihn/sie nicht kennen, würden die Probleme nicht unbedingt wahrnehmen. Diejenigen, die ihn/sie gut kennen, machen sich aber Sorgen.
4. Er/sie hat **unterschiedliche Schwierigkeiten** z.B. **zu Hause und** in der **Schule und/oder** auch mit **Gleichaltrigen.** Es gibt aber auch noch Situationen, in denen er/sie gut klarkommt. Seine/ihre Probleme werden für jeden offensichtlich, der z.B. als Lehrer oder enger Freund sich direkt mit ihm auseinandersetzt. In einer anderen Situation, die für ihn/sie weniger problembelastet ist, z.B. Ferien, Freizeit, könnte er/sie als unauffällig gelten.
5. Er/sie kommt in den meisten sozialen Bereichen **weniger gut zurecht** oder er/sie **zeigt eine schwere Beeinträchtigung in einem Gebiet** (z.B. durch Selbstmordgedanken, Schulverweigerung oder ausgeprägtes Schuleschwänzen, ausgeprägte Ängste, zwanghaftes Handeln oder ausgeprägtes zwanghaftes Grübeln, stark unangemessenes Verhalten im Umgang mit anderen Menschen oder häufige Episoden aggressiver Auseinandersetzungen, massive Regelüberschreitungen, wie Diebstähle, Körperverletzung etc.), wobei jedoch einige wichtige Beziehungen z.B. zu einigen wenigen Freunden oder der Großmutter etc. bestehen.
6. Er/sie ist **noch stärker beeinträchtigt.** Zeigt sehr starke Schwierigkeiten auf mehreren Gebieten (z.B. zu Hause, in der Schule, mit Gleichaltrigen oder in der Gesellschaft allgemein) oder hat eine komplette Unfähigkeit zur Funktion in einem dieser Bereiche.

Er/sie braucht deshalb z.B. eine besondere Beschulung oder stationäre Behandlung, hat deshalb z.B. einen Schulverweis erhalten oder braucht sogar Pflege und Betreuung die meiste Zeit des Tages oder rund um die Uhr.

Zutreffendes bitte einkringeln!

2.2.2   **YGAS (JUGENDLICHENSKALA NACH DER SGKJ; Fegert 1994)**

Die folgenden Beschreibungen werden "Noten" von 1 bis 6 zugeordnet, wobei wie in der Schule 1, 2, 3 sehr gutes Zurechtkommen bis leichtere Probleme bezeichnen, 4 und 5 bis 6 Probleme stärkeren Ausmasses erfassen. Wie bei Schulnoten ist eine Einteilung nicht immer leicht zu finden. Wähle den Bereich, der insgesamt am besten beschreibt, wie Du in der Familie, in der Schule und mit Gleichaltrigen zurechtkommst!

Bitte beurteile, wie Du in den letzten 4 Wochen zurechtgekommen bist!

1. Ich komme auf allen Gebieten (Familie, Schule, mit Gleichaltrigen etc.) sehr gut bzw. gut zurecht. (Selbstverständlich können gelegentlich Alltagssorgen und -schwierigkeiten vorkommen.)
2. Nicht mehr als leichte Funktionsbeeinträchtigungen entweder zu Hause oder in der Schule oder mit Gleichaltrigen.
Ich zeige Zeichen gefühlsmäßiger Belastung z.B. als Reaktion auf elterliche Trennung, Tod oder Geburt eines Geschwisters etc. Diese Belastung fällt vor allem innerhalb der Familie und guten Bekannten auf. Fremde würden es mir nicht anmerken. Ich störe andere nur minimal.
3. Ich habe Schwierigkeiten auf einem Gebiet, komme aber ansonsten recht gut zurecht. Fremde, die mich nicht kennen, würden die Probleme nicht unbedingt wahrnehmen. Diejenigen, die mich gut kennen, machen sich aber Sorgen
4. Ich habe unterschiedliche Schwierigkeiten z.B. zu Hause und in der Schule oder auch mit Gleichaltrigen. Es gibt aber auch noch Situationen, in denen ich gut klarkomme. Meine Probleme werden für jeden offensichtlich, der z.B. als Lehrer oder enger Freund sich direkt mit mir auseinandersetzt. In einer anderen Situation, die für mich weniger problembelastet ist, z.B. Ferien, Freizeit, könnte ich als unauffällig gelten.
5. Ich komme in den meisten sozialen Bereichen weniger gut zurecht oder ich zeige eine schwere Beeinträchtigung in einem Gebiet (z.B. durch Selbstmordgedanken, Schulverweigerung oder ausgeprägtes Schuleschwänzen, ausgeprägte Ängste, zwanghaftes Handeln oder ausgeprägtes zwanghaftes Grübeln, stark unangemessenes Verhalten im Umgang mit anderen Menschen oder häufige Episoden aggressiver Auseinandersetzungen, massive Regelüberschreitungen, wie Diebstähle, Körperverletzung etc.), wobei jedoch einige wichtige Beziehungen z.B. zu einigen wenigen Freunden oder der Großmutter etc. bestehen.
6. Ich bin noch stärker beeinträchtigt. Zeige sehr starke Schwierigkeiten auf mehreren Gebieten (z.B. zu Hause, in der Schule, mit Gleichaltrigen oder in der Gesellschaft allgemein) oder habe eine komplette Unfähigkeit zur Funktion in einem dieser Bereiche. Ich brauche deshalb z.B. eine besondere Beschulung oder stationäre Behandlung, habe deshalb z.B. einen Schulverweis erhalten oder brauche sogar Pflege und Betreuung die meiste Zeit des Tages oder rund um die Uhr

Zutreffendes bitte einkringeln!

194

Anhang 3: Child Behavior Checklist

Eine deutschsprachige Arbeitsgruppe hat das aus dem Amerikanischen stammende und weltweit eingesetzte Instrument zusammen mit dem Urheber, Thomas Achenbach, bearbeitet und angesichts des Vorliegens verschiedener Versionen eine deutsche Konsensusversion für den Elternfragebogen über das Verhalten von Kindern und Jugendlichen (CBCL 4–18), den Elternfragebogen über das Verhalten von Kleinkindern (CBCL 2–3), den Lehrerfragebogen über das Verhalten von Kindern und Jugendlichen (TRF) und den Fragebogen für Jugendliche (YSR) erstellt (vgl. Döpfner et al. 1994). Diese Fragebogen können und sollen keine ausführliche kinder- und jugendpsychiatrische Diagnostik ersetzen und sie können auch nicht ohne einen fachlichen Hintergrund interpretiert werden. Sie eignen sich hervorragend dazu, zunächst einmal eine Einschätzung des Umfangs der vorliegenden Problematik zu gewinnen und dabei auch seltenere Einzelsypmtome nicht zu vergessen. Die Auswertung kann mit einem Handauswertebogen oder mit einem Computerprogramm erfolgen. Sie bietet einen Überblick über das "Verhaltensprofil" des Kindes bzw. Jugendlichen.

Am Elternfragebogen über das Verhalten von Kindern und Jugendlichen (CBCL 4-18) wird dieses Verfahren hier erläutert. Der Fragebogen erfaßt das Urteil von Eltern über Kompetenzen, Verhaltens-auffälligkeiten und emotionale Auffälligkeiten von Kindern und Jugendlichen im Alter von 4 bis 18 Jahren. Im ersten Teil des Fragebogens werden Kompetenzen des Kindes/Jugendlichen erfragt, der zweite Teil besteht aus 120 Items, in denen Verhaltensauffälligkeiten, emotioanle Auffälligkeiten und körperliche Beschwerden beschrieben werden. Die Frageformulierung ist möglichst einfach gehalten, der Fragebogen kann daher auch von Eltern mit einfacherem Bildungsniveau gut beant-wortet werden.

Zur Beantwortung der Fragen werden ca. 15 bis 20 Minuten benötigt. Die Eltern sollten die Möglichkeit haben, bei Unklarheiten nachfragen zu können. Aus den einzelnen Antworten wurden rechnerisch einzelne Skalen für ein Auswertungsprofil entwickelt. Der Kompetenzteil des Frage-bogens wird so in eine Aktivitätenskala, in eine Skala für soziale Kompetenzen und eine dritte Unterskala, die sich auf die Schule bezieht, eingeteilt. Beispiel Auswertungsbogen. Die einzelnen Auffälligkeiten lassen sich nach Achenbach in zwei übergeordnete Gruppen, die sogenannten "inter-nalisierenden" Störungen und die mehr "externalisierenden" Störungen einteilen. Zu den internalisie-renden Störungen gehören die Skalen "Sozialer Rückzug", "Angst/Depressivität" und "Körperliche Beschwerden". Zu den externalisierenden Störungen gehören die Skalen "Delinquentes Verhalten" und "Aggressives Verhalten". Darüber hinaus gibt es drei weitere Skalen, die u.a. soziale Probleme und Aufmerksamkeitsstörungen erfassen, die nicht dem externalisierenden oder internalisierenden Bereich zugeordnet wurden.

Bezogen werden kann dieses praxisnahe Instrument über die Arbeitsgruppe "Kinder-, Jugend- und Familiendiagnostik" (KJFD), eine universitäre, nicht profitorientierte Vertriebsorganisation (Ge-schäftsstelle des KJFD: % Klinik für Psychiatrie und Psychotherapie des Kindes- und Jugendalters der Universität Köln, Robert-Koch-Str. 10, 50931 Köln, Fax: 0221/478 6104).

● ● Die praktische Anwendung dieser Verhaltensliste wird auf den nächsten Seiten an einem fiktiven Beispiel illustriert.

Elternfragebogen über das Verhalten von Kindern und Jugendlichen - CBCL/4-18

Name (des Kindes): *Thomas*

Geschlecht: ☐ Mädchen ☒ Junge **Alter:** *9*

Geburtsdatum: (des Kindes) |✓|4|0|2|8|5|
Tag Monat Jahr

Datum heute: |✓|5|0|3|9|4|
Tag Monat Jahr

Tätigkeit der Eltern: (auch wenn zur Zeit nicht ausgeübt) bitte genaue Bezeichnung, z.B. Autoschlosser, Realschullehrer, Hausfrau, Dreher, Arbeiter, Schuhverkäufer, Bundeswehrhauptmann:

Tätigkeit des Vaters: *Elektromeister*

Tätigkeit der Mutter: *Bankangestellte*

Fragebogen ausgefüllt von: ☒ Mutter ☐ Vater
☐ Anderen (z.B. Oma, Erzieher):

Bitte füllen Sie diesen Fragebogen danach aus, wie <u>Sie</u> das Verhalten Ihres Kindes einschätzen, auch wenn andere Menschen vielleicht nicht damit übereinstimmen. Sie können zusätzliche Bemerkungen dazu schreiben, wenn es Ihnen erforderlich erscheint.

I. Nennen Sie bitte die Sportarten, die Ihr Kind am liebsten ausübt, z.B. Fußball, Radfahren, Schwimmen, Tischtennis usw..

☐ keine

Wieviel Zeit verbringt Ihr Kind mit dieser Sportart, verglichen mit Gleichaltrigen?

Wie gut beherrscht Ihr Kind diese Sportart, verglichen mit Gleichaltrigen?

	Ich weiß es nicht	weniger	gleich viel	mehr		Ich weiß es nicht	weniger gut	gleich gut	besser
a. *Fußball*	☐	☐	☒	☐		☐	☐	☐	☒
b.	☐	☐	☐	☐		☐	☐	☐	☐
c.	☐	☐	☐	☐		☐	☐	☐	☐

II. Nennen Sie bitte die Lieblingsaktivitäten, Hobbies oder Spiele Ihres Kindes, z.B. Klavierspielen, Briefmarkensammeln, Singen, Lesen, mit Puppen oder Autos spielen usw. (außer Sport, Radiohören, Fernsehen).

☐ keine

Wieviel Zeit verbringt Ihr Kind damit, verglichen mit Gleichaltrigen?

Wie gut beherrscht Ihr Kind diese Aktivität, verglichen mit Gleichaltrigen?

	Ich weiß es nicht	weniger	gleich viel	mehr		Ich weiß es nicht	weniger gut	gleich gut	besser
a. *Game boy spielen*	☐	☒	☐	☐		☐	☐	☒	☐
b. *Lego spielen*	☐	☐	☒	☐		☐	☐	☒	☐
c.	☐	☐	☐	☐		☐	☐	☐	☐

III. Gehört Ihr Kind irgendwelchen Organisationen, Vereinen oder Gruppen an?

☐ keine

Wie aktiv ist Ihr Kind dort, verglichen mit Gleichaltrigen?

	Ich weiß es nicht	weniger aktiv	gleich aktiv	aktiver
a. *Fußballverein*	☐	☐	☒	☐
b.	☐	☐	☐	☐
c.	☐	☐	☐	☐

IV. Welche Arbeiten oder Pflichten übernimmt Ihr Kind innerhalb oder außerhalb des Haushalts, z.B. Spülen, Kinderhüten, Zeitungen austragen usw.?

☐ keine

Wie gut verrichtet Ihr Kind diese Arbeiten oder Pflichten, verglichen mit Gleichaltrigen?

	Ich weiß es nicht	weniger gut	gleich gut	besser
a. *Spülen (sonntags)*	☐	☒	☐	☐
b.	☐	☐	☐	☐
c.	☐	☐	☐	☐

Bezug: Arbeitsgruppe Kinder-, Jugendlichen- und Familiendiagnostik (KJFD). Geschäftsstelle KJFD: c/o Klinik für Kinder- und Jugendpsychiatrie der Universität Köln, Robert-Koch-Str. 10, 50931 Köln

Urheberrechtlich geschützt
© T.M. Achenbach, 1991, und Arbeitsgruppe Deutsche Child Behavior Checklist. Nachdruck verboten!

| | | | | | | | | 1

196

V. 1. Wieviele Freunde hat Ihr Kind? ☐ Keine ☒ einen ☐ zwei bis drei ☐ vier oder mehr
(bitte Geschwister nicht mitzählen)

2. Wie oft pro Woche unternimmt Ihr Kind etwas mit seinen Freunden außerhalb der Schulstunden?
(bitte Geschwister nicht mitzählen)
☒ weniger als einmal ☐ ein- bis zweimal ☐ dreimal oder häufiger

---

VI. Verglichen mit Gleichaltrigen:

	schlechter	etwa gleich	besser	
a. Wie verträgt sich Ihr Kind mit den Geschwistern?	☒	☐	☐	☐ Einzelkind
b. Wie verträgt sich Ihr Kind mit anderen Kindern/Jugendlichen?	☒	☐	☐	
c. Wie verhält sich Ihr Kind gegenüber den Eltern?	☒	☐	☐	
d. Wie spielt oder arbeitet Ihr Kind alleine?	☒	☐	☐	

VII. 1. Gegenwärtige Schulleistungen (für Kinder ab 6 Jahren):

☐ besucht keine Schule

	ungenügend	unterdurch-schnittlich	durch-schnittlich	überdurch-schnittlich
a. Lesen, Deutsch	☒	☐	☐	☐
b. Sachkunde, Geschichte oder Sozialkunde	☐	☐	☒	☐
c. Rechnen oder Mathematik	☐	☐	☒	☐
d. Naturwissenschaften (falls zutreffend)	☐	☐	☐	☐
andere Fächer e._____	☐	☐	☐	☐
(wie Erdkunde, Fremdsprachen; f._____	☐	☐	☐	☐
nicht Fächer wie Kunst, Musik, Sport usw.) g._____	☐	☐	☐	☐

---

2. Besucht Ihr Kind eine Sonderschule bzw. hat es eine besondere Art der Beschulung (z.B. Integrationskind)?
☒ nein ☐ ja, bitte genaue Beschreibung:

3. Hat Ihr Kind eine Klasse wiederholt? ☒ nein ☐ ja, welche und warum:

---

4. Sind bei Ihrem Kind schon einmal Lernschwierigkeiten oder andere Probleme in der Schule aufgetreten?
☐ nein ☒ ja, bitte beschreiben: *Schreiben lernen, unruhig und unaufmerksam kommt mit Kindern nicht zurecht*

Wann fingen die Probleme an? *seit 1. Schuljahr*

Haben diese Probleme aufgehört? ☒ nein ☐ ja, wann:

Hat Ihr Kind eine Krankheit, körperliche oder geistige Beeinträchtigung oder Behinderung? ☒ nein ☐ ja

wenn ja, bitte beschreiben:

Worüber machen Sie sich bei Ihrem Kind die meisten Sorgen?

Über seine Unruhe u. schlechten Leistungen in Deutsch.

(evtl. bitte weiteres Blatt beifügen)

Was gefällt Ihnen an Ihrem Kind am besten?

Thomas ist manchmal sehr anhänglich und versucht mir trotz aller Probleme immer wieder eine Freude zu machen.

(evtl. bitte weiteres Blatt beifügen)

Es folgt eine Liste von Eigenschaften und Verhaltensweisen, die bei Kindern und Jugendlichen auftreten können. Nach jeder Eigenschaft finden Sie die Ziffern 0, 1, 2. Beantworten Sie bitte für jede Eigenschaft, ob sie *jetzt oder innerhalb der letzten 6 Monate* bei Ihrem Kind zu beobachten war. Wenn diese Eigenschaft *genau so oder häufig* zu beobachten war, kreuzen Sie die Ziffer 2 an, wenn die Eigenschaft *etwas oder manchmal* auftrat, die Ziffer 1, wenn sie für Ihr Kind *nicht zutrifft*, die Ziffer 0. Beantworten Sie bitte alle Fragen so gut Sie können, auch wenn Ihnen einige für Ihr Kind unpassend erscheinen.

0 = nicht zutreffend (soweit bekannt)	1 = etwas oder manchmal zutreffend	2 = genau oder häufig zutreffend

1. Verhält sich zu jung für sein/ihr Alter .... 0 1 ☒
2. Leidet unter Heuschnupfen oder anderen Allergien; bitte beschreiben:_____ ☒ 1 2
3. Streitet oder widerspricht viel .... 0 1 ☒
4. Hat Asthma .... ☒ 1 2
5. Bei Jungen: verhält sich wie ein Mädchen Bei Mädchen: verhält sich wie ein Junge..... ☒ 1 2
6. Entleert den Darm außerhalb der Toilette, kotet ein .... ☒ 1 2
7. Gibt an, schneidet auf .... ☒ 1 2
8. Kann sich nicht konzentrieren, kann nicht lange aufpassen................................... 0 1 ☒
9. Kommt von bestimmten Gedanken nicht los; bitte beschreiben:_____ ☒ 1 2
10. Kann nicht stillsitzen, ist unruhig oder überaktiv................................... 0 1 ☒
11. Klammert sich an Erwachsene oder ist zu abhängig .... 0 ☒ 2
12. Klagt über Einsamkeit........................... 0 1 ☒
13. Ist verwirrt oder zerstreut...................... ☒ 1 2
14. Weint viel....................................... 0 ☒ 2
15. Ist roh zu Tieren oder quält sie .... ☒ 1 2
16. Ist roh oder gemein zu anderen oder schüchtert sie ein............................ ☒ 1 2
17. Hat Tagträume oder ist gedankenverloren ...... 0 ☒ 2
18. Verletzt sich absichtlich oder versucht Selbstmord .... ☒ 1 2
19. Verlangt viel Beachtung......................... 0 1 ☒
20. Macht seine/ihre eigenen Sachen kaputt .... ☒ 1 2
21. Macht Sachen kaputt, die den Eltern, Geschwistern oder anderen gehören........... ☒ 1 2
22. Gehorcht nicht zu Hause .... 0 1 ☒
23. Gehorcht nicht in der Schule................... 0 1 ☒
24. Ißt schlecht.................................... 0 ☒ 2
25. Kommt mit anderen Kindern/Jugendlichen nicht aus .... 0 ☒ 2
26. Scheint sich nicht schuldig zu fühlen, wenn er/sie sich schlecht benommen hat .... ☒ 1 2
27. Ist leicht eifersüchtig.......................... ☒ 1 2
28. Ißt oder trinkt Dinge, die nicht zum Essen oder Trinken geeignet sind; bitte beschreiben: (keine Süßigkeiten angeben)_____ ☒ 1 2
29. Fürchtet sich vor bestimmten Tieren, Situationen oder Plätzen (Schule ausgenommen); bitte beschreiben:_____ 0 1 ☒
30. Hat Angst, in die Schule zu gehen .... 0 1 ☒
31. Hat Angst, etwas Schlimmes zu denken oder zu tun .... ☒ 1 2
32. Glaubt, perfekt sein zu müssen .... ☒ 1 2

33. Fühlt oder beklagt sich, daß niemand ihn/sie liebt .... 0 ☒ 2
34. Glaubt, andere wollen ihm/ihr etwas antun................................... 0 ☒ 2
35. Fühlt sich wertlos oder unterlegen .... 0 ☒ 2
36. Verletzt sich häufig ungewollt, neigt zu Unfällen................................... 0 ☒ 2
37. Gerät leicht in Raufereien, Schlägereien........... 0 1 ☒
38. Wird viel gehänselt........................... 0 ☒ 2
39. Hat Umgang mit anderen, die in Schwierigkeiten geraten .... ☒ 1 2
40. Hört Geräusche oder Stimmen, die nicht da sind; bitte beschreiben:_____ ☒ 1 2
41. Ist impulsiv oder handelt, ohne zu überlegen................................... 0 1 ☒
42. Ist lieber allein als mit anderen zusammen .... ☒ 1 2
43. Lügt, betrügt oder schwindelt................ ☒ 1 2
44. Kaut Fingernägel .... 0 1 ☒
45. Ist nervös oder angespannt .... 0 1 ☒
46. Hat nervöse Bewegungen oder Zuckungen (betrifft nicht die unter 10 erwähnte Zappeligkeit); bitte beschreiben:_____ ☒ 1 2
47. Hat Alpträume .... ☒ 1 2
48. Ist bei anderen Kindern/Jugendlichen nicht beliebt................................... 0 1 ☒
49. Leidet an Verstopfung .... ☒ 1 2
50. Ist zu furchtsam oder ängstlich............. 0 ☒ 2
51. Fühlt sich schwindelig .... ☒ 1 2
52. Hat zu starke Schuldgefühle................ ☒ 1 2
53. Ißt zu viel .... ☒ 1 2
54. Ist immer müde .... ☒ 1 2
55. Hat Übergewicht........................... ☒ 1 2
56. Hat folgende Beschwerden ohne bekannte körperliche Ursachen:
   a) Schmerzen (außer Kopf- oder Bauchschmerzen) .... 0 ☒ 2
   b) Kopfschmerzen............................ ☒ 1 2
   c) Übelkeit................................. ☒ 1 2
   d) Augenbeschwerden (ausgenommen solche, die durch Brille korrigiert sind); bitte beschreiben:_____ ☒ 1 2
   e) Hautausschläge oder andere Hautprobleme................................... ☒ 1 2
   f) Bauchschmerzen oder Magenkrämpfe........... 0 1 ☒
   g) Erbrechen................................ ☒ 1 2
   h) andere Beschwerden; bitte beschreiben____ ☒ 1 2

57. Greift andere körperlich an ....0 X 2
58. Bohrt in der Nase, zupft oder kratzt sich an
     Körperstellen; bitte beschreiben:_____ . X 1 2

59. Spielt in der Öffentlichkeit an den eigenen
     Geschlechtsteilen.. X 1 2
60. Spielt zu viel an den eigenen
     Geschlechtsteilen.. X 1 2
61. Ist schlecht in der Schule (*Schreiben*).........0 1 X
62. Ist körperlich unbeholfen oder ungeschickt... X 1 2
63. Ist lieber mit älteren Kindern oder Jugend-
     lichen als mit Gleichaltrigen zusammen............... X 1 2
64. Ist lieber mit Jüngeren als mit
     Gleichaltrigen zusammen ....0 X 2
65. Weigert sich zu sprechen .... X 1 2
66. Tut bestimmte Dinge immer und immer
     wieder, wie unter einem Zwang; bitte
     beschreiben:_____ . X 1 2

67. Läuft von zu Hause weg .... X 1 2
68. Schreit viel .... X 1 2
69. Ist verschlossen, behält Dinge für sich............ X 1 2
70. Sieht Dinge, die nicht da sind; bitte
     beschreiben:_____ . X 1 2
71. Ist befangen oder wird leicht verlegen .... X 1 2
72. Zündelt gerne oder hat schon Feuer gelegt........... X 1 2
73. Hat sexuelle Probleme; bitte beschreiben:_____ . X 1 2

74. Produziert sich gern oder spielt den Clown...........0 1 X
75. Ist schüchtern oder zaghaft ....0 X 2
76. Schläft weniger als die meisten Gleichaltrigen.......0 X 2
77. Schläft tagsüber und/oder nachts mehr als
     die meisten Gleichaltrigen; bitte beschreiben:___ X 1 2

78. Schmiert oder spielt mit Kot .... X 1 2
79. Hat Schwierigkeiten beim Sprechen; bitte
     beschreiben:_____ . X 1 2

80. Starrt ins Leere .... X 1 2
81. Stiehlt zu Hause .... X 1 2
82. Stiehlt anderswo .... X 1 2
83. Hortet Dinge, die er/sie nicht braucht; bitte
     beschreiben:_____ . X 1 2

84. Verhält sich seltsam oder eigenartig; bitte
     beschreiben:_____ . X 1 2

85. Hat seltsame Gedanken oder Ideen; bitte
     beschreiben:_____ . X 1 2

86. Ist störrisch, mürrisch oder reizbar .... X 1 2
87. Zeigt plötzliche Stimmungs- oder
     Gefühlswechsel ....0 X 2
88. Schmollt viel oder ist leicht eingeschnappt........... X 1 2
89. Ist mißtrauisch .... X 1 2
90. Flucht oder gebraucht obszöne (schmutzige)
     Wörter .... X 1 2

91. Spricht davon, sich umzubringen.................... X 1 2
92. Redet oder wandelt im Schlaf; bitte
     beschreiben:_____ . X 1 2

93. Redet zuviel...0 X 2
94. Hänselt andere gern................................... X 1 2
95. Hat Wutausbrüche oder hitziges
     Temperament ....0 1 X
96. Denkt zuviel an Sex................................... X 1 2
97. Bedroht andere... X 1 2
98. Lutscht am Daumen .... X 1 2
99. Ist zu sehr auf Ordentlichkeit oder
     Sauberkeit bedacht .... X 1 2
100. Hat Schwierigkeiten mit dem Schlafen;
     bitte beschreiben:_____ . X 1 2

101. Schwänzt die Schule (auch einzelne
     Schulstunden) .... X 1 2
102. Zeigt zu wenig Aktivität, ist zu langsam
     oder träge .... X 1 2
103. Ist unglücklich, traurig oder
     niedergeschlagen......................................0 X 2
104. Ist ungewöhnlich laut................................. X 1 2
105. Trinkt Alkohol, nimmt Drogen oder miß-
     braucht Medikamente; bitte beschreiben:_____ . X 1 2

106. Richtet mutwillig Zerstörungen an.................... X 1 2
107. Näßt bei Tag ein...................................... X 1 2
108. Näßt im Schlaf ein.................................... X 1 2
109. Quengelt oder jammert .... X 1 2
110. Bei Jungen: Möchte lieber ein Mädchen sein
     Bei Mädchen: Möchte lieber ein Junge sein..... X 1 2
111. Zieht sich zurück, nimmt keinen Kontakt
     zu anderen auf .... X 1 2
112. Macht sich zuviel Sorgen .... X 1 2
113. Bitte beschreiben Sie hier Probleme Ihres
     Kindes, die bisher noch nicht erwähnt wurden:

     _____
     _____
     _____ ..0 1 2

     _____
     _____
     _____ ..0 1 2

     _____
     _____
     _____ ..0 1 2

     _____
     _____ ..0 1 2

---> Bitte überprüfen Sie, ob Sie alle Fragen
     beantwortet haben.
---> Unterstreichen Sie bitte diejenigen Probleme,
     die Ihnen Sorgen machen.

        Vielen Dank !

199

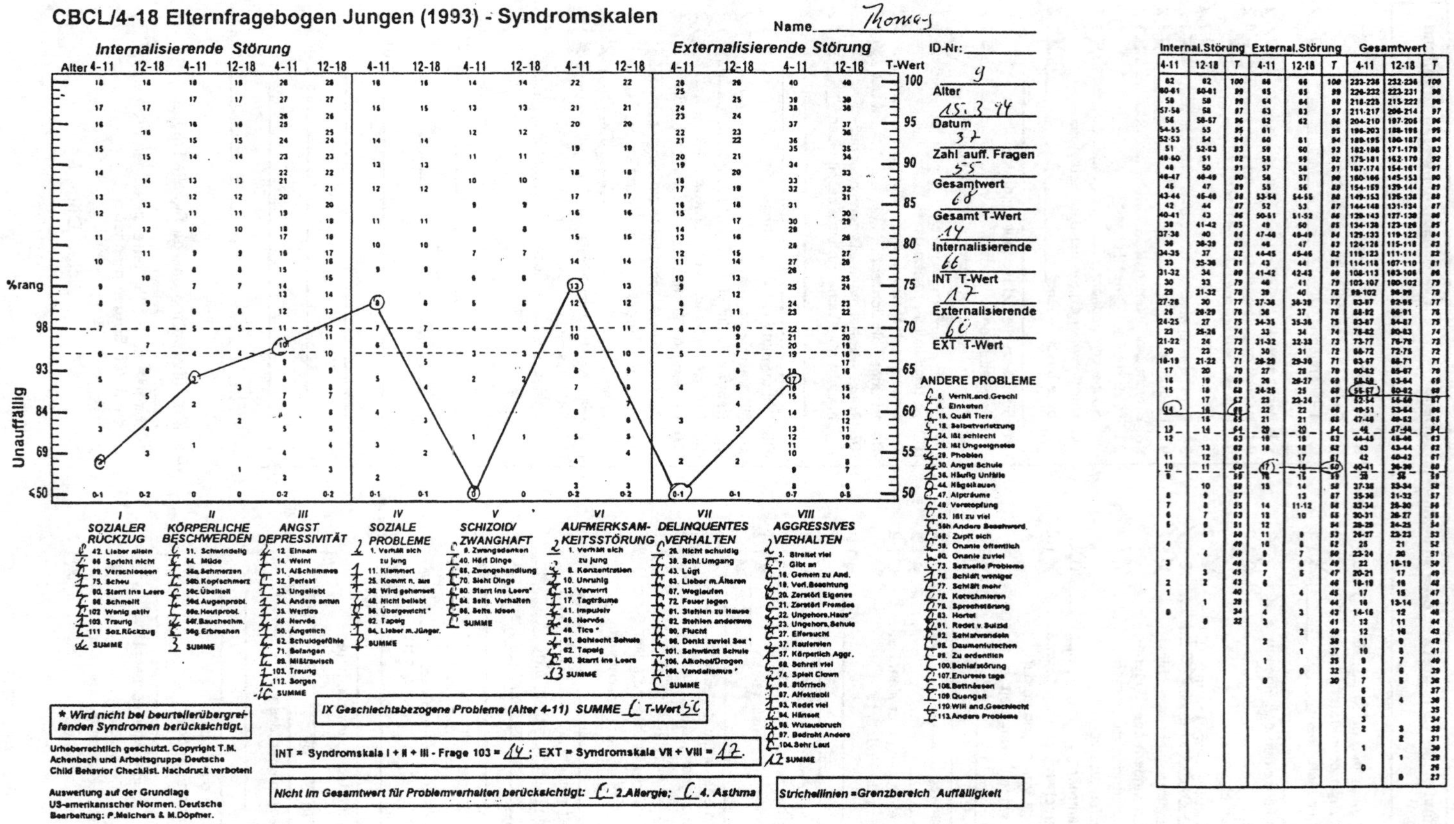

CBCL/4-18 Elternfragebogen Jungen (1993) - Syndromskalen

Name: *Thomas*

Abbildung   : Profil Syndromskalen, Beispiel Thomas

Einrichtungen der Kinder- und Jugendpsychiatrie

DEUTSCHLAND

● **Baden-Württemberg**

Kinder- und Jugendpsychiatrische Abteilung
am Psychiatrischen Landeskrankenhaus
Nordschwarzwald
75355 Calw-Hirsau

Abteilung für Kinder- und Jugendpsychiatrie
der Psychiatrischen und Neurologischen
Universitätsklinik
Hauptstraße 5
79104 Freiburg

Abteilung für Kinder- und Jugendpsychiatrie
der Psychiatrischen Klinik am Klinikum der
Universität Heidelberg
Blumenstraße 8
69115 Heidelberg

Abteilung für Kinder- und Jugendpsychiatrie
der Städtischen Kinderkliniken
Karl-Wilhelm-Straße 1
76131 Karlsruhe

Kinder- und jugendpsychiatrische Klinik am
Zentralinstitut für seelische Gesundheit
J 5
68159 Mannheim

Kinder- und jugendpsychiatrische Abteilung
am Fachkrankenhaus für Behinderte der
Stiftung Libenau Segenberg
88074 Meckenbeuren

Abteilung für Kinder- und Jugendpsychiatrie
der Universität Ulm am Landeskrankenhaus
88214 Ravensburg-Weißenau

Kinder- und jugendpsychiatrische Abteilung
der Johannesanstalten Schwarzacherhof
77836 Schwarzach

Kinder- und jugendpsychiatrische Abteilung
am Olgahospital
Mörikestraße 9
70178 Stuttgart

Klinik für Kinder- und Jugendpsychiatrie
Haus Vogt
Dennenbergstraße 5
79822 Titisee-Neustadt

Abteilung für Kinder- und Jugendpsychiatrie
der Universität Tübingen
Osianderstraße 14
72076 Tübingen

Abteilung für Kinder- und Jugendpsychiatrie
am Psychiatrischen Landeskrankenhaus
74189 Weinsberg

● **Bayern**

Abteilung für Kinder- und Jugendpsychiatrie
der Kinderklinik "Josephinum"
Kapellenstraße 30
86154 Augsburg

Kinder- und Jugendpsychiatrische Klinik
Nervenkrankenhaus des Bezirks Oberfranken
Cottenbachstraße 23
95447 Bayreuth

Kinder- und Jugendpsychiatrische Abteilung
der Universität Erlangen-Nürnberg
Schwabachanlage 6 und 10
91054 Erlangen

Abteilung für Kinder- und Jugendpsychiatrie
der Universität München und Heckscher Klinik
des Bezirks Oberbayern
Heckscher Straße 4 + 9
80804 München

Abteilung für Kinder- und Jugendpsychiatrie
am Klinikum Nord der Stadt Augsburg
Flurstraße 17
90419 Nürnberg

Klinik für Kinder- und Jugendpsychiatrie
am Bezirkskrankenhaus
Universitätsstraße 84
93053 Regensburg

Klinik und Poliklinik für Kinder- und
Jugendpsychiatrie der Universität Würzburg
Füchsleinstraße 15
97080 Würzburg

● **Berlin**

Klinik für Kinder- und Jugendpsychiatrie am
Humboldt-Krankenhaus
Frohnauer Straße 74-80
13467 Berlin

Abteilung für Psychiatrie und Neurologie
des Kindes- und Jugendalters am
Universitätsklinikum Rudolf Virchow
der Freien Universität Berlin
Platanenallee 23
14050 Berlin

Abteilung für Kinder- und Jugendpsychiatrie
der Nervenklinik Spandau
Griesinger Straße 27-33
13589 Berlin

Max-Bürger-Krankenhaus
Pädagogisch-psychiatrisches Rehabilitations-
zentrum für Kinder und jugendpsychiatrische
Tagesklinik
Rudolf-Mosse-Straße 9
14197 Berlin

Klinik und Poliklinik für Psychiatrie und
Neurologie des Kindes- und Jugendalters
Medizinische Fakultät (Charité) der
Humboldt Universität zu Berlin
Schumannstraße 20/21
10117 Berlin

Abteilung für Kinder- und Jugendpsychiatrie
im Wilhelm-Griesinger-Krankenhaus
Brebacher Weg 15
12683 Berlin

Kinder- und Jugendpsychiatrische Abteilung
des Evangelischen Krankenhauses
Königin Elisabeth Herzberge
Herzbergstraße 79
10365 Berlin

● **Brandenburg**

Klinik für Kinder- und Jugendneuropsychiatrie
Anton-Saefkow-Allee 2
14772 Brandenburg

Landesklinik Eberswalde
Oderberger Straße 8
16225 Eberswalde-Finow

Klinik für Kinder- und Jugendpsychiatrie
Landesklinik
Lückauer Straße 17
15907 Lübben

● **Bremen**

Klinik für Kinder- und Jugendpsychiatrie
Zentralkrankenhaus Bremen-Ost
Züricher Straße 40
28325 Bremen

● **Hamburg**

Abteilung für Kinder- und Jugendpsychiatrie
der Psychiatrischen Klinik
der Universität Hamburg
Martinistraße 52
20251 Hamburg

Psychosomatische Abteilung der
Universitätskinderklinik
Martinistraße 52
20251 Hamburg

Kinder- und jugendpsychiatrische Abteilung
am Kinderkrankenhaus Wilhelmstift
Liliencronstraße 130
22149 Hamburg

● **Hessen**

Klinik für Kinder- und Jugendpsychiatrie
des LWW "Rheinhöhe"
Klosterstraße 4
65346 Eltville

Abteilung für Kinder- und Jugendpsychiatrie
der Johann-Wolfgang-Goethe-Universität
Deutschordenstraße 50
60528 Frankfurt

Klinik für Kinder- und Jugendpsychiatrie
des LWW "Rehberg"
Austraße 40
35745 Herborn

Klinik und Poliklinik für
Kinder- und Jugendpsychiatrie
Herkulesstraße 111
34119 Kassel

Klinik und Poliklinik für Kinder- und
Jugendpsychiatrie der Philipps-Universität
Hans-Sachs-Straße 6
35039 Marburg

Klinik für Kinder- und Jugendpsychiatrie
des LWW "Lahnhöhe"
Cappeler Straße 98
35039 Marburg

Klinik für Kinder- und Jugendpsychiatrie
des LWW "Hofheim"
64560 Riedstadt

● **Mecklenburg-Vorpommern**

Fachbereich Kinder- und Jugendpsychiatrie
der Universitätsklinik für Neurologie und
Psychiatrie der Ernst-Moritz-Arndt-Universität
Greifswald
Ellernholzstraße 1-2
17489 Greifswald

Abteilung für Psychiatrie und Neurologie des
Kindes- und Jugendalters der Nervenklinik
und Poliklinik der Universität Rostock
Gehlsheimer Straße 20
18147 Rostock

Klinik für Kinder- und Jugendneuropsychiatrie
Wismarsche Straße 393/395
19055 Schwerin

Kinderneuropsychiatrische Klinik am Klinikum
der Hansestadt Stralsund
Rostocker Chaussee 50
18437 Stralsund

Klinik für Kinder- und Jugendpsychiatrie
am Landeskrankenhaus für Neurologie und
Psychiatrie
Ravensteinstraße 23
17373 Ueckermünde

● **Niedersachsen**

Klinik für Kinder- und Jugendpsychiatrie
Alte Oldenburger Landstraße
27777 Ganderkesee

Abteilung für Kinder- und Jugendpsychiatrie
der Georg-August-Universität
Von-Siebold-Straße 5
37075 Göttingen

Psychosomatische Abteilung der Kinderklinik
der Universität
Humboldtallee 38
37073 Göttingen

Abteilung für Kinder- und Jugendpsychiatrie
am Kinderkrankenhaus auf der Bult
Janusz-Korczak-Allee 10
30173 Hannover

Niedersächsische Fachklinik für Kinder- und
Jugendpsychiatrie Hildesheim
Goslarsche Landstraße 60
31135 Hildesheim

Albert-Schweitzer-Therapeutikum
Fachklinik für Kinder und Jugendliche
Pipping 5
37603 Holzminden

Klinik für Kinder- und Jugendpsychiatrie
Königslutter am Landeskrankenhaus
Vor dem Kaiserdom 1
38154 Königslutter

Niedersächsische Fachklinik für Kinder- und
Jugendpsychiatrie Lüneburg
Am Wienebütteler Weg 1
21339 Lüneburg

Clemens-August-Jugendklinik
Fachkrankenhaus für Kinder- und
Jugendpsychiatrie
Bergstraße
Postfach 1260
49434 Neuenkirchen

Kinder- und Jugendpsychiatrische Abteilung
am Kinderhospital Osnabrück
Iburger Straße 187
49082 Osnabrück

FB Klinische Psychotherapie von Kindern und
Jugendlichen am Tiefenbrunn-Krankenhaus
37124 Rosdorf

Kinder- und Jugendpsychiatrische Klinik
Wunstorf am Landeskrankenhaus
Gustav-Grone-Straße 21
31515 Wunstorf

● Nordrhein-Westfalen

Psychosomatische Fachklinik für Kinder und
Jugendliche
Lindenstraße 4
53474 Bad Neuenahr-Ahrweiler

Kinder- und Jugendpsychiatrische Abteilung
der Rheinischen Landesklinik Bedburg-Hau
Schmehlenheide 1
47551 Bedburg-Hau

Kinder- und Jugendpsychiatrische Klinik
St.-Josefs-Hospital Bochum-Linden
Axstraße 35
44879 Bochum

Kinder- und Jugendpsychiatrische Abteilung
der Vestischen Kinderklinik
Lloydstraße 5
45711 Datteln

Kinder- und Jugendpsychiatrische Klinik
des Kreiskrankenhauses Detmold
Röntgenstraße 18
32756 Detomold

Abteilung für Kinder- und Jugendpsychiatrie
der Elisabeth-Klinik
Schwerter Straße 240
44287 Dortmund

Kinder- und Jugendpsychiatriscche Abteilung
der Rheinischen Landesklinik Düsseldorf
Bergische Landstraße 2
40629 Düsseldorf

Kindertagesklinik für Psychosomatik
Fürstenwall 91
40217 Düsseldorf

Klinik für Kinder und Jugendliche der
Städtischen Kliniken Duisburg
Zu den Rehwiesen 9
47055 Duisburg

Klinik für Kinder- und Jugendpsychiatrie
der Rheinischen Landes- und Hochschulklinik
Essen
Virchowstraße 174
45147 Essen

Jugendpsychiatrische Abteilung des
Evangelischen Krankenhauses Essen-Werden
Pattbergstraße 1-3
45239 Essen

Westfälisches Institut für Jugendpsychiatrie
und Heilpädagogik
Heithofer Allee 64
59071 Hamm

Kinder- und Jugendpsychiatrische Abteilung
am Gemeinschaftskrankenhaus
58313 Herdecke

Kinder- und Jugendpsychiatrische Klinik
der Universität zu Köln
Josef-Stelzmann-Straße 9
50937 Köln

Tagesklinik für Kinder- und Jugendpsychiatrie
Pionierstraße 19
50735 Köln

Klinik für Kinder- und Jugendpsychiatrie
Hohfuhrstraße 25
58509 Lüdenscheid

Westfälische Klinik für Kinder- und
Jugendpsychiatrie in der Haard
Halterner Straße 525
45770 Marl

Westfälische Klinik für Kinder- und
Jugendpsychiatrie
Bredelarer Straße 33
34431 Marsberg

Funktionsbereich Psychosomatik der
Universitätskinderklinik
Robert-Koch-Straße 31
48149 Münster

Klinik und Poliklinik für Kinder- und
Jugendpsychiatrie der Westfälischen
Wilhelms-Universität
Schmeddinger Straße 50
481409 Münster

Kinder- und Jugendpsychiatrische Tagesklinik
Johanniter-Kinderklinik
Arnold-Janssen-Straße 29
53757 Sankt Augustin

Rheinische Landesklinik für Kinder-
und Jugendpsychiatrie
Horionstraße 14
41749 Viersen

St.-Laurentius-Heim mit Klinik für
Kinder- und Jugendpsychiatrie
Stiepenweg 70
34414 Warburg

Fachklinik für Kinder- und Jugendpsychiatrie
Heilpädagogik-Psychotherapeutisches
Zentrum
Otto-Ohl-Weg 10
42489 Wülfrath

Kinder- und Jugendpsychiatrische Abteilung
der städtischen Kinderklinik Wuppertal
Heusnerstraße 40
42283 Wuppertal

● **Rheinland-Pfalz**

Pfalzinstitut für Kinder- und Jugendpsychiatrie
Weinstraße 100
76889 Klingenmünster

● **Saarland**

Abteilung für Kinder- und Jugendpsychiatrie
der Universitäts-Nervenklinik
66424 Homburg

Klinik für Kinder- und Jugendpsychiatrie/
Psychotherapie
Waldstraße 40
66271 Kleinblittersdorf

● **Sachsen**

Klinik für Kinder- und Jugendpsychiatrie
am Fachkrankenhaus für Psychiatrie und
Neurologie
Hufelandstraße 15
01477 Arnsdorf

Klinik für Kinder- und Jugendneuropsychiatrie
Waldhofstraße 3
08209 Bad Reiboldsgrün

Abteilung für Kinder- und Jugendpsychiatrie
Städtische Kliniken Chemnitz
Dresdner Straße 178
09131 Chemnitz

Abteilung für Kinder- und Jugendpsychiatrie
Fachkrankenhaus für Psychiatrie und
Neurologie
02708 Großschweidnitz

Klinik für Psychiatrie, Neurologie,
Kinderpsychiatrie und Pädiatrie
Westewitz-Hochweitzschen
04720 Hochweitzschen

Fachkrankenhaus für Kinderneuropsychiatrie
Chopinstraße 2
08349 Johanngeorgenstadt

Neuropsychiatrische Klinik für Kinder und
Jugendliche der Universität Leipzig
Riemannstraße 34
04107 Leipzig

Klinik für Kinder- und Jugendpsychiatrie
Park-Krankenhaus Leipzig-Dösen
Chemnitzer Straße 50
04289 Leipzig

Kinder- und Jugendneuropsychiatrische Klinik
Leipziger Straße 59
04435 Schkeuditz

Fachabteilung für Kinder- und Jugendneuropsychiatrie des Kreiskrankenhauses
Roschlitz
Markt 11
09306 Wechselburg

Kliniken Hubertusburg
– Fachkrankenhaus –
04779 Wermsdorf

● **Sachsen-Anhalt**

Klinik für Kinder- und Jugendneuropsychiatrie
am Bezirksfachkrankenhaus für Psychiatrie
und Neurologie
Solbadstraße 2c
06406 Bernburg

Klinik für Kinderneuropsychiatrie
Kiefholzstraße 4
39340 Haldensleben

Abteilung für Kinder- und Jugendpsychiatrie
der Nervenklinik der Martin-Luther-Universität
Julius-Kühn-Straße 7
06112 Halle

Klinik für Kinderpsychiatrie
am Stadtkrankenhaus Halle
Händelstraße 16
06114 Halle

Abteilung für Kinder- und Jugendpsychiatrie
der Medizinischen Akademie Magdeburg
Leipziger Straße 44
39120 Magdeburg

Abteilung für Kinder- und Jugendpsychiatrie
Kreiskrankenhaus, Kinderklinik
Weisse Mauer/Poststraße 7
06217 Merseburg

Klinik für Kinder- und Jugendpsychiatrie
Landeskrankenhaus Uchtspringe
39599 Uchtspringe

Fachkrankenhaus für Kinder- und
Jugendpsychiatrie
Parkstraße 5
06268 Vitzenburg

● **Schleswig-Holstein**

Klinik für Kinder- und Jugendpsychiatrie
am Klinikum der Universität Kiel
Niemannsweg 147
24105 Kiel

Kinder- und Jugendpsychiatrische Poli-Klinik
Medizinische Universität Lübeck
Ratzeburger Allee 160
23554 Lübeck

Fachklinik für Kinder- und Jugendpsychiatrie
Schleswig
Friedrich-Ebert-Straße 5
24837 Schleswig

● **Thüringen**

Abteilung für Neuropsychiatrie des Kindes-
und Jugendalters der Medizinischen Akademie
Nordhäuserstraße 74
99089 Erfurt

Klinik für Kinder- und Jugendpsychiatrie
der Landesnervenklinik Hildburghausen
Eisfelder Straße 41
98646 Hildburghausen

Abteilung Neuropsychiatrie des Kindes- und
Jugendalters (Arbeitsbereich Kinder-/Jugend-
psychiatrie) Universitäts-Kinderklinik Jena
Kochstraße 2
07745 Jena

Abteilung für Kinder- und Jugendpsychiatrie
Landesfachkrankenhaus für Psychiatrie und
Neurologie Mühlhausen
99974 Mühlhausen

Fachkrankenhaus für Kinderneuropsychiatrie
Alexander-Puschkin-Straße 17
99734 Nordhausen

Kinder- und Jugendpsychiatrische Abteilung
des Landesfachkrankenhauses für Psychiatrie
und Neurologie Stadtroda
Bahnhofstraße 1a
07646 Stadtroda

Obleute des Berufsverbandes sind:

LÄK Baden-Württemberg
Dr. med. Helga Epple
Bismarckstr. 6a
74072 Heilbronn
Tel. (0731) 879 21, Fax (0731) 7 89 30

LÄK Bayern
Dr. med. Peter Nölkel
Jakob-Fuchs-Str. 5E
95445 Bayreuth
Tel: (0921) 4 35 79

LÄK Berlin
Dr. med. Wolfang Droll
Westfälische Str. 34
10709 Berlin
Tel. (030) 891 55 14

LÄK Brandenburg
Dr. med. Roswitha Perlwitz
Walter-Rathenau-Str. 23
14513 Teltow
Tel. (03328) 47 27 67

LÄK Bremen
Dr. med. Stefan Kette
Am Dobben 14/16
28203 Bremen 1
Tel. (0421) 32 30 21

LÄK Hamburg
Dr. med. Elmar Müller
Hohenzollernring 29
22763 Hamburg 50
Tel. (040) 8 80 50 55

LÄK Hessen
Dr. med. Klaus-Jürgen Erhardt
Seckbacher Landstr. 24
60389 Frankfurt-Bornheim
Tel. (069) 46 60 93

LÄK Mecklenburg-Vorpommern
Dr. med. Christel Beuther
Elisabethstr. 18
17235 Neustrelitz
Tel. (03981) 37 39

LÄK Niedersachsen
Dr. med. Dipl.-Psych. Gert Schacher-Gums
Dahlmannstr. 5
37073 Göttingen
Tel. (0551) 48 40 88

LÄK Nordrhein-Westfalen
Dr. med. Reinhard Schydlo
Herzogstr. 89-91
40215 Düsseldorf
Tel. (0211) 37 81 91
Fax (0211) 3 85 03 30

LÄK Rheinland-Pfalz
Dr. med. Hans-Jakob Schröder
Julius-Wilde-Str. 8
..... Neustadt a.d. Weinstr.
Tel. (0 63 21) 8 20 79

LÄK Saarland
Dr. med. R. Grenner
Klinik für Kinder- und Jugend-
psychiatrie/Psychotherapie
Waldstr. 40
66271 Kleinbittersdorf
Tel. (06805) 9 28 20
Fax (06805) 92 82 40

LÄK Sachsen
Dr. med. Ulrich Schumann
Rottwerndorfer Str. 9
01796 Pirna
Tel. (03501) 6 13 60

LÄK Sachsen-Anhalt
Dr. med. W. Geißler
Wilhelm-von-Klewitz-Str. 11
06132 Halle

LÄK Schleswig-Holstein
Dr. med. Ingrid Johannsen
Parkallee 10c
24782 Büdelsdorf
Tel. (04331) 33 63

LÄK Thüringen
Dr. med. Ina-Maria Schairer
Goetheweg 7
07646 Stadtroda
Tel. (036428) 2 10 51

LÄK Westfalen-Lippe
Dr. med. Christiane Hüther
Amtsstr. 17
58239 Schwerte-Westhofen
Tel. (02304) 6 14 99

Literatur

Achenbach, T.M., Edelbrock, C.: Manual for the Child Behavior Checklist and revised Child Behavior Profile. University Associates in Psychiatry, 1. South Prospect St. Burlington, VT 05401, 1983

Apter, A., Zohar, A., Pauls, D.L., Bleich, A., Kron, S., Cohen, D.J.: A population-based epidemiological study of Gilles de la Tourrette's syndrome among adolescents in Israel. Archives of General Psychiatry, in press.

Arbeitsgemeinschaft für Methodik und Dokumentation in der Psychiatrie (AMDP): Das AMP-System. Manual zur Dokumentation psychiatrischer Befunde. 2. Auflage. Zus.gest.u.red.v.Ch.Scharfetter. Springer Verlag, Berlin 1972, 4. Aufl. 1981

Arbeitsgruppe Deutsche Child Behavior Checklist: Elternfragebogen über das Verhalten von Kindern und Jugendlichen; deutsche Bearbeitung der Child Behavior Checklist (CBCL 418). Einführung und Anleitung zur Handauswertung. Bearbeitet von P. Melchers und M. Döpfner. Arbeitsgruppe Kinder-, Jugend- und Familiendiagnostik (KJFD), Köln 1993a

Arbeitsgruppe Deutsche Child Behavior Checklist: Lehrerfragebogen über das Verhalten von Kindern und Jugendlichen; deutsche Bearbeitung der Teacher's Report Form der Child Behavior Checklist (TRF). Einführung und Anleitung zur Handauswertung. Bearbeitet von P. Melchers und M. Döpfner. Arbeitsgruppe Kinder-, Jugend- und Familiendiagnostik (KJFD), Köln 1993b

Arbeitsgruppe Deutsche Child Behavior Checklist: Fragebogen für Jugendliche; deutsche Bearbeitung der Youth Self Report Form der Child Behavior Checklist (YSR). Einführung und Anleitung zur Handauswertung. Bearbeitet von P. Melchers und M. Döpfner. Arbeitsgruppe Kinder-, Jugend- und Familiendiagnostik (KJFD), Köln 1993c

Arbeitsgruppe Deutsche Child Behavior Checklist: Elternfragebogen über das Verhalten von Kleinkindern (CBCL 2-3). Arbeitsgruppe Kinder-, Jugend- und Familiendiagnostik (KJFD), Köln 1993d

Axline, V.M.: Kinderspieltherapie in nicht-direkten Verfahren. Reinhardt, München-Basel 1972

Ayres, J.: Lernstörungen und sensorisch-integrative Dysfunktionen. Springer, Berlin-Heidelberg New York 1979

Bailey, A.: Physical examination and medical investigations. In: M.Rutter, E.Taylor, Hersov, L. (Eds.), Child and Adolescent Psychiatry. Modern Approaches. Third Edition, 79-93, Blackwell Scientific Publications, Oxford 1994

Barker, P.: History. In: P. Barker (Ed.), The Residential Psychiatric Treatment of Children, 1-26, Crosby Lockwood Staples, London 1974

Barker, P.: The results of in-patient care. In: P. Barker (Ed.), The Residential Psychiatric Treatment of Children, 294-309, 1974

Becker-Textor/Textor, M. (Hrsg.): Handbuch der Kinder- und Jugendbetreuung. Luchterhand Verlag, Berlin 1993

Bell, V., Lynne, S., Kolvin, L.: Play group therapy: Processes and patterns and delayed effects. In: M.H. Schmidt, H. Remschmidt (eds): Needs and prospects of child and adolescent psychiatry. Hogrefe, Göttingen und Huber, Bern 1989

Bericht über die Lage der Psychiatrie: Zur psychiatrischen und psychotherapeutisch/psychosomatischen Versorgung der Bevölkerung. Bonn: (Bundesdrucksache 7/4200) 1975

Bericht über ein Colloquium des Instituts für Entwicklungsplanung und Strukturforschung: Früherkennung und Frühförderung behinderter Kinder. Ferdinand Enke Verlag, Stuttgart 1986

Berlin, I., Critchley, D.L., Rassman, P.G.: Current concepts in milieu treatment of severely disturbed children and adolescents. Psychotherapy, 21, 118-131, 1984

Bernhardt, H.: Die Anstaltspsychiatrie in Pommern 1939 bis 1946. Ein Beitrag zur Aufhellung nationalsozialistischer Tötungsaktionen unter besonderer Berücksichtigung der Landesheilanstalt Ueckermünde. Dissertation. Leipzig 1992

Bleidick, U.: Pädagogik der Behinderten. Grundzüge einer Theorie der Erziehung behinderter Kinder und Jugendlicher. Carl Marhold Verlagsbuchhandlung, Berlin 1974

Bowlby, J.: Trennung. Kindler Verlag, München 1976

Brandt, I.: Griffith Entwicklungsskalen. Beltz Verlag, Weinheim 1983

Brenner, H.D., Dencker, S.J., Goldstein, M.J.: Defining treatment refractoriness in schizophrenia. Schizophrenia Bulletin, 4, 551-565, 1990

Brünger, M.: Dissoziale Jugendliche nach sozialtherapeutischer Intervention. Verlag edition erlebnispädagogik, Lüneburg 1993

Buchholz, M.B.: Die unbewußte Familie. Psychoanalytische Studien zur Familie in der Moderne. Springer Verlag, Berlin Heidelberg 1990

Bundeskonferenz für Erziehungsberatung e.V.: Erziehungs- und Familienberatung. Untersuchungen zu Entwicklung, Inanspruchnahme und Perspektiven. G. Presting (Hrsg.), Juventa Verlag, Weinheim und München, 1991

Bundesminister für Jugend, Familie, Frauen und Gesundheit: Achter Jugendbericht. Bericht über Bestrebungen und Leistungen der Jugendhilfe. Bonn 1990

Burk, B., Poustka, F.: Multizentrische Untersuchung zur psychosozialen Achse der WHO unter besonderer Berücksichtigung des West-Ost-Vergleiches in Deutschland. In: F. Poustka, U. Lehmkuhl (Hg.): Gefährdung der kindlichen Entwicklung. 57-65, Quintessenz, München 1993

Campbell, M., Cohen, I.L., Perry, R., Small, A.M.: Psychopharmakological treatment. In: T.H. Ollendick, M. Hersen (Eds.): Handbook of Child Psychopathology. Plenum Press, New York 1989

Cantwell, D.P.: DSM-III studies. In: Rutter, M., Tuma, A.H., Lann, L.S. (Eds.): Assessment and diagnosis in child psychopathology. 3-36, Guilford Press, New York 1988

Cantwell, D.P., Rutter, M.: Classification: Conceptual issues and substantive findings. In: M. Rutter, E. Taylor, Hersov, L. (Eds.), Child and Adolescent Psychiatry. Modern Approaches. Third Edition, 3-21, Blackwell Scientific Publications, Oxford 1994

Cox, A.D.: Diagnostic Appraisal. In: M. Rutter, E. Taylor, Hersov, L. (Eds.), Child and Adolescent Psychiatry. Modern Approaches. Third Edition, 22-33, Blackwell Scientific Publications, Oxford 1994

Cierpka, M. (Hrsg.): Familiendiagnostik. Springer Verlag, Berlin 1988

Clifft, M.A.: Writing about psychiatric patients. Bulletin of the Menninger Clinic, 50 (6), 511-524, 1986

Cogoy, R., Kluge, I., Meckler, B. (Hrsg.): Erinnerung einer Profession. Erziehungsberatung, Jugendhilfe und Nationalsozialismus. Votum Verlag, 1989.

Conners, C.: Nutritional therapy in children. In: Galler, J.R. (Ed.) Nutrition and behavior. New York, Plenum Press, 1984

Cooper, E.B.: The mentally retarded stutterer. In: St. Louis, K.O. (Ed.). The atypical stutterer. Principles and practices of rehabilitation. Academic Press, Orlando 1986

Deegener, G.: Anamnese und Biographie im Kindes- und Jugendalter. Beltz Verlag, Weinheim und Basel 1984

Denkschrift zur Lage der Kinder- und Jugendpsychiatrie in der Bundesrepublik Deutschland, herausgegeben vom Vorstand der Deutschen Gesellschaft für Kinder- und Jugendpsychiatrie. Marburg/Mannheim 1984

Deutsche Gesellschaft für Kinder- und Jugendpsychiatrie: Stellungnahme des Vorstandes zur personellen Ausstattung Kinder- und Jugendpsychiatrischer Krankenhausabteilungen vom 25.09.1979. Z. Kinder- und Jugendpsychiat., 8, 119-121, 1980

Deutsche Gesellschaft für Kinder- und Jugendpsychiatrie: Denkschrift – Zur Lage der Kinder- und Jugendpsychiatrie in der Bundesrepublik Deutschland. Neuauflage, Marburg 1990

Deutscher Verein für öffentliche und private Fürsorge (Hrsg.): Familie-Pflegefamilie-Heim. Überlegungen für situationsgerechte Hilfe zur Erziehung. Frankfurt am Main 1986a

Deutscher Verein für öffentliche und private Fürsorge (Hrsg.): Grundsatzthesen: Schutz der Sozialdaten. Sozialgeheimnis und Schweigepflicht. In: NDV 1986, 227 ff. (1986b)

Deutscher Verein für öffentliche und private Fürsorge (Hrsg.): Handbuch der öffentlichen Sozialplanung. Stuttgart 1986 (1986c)

Deutscher Verein für öffentliche und private Fürsorge (Hrsg.): Bundessozialhilfegesetz. Textausgabe. Verlag W. Kohlhammer, Stuttgart Berlin Köln 1992

Deutscher Bildungsrat (Hrsg.): Zur pädagogischen Förderung behinderter und von Behinderung bedrohter Kinder und Jugendlicher. Stuttgart, 1973

Deutsches Institut für Fernstudien an der Universität Tübingen: Funkkolleg: Umwelt und Gesundheit. Aspekte einer sozialen Medizin. Studienbegleitbrief. Beltz Verlag, Weinheim und Basel 1978

Döpfner, M., Melchers, P., Fegert, J., Lehmkuhl, G., Lehmkuhl, U., Schmeck, K., Steinhausen, H.C., Poustka, F.: Deutschsprachige Konsensus-Versionen der Child Behavior Checklist (CBCL 4-18), der Teacher Report Form (TRF) und der Youth Self Report Form (YSR). Kindheit und Entwicklung 3, 54-59, 1994

DSM-III-R: Diagnostisches und statistisches Manual psychischer Störungen. Beltz Verlag, Weinheim und Basel 1989

DSM-IV: DSM-IV Draft Criteria. Task Force on DSM-IV. American Psychiatric Association. Washington D.C. 1993

Eggers, C.: Course and prognosis of childhood schizophrenia. Journal of Autism and Childhood Schizophrenia, 8, 21-35, 1978

Esser, G., Schmidt, M.H.: Minimale cerebrale Dysfunktion – Leerformel oder Syndrom? Enke, Stuttgart 1987

Faber, F.R., Haarstrick, R.: Kommentar – Psychotherapierichtlinien. 2. Auflage. Jungjohann Verlagsgesellschaft, Neckarsulm-Stuttgart 1991

Farrell, M., Taylor, E.: Drug and alcohohl use and misuse. In: M. Rutter, E. Taylor, Hersov, L. (Eds.), Child and Adolescent Psychiatry. Modern Approaches. Third Edition, 529-545, Blackwell Scientific Publications, Oxford 1994

Fegert, J.M.: Zur Vorgeschichte der Kinder- und Jugendpsychiatrie. Zeitschrift für Kinder- und Jugendpsychiatrie, 14, 126-144, 1986

Fegert, J.M.: Diagnostik und klinisches Vorgehen bei Verdacht auf sexuellen Mißbrauch. In: J. Walter (Hrsg.), Sexueller Mißbrauch im Kindesalter. HVA/Edition Schindele, 68-101, 1989

Fegert, J.M.: Auslandsaufenthalt und psychosoziale Adaptation. Migrationsfolgen bei französischen Kindern und ihren Familien. Deutscher Studien Verlag, Weinheim 1990

Fegert, J.M.: Die Hilfen zur Erziehung nach dem KJHG aus kinder- und jugendpsychiatrischer Sicht. Z.f. Kinder- u. Jugendpsychiatrie 20, 280-288, 1992

Fegert, J.M.: "In Zweifelsfällen entscheidet man sich für das Richtige" (Karl Kraus) – Indikationsstellung von Therapie und Hilfsmaßnahmen in der Kinder- und Jugendpsychiatrie als curricularer Bestandteil einer Psychotherapie. Fortschr.Neurol.Psychiat. 60, 120, 1992

Fegert, J.M.: Therapeutische und pädagogische Hilfen für seelisch behinderte Kinder und Jugendliche nach der KJHG-Novellierung. Z. Kinder-Jugendpsychiat. 21, 260-265, 1993

Fegert, J.M.: Sexueller Mißbrauch und das Recht. Band II. Ein Handbuch zu Fragen der kinder- und jugendpsychiatrischen und psychologischen Untersuchung und Begutachtung. Volksblatt Verlag, Köln 1993

Fegert, J.M., Gerwert, U.: Qualitative Forschungsansätze im praxisnahen Einsatz in der Kinder- und Jugendpsychiatrie. Praxis der Kinderpsychologie und Kinderpsychiatrie, Vandenhoeck & Ruprecht, 42, 293-298, 1993

Fegert, J.M.: Aktuelle und langfristige psychosoziale Belastungen. Eine Untersuchung zur Achse V der WHO. Vortrag, Malmö 1993

Fegert, J.M.: Therapeutische und pädagogische Hilfen für seelisch behinderte Kinder und Jugendliche nach der KJHG-Novellierung. Zeitschrift für Kinder- und Jugendpsychiatrie 21, 260-265, 1993

Fegert, J.M.: Kinderpsychiatrische Versorgung seit dem Fall der Mauer und der Einführung des KJHG. Das Gesundheitswesen 56, 187-192, Thieme Verlag, Stuttgart 1994

Fiedler, P.A.: Diagnostische und therapeutische Verwertbarkeit kognitiver Verhaltensanteile. In: N. Hoffmann (Hrsg.): Grundlagen kognitiver Therapie. 205-251, Huber Verlag, Bern 1979

Freud, A.: Einführung in die Technik der Kinderanalyse. Internationaler Psychoanalytischer Verlag, Leipzig Wien Zürich 1927

Freud, A.: Normality and Pathology in Childhood. Hogarth Press, London 1966

Freud, S.: Psychopathologie des Alltagslebens. GW Bd. 4, Fischer, Frankfurt am Main 1904

Freud, S.: Über Psychotherapie. Gesammelte Werke 5, 11-26, 1905

Gemeinschaftswerk Aufschwung Ost: Beratungsdienste in den neuen Ländern. Presse- und Informationsamt der Bundesregierung, Bonn 1991

Gernert, W. (Hrsg.): Das Kinder- und Jugendhilfegesetz 1993. Anspruch und praktische Umsetzung. Boorberg Verlag, Stuttgart 1993

210

Gintzel, U., Schone, R.: Erziehungshilfen im Grenzbereich von Jugendhilfe und Jugendpsychiatrie – Problemlagen junger Menschen, Entscheidungsprozesse, Konflikte und Kooperation (Abschlußbericht). Institut für soziale Arbeit e.V., Münster 1989

Gintzel, U., Schone, R. (Hg.): Zwischen Jugendhilfe und Jugendpsychiatrie-Konzepte. Methoden, Rechtsgrundlagen. Votum Verlag, Münster 1990

Goldstein, J., Freud, A., Solnit A.J.: Diesseits des Kindeswohls. Suhrkamp taschenbuch wissenschaft, Frankfurt am Main 1982

Grawe, K., Donati, R., Bernauer, F.: Psychotherapie im Wandel. Von der Konfession zur Profession. Hogrefe Verlag für Psychologie, Göttingen Bern Toronto Seattle 1994

Hackenberg, W.: Die psychosoziale Situation von Geschwistern behinderter Kinder. Schindele, Heidelberg 1983

Hackenberg, W.: Geschwister behinderter Kinder im Jugendalter – Probleme und Verarbeitungsformen. Längsschnittstudie zur psychosozialen Situation und zum Entwicklungsverlauf bei Geschwistern behinderter Kinder. Edition Marhold, 1992

Hamburger Pflegekinderkongreß: "Mut zur Vielfalt" – Dokumentation. Votum Verlag, Münster 1990

Harbauer, H.: Kinder- und Jugendpsychiatrie. Leitfaden für die Praxis. Deutscher Ärzte-Verlag GmbH, Köln-Lövenich 1979

Harrington, R.: Affective Disorders. In: M. Rutter, E. Taylor, Hersov, L. (Eds.), Child and Adolescent Psychiatry. Modern Approaches. Third Edition, 330-350, Blackwell Scientific Publications, Oxford 1994

Heese, G. (Hrsg.): Frühförderung behinderter und von Behinderung bedrohter Kinder. Carl Marhold Verlagsbuchhandlung, Berlin 1978

Heigl-Evers, A., Heigl, F., Ott, F. (Hrsg.): Lehrbuch der Psychotherapie. Gustav Fischer Verlag, Stuttgart Jena 1993

Heinemann, C.: Neuentscheidungstherapie bei Pflege-, Adoptiv- und Heimkindern mit Scheiterer-Verläufen. Prax.Kinderpsychol.Kinderpsychiat. 43, 130-137, 1994

Hellbrügge, T.: Münchner funktionelle Entwicklungsdiagnostik. Urban & Schwarzenberg, München 1978

Hellbrügge, T.: Entwicklungs-Rehabilitation und Konzepte der Früherkennung und Frühförderung behinderter oder von Behinderung bedrohter Kinder. In: Institut f. Entwicklungsplanung und Strukturforschung Hannover (Hrsg.), Früherkennung und Frühförderung behinderter Kinder. 36-55, Ferdinand Enke Verlag, Stuttgart 1986

Hersov, L.: Inpatient and Day-Hospital units. In: M. Rutter, E. Taylor, Hersov, L. (Eds.), Child and Adolescent Psychiatry. Modern Approaches. Third Edition, 983-995, Blackwell Scientific Publications, Oxford 1994

Hocke, R.: Birger Sellin – Eine leere Festung?. In: J. Stork (Hrg.), Kinderanalyse. Zeitschrift für die Anwendung der Psychoanalyse in Psychotherapie und Psychiatrie des Kindes- und Jugendalters. Heft 2, Klett-Cotta, Stuttgart 1994

Höger, Ch.: Erziehungsberatungsstellen im Kontext ambulanter psychosozialer Hilfen für Kinder und Jugendliche. In: G. Presting (Hrsg.), Erziehungs- und Familienberatung. 49-92, Juventa Verlag, Weinheim und München 1991

Hofacker, S.: Soziale Gruppenarbeit. Begriff, Ziele, Inhalt. In: W. Gernert (Hrsg.), Das Kinder- und Jugendhilfegesetz 1993. 143-147, 1993

Huber, J.: Die neuen Helfer. Das "Berliner Modell" und die Zukunft der Selbsthilfebewegung. Piper, München 1987

Institut für Entwicklungsplanung und Strukturforschung (Hrsg.): Früherkennung und Frühförderung behinderter Kinder. Regionale Versorgungskonzepte in der Diskussion. Ferdinand Enke Verlag, Stuttgart 1986

Jans, K., Happe, G., Saurbier, H.: Kinder- und Jugendhilferecht. Kommentar. 3., neubearb. Auflage. Deutscher Gemeindeverlag und Kohlhammer, Köln 1991

Jantzen, W.: Vorwort zu: Beiträge zur Schule für Geistigbehinderte. In: A. Wagner, K. Bätcke (Hg:): Beiträge zur Schule für Geistigbehinderte. 9-11, Hans Huber, Bern Stuttgart Wien 1976

Jaspers, K.: Die Begriffe Gesundheit und Krankheit. In: K. Jaspers: Allgemeine Psychopathologie. 651-661, 1965, Heidelberg 1913

Jenkins, H.: Family Interviewing: Issues of theory and practice. In: M. Rutter, E. Taylor, Hersov, L. (Eds.), Child and Adolescent Psychiatry. Modern Approaches. Third Edition, 64-78, Blackwell Scientific Publications, Oxford 1994

Kammerer, E.: Kinderpsychiatrische Aspekte der schweren Hörschädigung. Ferdinand Enke Verlag, Stuttgart 1988

Kernberg, O.F.: Schwere Persönlichkeitsstörungen. Theorie, Diagnose, Behandlungsstrategien. Klett-Cotta Verlag, 1989

Kersten, O.: Praxis der Erziehungsberatung. Stuttgart, 1941

Kiphard, E.J.: Psychomotorische Entwicklungsförderung, Bd. 1, Motopädagogik. Modernes Lernen, Dortmund 1979

Klee, E.: Irrsinn Ost – Irrsinn West. Psychiatrie in Deutschland. S. Fischer Verlag, Frankfurt 1993

Klein, R.G.: Anxiety disorders. In: M. Rutter, E. Taylor, Hersov, L. (Eds.), Child and Adolescent Psychiatry. Modern Approaches. Third Edition, 351-374, Blackwell Scientific Publications, Oxford 1994

Klußmann, R.: Psychotherapie. Psychoanalytische Entwicklungspsychologie, Neurosenlehre, Behandlungsverfahren, Aus- und Weiterbildung. 2. Auflage, Springer-Verlag, Berlin 1993

König, K.: Indikation. Entscheidungen vor und während einer psychoanalytischen Therapie. Vandenhoeck & Ruprecht, Göttingen Zürich 1994

Krotz, F.: Die Instrumentalisierung der Selbsthilfe. Erfahrungen mit dem "Berliner Modell". In: P. Grottian u.a. (Hrsg.), Die Wohlfahrts-Wende. Der Zauber konservativer Sozialpolitik. C.H. Beck, 82 ff., 1988

Krug, H., Grüner, H., Dalichau, G.: Kinder- und Jugendhilfe. Sozialgesetzbuch (SGB). Achtes Buch (VIII). Kommentar. Verlag R.S. Schulz, Starnberg 1991

Kubinger, D., Wurst, E.: Adaptives Intelligenz Diagnostikum (AID). Beltz, Weinheim 1988

Kunze, H., Kaltenbach: Die Psychiatrie-Personalverordnung (zusammen mit Auerbach, Banaski, Graf und Rotthaus). Kohlhammer Verlag, Stuttgart 1992

Lebenshilfe Bundesvereinigung: Hilfen für schwer geistig Behinderte – Eingliederung statt Isolation. Schriftenreihe der Lebenshilfe, Bd. 3, Marburg 1978

Leckman, J.F., Cohen, D.J.: Tic disorders. In: M. Rutter, E. Taylor, Hersov, L. (Eds.), Child and Adolescent Psychiatry. Modern Approaches. Third Edition, 455-466, Blackwell Scientific Publications, Oxford 1994

Lehmkuhl, G.: Kognitive, neuropsychologische, psychopathologische und klinische Befunde bei 12- bis 14jährigen Kindern nach unterschiedlich schweren und lang zurückliegenden Schädel-Hirn-Traumen. Habilitationsschrift, Mannheim 1986

Lehmkuhl, G.: Langzeitverlauf bei autistischen Syndromen und Psychosen. In: M.H. Schmidt, S. Drömann (Hrsg.), Langzeitverlauf kinder- und jugendpsychiatrischer Erkrankungen. 46-61, Ferdinand Enke Verlag, Stuttgart 1986

Lehmkuhl, G.: Diagnostik und Behandlungsindikation affektiver Psychosen bei Jugendlichen. In: A. Rothenberger (Hrsg.), Behandlung von affektiven Psychosen bei Jugendlichen. W. Zuckschwerdt Verlag, 16-36, 1992

Lehmkuhl, G., Lehmkuhl, U.: Indikation und Durchführung gruppentherapeutischer Verfahren bei kinder- und jugendpsychiatrischen Erkrankungen. In: U.Lehmkuhl (Hrsg.), Therapeutische Aspekte und Möglichkeiten in der Kinder- und Jugendpsychiatrie. Springer-Verlag, Berlin Heidelberg 1991

Leibing, E., Rüger, U.: Verhaltenstherapie/Verhaltensmodifikation. In: A. Heigl-Evers, F. Heigl, J. Ott (Hrsg.): Lehrbuch der Psychotherapie. 313-330, Gustav Fischer Verlag, Stuttgart Jena 1993

Lempp, R.: Die seelische Behinderung bei Kindern und Jugendlichen als Aufgabe der Jugendhilfe. § 35a SGB VIII. Boorberg Verlag, 1994

Leuner, H.: Lehrbuch des Katathymen Bilderlebens. Huber Verlag, Bern Stuttgart Toronto 1985

Lichtenberg, J.D.: Psychoanalysis and infant research. Analytic Press, Hillsdale 1983

Liepmann, M.C.: Geistig behinderte Kinder und Jugendliche. Verlag Hans Huber, Bern Stuttgart Wien 1979

Lipka, D.: Geschlossene Unterbringung. In: W.Gernert (Hrsg.), Das Kinder- und Jugendhilfegesetz 1993. 198-203, 1993

Maas, U.: Der Hilfeplan nach § 36 KJHG. ZfJ. 79 (2), 60-63, 1992

212

Magnusson, D., Bergman, L.R.: Individual and variable-based approaches to longitudinal research on early risk factors. In: M. Rutter (Ed.), Studies of Psychosocial Risk: The Power of Longitudinal Data, 45-61, Cambridge University Press, Cambridge 1988

Marcus, A.: Klassifikation von Verhaltensauffälligkeiten im Kindesalter. Kindheit und Entwicklung 2, 141, 150-154, 1993

Marcus, A., Blanz, B., Esser, G., Niemeyer, J.: Beurteilung des Funktionsniveaus bei Kindern und Jugendlichen mit psychischen Störungen. Kindheit und Entwicklung 2, 141, 166-172, 1993

Martinius, J.: Verbindung von Pharmakotherapie und Psychotherapie: Das eine tun und das andere nicht lassen. In: U. Lehmkuhl (Hrsg.), Therapeutische Aspekte und Möglichkeiten in der Kinder- und Jugendpsychiatrie. 136-143, Springer-Verlag, Berlin Heidelberg 1991

Martinius, J.: Fragen, Probleme und Möglichkeiten der kombinierten Pharmaka- und Psychotherapie. In: F. Poustka, U. Lehmkuhl (Hg.), Gefährdung der kindlichen Entwicklung. 214-219, Quintessenz Verlag, München 1993

Martinius, J., Amorosa, H.: Die Versorgung von Kindern mit Teilleistungsschwächen. Rechtliche Voraussetzungen, Defizite, Perspektiven. Z. Kinder-Jugendpsychiat. 22, 61-65, 1994

McGuffin, P., Katz, R.: Nature, nurture and affective disorder. In: J.F.W. Deakin (Eds.), The Biology of Depression. Gaskell Press, London 1986

McGuffin, P., Katz, R., Rutherford, J., Watkins, S., Farmer, A.E., Gottesman, I.I.: What are the mechanisms mediating the genetic and environmental determinants of behavior? Twins as tool of behavioral genetics. In: T.J. Bouchard, P. Propping (Eds.), Twins as a Tool of Behaviour Genetics. Wiley, Chichester 1991

Moeller, M.L.: Selbsthilfegruppen. Rowohlt Verlag, Reinbek 1978

Moeller, M.L.: Anders helfen. Selbsthilfegruppen und Fachleute arbeiten zusammen. Klett Verlag, Stuttgart 1981

Münder, J., Greese, D., Jordan, E., Kreft, D., Lakies, Th., Lauer, H., Proksch, R., Schäfer, K.: Franfurter Lehr- und Praxiskommentar zum Kinder- und Jugendhilfegesetz. 2. überarb. Auflage. Votum Verlag, Münster 1993

Neue Gesellschaft für Bildende Kunst: Die gesellschaftliche Wirklichkeit der Kinder in der Bildenden Kunst. Elefanten Press Verlag, Berlin 1986

Neuhäuser, G., Steinhausen, H.-Ch. (Hrsg.): Geistige Behinderung. Grundlagen, klinische Syndrome, Behandlung und Rehabilitation. Kohlhammer, Stuttgart 1990

Nielsen, H., Nielsen, K., Müller, C.W.: Sozialpädagogische Familienhilfe – Probleme, Prozesse und Langzeitwirkungen. Weinheim/Basel 1986

Nielsen, H., Nielsen, K.: Sozialpädagogische Familienhilfe. In: M. Textor (Hrsg.), Hilfen für Familien, 438-448, Fischer Verlag, Frankfurt am Main 1990

Nissen, G., Specht, F. (Hrsg.): Psychische Gesundheit und Schule. Arbeitsmittel für Studium und Unterricht. Luchterhand, Neuwied und Darmstadt 1976

Nissen, G., Eggers, Ch., Martinius, J.: Kinder- und jugendpsychiatrische Pharmakotherapie in Klinik und Praxis. Springer Verlag, Berlin Heidelberg New York Tokyo 1984

Nissen, G.: Emotionale Störungen mit vorwiegend psychischer Symptomatik. In: C. Eggers, R. Lempp, G. Nissen & P. Strunk: Kinder- und Jugendpsychiatrie. 5. Auflage, Springer-Verlag, Berlin 1989

Overmeyer, S., Schmidt, M.H., Blanz, B.: Die Bedeutung und Erfaßbarkeit psychosozialer Belastungen bei psychischen Störungen von Kindern und Jugendlichen. Kindheit und Entwicklung 2, 141, 155-162, 1993

Passet, P.: Gedanken zur Narzißmuskritik: Die Gefahr, das Kind mit dem Bade auszuschütten. In: Psychoanalyt. Seminar Zürich (Hrsg.), Die neuen Narzißmustheorien: zurück ins Paradies? Syndikat, Frankfurt am Main 1981

Pfäfflin, M.: Adoleszentenprobleme Behinderter. In: H. Müller (HG.), Adoleszentenmedizin. Urban & Schwarzenberg, 343-356, 1987

Poustka, F.: Langzeitbehandlung und Verlauf affektiver Psychosen bei Jugendlichen. In: A. Rothenberger (Hrsg.), Behandlung von affektiven Psychosen bei Jugendlichen. W. Zuckschwerdt Verlag, 82-93, 1992

Psychiatrie-Enquête: Bericht über die Lage der Psychiatrie in der Bundesrepublik Deutschland – zur psychiatrischen und psychotherapeutisch/psychosomatischen Versorgung der Bevölkerung. Deutscher Bundestag, Drucksache 7/4200, 1975

Quaschner, K., Riegels, M.: Die Evaluierung teilstationärer Behandlung in der Kinder- und Jugendpsychiatrie. In: F. Poustka, U. Lehmkuhl (Hg.), Gefährdung der kindlichen Entwicklung. 188-192, Quintessenz Verlag, München 1993

Rauschenbach, Th., Steinhilber, H., Späth, B.: Verhaltensauffällige und behinderte Kinder und Jugendliche. Verl. Dt. Jugendinst., München 1980

Remschmidt, H., Schmidt, M.H. (Hrsg.): Multiaxiales Klassifikationsschema für psychiatrische Erkrankungen im Kindes- und Jugendalter nach Rutter, Shaffer und Sturge. Huber, Bern Stuttgart Wien 1977

Remschmidt, H.: Neuere Ergebnisse der Kinderdelinquenzforschung. Prax. Kinderpsychol. Kinderpsychiat. 27, 1978

Remschmidt, H.: Was wird aus kinderpsychiatrischen Patienten? Methodische Überlegungen und Ergebnisse. In: M.H. Schmidt, S. Drömann (Hrsg.), Langzeitverlauf kinder- und jugendpsychiatrischer Erkrankungen. 1-14, Ferdinand Enke Verlag, Stuttgart 1986

Remschmidt, H., Walter, R.: Psychische Auffälligkeiten bei Schulkindern. Mit deutschen Normen für die Child Behavior Checklist. Verlag für Psychologie, Dr. C.J. Hogrefe, Göttingen Toronto Zürich 1990

Remschmidt, H.: Therapie und Therapieforschung in der Kinder- und Jugendpsychiatrie. In: U. Lehmkuhl (Hrsg.): Therapeutische Aspekte und Möglichkeiten in der Kinder- und Jugendpsychiatrie. 1-32, Springer Verlag, Berlin Heidelberg New York 1991

Remschmidt, H.: Adoleszenz. Entwicklung und Entwicklungskrisen im Jugendalter. Georg Thieme Verlag, Stuttgart New York 1992

Remschmidt, H.: Die sozialrechtliche Zuordnung des autistischen Syndroms. Zeitschrift d. Bundesverbandes "Hilfe für das autistische Kind" , Autismus 37, 18-19, Hamburg 1994

Remschmidt, H., Schmidt, M.H. (Hrsg.): Multiaxiales Klassifikationssystem für psychiatrische Erkrankungen im Kindes- und Jugendalter nach ICD-10 der WHO. Mit einem synoptischen Vergleich von ICD-10 mit ICD-9 und DSM-III-R. 3. revidierte Auflage. Verlag Hans Huber, Bern Göttingen Toronto Seattle 1994

Richter, R., Hartmann, A., Meyer, A.E., Rüger, U.: "Die Kränkesten gehen in eine psychoanalytische Behandlung"? – Kritische Anmerkungen zu einem Artikel in Report Psychologie. Zeitschr. für Psychosomatische Medizin u. Psychoanalyse, 40, 41-51, 1994

Ried, S., Schüler, G.: Epilepsie – Vom Anfall bis zur Zusammenarbeit. Blackwell Wissenschaft, Berlin 1994

Robins, L.N.: Deviant children grown up. Williams & Wilkins, Baltimore 1966

Robins, L.N., Price, R.K.: Adult disorders predicted by childhood conduct problems: results from the NIMH Epidemiologic Catchment Area project. Psychiatry, 54, 116-132, 1991

Rothenberger, A. (Hrsg.): Behandlung von affektiven Psychosen bei Jugendlichen. W. Zuckschwerdt Verlag, 1992

Rotthaus, W.: Orientierung am Patienten: Die Verordnung des Bundesarbeitsministeriums über Maßstäbe und Grundsätze für den Personalbedarf in der stationären Kinder- und Jugendpsychiatrie. In: F. Poustka, U. Lehmkuhl (Hg.), Gefährdung der kindlichen Entwicklung. 193-200, Quintessenz Verlag, München 1993

Runge, B., Vilmar, F.: Handbuch Selbsthilfe. Gruppenberichte – 900 Adressen – Gesellschaftliche Perspektiven. 2001, Frankfurt 1988

Rutter, M., Lebovici, S., Eisenberg, L., Sneznevskij, A.V., Sadoun, R., Brooke, E., Lin, T.-Y.: A tri-axial classification of mental disorders in childhood: an international study. Journal of Child Psychology and Psychiatry, 10, 41-61, 1969

Rutter, M., Tizard, J., Whitemore, K.: Education, health and behaviour. Longman, London 1970

Rutter, M., Yule, W.: Specific reading retardation. In: L.Mann, D.Sabatino (Eds.), The First Review of Special Education, 1-50, Buttonwood Farms, Philadelphia PA 1973

Rutter, M., Quinton, D.: Psychiatric disorder – ecological factors and concepts of causation. In: McGurke, M. (Hrsg.) Ecological factors in human development. Amsterdam 1977

Rutter, M., Giller, H.: Juvenile delinquency. Trends and perspectives. Penguin Books, Harmondsworth 1983

Rutter, M., Taylor, E., Hersov, L. (Eds.): Child and Adolescent Psychiatry. Modern Approaches. Third Edition, Blackwell Scientific Publications, Oxford 1994

Scharfetter, Ch.: Allgemeine Psychopathologie. Eine Einführung. 3., überarb. Auflage, Thieme Verlag, Stuttgart New York 1991

Schneider, W.: Differentielle Indikationsforschung. Zeitschr. für Psychosomatische Medizin u. Psychoanalyse, 38, 182-193, Vandenhoeck & Ruprecht, 1992

Schmidt, M.H.: Zum Stand der Klassifikation psychischer Störungen im Kindes- und Jugendalter. Kindheit und Entwicklung 2, 139-140, 1993

Schrapper, Ch.: Intensive sozialpädagogische Einzelbetreuung. Inhalt und Absicht des § 35 KJHG. In: W.Gernert (Hrsg.), Das Kinder- und Jugendhilfegesetz 1993. 164-169, 1993

Schulze, H.: Redeflußstörungen und Stottern aus psychologischer Sicht. Report Psychologie, 25, 1989

Schütz, A.: Der Fremde. In: Gesammelte Aufsätze 2, 54-69, Nijhoff, Den Haag 1971-72

Scobel, W.A.: Was ist Supervision? Verlag für Medizinische Psychologie im Verlag Vandenhoeck & Ruprecht, Göttingen 1989

Senatsverwaltung für Soziales: Selbsthilfe Wegweiser. Selbsthilfegruppen, Selbsthilfeprojekte in eigener Darstellung. 6., überarbeitete Auflage, 1990

Shaffer, D., Gould, M.S., Brasic, J., Ambrosini, P., Fisher, P., Bird, H., Aluwahlia, S.: A children's global assessment scale (C-GAS). Archives of General Psychiatry, 40, 1228-1231, 1983

Shaffer, D.: Enuresis. In: M. Rutter, E. Taylor, Hersov, L. (Eds.), Child and Adolescent Psychiatry. Modern Approaches. Third Edition, 505-519, Blackwell Scientific Publications, Oxford 1994

Shepherd, M., Oppenheim, B., Mitchel, S.: Auffälliges Verhalten bei Kindern. Verlag f. med. Psychologie (Vandenhoeck & Ruprecht), 1973

Solarova, S.: Mehrfach behinderte Kinder und Jugendliche. Aktuelle und grundlegende Beiträge zur Mehrfachbehinderung. Carl Marhold Verlagsbuchhandlung, Berlin 1976

Sonnenburg, M.: Die Kränkung der Eltern durch die Krankheit des Kindes – Zur inneren Situation der Eltern in der stationären Psychotherapie von Kindern. Prax. Kinderpsychol. Kinderpsychiat. 43: 138-143, Vandenhoeck & Ruprecht, 1994

Spandauer Verhältnisse: für Kinder und Jugendliche mit/ohne Behinderungen; Integration durch gemeinsames Leben und Lernen. Verlag Klaus Guhl, Berlin 1989

Specht, F.: Kinder- und Jugendpsychiatrie – wie, wo, für wen? Fragen der Versorgung und Versorgungsforschung. Prax. Kinderpsychol. Kinderpsychiat. 41: 83-90, 1992

Speck, O.: Geistige Behinderung und Erziehung. Reinhardt Verlag, München 1980

Speck, O.: Menschen mit geistiger Behinderung und ihre Erziehung. Reinhardt Verlag, München 1990

Steiner, M.: Integration. Mittendrin 1, S. 5 ff., 1991

Steinhausen, H.-Ch., Wefers, D.: Körperbehinderte Kinder und Jugendliche. Empirische Untersuchung zur Psychologie der Körperbehinderung. Beltz Verlag, Weinheim und Basel 1977

Steinhausen, H.-Ch.: Global assessment of child psychopathology. Journal of the American Academy of Child and Adolescent Psychiatry, 26, 203-206, 1987

Steinhausen, H.-Ch.: Chronische Krankheiten und Behinderungen bei Kindern. In: Koch, U., Lucius-Hoene, G., Stegie, R. (Hrsg.): Handbuch der Rehabilitationspsychologie, 499-517, 1988

Steinhausen, H.-Ch.: Psychische Störungen bei Kindern und Jugendlichen. Lehrbuch der Kinder- und Jugendpsychiatrie. Urban & Schwarzenberg, München Wien Baltimore 1988

Steinhausen, H.-Ch.: Sex differences in developmental psychopathology. In: H.Remschmidt, M.H. Schmidt (Hrsg.): Child and Youth Psychiatry: European Perspectives, Vol. 2, Hogrefe & Huber, Toronto 1992

Steinhausen, H.-Ch.: Psychische Störungen bei Kindern und Jugendlichen. Lehrbuch der Kinder- und Jugendpsychiatrie. Zweite, erweiterte u. überarbeitete Auflage. Urban & Schwarzenberg, 1993

Stern, D.: The interpersonal world of the infant. Basic Books, New York 1985

Stork, J. (Hrg.): Kinderanalyse. Zeitschrift für die Anwendung der Psychoanalyse in Psychotherapie und Psychiatrie des Kindes- und Jugendalters. Klett-Cotta, Stuttgart 1994

Stork, J.: Das Phänomen des gestützten Schreibens bei autistischen Kindern (Facilitated Communication). In: J.Stork (Hrg.): Kinderanalyse. Zeitschrift für die Anwendung der Psychoanalyse in Psychotherapie und Psychiatrie des Kindes- und Jugendalters. 138, Klett-Cotta, Stuttgart 1994

Stork, J.: Über autistische und psychotische Kinder – Versuch einer Einführung in das Thema. In: J. Stork (Hrsg.): Kinderanalyse. Zeitschrift für die Anwendung der Psychoanalyse in Psychotherapie und Psychiatrie des Kindes- und Jugendalters. 125-137, Klett-Cotta Stuttgart 1994

Straßmeier, W., Speck, O., Homann, G.: Förderung von Kindern mit schweren geistigen Behinderungen in der Schule. Selbstverlag Dr. W. Straßmeier, München 1990

Strehlow, U., Kluge, R., Müller, H., Haffner, J.: Der langfristige Verlauf der Legasthenie über die Schulzeit hinaus: Katamnese über die Schulzeit hinaus. Z. Kinder-Jugendpsychiat. 20, 254-265, 1992

Strotzka, H.: Psychotherapie und Tiefenpsychologie. Ein Kurzlehrbuch. Springer Verlag, Wien New York 1984

Strunk, P.: Editorial – Hilfe zur Erziehung. In: H. Remschmidt, M.H. Schmidt, P.Strunk (Hrsg.), Zeitschrift für Kinder- und Jugendpsychiatrie, 22, 85-86, Verlag Hans Huber, Bern 1994

Stutte, H.: Erziehungsberatung in kinder- und jugendpsychiatrischer Sicht. Nachrichtendienst des Deutschen Vereins für öffentliche und private Fürsorge 43, 213-215, 1963

Swadi, H.: Drug and substance use among 3333 London adolescents. British Journal of Addiction, 83, 935-942, 1988

Taylor, E.: Syndromes of attention deficit and overactivity. In: M. Rutter, E. Taylor, Hersov, L. (Eds.), Child and Adolescent Psychiatry. Modern Approaches. Third Edition, 285-307, Blackwell Scientific Publications, Oxford 1994

Textor, M.: Hilfen für Familien. Ein Handbuch für psychosoziale Berufe. Fischer Verlag, Frankfurt am Main 1990

Thomä, H., Kächele, H.: Lehrbuch der psychoanalytischen Therapie. Sringer Verlag, Berlin Heidelberg New York 1988

Touwen, B.C.L.: Die Untersuchung von Kindern mit geringen neurologischen Funktionsstörungen. Georg Thieme Verlag, Stuttgart New York 1982

Trojahn, A. (Hrsg.): Wissen ist Macht. Eigenständig durch Selbsthilfe in Gruppen. Fischer, Frankfurt 1986

van Goor-Lambo, G.: Die Entwicklung der sogenannten psychosozialen Achse der WHO. Die Erfassung abnormer psychosozialer Belastungen. In: F. Poustka, U. Lehmkuhl (Hg.): Gefährdung der kindlichen Entwicklung. 44-56, Quintessenz, München 1993

Vertés, J.O.: Begriffsbestimmung der Heilpädagogik auf psychologischer Grundlage. Beiheft 150 der Z.f.Kinderforschung: Beiträge zur Kinderforschung und Heilerziehung. Langensalza 1918

Völger, M.: Katamnestische Untersuchungen zum Verlauf leichter Hirnfunktionsstörungen in einer kinder- und jugendpsychiatrischen Inanspruchnahmepopulation. Dissertation, 1992

von Neubeck, S.: Wie erleben nicht-behinderte Kinder und deren Eltern Integration?" Schriftliche Hausarbeit, Fachhochschule für Sozialarbeit und Sozialpädagogik Berlin, 1993

Warnke, A.: Stellungnahme des Vorstandes der Deutschen Gesellschaft für Kinder- und Jugendpsychiatrie zur Diagnostik, schulischen Förderung und Therapie bei Schülern mit Lese- und Rechtschreibstörung (Legasthenie). In: Mitgliederrundbrief des BKJPP I, Forum der Kinder- und Jugendpsychiatrie und Psychotherapie, 13-15, 1994

Weber, R.: Meine Erfahrungen mit der Methode des gestützten Schreibens (FC). In: J. Stork (Hrsg.): Kinderanalyse. Zeitschrift für die Anwendung der Psychoanalyse in Psychotherapie und Psychiatrie des Kindes- und Jugendalters. 158-184, Klett-Cotta, Stuttgart 1994

Weiner, I.B.: Child and adolescent psychopathology. Wiley, New York 1982

Weltgesundheitsorganisation (WHO): International classification of Impairments, Disabilities and Handicaps. WHO, Geneva 1980

Weltgesundheitsorganisation (WHO): Documents on Nomenclature and Classification. WHO, Geneva 1981

Weltgesundheitsorganisation (WHO): Internationale Klassifikation psychischer Störungen – ICD-10. H. Dilling, W. Mombour, M.H. Schmidt (Hg.). Hans Huber, Bern Göttingen Toronto 1991

Werner, E.E., Smith, R.S.: Overcoming the odds: High risk children from birth to adulthood. Cornell University Press, Ithaca, NY, 1992

Werner, E.E.: Risk, resilience, and recovery: Perspectives from the Kauai longitudinal study. In: D. Cicchetti, B. Nurcombe (Hrsg.), Development and Psychopathology, 503-515, Cambridge University Press 1993

Werry, J.S., McClellan, J.M., Chard, L.: Childhood and adolescent schizophrenia, bipolar and schizoaffective disorders: a clinical and outcome study. Journal of the American Academy of Child and Adolescent Psychiatry, 30, 457-465, 1991

Werry, J.S.: Child and adolescent (early-onset) schizophrenia: a review in the light of DSM-III-R. Journal of Autism and Developmental Disorders, 22, 601-624, 1992

Werry, J.S., Taylor, E.: Schizophrenic and allied disorders. In: M. Rutter, E. Taylor, Hersov, L. (Eds.), Child and Adolescent Psychiatry. Modern Approaches. Third Edition, 594-615, Blackwell Scientific Publications, Oxford 1994

Wiesner, R., Zarbock, W.H.: Das neue Kinder- und Jugendhilfegesetz und seine Umsetzung die Praxis. Carl Heymanns Verlag KG. Köln-Berlin-Bonn-München 1991

Wiesner, R.: Schwerpunkte des neuen Kinder- und Jugendhilfegesetzes. In: F.J. Freisleder, Linder, M. (Hrsg.): Aktuelle Entwicklungen in der Kinder- und Jugendpsychiatrie. MMW Medizin Verlag, 299-308, München 1992

Wirth, G.: Sprachstörungen, Sprechstörungen, kindliche Hörstörungen. Lehrbuch für Ärzte, Logopäden und Sprachheilpädagogen. Deutscher Ärzte-Verlag, Köln 1990

Wurmser, L.: Das Rätsel des Masochismus. Psychoanalytische Untersuchungen von Über-Ich-Konflikten und Masochismus. Springer Verlag, 1993

Zoccolillo, M., Pickles, A., Quinton, D., Rutter, M.: The outcome of conduct disorder: implications for defining adult personality disorder and conduct disorder. Psychological Medicine, 22, 971-986, 1992

Stichwortverzeichnis